Kasseler Schriften zur Friedenspolitik Bd. 14

Für Marilly zur Erinnerung an ein paar wunderschöne und interessante Tage und Abende in Schlaining!
Peter
11. Juli 08

Ralph-M. Luedtke, Peter Strutynski (Hrsg.)

Von der Verteidigung zur Intervention

Beiträge zur Remilitarisierung der internationalen Beziehungen

Kassel 2007

Bibliografische Information Der Deutschen Bibliothek

Die Deutsche Bibliothek verzeichnet diese Publikation in der Deutschen Natio-nalbibliografie; detaillierte bibliografische Daten sind im Internet über http://dnb.ddb.de abrufbar

Die „Kasseler Schriften zur Friedenspolitik" werden herausgegeben von der AG Friedensforschung an der Universität Kassel.

Homepage: http://www.uni-kassel.de/fb5/frieden

ISBN 978-3-934377-21-9

Umschlaggestaltung: Norbert Städele

Jenior Verlag, Lassallestr. 15, D-34119 Kassel

Inhalt

Vorwort

Sechs Jahre nach dem 11. September 2001, womit der Beginn des seither andauernden „Kriegs gegen den Terror" datiert, und vier Jahre nach Beginn des Irakkriegs ist die Welt um keinen Deut stabiler oder gar friedlicher geworden. Im Gegenteil. In Afghanistan, dem vermeintlichen Hort des internationalen Terrorismus à la Bin Laden und al Qaida, erleben wir das Wiedererstarken der Taliban, die man schon Ende 2001 nach einem knapp dreimonatigen Luftkrieg für endgültig geschlagen wähnte. So vollständig war eben der militärische Sieg nicht geschweige denn der mit viel Elan und noch mehr Verheißungen im Gefolge der Petersberg-Konferenz begonnene Wiederaufbauprozess. Noch verheerender sieht die bisherige Bilanz des Krieges in Irak aus. Das Land scheint in eine endlose Abwärtsspirale aus Chaos, Bürgerkrieg, Terror, Gewalt und Kriminalität zu stürzen, die von der Hilflosigkeit und Inkompetenz der Besatzungsmächte eher noch befördert wird. Eine nach ethnisch-konfessionellen Grenzen (die es so vor dem Krieg nicht gegeben hat) vorgenommene Dreiteilung des Landes ist ebenso wenig auszuschließen wie das Eingreifen der Regionalmacht Türkei in den nördlichen, vorwiegend von Kurden bewohnten Teil des Landes. Während 2006/2007 eine Reihe von Alliierten der USA sich aus Irak zurückzog, versuchte die US-Administration gegen den Willen der Kongressmehrheit mit einer Aufstockung ihrer Truppen das Heft des Handelns wieder in die Hand zu bekommen – ohne sichtbaren Erfolg.

Mit dem „Krieg gegen den Terror" haben die USA und die ihnen verbundenen Mächte der NATO und der EU ein neues Kapitel der Weltpolitik aufgeschlagen. Die Bekämpfung des Terrorismus, vormals eine Angelegenheit von zivilen Ermittlungsbehörden, Justiz Polizei, wurde zur vordringlichen Aufgaben des Militärs erklärt. Die Nationale Sicherheitsstrategie des US-Präsidenten vom September 2002 und ihre Fortschreibung im März 2006 räumen dem Terrorismus, insbesondere in Form des „islamistischen Fundamentalismus", einen ähnlichen Platz ein wie zur Zeit des „Kalten Kriegs" dem Kommunismus. Sowohl die Europäische Sicherheitsstrategie (Dezember 2003) als auch z.B. die Verteidigungspolitischen Richtlinien vom Mai 2003 sowie das Weißbuch 2006 des Bundesverteidigungsministers haben sich in ihrer Bedrohungsanalyse und in ihren therapeutischen Vorschlägen dem Vorbild USA angepasst. Entsprechend werden die Bundeswehr und die EU-Eingreiftruppen einschließlich der berüchtigten Battle groups zu Streitkräften transformiert bzw. neu gebildet, die sich zum schnellen Kampfeinsatz in allen Weltregionen eignen sollen.

Damit nicht genug, scheint sich ein neues Paradigma der internationalen Beziehungen nun endgültig Bahn zu brechen: Militär und Krieg werden wieder zum Mittel der Außenpolitik. Damit werden die Ergebnis des modernen Völkerrechts, wie sie sich z.B. im Gewaltverbot der UN-Charta von 1945 materialisieren, wieder in Frage gestellt. Für Deutschland, das mit seinem Grundgesetz von 1949 auf vorbildliche Weise den Vorrangs des Völkerrechts vor staatlichem Recht und Handeln postulierte (Art. 25 GG), ist der Bruch mit der Vergangenheit noch viel dramatischer als für Länder wie Großbritannien oder Frankreich, die auf militärische Optionen außerhalb des Völkerrechtsrahmens nie ganz verzichtet hatten. Auslandseinsätze der Bundeswehr sind demnach auch längst nicht so selbstverständlich, wie es sich die Bundesregierungen des späten Kohl, Schröder und Merkel wünschen mögen. Mit jeder Bundestagsentscheidung für die Verlängerung z.B. des Afghanistan-Einsatzes entfernt sich die politische Klasse noch weiter von der Bevölkerung, die mehrheitlich den Bundeswehreinsätzen nicht viel abgewinnt. Die Remilitarisierung der Politik scheint weder hier zu Lande noch anderswo auf nennenswerte Zustimmung der Menschen zu stoßen

Der vorliegende Band enthält neben den Referaten des „Friedenspolitischen Ratschlags" vom Dezember 2006 auch eine Reihe von Vorträgen, die im Rahmen der „Friedensvorlesungen" an der Uni Kassel im Wintersemester 2006/07 gehalten wurden. Die Reihe stand unter dem Motto: „Die Re-Militarisierung der Politik. Von der ‚humanitären Intervention' zum Krieg um Rohstoffe". Entsprechend breit gefächert sind auch die Themen, die in diesem Buch behandelt werden.

Wie immer darf an dieser Stelle der Dank an die Autoren nicht fehlen, die ihre Manuskripte für die Publikation aufbereitet und zum Teil aktualisiert haben. Der Dank geht außerdem an Mirjam Wolfstein-Lätsch von der AG Friedensforschung, für die technische Umsetzung der Texte in das gegebene Layout. Alle noch vorhandenen Fehler haben indessen allein die Herausgeber zu verantworten.

Kassel, den 11. Oktober 2007   Ralph-M. Luedtke und Peter Strutynski

Peter Strutynski

Die deutsche Außen- und Sicherheitspolitik auf dem Prüfstand

Klappern gehört bekanntlich zum Handwerk und die eigenen Leistungen schönreden zum A und O jeder Regierung. So war auch nicht zu verhindern, dass die Bundesregierung nach einem Jahr ihres rastlosen Einsatzes für das Wohl der Menschen hier zu Lande und weltweit eine Bilanz ihrer Arbeit vorlegte. Am 23. November 2006, postete die Kanzlerin ihren Erfolgsbericht auf der Homepage der Bundesregierung. Unter den 10 Maßnahmen, die dort auf der Habenseite aufgelistet sind (eine Soll-Seite, wie sonst bei Bilanzen üblich, kommt aus verständlichen Gründen nicht vor), ist der abschließende Punkt 10 der Europa-, Außen- und Verteidigungspolitik gewidmet.

Was dort verkündet wird, hat nichts Sensationelles an sich. Im Grunde genommen sind es die seit der rot-grünen Koalition bekannten außen- und sicherheitspolitischen Leitlinien, denen auch die schwarz-rote Koalition verpflichtet ist. Nur in der Diktion gibt es Akzentverschiebungen. So sprachen Schröder und Fischer seit 1998 bei jeder sich ihnen bietenden Gelegenheit von der gestiegenen „Verantwortung" in der Welt, der sich das größer gewordene Deutschland stellen müsse. Dieser Begriff war in dieser Zeit der Umgewöhnung der deutschen Bevölkerung gut gewählt. Denn wer wollte sich schon dem „Prinzip Verantwortung" entziehen? Die neue Bundesregierung, eine gesicherte Zweidrittelmehrheit im Rücken, muss keine Anleihen mehr bei der Ethik nehmen, sondern spricht nüchtern von der „gewachsenen Bedeutung", die Deutschland seit der Wiedervereinigung „bewusst" wahrnehme. Diese „gewachsene Bedeutung" ist einfach da, sie ist einem ohne eigenes Zutun gleichsam zugewachsen und es hat auch keinen Sinn, sie leugnen zu wollen. Also nimmt man sie „bewusst", man könnte auch sagen „selbstbewusst" wahr (auch das übrigens ein Lieblingswort der Kanzlerin).

Diesem Automatismus der allzu gern übernommenen größeren Bedeutung Deutschlands folgt die militärische Komponente auf dem Fuße. Zwar müsse Sicherheitspolitik „umfassend" angelegt sein und dürfe „nicht vorrangig militärisch gewährleistet werden" – das sagt inzwischen jeder Militär -, „andererseits", so heißt es weiter, könne „Sicherheitspolitik nur dann glaubwürdig sein, wenn sie bereit und fähig ist, Freiheit und Menschenrechte auch durchzusetzen. Notfalls mit militärischen Mitteln."

„Notfalls mit militärischen Mitteln"

Diese Aussage übertrifft alles, was bisher von der deutschen Politik zur Legitimierung von Militärinterventionen ins Feld geführt wurde und kommt den Vorstellungen schon gefährlich nahe, die in Washington schon länger Gang und Gäbe sind.

Freiheit und Menschenrechte, Präsident Bush würde hier noch „Demokratie" hinzufügen, „notfalls mit militärischen Mitteln" durchzusetzen, das geht auch weit über das hinaus, was noch beim NATO-Krieg gegen Jugoslawien als offizielles Argument gedient hatte: Dieser Angriffskrieg war in der Öffentlichkeit als „humanitäre Intervention", als eine Art Notfallhilfe zur Verhinderung einer humanitären Katastrophe dargestellt worden. Wir wissen, dass diese Katastrophe erst eintrat, als die NATO ihren Krieg aus der Luft begann und die kosovarische Bevölkerung zu Hunderttausenden zur Flucht veranlasste. Und wir wussten auch - Heinz Loquai, vormaliger OSZE-Beauftragter der Bundesregierung, hat darüber zweimal bei den „Friedenspolitischen Ratschlägen" in Kassel referiert –, dass die medialen Anlässe zu diesem Krieg, z.B. der angebliche Hufeisenplan und das sog. Racak-Massaker, gelenkte Desinformationen waren, um in der Bevölkerung Verständnis für den aus ganz anderen Gründen geplanten NATO-Krieg zu erheischen.

Der Begriff der „humanitären Intervention" hat in den 1990er Jahren eine wichtige Rolle gespielt bei der Legitimierung von völkerrechtswidrigen Kriegseinsätzen, wobei daran zu erinnern ist, dass die Vereinten Nationen selbst, genauer: ihr Sicherheitsrat daran nicht ganz unbeteiligt waren.

Die „humanitäre Intervention" wurde nach dem 11. September 2001 vom „Krieg gegen den Terror" in den Hintergrund gedrängt. Ganz verschwunden ist er allerdings nicht, denn es ist doch ganz komfortabel, wenn man zu verschiedenen Interventionen unterschiedliche, sozusagen dem jeweiligen individuellen Fall angepasste Legitimationsgründe parat hält.

Der internationale Terrorismus, das können wir heute in jeder Militärdoktrin nachlesen, gilt heute als die größte globale Gefahr, zumal dann, wenn er verdächtigt wird, sich in den Besitz von Massenvernichtungswaffen zu bringen. Terrorgefahren lauern potenziell überall. Nur die Geheimdienste und andere verdeckt arbeitende Ermittler verfügen über die Informationen, die zur annähernden Einschätzung der wirklichen Bedrohung nötig wären. Dieselben Geheimdienste sind es aber auch, die aus politischen Gründen – wir haben das beim Irak gesehen – Gefährdungen konstruieren oder aufbauschen können, ohne dass dies von der Öffentlichkeit nachgeprüft werden könnte.

Von der „humanitären Intervention" zum „Regimewechsel"

Im Augenblick erleben wir, dass die Kriegsvorbereitungen gegen den Iran nach einem ähnlichen Drehbuch ablaufen, das wir schon vom Irak her kennen. Die spannende Frage ist dabei, ob die Öffentlichkeit, sprich: die Medien daraus gelernt haben und diesmal nicht mehr auf alle Geheimdienst- und Regierungslügen hereinfallen. Man sollte aber auch in Erinnerung bringen, dass der Irak nicht nur wegen des vermeintlichen Terrorismus und der angeblichen Massenvernichtungswaffen angegriffen wurde, sondern auch wegen der Menschenrechtssituation. Die US-Administration hat keinen Zweifel daran gelassen, dass es ihr auch um einen Regimewechsel ging. Und das ist das nächste Schlagwort, das in den letzten Jahren Karriere gemacht hat.

Einen Regimewechsel, das heißt das Ersetzen einer wie auch immer legitimierten, in der Regel aber legalen Regierung von außen, ist selbstverständlich mit dem geltenden Völkerrecht genauso wenig vereinbar wie ein Angriffskrieg. Art. 2 der UN-Charta garantiert sowohl die territoriale Integrität jedes Mitgliedstaats als auch ihre politische Unabhängigkeit. Nach Art. 2 Ziff. 7 ist die Einmischung in die inneren Angelegenheiten eines Staates verboten. Verstöße dagegen sind dennoch zahlreich und gehören sogar zum Alltag in den Beziehungen zwischen den Staaten. Das war während des Kalten Kriegs übrigens nicht anders. Die Schlagwörter dabei sind „Infiltration", „Subversion", „Wandel durch Annäherung", wenn wir den Blick auf die Politik des Westens richten; „internationale Solidarität", „Klassenkampf", „Systemkonkurrenz", wenn wir an die Versuche des Ostens denken, das Kräfteverhältnis im Weltmaßstab zugunsten des Sozialismus zu verändern. Und jede wirtschafts- und handelspolitische Maßnahme, jedes bilaterale Gemeinschaftsprojekt - dabei muss es nicht immer um Pipelines gehen –, jedes Kulturabkommen oder jeder andere Vertrag, der zwischen Staaten abgeschlossen wird, jedes Interview, das ein Botschafter der Zeitung seines Gastlandes gibt, kurz: alles, was Auswirkungen auch auf die innere Situation eines derart bedachten Landes hat, ist eine Art Einmischung in seine inneren Angelegenheiten. Die Frage ist nur, ob diese Einmischung gegen den Willen des betroffenen Landes geschieht oder mit dessen Einwilligung. Die Grenzen sind hier zweifellos fließend.

Das Konzept der Souveränität ist so alt wie das moderne Staatensystem und hat seine Wurzeln im Westfälischen Frieden von 1648. Grund genug für die US-Administration es auf den Müllhaufen der Geschichte zu werfen. US-Außenministerin Condoleezza Rice hat das in einer programmatischen Rede an der Georgetown Universität im Januar 2006 getan. Sie argumentierte, dass man bisher davon ausgegangen sei, „dass jeder Staat die von seinem Inneren ausgehenden Bedrohungen selbst kontrollieren und lenken kann. Es wurde auch angenommen", sagte sie, „dass schwache und schlecht regierte Staaten lediglich eine Last für ihre eigenen Bürger darstellten, ein internationales humanitäres Problem, aber nie eine wirkliche Bedrohung für die Sicherheit." Und sie fährt fort: „Heute sind diese alten Annahmen nicht mehr gültig."

Condoleezza Rice: „Transformational diplomacy"

In dieser Welt sei es nicht mehr möglich, „zwischen unseren Sicherheitsinteressen, unseren Entwicklungsbestrebungen und unseren demokratischen Idealen klare und eindeutige Trennlinien zu ziehen. Die amerikanische Diplomatie muss alle diese Ziele als Ganzes betrachten und zusammen fördern."

Was dabei heraus kommt, ist in den Worten der US-Chefdiplomatin die „transformational diplomacy", die „umgestaltende Diplomatie". Deren Aufgabe fasst sie folgendermaßen zusammen: „Zusammenarbeit mit unseren zahlreichen internationalen Partnern, um demokratische Staaten mit einer guten Regierungsführung aufzubauen und zu erhalten, die auf die Bedürfnisse ihrer Bürger reagieren und sich innerhalb des internationalen Systems verantwortlich verhalten."

Es braucht hier nicht erwähnt zu werden, dass natürlich die USA selbst bestimmen, wann sich eine fremde Regierung „verantwortlich verhält" und wann nicht. US Präsident George Bush hat bei seiner zweiten Antrittsrede die globale Strategie der USA so beschrieben: „Es ist die politische Strategie der Vereinigten Staaten, demokratische Bewegungen und Institutionen in jedem Land und jeder Kultur zu suchen und ihre Entwicklung zu unterstützen, um letztendlich die Tyrannei auf der Welt zu beenden." (Bush 2005)

Nun könnte man sagen: Na gut, so ist es. So haben sich die USA gegenüber vielen Staaten in ihrem Hinterhof seit über 100 Jahren verhalten. So haben sie in Chile und Nicaragua gehandelt, und so machen sie es in Afghanistan, Irak und demnächst vielleicht im Iran und in Syrien. Und, auch das wissen wir, dabei ging es ihnen mitnichten um die Beendigung der Tyrannei, sondern nicht selten auch um die Beseitigung demokratisch gewählter Regierungen oder einfach unbotmäßiger Regime.

Noch nie aber sind dem diplomatischen Korps so unverhohlen und coram publico exakte Anweisungen gegeben worden, wie sie sich bei ihrer „ehrgeizigen Mission", der Welt Freiheit und Demokratie zu bringen, zu verhalten haben. „Wir werden", sagt Frau Rice, „Kontakte mit Privatpersonen in neu entstehenden regionalen Zentren aufbauen müssen und nicht nur mit Regierungsvertretern in den Hauptstädten." Und sie verrät im nächsten Satz sogar, wo dies sein wird: „Wir müssen eine Rekordzahl von Menschen in schwierigen Sprachen wie Arabisch, Chinesisch, Farsi, und Urdu ausbilden."

Hätte Condoleezza Rice auch „Französisch" gesagt, können wir sicher sein, dass Chirac seine Atomwaffen scharf gemacht hätte.

Wirklich beunruhigend sind solche Konzepte, weil ihnen die reale Politik und weil ihnen reale Truppen folgen. Am 28 November 2006) hat Condoleezza Rice in einem ZDF-Interview zum wiederholten Mal erklärt, man dürfe nicht zu Hause sitzen und warten, „bis die Bedrohung zu uns kommt". Vielmehr müsse die NATO offensiv handeln und sich den Bedrohungen dort stellen, „wo wir sie finden". (ddp, 28.11.2006). Sie hätte auch sagen können: „Wo wir sie schaffen."

Beunruhigend ist aber noch etwas anderes: Dass solche Konzepte der umgestaltenden Diplomatie oder der Entsouveränisierung von Staaten oder die Möglichkeit von „Präventivkriegen" mittlerweile Resonanz und teilweise Akzeptanz in internationalen Institutionen, nicht zuletzt auch in Kreisen der Vereinten Nationen finden.

Das „Weißbuch", die NATO und die deutsche Globalstrategie

Und Deutschland hat dieses Konzept in Windeseile adaptiert. Nicht nur in Gestalt der außenpolitischen Erfolgsbilanz, aus der ich zitiert habe, sondern auch in Form des im Oktober 2006 vorgelegten Weißbuchs der Bundesregierung.

Zentraler Inhalt des Weißbuchs ist die Umrüstung der Bundeswehr zur weltweiten Kriegführungsfähigkeit. Die Bundeswehr soll technologisch über die Schaffung einer „Vernetzten Operationsführung" mit den USA verkoppelt werden. Grundlage hierfür bildet das NATO-System „Alliance Ground Surveillance (AGS)". Mittels Unbemannter Flugkörper und einer Computerisierung der Kriegsführung (à la Irakkrieg) soll der Bundeswehr der Schulterschluss mit der US-Militärtechnologie innerhalb der NATO ermöglicht werden. Ziel ist die Beschleunigung der Entscheidungsfindung, um auf dem Gefechtsfeld den entscheidenden Vorteil zu erlangen. Frei nach dem trügerischen Motto: Die technologische Überlegenheit garantiert den Sieg. Davon ist weder im Irak noch in Afghanistan etwas zu spüren.

Wegweisend für die Globalstrategie der große Koalition ist das Bestreben, eine „strategische Partnerschaft von NATO und EU" zu etablieren. Dabei wird die Aussage der Europäischen Sicherheitsstrategie hervorgehoben, dass „die erste Verteidigungslinie oftmals im Ausland liegen" müsse und Sicherheitsvorsorge am wirksamsten durch „präventives Handeln" gewährleistet werde, wobei „das gesamte sicherheitspolitische Instrumentarium" einbezogen werden müsse. In dieser Art von „Prävention" ist Waffengewalt ausdrücklich eingeschlossen. Folglich setzt sich das Weißbuch dafür ein, das strikte Gewaltverbot der UN-Charta auszuhebeln, indem es einer angeblichen allgemeinen Schutzverantwortung („responsibility to protect") das Wort redet, ein Begriff, der übrigens auch seinen Weg in Dokumente der Vereinten Nationen gefunden hat.

Auf dem NATO-Gipfel in Riga Ende November 2006 gab es längst nicht die großen Auseinandersetzungen um die unterschiedliche Lastenverteilung der NATO-Mitglieder in Afghanistan. Das ist in der Öffentlichkeit viel zu sehr hochgespielt worden, woran die Bundesregierung aber auch ein gewisses Interesse hatte, bot sich doch eine günstige Gelegenheit, sich etwas Aufmüpfigkeit gegen einen seit den Kongresswahlen arg geschwächten und hier zu Lande sowieso äußerst unbeliebten US-Präsidenten herauszunehmen. Diese Widerspenstigkeit, die sonst nicht unbedingt in das Repertoire der Kanzlerin gehört, dürfte zum einen der Tatsache geschuldet sein, dass in der Bevölkerung die Ausweitung der Kampfzone für die Bundeswehr auf überwiegende Ablehnung stößt. Eine emnid-Umfrage zu Beginn dieser Woche hatte ergeben, dass 87 Prozent der Befragten jedweden Kampfeinsatz deutscher Soldaten in Afghanistan ablehnen. Nur 13 Prozent würden dies akzeptieren. Hinzu kommt zweitens, dass die Bundesregierung zur Zeit grundsätzlich kein Interesse daran haben kann, eigene Soldaten über das „normale Maß" hinaus zu gefährden. Mit jedem getöteten Bundeswehrsoldaten sinkt die Akzeptanz von Auslandseinsätzen noch weiter. Und das könnte, angesichts der vielen deutschen Militärvorhaben, zu einem ernsthaften politischen Problem werden.

Aber hinter all dieser zur Schau gestellten Bockigkeit der Kanzlerin sollte verborgen bleiben, dass es bereits ein klares Mandat für Kampfeinsätze der Bundeswehr im Süden Afghanistans gibt. Der Deutsche Bundestag hat bei der Mandatsverlängerung Ende September 2005 beschlossen, dass deutsche Soldaten, sollten sie von der ISAF/NATO angefordert werden, die ISAF-Operation „zeitlich und im Umfang begrenzt" auch im Süden Afghanistans eingesetzt werden können. Dem haben damals alle Fraktionen außer der LINKEN zugestimmt. Und vergessen wir auch das nicht: Deutschland ist im Rahmen von „Enduring Freedom" mit einer Truppe des „Kommandos Spezialkräfte" (KSK) in Afghanistan dabei. Dessen Einsatzgebiet und dessen Kampftätigkeiten werden geheim gehalten. Als im Oktober 2006 der Bundestag der Verlängerung des KSK-Kampfeinsatzes zustimmte, haben sich neben der Linksfraktion gerade einmal die Bündnisgrünen wieder aus der Deckung getraut und zum ersten Mal seit sieben Jahren den Einsatzbefürwortern die Gefolgschaft verweigert. Dass damit noch kein grundsätzlicher Meinungsumschwung bei den Grünen eingeleitet wurde, zeigt sich an der gleichzeitig inbrünstig vorgetragenen Forderung nach einem Bundeswehreinsatz im Sudan. (Manche wollen offenbar nicht lernen.)

Doch zurück zum „Weißbuch". Das Weißbuch zählt „zunehmend komplexe Herausforderungen" und Bedrohungen auf. Genannt werden der internationale Terrorismus, die Verbreitung von Massenvernichtungswaffen und ihre Trägermittel sowie die Gefahr „unkontrollierter Migration", organisierter Kriminalität, Drogen- und illegalen Waffenhandels als Folge innerstaatlicher oder regionaler Konflikte. Ausdrücklich soll auch – „wenn geboten" - durch „bewaffnete Einsätze" gegen „Risiken und Bedrohungen" vorgegangen werden.

Militärinterventionen: Eine katastrophale Bilanz

Nach Meinung der Bundesregierung gibt es also so gut wie kein Problem, zu dessen Lösung nicht Militär eingesetzt werden könnte. Das ist eine Denkweise, die Militär und Krieg nicht mehr als „ultima ratio", wie es immer beschwichtigend heißt, sondern als Allheilmittel begreift. Die Bundesregierung weigert sich aber standhaft eine realistische Bestandsaufnahme der bisherigen Auslandseinsätze vorzunehmen. Aus gutem Grund, denn die Bilanz militärischer Konfliktlösung (oder was Konfliktlösung genannt wird), ist schlicht katastrophal. Ich nenne ein paar Beispiele:

- Die „humanitär" genannte Intervention in Somalia endete mit einem Desater, als nach der Schändung der Leichen US-amerikanischer Piloten die groß gefeierte internationale Truppe von 40.000 Soldaten sich aus dem Lande zurückzog und es in einem bis heute andauernden Chaos hinterließ.
- Die Konflikte im ehemaligen Jugoslawien können zwar durch die nun schon rund acht Jahre dauernde Militärpräsenz – hier vor allem der EU – unterdrückt werden. Ein Abzug des Militärs würde das Wiederaufflammen des Bürgerkriegs bedeuten. Eine Lösung also konnte das Militär nicht bringen.
- Zwei Mal innerhalb eines Jahrzehnts haben ausländische Streitkräfte im Auftrag der Vereinten Nationen in Haiti interveniert: 1994 zugunsten des zuvor von rechtsgerichteten Militärs gestürzten demokratisch gewählten Präsidenten Aristide, 2004 zugunsten der mit eben jenen ehemaligen Militärs verbündeten Opposition, die den amtierenden Präsidenten Aristide aus seinem Amt und aus dem Land vertrieben hatte. Bis heute kann weder von einer innenpolitischen Stabilisierung noch von nennenswerten sozialen Verbesserungen die Rede sein.
- Der Krieg in Afghanistan scheint fünf Jahre nach Beginn der von der NATO geführten Intervention erst wieder richtig zu beginnen. Das Schreckgespenst des Westens, die Taliban, tritt offenbar gestärkt wieder zum Kampf gegen die ausländischen Truppen an, und die Verhältnisse im Innern sind so, dass laut Neuer Zürcher Zeitung vom 31. August 2006 über 70 Prozent der Bevölkerung, vor allem aber die Frauen die Rückkehr der zu Taliban-Zeiten gehassten Religionspolizei fordern.
- Der Irak ist das wohl grauenvollste Beispiel, wie mit Hilfe des Militärs nicht nur die Demokratie nicht importiert werden kann, sondern wie ein Land schrittweise in einen der fürchterlichsten Bürgerkriege gestürzt worden ist. Die Frankfurter Allgemeine Zeitung leitartikelte gestern (01.12.06) vom „großen Fehlschlag": „Der Irak steht am Abgrund, da gibt es nichts zu be-

schönigen", schreibt Nikolas Busse und beklagt, dass dieser Fehlschlag zur „ärgsten Beschneidung des amerikanischen Handlungsspielraums seit Vietnam geführt" habe.

- Israel, die mit Abstand stärkste Militärmacht der ganzen Region, die 1967 noch binnen sechs Tagen drei hochgerüstete arabische Armeen besiegte, hat es im Juli/August 2006 nicht vermocht, in 31 Tagen rücksichtslosester Kriegführung den schwachen Libanon und die dort agierenden Guerillas der Hizbullah zu besiegen. Die einzigen erkennbaren Ergebnisse bis heute: ein weithin zerstörtes Land, eine Regierungskrise in Permanenz und eine im Libanon aufgewertete und gestärkte Hizbullah. In Israel selbst haben – nicht zuletzt durch den Eintritt von Avigdor Liebermann in die Regierung - die politischen Kräfte noch an Einfluss gewonnen, die eine noch radikalere militärische „Lösung" bevorzugen.
- Nachdem die Wahlzettel im Kongo ausgezählt sind und fest steht, dass der amtierende Präsident und Kriegsverbrecher Kabila sich gegen seinen Widersacher und Kriegsverbrecher Bemba durchgesetzt hat, sind dort weder Demokratie noch Frieden eingekehrt – da hilft weder eine Verlängerung des EU-Einsatzes (unter Führung von Frankreich und Deutschland) noch der Abzug der Truppen. Im ersten Fall würde das riesige Land zu einer Art Protektorat (ohne jegliche Aussicht auf innere Stabilisierung), im letzteren Fall bliebe auch alles wie es war.

Die Bundesregierung ficht das alles nicht an. Vordringlich wird an der Transformation der Bundeswehr zu einer weltweit einsetzbaren Interventionsarmee gearbeitet. Auch an der Transformation der NATO zu einem Bündnis mit globaler Ausrichtung ist Deutschland aktiv beteiligt. Nach den Beschlüssen von Istanbul 2004 und von Riga 2006 gibt es für die NATO kein „out of area" mehr. Eigentlich ist damit die Gründungsurkunde der NATO, der Washingtoner Vertrag von 1949, worin das Einsatzgebiet der NATO in Art. 6 genau festgelegt wurde, außer Kraft gesetzt. Aber wen interessiert das heute noch?

Grundgesetz, EU-Verfassung und der Einsatz im Libanon

Die politische Klasse interessiert auch nicht, dass dem Grundgesetz mit der Neuausrichtung der Bundeswehr nachhaltiger Schaden zugefügt wird. Sie verstößt gegen Artikel 87a GG, wonach Streitkräfte nur zur Landesverteidigung aufgestellt werden dürfen. Und die ständigen Kriegseinsätze verstoßen gegen Artikel 26, der die Vorbereitung von Angriffskriegen unter Strafe stellt. Doch welche Generalbundesanwältin wird je Anklage gegen die Bundesregierung erheben?

Die große Koalition hat sich auch weiterhin der Militarisierung der Europäischen Union verschrieben. Im EU-Präsidentschaftsprogramm, das die Bundesregierung am 29. November 2006) verabschiedet hat, steht die „Fortführung des Verfassungsprozesses" an oberster Stelle. Es geht auch hier letztlich um die Umwandlung einer einstmals erfolgreichen Wirtschaftsgemeinschaft in einen Militärpakt. Wie die EU aber ihre wirtschaftsliberale Militärverfassung unter Dach und Fach bekommen will, ist schleierhaft. Weder in Frankreich noch in den Niederlanden, wo gerade wieder bei der jüngsten Wahl die Verfassungsbefürworter einen herben Dämpfer haben einstecken müssen, ist vorstellbar, dass sich die Bevölkerung breitschlagen lässt, in einem zweiten Abstimmungsgang doch noch „Ja" zu sagen. Sie werden beim „Nee" bleiben, und in Frankreich buchstabiert man die EU-Verfassung weiterhin „Non".

Aber auch die Bundesregierung kann außenpolitisch nicht immer so wie sie will. Im Geschacher um einen Einsatz der deutschen Marine vor den Küsten Libanons fällt viel Schatten auf die deutsche Außenpolitik. So war im Halbdunkel kursierender Gerüchte um die Formulierung von Einsatzangeboten der Bundesregierung und Einsatzanforderungen Libanons kaum noch zu erkennen, worin das politische Ziel und – vor allem - der humanitäre Ertrag für die vom Krieg betroffene libanesische Bevölkerung liegen. Die politische Klasse in Berlin handelte nach dem Muster: Wenn die Politik mit ihrem Latein am Ende ist, überlässt sie das Denken dem Militär. Das Militär seinerseits hat sich ganz dem „olympischen" Wahlspruch ergeben: „Dabei sein ist alles". Auch im Nahen Osten!

„Präsenz zeigen", ist eines der beliebtesten Wörter des Berliner Regierungsviertels geworden. Präsenz zeigen, um potenzielle Waffenschmuggler abzuschrecken, Präsenz zeigen, um dem Verbündeten Israel zu bedeuten, dass man es nicht alleine lässt und „deutsche Verantwortung" übernimmt, Präsenz zeigen, um den Anspruch Deutschlands in den Vereinten Nationen ein gewichtigere Rolle zu spielen, martialischen Nachdruck zu verleihen. Präsenz zeigen aber auch, um in der kriegsunwilligen deutschen Bevölkerung einen weiteren Pflock in Richtung deutscher „Normalität" einzurammen.

Unmissverständlich erklärten die Propagandisten eines deutschen Militäreinsatzes im Libanon, dass es seine Hauptaufgabe im Nahen Osten sei, Israel zu schützen, handelt es sich hier doch um die einzige Demokratie in der Region und weil man das den Juden aus historischen Gründen schuldig sei. Selbst die anfänglichen konservativen Gegner eines Militäreinsatzes wie der bayerische Ministerpräsident Edmund Stoiber argumentierten auf der selben Linie wie die Befürworter: Wollten die einen nicht dabei sein, weil man dann ja womöglich in die Lage kommen könnte, „auf Israelis zu schießen", so wollen die anderen unbedingt dabei sein, weil der Schutz israelischen Lebens einen besonders hohen Wert darstelle. Diese Spielart des voreingenommenen Philosemitismus ist bei genauem Hinsehen nicht anderes als ein latenter Rassismus. Im Umkehrschluss heißt das doch nichts anderes als: Auf alles andere, auf islamische Hisbollah-Kämpfer, auf libanesische Soldaten, auf Hamas-„Terroristen", auf irgendwelche anderen „Araber" kann sehr wohl geschossen werden, nur Israelis sind „tabu". Das aber ist nur die halbe Konsequenz aus der deutschen Geschichte, der wir uns selbstverständlich alle stellen müssen. Aus der Erfahrung des schrecklichsten Kapitels der deutschen Geschichte mit der millionenfachen Judenvernichtung und der Behandlung anderer, insbesondere slawischer Völker als „Untermenschen" gibt es als wichtigste Lehre zu ziehen: Deutschland darf Menschen unterschiedlicher Hautfarbe, Herkunft, Religion usw. nie wieder als mehr oder weniger „minderwertig", aber auch nicht als mehr oder weniger „höherwertig" klassifizieren. Deutschland muss das Lebensrecht aller Menschen gleich hoch bewerten.

Die Empörung über den völkerrechtswidrigen israelischen Krieg gegen Libanon und die Hizbullah fiel bekanntlich schwach aus. Lautstarke Proteste blieben aus, weil die Hemmschwelle Israel zu kritisieren, hier zu Landes sehr hoch liegt. Und ich sage: Soweit das historische Bewusstsein und politische Gewissen der Deutschen dafür verantwortlich sind, dass diese Hemmschwelle höher liegt als bei jedem anderen Staat, ist das sogar ein zivilisatorischer Fortschritt. Das Bekenntnis der Deutschen zu ihrer nicht tilgbaren Schuld gegenüber den Juden impliziert immer auch eine besondere Verantwortung für deren Schutz und Sicherheit - nicht nur in Israel übrigens, sondern auch bei uns und überall in der Welt. Wenn die politische Klasse daraus allerdings eine „Staatsräson" macht, welche die bedingungslose Solidarität mit Israel zum wichtigsten Credo deutscher Außenpolitik im Nahen Osten erklärt, beraubt sie sich jeglichen politischen und diplomatischen Handlungsspielraums. Die Bundeskanzlerin sagte unlängst im Bundestag: „Wenn es aber zur Staatsräson Deutschlands gehört, das Existenzrecht Israels zu gewährleisten, dann können wir nicht einfach sagen: Wenn in dieser Region das Existenzrecht Israels gefährdet ist - und das ist es -, dann halten wir uns einfach heraus." Wann wird es dieser Kanzlerin und all jenen, die sich ihrer „Staatsräson" verschrieben haben, dämmern, dass die Sicherheit Israels langfristig nur dadurch zu erreichen ist, dass auch die Sicherheit der Palästinenser und aller anderen Staaten der Region garantiert wird? Krieg und Militär, das zeigt die Geschichte des Nahen Ostens der letzten 58 Jahre, haben noch nie einen Beitrag dazu geleistet.

Alternativen zur militärischen Außenpolitik

Aus diesen Befunden müssen endlich Konsequenzen gezogen werden. Die deutsche (aber nicht nur die deutsche) Außenpolitik muss sich entscheiden:
- Zivile Hilfe zu leisten oder mit Soldaten und Waffenexporten (z.B. weitere U-Boote an Israel) weiter Öl ins Feuer zu gießen.
- Immer größere Teile der Bundeswehr zu Einsatztruppen, Elitekämpfern à la KSK oder EU-Battlegroups zu machen oder die Transformation zur Interventionsarmee zu stoppen.
- Immer häufiger Soldaten in Einsätze zu schicken, denen sie weder physisch noch mental gewachsen sind, gar nicht gewachsen sein können, weil der Krieg an sich die Menschlichkeit überfordert, anstatt die Soldaten aus den Auslandseinsätzen zurückzuholen.
- Immer mehr Militärstützpunkte und Truppenübungsplätze für weltweite Einsätze auszubauen – wie in Ramstein, in der Freien oder Offenen Heide oder in Leipzig und Grafenwöhr - oder diese Basen einfach zu schließen.

Die deutsche Außenpolitik folgt heute überholt geglaubten Prinzipien, die dem 19. und 20. Jahrhundert entstammt, als die Großmächte ihre wirtschaftlichen Interessen vornehmlich militärisch durchzusetzen versuchten – mit verheerenden Folgen für die gesamte Menschheit. Heute kann als gesichertes Wissen gelten, dass die globalen Probleme der Menschheit wirtschaftlichen, sozialen, ökologischen oder ressourcialen Ursprungs sind. Also können sie auch nur mit zivilen Mitteln gelöst werden.

In Berlin hat sich das aber noch nicht herumgesprochen. Im Gegenteil: Hier verfällt man auf das überholte Schema einer militärisch gestützten Außenpolitik. Das politische Ansehen, das sich Deutschland in den vergangenen Jahrzehnten in der Welt erworben hatte, beruhte auf einer äußerst zurückhaltenden, wenig aggressiven und auf keinen Fall säbelrasselnden Außenpolitik. Die beschränkte Souveränität Deutschlands (beider deutscher Staaten) hat sich bezahlt gemacht. Es lohnt sich also durchaus der Gedanke, dass auch eine rein zivile Außenpolitik eine gute Außenpolitik ist.

Wolfgang Schreiber

Kriege, Konfliktherde und Kriegsursachen im 21. Jahrhundert

Beinahe täglich werden wir mit Prognosen konfrontiert. Gegenstand können dabei einzelne Maßnahmen sein, wie die Auswirkungen der Erhöhung der Mehrwertsteuer in Deutschland zu Beginn des Jahres 2007. Regelmäßig werden für vergleichsweise kurze Zeiträume das Wirtschaftswachstum oder die zu erwartenden Steuereinnahmen geschätzt. Aber auch langfristige Prognosen gehören fast schon zu unserem Alltag: der Klimawandel, die Überfischung der Meere, das Bevölkerungswachstum weltweit und der Bevölkerungsrückgang in Deutschland sowie Schätzungen, wie lange uns Erdöl noch als Rohstoff und Energiequelle zur Verfügung stehen wird, sind uns allen mehr oder weniger geläufig.

Inwieweit diese Prognosen im Einzelfall zutreffen, soll hier nicht Gegenstand sein. Die Annahmen, auf denen solche Vorhersagen beruhen, sind plausibel – oder sollten es zumindest sein. Variable Faktoren, welche die prognostizierte Entwicklung wesentlich beeinflussen können, werden in der Regel dadurch berücksichtigt, dass man verschiedene Szenarien entwirft. Wichtig für Prognosen ist dabei, dass man auf Erfahrungen aus der Vergangenheit aufbauen kann.

Bereits ein kurzer Blick zurück macht deutlich, dass Prognosen zur Entwicklung des Kriegsgeschehens eher schwierig sind. Für den Zeitraum von 1945-1992 stellten Gantzel und Schwinghammer (1995: 89f.) einen „fast stetigen Anstieg der weltweiten Kriegsanfälligkeit" fest. Danach wurde im Durchschnitt „in jedem Jahr fast ein Krieg (0,95) mehr geführt als im Vorjahr". Als Prognose für die weitere Entwicklung war diese Trendbeschreibung bei Erscheinen des Buches aber bereits überholt, da 1992 der Höhepunkt des weltweiten Kriegsgeschehens nach 1945 zu verzeichnen war und sich die Anzahl der Kriege mittlerweile in etwa halbiert hat (u.a. AKUF 2006). Über die Schwierigkeit der Prognose waren sich aber auch Gantzel und Schwinghammer durchaus im klaren, indem sie an gleicher Stelle feststellten, dass „keine Regelmäßigkeit, also keine Periodizität, kein Zyklus, nicht einmal ein Trend beim Ausbruch von Kriegen erkennbar" sei.

Obwohl die zurückliegenden langfristigen Entwicklungslinien durch die relevanten wissenschaftlichen Einrichtungen mehr oder weniger ähnlich beschrieben werden, liegen aufgrund unterschiedlicher Definitionen für das Phänomen „Krieg" bei kurzfristigen Analysen zum Teil gegensätzliche Aussagen vor. Wer sich entsprechende Pressemitteilungen aus dem Dezember 2006 zur Entwicklung des Kriegsgeschehens anschaut, wird auf drei gegensätzliche Trendaussagen stoßen: Das kanadische Human Security Centre, das eng mit dem Uppsala Conflict Data Program (UCDP) zusammenarbeitet, stellt einen erneuten Rückgang der Zahl der bewaffneten Konflikte fest (allerdings bezogen auf das Jahr 2005), das Heidelberger Institut für Internationale Konfliktforschung (HIIK) konstatiert dagegen einen Wiederanstieg und die Hamburger Arbeitsgemeinschaft Kriegsursachenforschung

(AKUF) kommt zu dem vorläufigen Ergebnis, dass die reine Zahl der Kriege und bewaffneten Konflikte 2006 gegenüber dem Vorjahr gleich geblieben sei.

Neben der rein zahlenmäßigen Entwicklung macht auch ein regionaler Blick in die Vergangenheit deutlich, dass sich das Kriegsgeschehen einer Prognose zu entziehen scheint. Betrachtet man nur die Zeit nach 1945, so waren bis Mitte der 1950er Jahre Ost- und Südostasien mit China, Indochina und Korea Zentren des weltweiten Kriegsgeschehens, die nächsten 20 Jahre stießen so unterschiedliche Kriege wie die in Algerien, Vietnam, Kongo und Nigeria auf ein breites öffentliches Interesse. Mitte der 1970er bis Ende der 1980er Jahre waren das Horn von Afrika, das gesamte südliche Afrika, Zentralamerika, aber auch einzelne Staaten wie Afghanistan und Kambodscha Hauptschauplätze des Kriegsgeschehens. Und in den 1990er Jahren wurden diese abgelöst durch den Balkan, Westafrika und das Gebiet um die Großen Seen im zentralen Afrika. Eine Ausnahme von dieser regionalen Fluktuation bildet lediglich der Nahe Osten, der mit dem israelisch-arabischen bzw. israelisch-palästinensischen Konflikt im Zentrum eine der wenigen Konstanten im weltweiten Kriegsgeschehen seit 1945 bildet.

Einer Prognose entgegen steht zudem auch eine seit den 1990er Jahren bestehende Unsicherheit über Ursachen und Rahmenbedingungen des Kriegsgeschehens. Bis 1990 war der Ost-West-Konflikt entscheidend für die Wahrnehmung des Kriegsgeschehens. Kriege wurden in dieser Zeit unter Ausblendung ihrer jeweiligen spezifischen Ursachen häufig generell als „Stellvertreterkriege" etikettiert. Nach 1990 wechselten sich Erklärungsmuster in schneller Folge ab (vgl. Schreiber 2001: 27, 36-41): Zunächst bestimmte die Wahrnehmung als „ethnische Konflikte" das Geschehen; diese wurde abgelöst durch „Rohstoff- und Ressourcenkriege". Parallel dazu wurden zerfallende Staaten im Zusammenhang mit Kriegen zu einem Thema. Und seit 2001 stehen asymmetrische Kriegführung und Terrorismus mit im Zentrum der Betrachtung von Kriegen. Diese Wahrnehmungsweisen bilden dann in unterschiedlicher Schwerpunktsetzung den Hintergrund für die Entdeckung so genannter „Neuer Kriege".

Ein letzter und wohl auch entscheidender Punkt, welcher der Prognostizierbarkeit des Kriegsgeschehens entgegen steht, ist ein häufig anzutreffendes Missverständnis über den Begriff der Kriegsursachen. In der wissenschaftlichen Literatur werden ebenso wie in der öffentlichen Diskussion Faktoren wie Rohstoffe, ethnische Heterogenität, Armut und ungleiche Einkommensverteilung als Ursache von Kriegen benannt. Genau genommen handelt es sich hierbei aber nicht um Ursachen für Kriege, sondern um Konfliktursachen bzw. Konfliktgegenstände. Erst das Zusammenspiel mehrerer solcher (struktureller) Faktoren, die subjektive Wahrnehmung der Akteure und eine daraus unter Umständen resultierende Eskalationsdynamik können dazu führen, dass um solche Konfliktgegenstände Krieg geführt wird. Für das 21. Jahrhundert werden als wahrscheinliche Konfliktursachen zum Beispiel benannt: Rüstungsdynamiken, Umweltzerstörung, Ressourcenknappheit, Bevölkerungswachstum, Migrationen, die Globalisierung insbesondere der Weltwirtschaft und der internationale Terrorismus (vgl. Opitz 2001; Rinke/Woyke 2004). Es handelt sich aber (wie gesagt) lediglich um Konfliktursachen oder Krisenpotenziale. Mit Blick auf den Bereich weltweiter Umweltzerstörung stellt

Waldmann (2004: 118) zu Recht fest: „Allerdings fehlen der Konfliktforschung bislang verlässliche Instrumente und Methoden, um mögliche Konfliktverläufe bestimmen und den Übergang umweltinduzierter Konflikte zum gewaltsamen Konfliktaustrag vorhersagen zu können."

In der Zusammenfassung zu einer Tagung deutscher Friedens- und Konfliktforscher zum Thema „Krieg und Frieden im Jahre 2041" heißt es mit Blick auf Prognosen entsprechend vorsichtig: „Insgesamt gehen alle Autoren davon aus, dass auch das 21. Jahrhundert von Konflikten, militärischen Auseinandersetzungen und Kriegen geprägt sein wird, ohne sich darauf festzulegen, ob sie in Anzahl und Intensität zunehmen oder abnehmen werden. [...] Die Kriege der Zukunft sind nach Einschätzung der Autoren Folge der sich aus Bevölkerungswachstum, Klimawandel und zunehmenden sozial-ökonomischen Asymmetrien ergebenden Konflikte. [...] Oder sie treten als Folge von Globalisierung und Staatszerfall in Form von Terrorismus und Bürgerkriegen auf. Insgesamt werden vor allem innergesellschaftliche Probleme als zukünftige Kriegsursachen angesehen." (Sahm u.a. 2006: 16)

Echte Prognosen zum Kriegsgeschehen sind also nicht möglich. Aber auch über die Beschreibung kurzfristiger Trends wie für den bereits vergangenen Teil des 21. Jahrhunderts besteht Unsicherheit, selbst wenn man als Beginn des Jahrhunderts aus historischer Perspektive nicht das Jahr 2000, sondern das Ende des Ost-West-Konflikts zugrunde legt. Die Gründe dafür sind zum einen unterschiedliche Definitionen für „Krieg". So sind zum Beispiel Kriege mit vielen Todesopfern bei Kampfhandlungen noch stärker zurückgegangen als andere. Daraus schließen einige Autoren, dass Kriege, bis aus wenige Ausnahmen, im Verschwinden begriffen sind (Mueller 2004), andere sehen darin einen Erfolg sowohl präventiver als auch Kriege beendender politischer Maßnahmen (Human Security Centre 2005: 145-158). Da Kriege und vor allem solche mit bestimmten Eigenschaften aber nicht regelhaft auftreten, könnten solche Schlussfolgerungen aber auch verfrüht sein (z.B. Friedens-Warte 2006). Umgekehrt sehen andere Autoren steigende Opferzahlen von Gewaltphänomenen, die mit den existierenden Kriegsdefinitionen nicht oder nur unzureichend erfasst werden (z.B. Brzoska 2006; Lock 2005: 106).

Im Gegensatz zu quantitativen Fragen und daraus zu ziehenden Schlussfolgerungen, herrscht über die Zentren des Kriegsgeschehens seit Ende des Ost-West-Konfliktes weitgehend Einigkeit. Betrachtet man zunächst die frühen 1990er Jahre, so wurden zunächst zwei gegenläufige Tendenzen wirksam (vgl. Schreiber 2001: 26-28). Nicht wenige Kriegen, die ihre Legitimation, aber auch ihre materielle Unterstützung aus dem globalen Systemgegensatz Sozialismus/Kapitalismus bezogen hatten, konnten beendet werden. Dies galt insbesondere für Zentralamerika mit seinen Kriegen in Nicaragua, Guatemala und El Salvador. Als zweite Region ist insbesondere das südliche Afrika zu nennen, wo die Kriege in Südafrika, Namibia und Mosambik beendet werden konnten und es auch in Angola zunächst zu einer Abschwächung des Krieges kam. Umgekehrt hatten die Supermächte aber nicht nur Kriegsparteien, sondern auch Regierungen materiell alimentiert. Einige von diesen waren nach dem Wegfall dieser Finanzhilfen nicht mehr in der Lage, ihre Macht aufrecht zu erhalten und in den entsprechenden Ländern eskalierte die Situation kriegerisch. Beispiele hierfür waren vor allem Somalia und Liberia, wobei der dortige Krieg auch auf die Nachbarländer übergriff und somit mit Westafrika fast eine ganze Region von Kriegen erfasst wurde, die seit 1945 im Wesentlichen kriegsfrei gewesen war. Kriege eskalierten darüber hinaus im zentralen Afrika der Großen Seen und – für die westliche Öffentlichkeit und Politik von besonderem Interesse – auf dem Balkan. Die Hoffnung auf eine Friedensdividende, die sich im Zuge des Endes des Ost-Westkonfliktes verbreitet hatte, verschwand innerhalb weniger Jahre.

Aber auch andere Vermutungen fanden keine Bestätigung, auch wenn sie weit weniger spektakulär widerlegt wurden. Die Annahme, Kriege, die wesentlich auch um ethnische Identitäten geführt würden, seien schwieriger zu beenden, als Kriege, in denen es um Interessen geht, erwies sich als falsch. Entweder wurden diese Kriege relativ schnell beendet – wie auf dem Balkan – oder aber sie wurden ab Mitte der 1990er Jahre weniger unter dem Aspekt der Ethnizität, als dem materieller Interessen betrachtet. Der Raubbau von und Handel mit Diamanten, Tropenholz oder anderen Rohstoffen wurde in der allgemeinen Wahrnehmung zur Triebfeder der Kriege nicht nur im westlichen Afrika, sondern auch im wieder aufgeflammten Krieg in Angola und insbesondere in den Kriegen in und um den Kongo ab Mitte der 1990er Jahre. Allerdings wurden auch diese Kriege mittlerweile zum größten Teil beendet, wodurch die Vermutung, dass das Entstehen umfangreicher Kriegsökonomien diesen Kriegen eine lange Dauer bescheren würde, in der Regel nicht bestätigt wurde. Einschränkend sollte allerdings nicht übersehen werden, dass gerade die Nachkriegsstrukturen in diesen Ländern mit zu der Fragestellung beigetragen haben, ob der Begriff des Krieges zur Erfassung aktueller Gewaltphänomene noch adäquat ist.

Zur Jahrhundertwende erschienene Titel, die das Kriegsgeschehen des 21. Jahrhunderts zum Thema haben, gleichen daher eher Beschreibungen und Wahrnehmungen aktueller Konflikte (Elbadawi/Sambanis 2002, Hoch 2001). Auf besonderes Interesse stoßen dabei naturgemäß Kriege, an denen westliche Staaten – allen voran die USA – direkt beteiligt sind oder waren. Dabei wird zum einen nach möglichen Interessen für zukünftige Kriege gefragt (Ramonet 2002, Zumach 2005), zum anderen stehen – vor allem unter dem Stichwort der sogenannten Revolution in Military Affairs (RMA) – technologische Aspekte einer zukünftigen Kriegsführung im Zentrum der Betrachtung (Black 2004). Nicht zuletzt unter dem Stichwort der Asymmetrie der Kriegführung wird nach der Bedeutung des Terrorismus für das zukünftige Kriegsgeschehen gefragt (Gehl 2006). Eine umfassendere Prognose des zukünftige Kriegsgeschehens findet man bei Münkler, der für das 21. Jahrhundert im Wesentlichen drei Typen von Kriege voraussieht: Ressourcenkriege an der Peripherie der Wohlstandszonen, Pazifizierungskriege zur Durchsetzung der soziopolitischen Ordnung des Westens auch an der Peripherie und Verheerungskriege, in denen die Anwendung terroristischer Mittel ein herausragendes Merkmal bildet (2003: 91-97).

Mit dieser Typologie knüpft Münkler an den von ihm mit geprägten Begriff der „Neuen Kriege" an (Münkler 2002, vgl. auch Kaldor 2000). Veränderungen im Kriegsgeschehen wurden nach Ende des Ost-West-Konfliktes auch unter anderen Stichworten verschiedentlich konstatiert (z.B. Van Crefeld 2001). Auch gibt es kein einheitliches Konzept der „Neuen Kriege". Während bei Kaldor unter dem Eindruck der Kriege im früheren Jugoslawien eine Ethnopolitisierung und Ökonomisierung die Hauptmerkmale ihres Konzeptes darstellen, spielen bei Münkler neben der Ökonomie Phänomene wie Privatisierung, Staatszerfall, Asymmetrie und Terrorismus eine weitaus größere Rolle. Die im Begriff der „Neuen Kriege" zugespitzte, veränderte Wahrnehmung des Kriegsgeschehens stieß allerdings in der etablierten Konfliktforschung auf nahezu einhellige Ablehnung (Gantzel 2002, Brzoska 2004, Matthies 2005, Chojnacki 2005, Schlichte 2006).

Was bleibt als Fazit im Hinblick auf das voraussichtliche Kriegsgeschehen im 21. Jahrhundert: Kriege werden uns auch in Zukunft beschäftigen. Über deren Zahl und Intensität lässt sich allerdings wenig voraussagen. Hinsichtlich der geografischen Verteilung dürften Kriege – wie auch in den letzten 50 Jahren – vor allem in der ehemaligen Dritten Welt stattfinden. Dabei werden die Ursachen in der Regel innerhalb oder in Konflikten zwischen benachbarten Gesellschaften und Staaten zu suchen sein. Allerdings werden unter den Vorzeichen einer weiter zunehmenden Globalisierung mehr oder weniger starke Bezüge zu äußeren Entwicklungen bestehen. Kriege werden dabei aus einem komplexen Zusammenspiel mehrerer Konfliktursachen und dem konkretem Handeln von Akteuren entstehen. Dies gilt auf im Hinblick auf westliche Staaten. So werden humanitäre Gründe allein nicht ein Eingreifen in einen bereits laufenden Krieg zur Folge haben. Aber auch das Interesse an der Kontrolle von Rohstoffen wird ohne hinzukommen weiterer ursächlicher Gründe nicht zu einem neuen Krieg führen.

Literatur

Arbeitsgemeinschaft Kriegsursachenforschung (AKUF) (2007): Das Kriegsgeschehen 2006. Daten und Tendenzen der Kriege und bewaffneten Konflikte, hrsg. von Wolfgang Schreiber, Wiesbaden (i.E.)

Black, Jeremy (2004): War and Disorder in the 21st Century, New York London 2004

Brzoska, Michael (2004): „New Wars" Discourse in Germany, in: Journal of Peace Research 41/1, S. 107-117

Brzoska, Michael (2006): Is There a Necessity for New Definitions of War?, in: BICC bulletin No. 38, January/February 2006

Chojnacki, Sven (2005): Gewaltakteure und Gewaltmärkte. Wandel der Kriegsformen?, in: Neue Kriege. Akteure, Gewaltmärkte, Ökonomie, hrsg. von Frech, Siegfried/Trummer, Peter I., Schwalbach/Ts., S. 73-99

Elbadawi, Ibrahim/Sambanis, Nicholas (2002): How Much War Will We See? Explaining the Prevalence of Civil War, in: Journal of Conflict Resolution 46, S. 307-334

Friedens-Warte (2006). Journal of International Peace and Organization 81/2: Kritische Stimmen zum Human Security Report 2005

Gantzel, Klaus Jürgen (2002): Neue Kriege? Neue Kämpfer?, Arbeitspapier 2/2002 der Forschungsstelle Kriege, Rüstung und Entwicklung des Instituts für Politische Wissenschaft der Universität Hamburg

Gantzel, Klaus Jürgen/Schwinghammer, Torsten (1995): Die Kriege nach dem Zweite Weltkrieg 1945 bis 1992. Daten und Tendenzen, Münster

Gehl, Günter (Hrsg.) (2006): Terrorismus – Krieg des 21. Jahrhunderts?, Weimar

Hoch, Martin (2001): Krieg und Politik im 21. Jahrhundert, in: Aus Politik und Zeitgeschichte B20/2001: http://www.bpb.de/publikationen/VKE3AO.html

Human Security Centre (2005): Human Security Report 2005. War and Peace in the 21st Century, New York – Oxford

Kaldor, Mary (2000): Neue und alte Kriege. Organisierte Gewalt im Zeitalter der Globalisierung, Frankfurt am Main

Lock, Peter (2005): Zur Zukunft des Krieges. Zwischen Schattenglobalisierung und US Militärstrategie, in: Becker, Joachim/Hödl, Gerald/Steyrer, Peter (Hrsg.): Krieg an den Rändern. Von

Sarajewo bis Kuito, Wien, S. 92-107

Matthies, Volker (2005): Eine Welt voller neuer Kriege?, in: Neue Kriege. Akteure, Gewaltmärkte, Ökonomie, hrsg. von Frech, Siegfried/Trummer, Peter I., Schwalbach/Ts., S. 33-52

Mueller, John (2004): .The Remnants of War, Ithaca – London

Münkler, Herfried (2002): Die neuen Kriege, Reinbek bei Hamburg

Münkler, Herfried (2003): Kriege im 21. Jahrhundert, in: Jahrbuch für internationale Sicherheitspolitik 2003, hrsg. von Erich Reiter, Hamburg u.a., S. 83-97

Opitz, Peter J. (Hrsg.) (2001): Weltprobleme im 21. Jahrhundert, München

Ramonet, Ignacio (2002): Kriege des 21. Jahrhunderts. Die Welt von neuen Bedrohungen, Zürich

Rinke, Bernhard/Woyke, Wichard (Hrsg.) (2004): Frieden und Sicherheit im 21. Jahrhundert. Eine Einführung, Opladen

Sahm, Astrid/Sapper, Manfred/Weichsel, Volker (2006): Einleitung. Frieden und Krieg in Zeiten des Übergangs, in: Sahm, Astrid/Sapper, Manfred/Weichsel, Volker (Hrsg.): Die Zukunft des Friedens, Band 1: Eine Bilanz der Friedens- und Konfliktforschung, 2. Auflage, Wiesbaden,

S. 9-18

Schlichte, Klaus (2006): Neue Kriege oder alte Thesen? Wirklichkeit und Repräsentation kriegerischer Gewalt in der Politikwissenschaft, in: Geis, Anna (Hrsg.): Den Krieg überdenken. Kriegsbegriffe und Kriegstheorien in der Kontroverse, Baden-Baden, S.111-131

Schreiber, Wolfgang (2001): Die Kriege in der zweiten Hälfte des 20. Jahrhunderts und danach, in: Arbeitsgemeinschaft Kriegsursachenforschung (AKUF): Das Kriegsgeschehen 2000. Daten und Tendenzen der Kriege und bewaffneten Konflikte, hrsg. von Thomas Rabehl und Wolfgang Schreiber, Opladen; S. 11-46

Van Crefeld, Martin (2001): Die Zukunft des Krieges, 2. Auflage, München

Waldmann, Jörg (2004): Risiken III. Umweltzerstörung, Ressourcenknappheit, Bevölkerungswachstum und Migration, in: Rinke, Bernhard/Woyke, Wichard (Hrsg.): Frieden und Sicherheit im 21. Jahrhundert. Eine Einführung, Opladen, S. 101-123

Zumach, Andreas (2005): Die kommenden Kriege. Ressourcen, Menschenrechte, Machtgewinn – Präventivkrieg als Dauerzustand?, Köln

Webadressen

Arbeitsgemeinschaft Kriegsursachenforschung (AKUF): www.akuf.de
Heidelberger Institut für Internationale Konfliktforschung (HIIK):
www.hiik.de
Human Security Centre: www.humansecurity.org
International Crisis Group: www.icg.org
Uppsala Conflict Data Program: www.pcr.uu.se/research/UCDP

Ulrike Borchardt

Migrations- und Flüchtlingspolitik der EU
im Spannungsfeld von Sicherheit, ökonomischer Notwendigkeit und Menschenrechten

Ich möchte im Folgenden die Widersprüchlichkeit der EU-Politik im Bereich der Behandlung und des Umgangs mit Migranten und Migrantinnen aus nicht-europäischen Staaten am Beispiel der Südgrenze der EU verdeutlichen. Diese Widersprüche finden sich sowohl innerhalb der einschlägigen Dokumente, allen voran des vom Europäischen Rat im März 2005 verabschiedeten „Haager Programm zur Stärkung von Freiheit, Sicherheit und Recht in der Europäischen Union"[1], als auch in der politischen Praxis, was die Auslagerung von Grenzkontrollaufgaben und „Rückführungsmaßnahmen" an Dritt-Staaten betrifft.

Im Zentrum meines Beitrags soll die Sicherung der Außengrenzen der EU durch Bildung eines Cordon Sanitaire am Beispiel Marokkos stehen. Dabei geht es nicht etwa um eine militärische Bedrohung, der sich die EU bzw. Spanien von Seiten Marokkos ausgesetzt sieht, sondern um tausende „illegaler" Einwanderer, die verzweifelt versuchen, das „Eldorado" auf dem europäischen Festland zu erreichen.

Als relativ spätes Mitglied der EU (1986) war Spanien bereits im Vorfeld seiner Beitrittsverhandlungen gezwungen, seine Gesetzgebung im Bereich der Behandlung von Migranten nach den Bestimmungen des 1985 beschlossenen Schengen-Abkommens umzugestalten. Dabei war das Migrationsthema für Spanien zu diesem Zeitpunkt eher unbedeutend, war es doch selbst ein Land gewesen, das zahlreiche Migranten in die EU schickte. Entsprechend besaß Spanien bis Anfang der 90er Jahre keine Integrationspolitik für Immigranten, da ihr Status in der Regel nicht als dauerhaft angesehen wurde. Dies änderte sich grundlegend Mitte der 90er Jahre, als mehr und mehr Arbeitsmigranten, vor allem aus Marokko, ins Land kamen, die meisten von ihnen als „Illegale"[2]. Innerhalb der EU wurde das Migrationsthema mehr und mehr unter sicherheitspolitischen Aspekten betrachtet, als „Bedrohung" der eigenen Kultur und Faktor innenpolitischer Destabilisierung. Nicht zuletzt der 1995 begonnene „Barcelona-Prozess" sollte einen wirksamen Beitrag zur Entspannung des Migrationsproblems durch eine stärkere Kooperation zwischen den Mittelmeeranrainerstaaten bewirken. Am Beispiel der spanisch-marokkanischen Beziehungen soll der Einfluss des Barcelona-Prozesses auf die Migrationspolitik beider Länder näher untersucht werden. Zentrales Thema ist die Widersprüchlichkeit zwischen ökonomischer Notwendigkeit der problemlosen

---

1 vgl. Europäischer Rat: Haager Programm zur Stärkung von Freiheit, Sicherheit und Recht in der Europäischen Union, Amtsblatt der Europäischen Union v. 03.03.2005
2 Koser (2005:5) verweist darauf, dass die EU der einzige signifikante internationale Akteur im Bereich der Migration ist, der darauf besteht, den Terminus „illegal" beizubehalten. Statt dessen sollte man lieber die Terminologie der UN übernehmen und von „irregulärer" Immigration sprechen.

Einreise marokkanischer Wanderarbeiter und der verstärkten Grenzsicherungen, die ein Anwachsen der irregulären Immigration wirksam verhindern sollen.

Durch die Vorfälle Ende September 2005 sowie im Juni 2006 am drei Meter hohen Grenzzaun der spanischen Exklave Melilla ist die Aktualität und Dringlichkeit einer menschenwürdigen Behandlung des Problems der irregulären Immigration nach Europa über die Grenzen Spaniens und Marokkos hinaus einer breiten Öffentlichkeit bekannt geworden. Die jüngsten Vorfälle der Massenabschiebungen subsaharischer MigrantInnen durch marokkanische Polizeikräfte an die algerische Grenze über die Weihnachtstage blieben dagegen weitgehend unerwähnt von der europäischen Presse. Als besonders skandalös ist die Tatsache hervorzuheben, dass viele der MigrantInnen über Dokumente des UNHCR verfügten. Sicherlich betreffen das Problem der irregulären Migration und deren militär-polizeiliche Abwehr von Seiten der EU nicht allein Spanien und Marokko, sondern den gesamten Mittelmeerraum, ja sämtliche Außengrenzen der EU. Dennoch soll hier am Beispiel Spanien und Marokko die Komplexität des Problems verdeutlicht werden.

Beide Länder waren klassische Emigrationsländer - Spanien bis Mitte der 1970er Jahre, Marokko ist es noch heute, wobei es gleichzeitig seit Anfang der 1990er Jahre zum Transitland für irreguläre Migranten aus Schwarzafrika geworden ist. Dass es durch die weiteren Restriktionen der EU-Migrationspolitik an ihren Außengrenzen bald zu einem Immigrationsland wird, beginnt sich bereits abzuzeichnen.

Im Folgenden werde ich in fünf Bereichen die Widersprüche und Zusammenhänge zwischen Migration, Entwicklung und Sicherheit und Missachtung der Menschenrechte am Beispiel der Behandlung des Migrationsproblems durch die EU, Spanien, Marokko und nicht zuletzt die Rückwirkungen dieser Behandlung auf die afrikanischen Staaten südlich der Sahara aufzeigen.

Ich beginne mit einem allgemeinen Überblick über den Zusammenhang von Migration, Entwicklung, Sicherheit und Missachtung der Menschenrechte.

In einem zweiten Abschnitt werde ich (kurz) auf die EU-Politik eingehen; ein dritter Teil behandelt die spanische Migrationspolitik, ein vierter die marokkanische, der fünfte Teil die Haltung der westafrikanischen Staaten, aus denen die Mehrzahl der irregulären Migranten kommt.

I. Migration – Entwicklung – Sicherheit – Missachtung der Menschenrechte

Blickt man auf die sozialwissenschaftliche Migrationsforschung der letzten fünfundzwanzig Jahre zurück, so fällt auf, dass die meisten Studien der 1980er und auch 1990er Jahre sich mit dem Thema Migration und Entwicklung befassten: Arbeitsmarkt und soziale Belange standen im Vordergrund der akademischen Debatten, die sowohl ökonomische, soziologische und kulturelle Ansätze umfassten. Politikwissenschaftler und Spezialisten internationaler Beziehungen behandelten das Migrationsthema weit später.[3] Im Vordergrund des Interesses standen zunächst

---

3   Einen guten Überblick über die Entwicklung der sozialwissenschaftlichen Migrationsliteratur bietet Catherine Wihtol de Wenden: Migration as an International and Domestic Security Is-

der Zusammenhang zwischen Migration und Globalisierung sowie internationale Themen, wie Flüchtlinge, transnationale Netzwerke, Menschenrechte.

In den 1990ern erfolgte eine Umkehr der Sicherheitsstudien von Ost-West zu Süd-Nord-Fragen, wobei Innenpolitik den Vorrang vor strategischen Studien erhielt. In diesem Kontext wurde Migration als zukünftige strategische Herausforderung definiert. Bigo (2001) erklärt die Analyse der sozialen Bedrohung durch Migration als Konstrukt von Sicherheitsexperten, die nach dem Ende des Kalten Krieges um ihre berufliche Zukunft bangten. Er zeigt deutlich die Grenzverschiebungen zwischen äußerer und innerer Sicherheit und das Auftauchen von Migration als Thema der globalen Sicherheit. Dabei verweist er auf den Kampf der verschiedenen „Sicherheitsexpertengemeinden" um eine Hierarchisierung von Bedrohungen nach dem Ende der Bipolarität. Das Verwischen der Grenzen zwischen innerer und äußerer Sicherheit sieht er als Konsequenz der Veränderung von vier Bereichen:

- der sozialen Welt,
- der Art und Weise, wie verschiedene Organisationen diese „Veränderungen" als Bedrohungen konstruieren,
- ihrem Interesse einen möglichst großen Anteil an Forschungsgeldern, Aufgaben und Legitimation für ihre jeweiligen Konstrukte zu erhalten, und
- in der Art und Weise, wie politische, bürokratische und mediale Spiele soziale Veränderung als politisches oder Sicherheitsproblem konstruieren oder nicht. (Bigo 2001:122)

Ob es sich dabei um ein „Konstrukt" sicherheitspolitischer Experten handelt, kann an dieser Stelle nicht abschließend behandelt werden. Auffällig ist allerdings, dass nach dem Ende des Kalten Krieges Migration Eingang in den strategischen Diskurs von Nato und den Ministerien für Außen- und Sicherheitspolitik fand. Als wichtigste Themen gelten Migrationsströme (die Furcht von Invasion) sowie – insbesondere nach den Anschlägen des 11. September 2001 - der islamische Terrorismus. Nicht nur in den USA, sondern auch in Europa wird Migration zunehmend als Frage der inneren Sicherheit definiert (Cesari 1997).

Myron Weiner (1993) unterscheidet fünf verschiedene Arten des Zusammenhangs zwischen Migration und Sicherheit.

- wenn sich Flüchtlinge und Immigranten gegen ihr Herkunftsregime organisieren, wie beispielsweise Khomeini in den 1970er Jahren von Paris aus;
- wenn sie ein Sicherheitsrisiko für das Gastland darstellen (etwa sog. „Schläfer");
- wenn große Migrationsströme die Sprache, Sitten, Selbstbild etc. des Gastlandes überschwemmen;
- wenn sie gegenüber den Einheimischen eine soziale und ökonomische Bedrohung, insbesondere auf dem Gebiet der Beschäftigung darstellen;

---

sue, in: Brauch, Hans Günter et al. (eds): Security and Environment in the Mediterranean, Springer-Verlag, Berlin et al. 2003, S. 441-451

- wenn Immigranten als „Waffen" im Krieg benutzt werden, wie Saddam Hussein dies während des Zweiten Golfkrieges mit ausländischen Geiseln tat.

Bis zum 11. September 2001 standen insbesondere die sozialen oder menschlichen Aspekte der Sicherheit im Vordergrund. Seit dem 11. September wurde die 2. Definition die dringlichste und wichtigste, also die der sogenannten „Schläfer", d.h. die Gleichsetzung von Immigranten mit potentiellen „Terroristen".

Wie sieht es nun mit der „Bedrohung" durch Tausende irregulärer Migranten aus, die verzweifelt versuchen, die „Festung Europa" mittels völlig überfüllter, meist wenig seetüchtiger Boote oder durch die ebenfalls lebensgefährliche Überwindung der drei- bis sechs Meter hohen Stacheldrahtzäune um die spanischen Exklaven Ceuta und Melilla auf marokkanischem Festland zu „erstürmen"? In welche dieser fünf Kategorien fallen sie?

Vielleicht sollte man noch eine sechste hinzufügen: „Wenn Immigranten uns an die Universalität der Menschenrechte erinnern".(!)

Lassen Sie mich an dieser Stelle den spanischen Philosophen Santiago Alba Rico zitieren, der im Zusammenhang mit der Behandlung der subsaharischen Migranten, die Ende September 2005 den Grenzzaun von Melilla zu überwinden versuchten, folgendes schrieb:

„Aber dieser Zaun, der die Welt in zwei Hälften ohne Schatten und Übergänge teilt, ist gleichzeitig eine Leinwand, auf der sich zwei unwiderlegbare Widersprüche abbilden, die in anderen Orten leicht vergessen werden. Der erste hat mit der Richtung und Möglichkeit der individuellen Fortbewegungen in einem ungleichen ökonomischen Raum zu tun, innerhalb dessen die Nationalstaaten, formal homogen, eine unterschiedliche Fähigkeit zur Durchsetzung ihrer Souveränität besitzen. Internationale Abkommen und lokale Verfassungen, in Übereinstimmung mit den Prinzipien der UNO, anerkennen und fordern die Respektierung des individuellen Rechtes der Bürger bei der «Ausreise» aus ihren Ländern. Aber dieselben Abkommen und Verfassungen, in Übereinstimmung mit den Prinzipien der UNO, überlassen den Staaten das «Recht der Einreise». Auszureisen ist ein individuelles Recht; einzureisen ist Recht des Staates. (...) In der Tat können die Spanier nach Marokko oder Indonesien einreisen, weil sie «keine Individuen», sondern unpersönliche Manifestationen eines souveränen Staates sind; in der Tat können die Senegalesen Afrika nicht verlassen, weil sie lediglich «schutzlose Individuen» sind, abgestoßen aus nicht-souveränen Staaten.

Der zweite Widerspruch des Grenzzaunes ist eine Verlängerung des ersten und hat zu tun mit dem bereits bekannten Paradox der Menschenrechte. Gegen die universellen Prinzipien der Französischen Revolution erinnerte der Reaktionär Joseph de Maistre daran, dass es auf der Welt nichts gäbe, was man als «Menschen» bezeichnen könnte, sondern allein Spanier, Franzosen, Engländer und sogar Perser (wenn man das Zeugnis Montesquieus akzeptiert, der über sie schrieb). Dieser passende Spott enthüllte eineinhalb Jahrhunderte später die absurden und tragischen Konsequenzen, die Menschenrechte verteidigen zu wollen innerhalb eines ungleichen ökonomischen Raumes, der formal durch den Nationalstaat beherrscht wird. Bereits Hannah Arendt wies darauf hin, dass die Vertriebenen und

Flüchtlinge des Zweiten Weltkrieges deswegen «am äußersten Rand jeglichen Rechtes» blieben, da sie kein Vaterland mehr hatten, keine Familie, kein Geld, also nur noch auf ihr Menschsein reduziert waren. Als reine Individuen werden die Menschen, die den Grenzzaun von Melilla überschreiten wollen, ihre Pässe zerstören, damit man sie nicht in ihre nichtsouveränen Staaten zurückschickt, folglich jeglichen Schutzes beraubt, ohne Mittel und Nationalität, werden sie zu «Menschen», einfach nur Menschen und ihnen bleibt nichts weiter als ihre nackte menschliche Haut um Widerstand zu leisten. Und genau von diesem Moment an und genau deshalb hören sie auf «Subjekte des Rechtes» zu sein und ihr Schicksal ist die Wüste. " (Alba 2005)

II. Die Behandlung des Migrationsthemas durch die EU-Mittelmeerpolitik

Diese Aussage Albas weist so eindringlich auf die Kernproblematik des Vorfalls am Grenzzaun von Melilla hin, in deren Mittelpunkt die Frage der Unteilbarkeit von Menschenrechten steht. Auch die Migrationspolitik der EU muss sich dieser Frage stellen, gehört die Gewährleistung der Menschenrechte doch zu ihren vornehmsten Aufgaben. Im erst kürzlich verabschiedeten „Haager Programm zur Stärkung von Freiheit, Sicherheit und Recht in der Europäischen Union" (Amtsblatt der Europäischen Union v. 03.03.2005) wird dies noch einmal bekräftigt. So heißt es unter Abschnitt 1.6.1, der sich mit der externen Dimension von Asyl und Zuwanderung befasst:

„Der europäische Rat stellt fest, dass unzureichend regulierte Wanderungsbewegungen zu humanitären Katastrophen führen können. Er verleiht seiner großen Besorgnis über die menschlichen Tragödien Ausdruck, die sich im Mittelmeer bei Versuchen abspielen, illegal in die Europäische Union einzureisen. Er ruft alle Staaten auf, stärker zusammenzuarbeiten, um den Verlust weiterer Menschenleben zu verhindern. " (S. C53/5)

Eines der zentralen Mittel der Migrationskontrolle sieht die EU in der sog. Externalisierung. Dabei ist Externalisierung eigentlich ein ökonomischer Begriff und bedeutet die Delegierung einer oder mehrerer Aufgaben eines Unternehmens an cinen externen Akteur. Er beinhaltet auch die Delegierung von Verantwortung auf diesen Akteur. Im Zusammenhang mit Migrationskontrolle bedeutet Externalisierung die Verlagerung bestimmter Kontrollaufgaben an den Grenzen nach außen sowie die Übertragung von Verantwortlichkeiten im Rahmen der Grenzkontrollen an sog. Drittstaaten. Diese Übertragung von Verantwortlichkeiten bezieht sich sowohl auf die Gewährung von Asyl als auch auf die Kontrolle der Migration und der Grenzen.[4]

Für die EU bezieht sich Auslagerung vor allem auf die Kontrollfunktionen zur Einreise nach Europa, die in zunehmenden Maßen an die Ursprungsländer übergeben wurde bzw. an Drittstaaten.

Gab es bis mindestens 2001 auf europäischen Flughäfen riesige Menschenmengen, die vor den Schaltern für „Non-EU-citizens" wartete, so gibt es heute kaum

---

4   Claire Rodier, Juristin und Vorsitzende der französischen NGO „migreurop" hat zu diesem
     Thema eine ausführliche Studie für das Europäische Parlament angefertigt; vgl. Rodier 2006.

noch eine Warteschlange vor diesen Schaltern, da die Kontrollen bereits bei der Ausreise aus dem Herkunftsland stattgefunden haben.

Vier Hauptelemente der Externalisierung

1. Verlagerung der Grenzkontrollen auf die Konsulate und Botschaften durch die Einführung einer immer komplizierteren Visa-Politik. Darin liegt einer der Gründe für das Ansteigen der illegalen Migration. Im März 2001 beschließt die Justiz- und Innenministerkonferenz eine Regelung (Nr. 539/2001 v. 15. März 2001; JOCE L 81/1), mit der eine Liste von Drittstaaten festgelegt wird, deren Ausreisende für die Grenzüberschreitung visapflichtig sind oder nicht, mit der Möglichkeit der Mitgliedstaaten, „Ausnahmen" zu erlauben.
2. Die Übertragung der Verantwortung für die Einreise „illegaler" Personen an die Transportunternehmen (Direktive 2001/51/CE).
3. Gemeinsame Überwachung der Seegrenzen (2003).
4. Einführung von Verbindungsbeamten (Beschluss 19/02/04). (Vgl. Verordnung (EG) Nr. 377/2004 des Rates vom 19. Feb. 2004, Amtsblatt der EU Nr. L 64/1-64/4 vom 2.3.2004.) Diese Verbindungsbeamten stammen aus den EU-Mitgliedstaaten und ihre Aufgabe ist es, die Beamten in Drittländern oder Transit-Staaten in ihren Grenzkontrollaufgaben zu unterstützen. Ihre Aufgabe besteht in erster Linie in der Verhinderung illegaler Migration, der Rückführung illegaler Migranten und im Migrationsmanagement.

Die jüngste Maßnahme zur Abwehr „illegaler" MigrantInnen und Flüchtlingen bildet die Einrichtung der europäischen Grenzschutz-Agentur FRONTEX, die ihren Sitz in Warschau hat. Obwohl bereits 2004 beschlossen, verfügt Frontex erst seit Oktober letzten Jahres über eine allgemein zugängliche Website (www.frontex.europa.eu). Die Gründung von Frontex steht in unmittelbarem Zusammenhang mit der Verabschiedung des bereits erwähnten Haager Programms, schließlich muss die Freiheit der Europäer auch entsprechend gesichert werden! Eine der wichtigsten Einsätze von Frontex im vergangenen Jahr betraf die Überwachung der Seewege von Mauretanien und Senegal nach den Kanarischen Inseln, dafür standen 3,5 Mio. Euro zur Verfügung, von denen Frontex 2,8 Mio. beitrug, der Rest kam von Frankreich, Deutschland, Italien, Portugal, den Niederlanden, Norwegen und Großbritannien. Laut einer Presseerklärung von Frontex konnten die Überwachungsmaßnahmen zur Rückführung von 6.076 „illegalen" Migranten beitragen. Mehr als 3.500 seien bereits an der afrikanischen Küste von ihrem lebensgefährlichen Plan abgehalten worden (www.frontex.europa.eu/newsroom/ newsreleases/art8.html, Ausdruck v. 15.01.2007). Insgesamt kamen 2006 über 31.000 afrikanische Migranten über den gefährlichen Seeweg auf die Kanarischen Inseln. Nach Schätzungen kanarischer Behörden kamen dabei weitere 6.000 ums Leben (El País v. 10.01.2007).

Die folgende Tabelle gibt einen Eindruck über die Prioritätensetzung der EU bei der Mittelvergabe für die Handhabung des Migrationsproblems:

Finanzierungsplan einer umfassenden europäischen Migrationspolitik (2007-2013)	
Mittel zur Sicherung der Außengrenzen (Frontex)	1.820.000.000. €
Frontex-Haushalt 2006	19 Mio. €
2007	34 Mio. €
Europäischer Flüchtlingsfonds	700.000.000 €
Integrationsfond	825.000.000 €
Rückkehr-Prämien (ab Januar 2008)	676.000.000 €
Insg.	4.021.000.000 €

Quelle: eigene Zusammenstellung, basierend auf: IP/06/1813, Date: 14/12/2006 (http://europa.eu/rapid/pressReleasesAction.do?reference=IP/06/1813, Ausdruck v. 15.01.2007)

Wie aus der Tabelle hervorgeht, sind nahezu die Hälfte der bereitzustellenden Finanzmittel für Sicherheitsmaßnahmen vorgesehen, nimmt man die Mittel aus dem „Rückkehr-Fonds" noch hinzu, von denen ein beträchtlicher Teil für Massenabschiebungen bestimmt ist, so steigt der Anteil über 50%.

Der „Barcelona-Prozess

Die Annahme der Barcelona-Deklaration 1995 hatte in erster Linie das Ziel, den freien Warenverkehr zwischen der EU und den südlichen Anrainerstaaten des Mittelmeeres zu erleichtern anstelle eines freien Personenverkehrs. Man vertrat die Auffassung, dass „Co-developpement" die geeignete Strategie war, Migration aufzuhalten. Durch Exporterleichterungen für Agrarprodukte und Textilien und verstärkte öffentliche und private Investitionen in den Südländern des Mittelmeeres sollte der Migrationsdruck in die EU abgemildert werden.

In der Mitteilung der Kommission an den Rat und das Europäische Parlament zum 10. Jahrestag der Partnerschaft Europa-Mittelmeer (KOM (2005)139 endgültig) wird Europa als „beliebtestes Ziel von Einwanderern aus dem Mittelmeerraum" (2) bezeichnet. Unter dem Abschnitt Justiz, Sicherheit und Freiheit, einschließlich Migration und sozialer Integration wird betont, dass Migration und soziale Integration von Migranten ein „besonders sensibles" Thema darstellen:

„Fast 5 Millionen Bürger aus dem Mittelmeer-Partnerländern haben ihren rechtmäßigen Wohnsitz in der EU. Die meisten stammen aus Marokko, Algerien und der Türkei.[5] Die demographische Entwicklung in der EU führt allerdings dazu, dass in Zukunft weitere Einwanderer als Arbeitskräfte benötigt werden.[6] Statt sich auf die Verringerung des Migrationsdrucks zu konzentrieren, sollten die Partner sich auf ein strategisch orientiertes Konzept einigen, das sicherstellt, dass den Nutzen der Migration für aller Partner optimiert. Zu einem solchen Konzept gehört auch eine verstärkte Zusammenarbeit bei der Verhinderung der menschlichen Tragödien, die sich im Mittelmeer bei dem Versuch ereignen, illegal in die EU zu

---

5   In dieser Zahl sind nicht bereits eingebürgerte ehem. Drittstaatsangehörige eingeschlossen.
6   vgl. Grünbuch über ein EU-Konzept zur Verwaltung der Wirtschaftsmigration -
    KOM(2004)811.

gelangen. Es muss daher zu den prioritären Zielen der Partnerschaft gehören, einem weiteren Verlust von Menschenleben vorzubeugen." (KOM (2005) 139:15)

Mit anderen Worten: Das Problem ist durchaus richtig erkannt, lediglich die passende Strategie lässt auf sich warten.

Die im Barcelona-Prozess avisierte Strategie der „Partnerschaft" funktionierte aus drei Gründen nicht: Zum einen wurde der Barcelona-Prozess insgesamt stark blockiert durch den andauernden Israelisch-palästinensischen Konflikt, zum zweiten war die EU insgesamt eher zögerlich in der Gewährung von Exporterleichterungen, zumal es sich gerade im Agrarbereich um klassische Konkurrenzprodukte der EU-Mittelmeerländer handelt (Tomaten, Oliven, Zitrusfrüchte). Auch die neuen WTO-Regelungen für die Textil-Branche wirkten sich negativ für die Südanrainer des Mittelmeeres aus. Ferner übersah man offensichtlich die widersprüchliche Wirkung des Konzeptes von „Co-developement": Während Entwicklung langfristig Massenmigration verringern kann, führt sie kurzfristig eher zu einer Erhöhung der Migrationszahlen, da fortschreitende Entwicklung zu einer Strukturveränderung führt, die Arbeitskräfte aus traditionellen Sektoren freisetzt, die dann in anderen Sektoren nach Arbeit suchen. Bezogen auf den Anstieg der Migration aus dem subsaharischen Afrika stellt sich die Frage: Trifft dies auf die Migranten aus dieser Region zu? Wie sieht die ökonomische Lage in Mali, Senegal, Guinea etc aus? Wenn diese Gesellschaften sich ebenfalls in einem beschleunigten ökonomischen Transformationsprozess befinden, muss man fragen, ob die kürzlich verabschiedete „Strategie der Europäischen Union für Afrika" die erhofften Resultate bringen wird.

III. Spanien als neues Einwanderungsland

Spanien, bis Ende der 1970er Jahre eines der ärmsten Länder Westeuropas, fast vierzig Jahre eine Diktatur, war vor seinem EU-Beitritt 1986 eher ein klassisches Emigrationsland. Dabei ist nicht hoch genug zu bewerten, dass die Rolle der spanischen Migranten in Westeuropa nicht allein für die ökonomische Unterstützung ihrer Familien im Mutterland eine wichtige Rolle spielten, sondern insbesondere auch für den politischen Transformationsprozess eine herausragende Bedeutung hatten. Spanien erlebte seit Mitte der 1960er Jahre einen rasanten Modernisierungsprozess, der innerhalb von zehn Jahren zum Zusammenbruch des politischen Systems der Franco-Diktatur führte. Abgefedert wurden die nicht unerheblichen Transformationskosten durch die massive finanzielle und politische Unterstützung der EU. Seit seinem EU-Beitritt vor nunmehr 20 Jahren hat sich das Land komplett gewandelt, das betrifft nicht allein den ökonomischen und politischen Bereich, sondern insbesondere den hier im Mittelpunkt stehenden Bereich der Migration: Spanien wurde zunächst vom Emigrations- zum Transitland und schließlich zum Immigrationsland. Die Annahme, der zufolge der größte Teil der Immigranten – legal und illegal – aus dem Maghreb und aus Subsahara-Afrika stammen, bestätigt sich jedoch auch heute nicht: So war 2003 die größte Gruppe Ecuadorianer, eine hohe Anzahl von Kolumbianern, Rumänen und Argentiniern. Was jedoch gleich geblieben ist: Die größte Ausländergruppe kommt aus der EU! Interessant ist: Immigranten aus Subsahara-Afrika tauchen nicht in der Statistik auf; offensichtlich gehören sie sämtlich zu den „Illegalen". 2003 betrug der Anteil der Immigranten mehr als 6% der Gesamtbevölkerung, was einen Anstieg von mehr als 700.000 im Vergleich zum Vorjahr betrifft. Die Zahl der Illegalen wurde auf 850.000 geschätzt (Baldwin-Edwards 2004).

Vor nunmehr mehr als zehn Jahren schrieb ich einen Bericht über „Das Migrationsproblem im westlichen Mittelmeerraum". Darin schilderte ich u.a. die Konsequenzen der Einführung der Visa-Pflicht im Mai 1991 für maghrebinische Migranten nach Spanien:

„Daraufhin gab es einen spektakulären Anstieg illegaler Migranten aus dem Maghreb, die in einfachen Fischerbooten die 14 km breite Meerenge von Gibraltar zu überqueren suchten. Die meisten von ihnen wurden auf spanischer Seite gleich bei ihrer Ankunft von Grenzpolizisten in Empfang genommen und umgehend wieder ,repatriiert' – allein von Januar bis September 1991 betraf dies mehr als 2.000 illegale Immigranten (El País, 15. September 1991). Im darauf folgenden Jahr sollen mehr als 50 ,espaldas mojadas[7] bei der Überfahrt ertrunken sein." (Borchardt 1994:79)

Auch über die Existenz von Lagern im „Niemandsland" rund um die spanischen Exklaven Ceuta und Melilla berichtete ich damals. Sogar der Export spanischer Patrouillenboote an Marokko, die als „Entwicklungshilfe" getarnt waren, ist dort nachzulesen. (ebenda)

Mittlerweile sind zwölf Jahre vergangen und das Problem hat weiterhin an sozialer Schärfe gewonnen. Zwar hat Spanien gerade im Mai letzten Jahres eine umfassende „Legalisierungskampagne" durchgeführt, innerhalb derer an die 400.000 irreguläre Einwanderer eine legale Arbeitserlaubnis erhielten (von ca. 700.000 Antragstellern). Jedoch sollte man diese Aktion nicht überbewerten, denn sie ist in erster Linie der absolut unzureichenden gesetzlichen Regelung über die Beschäftigung ausländischer Arbeitskräfte in Spanien geschuldet, die das Ausmaß der Schattenwirtschaft, vor allem in der Landwirtschaft in kürzester Zeit auf Rekordzahlen trieb. Sandell (2005:3) spricht von 250.000 irregulär Beschäftigten pro Jahr.

Eine weitere Initiative, die insbesondere auf Ebene der „Autonomías" stattfindet, sind Entwicklungsprojekte, insbesondere im Norden Marokkos, im ehemaligen spanischen Protektorat der Rif-Region. Hier gibt es zahlreiche „Co-development"-Projekte, die von verschiedenen NGOs mit finanzieller Unterstützung der Autonomie-Regierungen, aber auch von der staatlichen Entwicklungsagentur AECI, die beim spanischen Außenministerium angesiedelt ist.

Das spanische Innenministerium hat jedoch nach wie vor den größten Etatposten für Migranten, und dies insbesondere im Bereich der „Abwehr illegaler Migranten". So ist es nicht bei den in meinem Bericht von vor zwölf Jahren genannten Patrouillenbooten an Marokko geblieben, sondern insbesondere in kostspielige Hightech-Überwachungsanlagen wurde und wird viel Geld investiert. Die bekannteste und teuerste Überwachungssystem ist SIVE (Sistema Integrado de Vigilancia

---

7   In Anlehnung an die amerikanische Bezeichnung für illegale Immigranten, die den Rio
    Grande zu überqueren versuchen und „wetbacks" genannt werden.

Exterior), mit dessen Installation 2002 begonnen wurde und das mittlerweile die gesamte Südküste Spaniens kontrolliert. In einer Pressemitteilung des spanischen Innenministers Alonso vom 19. Oktober 2005 sind die neusten Zahlen zu erfahren (www.mir.es/oris/notapres/year05/np101903.htm). Darin wird auch betont, dass sich die Zahl der Immigranten, die mit Booten nach Spanien kommen, zwischen Januar und September 2005 um 21,6% verringert habe. Ein halbes Jahr später hat sich die Lage entscheidend verändert: Zwar kommen tatsächlich immer weniger „Pateras" an der spanischen Südküste des Mittelmeeres an, dafür um so mehr auf den Kanarischen Inseln.

IV. Marokko als Emigrations- und Transitland

Marokko ist Emigrationsland, Ausgangspunkt für illegale Migranten, Transit- und Bestimmungsland. Für die EU ist es ein ideales „Schengen-Laboratorium", ein Experimentierfeld für Justiz- und Innenpolitik, seit dem 11. September 2001 in Justiz, Freiheit und Sicherheit umbenannt. (vgl. Belguendouz 2005:1) Marokko spielt die Rolle des Sub-Unternehmers, in der es folgende Funktionen – stellvertretend für die EU - wahrnimmt:
- Aufnahme unerwünschter Immigranten
- Grenzwächter
- Rücknahme von Migranten
- Zurückhaltung von Migranten
- Zuweisung des Aufenthaltsortes
- Kontrolle
- Abschreckung
- Verfolgung
- Beiseite schaffen
- Verhinderung der Ausreise
- Zurückdrängung
- Rücksendung unerwünschter Migranten in ihre Ursprungsländer

Die marokkanische NGO AFVIC (Association des Amis et familles des victimes de l'immigration clandestine)[8] erfasst seit 2001 Daten über nach Marokko kommende Immigranten und Asylbewerber. Nach Angaben ihres Präsidenten, Khalil Jemmah, ist Marokko Emigrations-, Immigrations- und Transitland. Als Emigrationsland ist es besonders stark vom Wegzug junger Leute betroffen. Dabei ist ein enger Zusammenhang von Ankunfts- und Herkunftsregionen erkennbar: So emigrieren junge Leute aus Oujda (Stadt an der Grenze zu Algerien) vorwiegend nach Belgien; aus Khouribga (im Landesinnern zwischen Meknes und Marrakesch) nach Italien. Dabei spielen historische Bindungen, Aufnahmestrukturen, Erwartungen etc. eine entscheidende Rolle. Insgesamt leben über drei Millionen der insgesamt rund 30 Mio. Einwohner Marokkos im Ausland, davon über zwei Millionen in Europa. Ökonomisch ist Marokko stark von den Devisen seiner Emigranten abhän-

---

8   vgl. Actes de la formation Asil'Maroc. Formation organisé à Bouznika en 2005 par l'AFVIC
     et la Cimade (http://www.Asilmaroc_ACTES_juin_200620_2_.pdf) Ausdruck v. 20.11.2006

gig: 2005 stand es mit 3,6 Mrd. € an vierter Stelle der Entwicklungsländer, die einen wichtigen Teil ihrer Deviseneinkommen von Transferzahlungen ihrer im Ausland arbeitenden Staatsbürger erzielen. Zusammen mit den Deviseneinnahmen aus dem Tourismus (3,7 Mrd. €) deckt der marokkanische Staat 93,8 Prozent seines Handelsdefizits mit diesm Deviseneinnahmen ab. (http://www.jeuneafrique. com/pays/maroc/article_depeche.asp?art_c) Ausdruck v. 21.12.2006).

Noch ist Marokko in erster Linie ein Transitland, allerdings scheint es durch die EU-Externalisierungspolitik zum Aufnahmeland zu werden. So gibt es bereits verschiedene informelle Lager in Tanger, Tétuan und Nador mit Menschen aus Subsahara-Afrika. In den Großstädten wie Tanger, Marrakesch, Rabat und Casablanca gibt es bereits große Elendsviertel, in denen vorwiegend Migranten aus Mali, Senegal, Guinea und Kongo leben. Viele unter ihnen müssten eigentlich internationalen Schutz genießen (z.B. Flüchtlinge aus dem Kongo). Der Sitz des UNHCR in Rabat ist jedoch personell nicht in der Lage, diesen Schutz auch zu gewährleisten. Deutlich wurde dies bei den Vorfällen am 23. und 29. Dezember 2006, als über 400 MigrantInnen aus ihren Wohnungen in Rabat und El Ayoun in einer Nacht- und Nebelaktion an die algerische Grenze verfrachtet wurden (vgl. „Offener Brief..." http://www.fluechtlingsrat-hamburg.de, Ausdruck vom 09.01.2007).

Seit 2001 kommen immer mehr MigrantInnen aus Subsahara-Afrika nach Marokko: Waren es 2001 noch 2.250 MigrantInnen, so sind es 2004 bereits 11.000. Vor allem im Süden des Landes nimmt die Zahl informeller Lager seit 2004 zu. Der Anteil der Frauen steigt ständig.

Die Migranten kommen aus den verschiedensten geographischen Regionen (sie betreten marokkanisches Gebiet von unterschiedlichen Regionen aus), sie kommen aus unterschiedlichen Nationalitäten. Diejenigen, die sich in den Wäldern des Nordens versteckt halten (47 %), gehören zum ‚Proletariat' der illegalen Migranten, da sie sich keine Überfahrt nach Europa leisten können.

Der marokkanische Soziologe Mehdi Alioua (2006:91ff.) betont in seinem Beitrag in der erwähnten Konferenz der marokkanischen NGO AFVIC die Unzulässigkeit einer Unterscheidung zwischen Wirtschaftsmigranten und Flüchtlingen/Asylbewerbern: Wenn beispielsweise die algerischen oder marokkanischen Sicherheitskräfte Migranten in die Sahara abschieben, ohne jegliche juristische Rückendeckung und ohne den Abgeschobenen die Möglichkeit zum Widerspruch einzuräumen, machen sie zwangsläufig aus ursprünglichen „Wirtschaftsmigranten" Flüchtlinge. Von daher plädiert er dafür, den Begriff „Transmigranten" zu benutzen, der ausdrücklich keinen Unterschied zwischen verschiedenen Gruppen von Migranten macht. Diese TransmigrantInnen sind eine Gruppe innerhalb einer umfassenden Migrationsbewegung. Gerade Marokko sei eines der besten Beispiele für das Zusammenfallen dieser beiden Kategorien, was die gesetzliche Unterscheidung zwischen beiden Kategorien ad absurdum führe (s.o.).

Die Strategie der marokkanischen Regierung beim Umgang mit „illegalen" Migranten ist eingebunden in die globale Logik, die juristische, institutionelle, Sicherheits-, sozioökonomische und mediale Aspekte umfasst. (vgl. http://www.maec.gov.ma/future/fr/lutte_et_emigration_clandestine.htm). Auf der institutionellen Ebene gibt es zwei Bestimmungen, abhängig vom Innenministerium, die das bereits vorhandene Instrumentarium verstärken werden. Es handelt sich um die Schaffung der „Direction de la migration et de la surveillance des frontières". Ihr obliegen folgende Aufgabenbereiche:

- Sicherheitsmaßnahmen
- Überwachung/Kontrollaufgaben entlang der „schwachen" Grenzpunkte
- Rekrutierung von 7.000 Grenzpolizisten, deren Ausbildung durch EU-Mittel finanziert wurde
- „Verwaltung" der bereits vorhandenen illegalen Migranten: „Säuberungsaktionen" und Rückführungen an die Grenze
- Rationalisierung der Arbeitsmethoden, Verfeinerung der Analyseinstrumente und Optimierung des Einsatzes operationeller Überwachungseinheiten
- Analysen über Migrationshandelsnetze auf nationaler und internationaler Ebene und operationelle Unterstützung zur Überwachung der Grenzen

Nach der eher düsteren Prognose des marokkanischen Soziologen Belguendouz (2005) kommt es zur Verschiebung des Grenzzaunes auf die andere Seite des Mittelmeeres nicht nur aufgrund kolonialer Zufälle, sondern absehbar ist, dass die Sahara zur neuen Grenze zwischen einer um die Maghreb-Staaten erweiterten EU und Subsahara-Afrika wird. Die Maghreb-Staaten übernehmen dabei als „Pufferstaaten" die militär-polizeiliche Kontrollfunktion für die EU.

Eine andere Herangehensweise an das Problem könnte den Schwerpunkt auf die ökonomische Dependenz legen, die vielleicht zu einer Interdependenz führen könnte, wie die Entwicklung Spaniens innerhalb der EU gezeigt hat. Mit anderen Worten: Würde die „Barcelona-Erklärung", die eine wirtschaftliche Besserstellung und Demokratisierung der Länder des südlichen Mittelmeerufers ausdrücklich begrüßt, ernst genommen, so könnte Marokko einen ähnlichen Entwicklungsweg wie Spanien gehen. Voraussetzung wäre allerdings eine Abschaffung der Visa-Pflicht und damit die Austrocknung irregulärer Immigration in die EU. Schließlich sind die Kernländer der EU durch die Ost-Erweiterung auch nicht von Immigranten „überschwemmt" worden.

V. Die Reaktion der westafrikanischen Staaten

Die meisten irregulären Migranten, die in den Lagern um die spanischen Exklaven Ceuta und Melilla auf ihre Einreise nach Europa hoffen, kommen aus westafrikanischen Staaten, insbesondere aus Mali und aus dem Senegal. Sie sind häufig bis zu eineinhalb Jahren unterwegs, bis sie die Atlantik- oder Mittelmeerküste Marokkos erreichen. 90 Prozent der Migranten kommen dabei über die algerische Grenze. Da Algerien offensichtlich den Schlepperbanden keine besonderen Hindernisse bei der Grenzüberschreitung nach Marokko in den Weg legt, ist es bereits zu erheblichen politischen Unstimmigkeiten zwischen Algerien und Marokko gekommen, Unstimmigkeiten, die ohnehin aufgrund des nach wie vor ungelösten Westsaharaproblems nicht gerade gering sind.

Mittlerweile hat Spanien mit einigen der Herkunftsländer – Guinea, Gambia und Mali – Rücknahmeabkommen unterzeichnet, mit dem Senegal steht es noch in

Verhandlungen. Ob dies der richtige Weg ist, den weiteren Exodus junger Afrika-
ner nach Europa zu unterbinden, ist jedoch mehr als fraglich.

Die westafrikanischen Staaten sind mindestens so stark wie Marokko auf die
Überweisungen ihrer in der EU lebenden Diaspora angewiesen. Was Mali betrifft,
so fließen jährlich 300 Millionen € zurück ins Land, im Senegal sollen es sogar 400
Millionen € sein. Auch hier gibt es zahlreiche Kooperationsprojekte von Migranten
mit Unterstützung europäischer NGOs, insbesondere aus Frankreich. Der von EU-
Kommissar Louis Michel propagierte Vorschlag zu eine „Strategie der EU für
Afrika" ist mehr als dringlich.

VI. Ausblick

Spaniens Ministerpräsident Zapatero bittet die EU um finanzielle Unterstützung
zur Kontrolle der „illegalen" Immigration. Der EU-Kommission ist klar, dass das
Problem der irregulären Immigration durch stärkere Kontrollen allein nicht zu
lösen sein wird. Deshalb hat Kommissionspräsident Barroso die „Strategie der
Europäischen Union für Afrika" rascher als ursprünglich vorgesehen von der
Kommission verabschieden lassen.

Spanien benötigt Immigranten als billige Arbeitskräfte, insbesondere im Bereich
der Landwirtschaft, des Hotel- und Gaststättengewerbes sowie im Bausektor.
Gleichzeitig steht die Behandlung des seit Anfang der 1990er Jahre sich abspielen-
den Flüchtlingsdramas der Boatpeople im westlichen Mittelmeerraum im krassen
Gegensatz zu sämtlichen Menschenrechtskonventionen, die Spanien unterschrieben
hat. Sicherlich steht es nicht allein vor dieser Problematik, wie die Beispiele Ita-
liens und Griechenlands zeigen, die ebenfalls mit dem Flüchtlingselend konfrontiert sind, das ihre Mittelmeerküsten erreicht. Durch das Schengen-Abkommen und
den damit verbundenen Wegfall der Grenzkontrollen innerhalb der EU sind die
EU-Mittelmeerländer vorrangig mit der Abwehr von Flüchtlingen und irregulären
Migranten aus den ärmeren Weltregionen konfrontiert. Sicherlich werden sie dabei
von der EU insgesamt unterstützt, allerdings löst dies nicht das Problem der vorwiegend sicherheitspolitisch dominierten Behandlung der irregulären Einwanderung. Da auch schon seit spätestens Anfang der 1990er Jahre bekannt ist, dass ein
Großteil der irregulären Migranten nicht mehr aus den südlichen Anrainerstaaten
des Mittelmeeres, sondern aus Subsahara-Afrika, insbesondere aus Westafrika
kommen, drängt auf die Realisierung einer „Strategie der Europäischen Union für
Afrika".

Die vom früheren Innenminister Schily vorgeschlagene Einrichtung von Auf-
fanglagern und die rasche Rückführung irregulärer Migranten wird nicht die Lösung des Problems sein. Bei Fortdauer der krassen Entwicklungsunterschiede zwischen Nord und Süd werden die Migranten nach anderen Möglichkeiten suchen,
auf das europäische Festland zu gelangen. Allein eine tatsächliche Besserstellung
in ihren Ländern selbst könnte sie davon abhalten, ihre Heimatländer zu verlassen.

Solange sich an dieser prekären Situation nichts ändert, ist Phillipe San Marco[9],
Centre d'Études Géostratégiques ENS Paris-Ulm, zuzustimmen, der die These

---

9   vgl. Borchardt, Ulrike: Maghreb unter Migrationsdruck, in: eins, 23-24-2006 Dezember, S.16

vertritt, die Transsahara-Migrationen seien Ausdruck des Scheiterns und zugleich der Leugnung eines geopolitischen euro-afrikanischen Zusammenhangs: das Scheitern der Zusammenarbeit zwischen Europa, Nordafrika und Subsahara-Afrika. Fünf Jahrzehnte nach Erlangung der Unabhängigkeit bemühen sich die Regierungen nicht länger um gegenseitige Kooperation. Jede versucht für sich aus der internationalen Konjunktur Profit zu schlagen und den Zusammenhang der Globalisierung gekonnt zu verdrängen. Im Norden zieht die EU es vor, von „Nachbarschaftspolitik" zu reden, um sich aus ihrer historischen Verantwortung gegenüber den AKP-Staaten zu stehlen. Nordafrika entdeckt voller Begeisterung seine Rolle im globalen Anti-Terrorkampf und hofft dadurch interne Destabilisierungstendenzen überspielen zu können. Im Süden ist man darum bemüht, „nicht weiter aufzufallen", um der Rechenschaftslegung über mangelnde Regierungsfähigkeit zu entgehen. Gegen diese „Arbeitsteilung" rebellieren die Migranten, die durch ihre Entscheidung, ihre Herkunftsländer zu verlassen, die Zusammenhänge zwischen den drei Zonen Europa, Nordafrika und Subsahara-Afrika ins Bewusstsein aller Beteiligten rücken.

Literatur

Actes de la formation Asil'Maroc. Formation organisé à Bouznika en 2005 par l'AFVIC et la Cimade (http://www.Asilmaroc_ACTES_juin_200620_2_.pdf) Ausdruck v. 20.11.2006

Mehdi Alioua (2005): La migration transnationale des Africains subsahariens au Maghreb, l'exemple de l'étape Marocaine, in: Maghreb Machrek, n° 185

Alba Rico, Santiago (2205): Invitacion a la bomba (http://www.rebelion.org/noticia.php?id=21134, Ausdruck v. 10.10.2005)

Baldwin-Edwards, Martin (2004): The Changing Mosaic of Mediterranean Migrations (http://www.migrationinformation.org/Feature/print.cfm?ID=230, Ausdruck v. 08.12.2006

Belguendouz, Abdelkrim (2005): Expansion et sous-traitance des logiques d'enfermement de l'Union européenne: l'exemple du Maroc, in «L'Europe des camps», Cultures & Conflits, Printemps 2005
(www.conflits.org/document.php?id=1754)

Bigo, Didier (2001): Migration and security, in: Guiraudon/Joppke, a.a.O., S.121-149

BMI: Effektiver Schutz für Flüchtlinge, wirkungsvolle Bekämpfung illegaler Migration - Überlegungen des Bundesministers des Innern zur Errichtung einer EU-Aufnahmeeinrichtung in Nordafrika - (www.bmi-bund.de/clu_028/m_122052/Internet/Content/Nachrichten/Pressemitteilungen/2005/09/Flüchtlingsschutz.htlm

Borchardt, Ulrike (2006): Maghreb unter Migrationsdruck, in: eins, 23-24-2006 Dezember, S.16

Borchardt, Ulrike (1996): Das Migrationsproblem im westlichen Mittelmeerraum, in: Herrenalber Protokolle 111 (1996), S. 57-88

Boswell, Christina (2005): Migration in Europe. A paper prepared for the Policy Analysis and Research Programme of the Global Commission on International Migration, Sept 2005 (http://www.gcim.org)

Boswell, Christina (2003): The 'external dimension' of EU immigration and asylum policy, in: International Affairs, Vol. 79, Nr. 3, May 2003, S. 619-638

Cesari, Jocelyne (1997): Faut-il avoir peur de l'Islam? Paris: Presses de Sciences Po

Dietrich, Helmut (2005): Das Mittelmeer als neuer Raum der Abschreckung (http://www.ffm-berlin.de/mittelmeer.html) Ausdruck v. 21.10.2005

Europäischer Rat: Haager Programm zur Stärkung von Freiheit, Sicherheit und Recht in der Europäischen Union, Amtsblatt der Europäischen Union v. 03.03.2005

Guiraudon, Virginie / Joppke, Christian (Eds.) (2001): Controlling a New Migration World, Routledge, London and New York

Kommission der Europäischen Gemeinschaften: Vorschlag für eine Richtlinie des Europäischen Parlaments und des Rates über gemeinsame Normen und Verfahren in den Mitgliedstaaten zur Rückführung illegal aufhältiger Drittstaatsangehöriger (KOM (2005) 391 endgültig)

Kommission der Europäischen Gemeinschaften: Mitteilung der Kommission an den Rat und das Europäische Parlament über regionale Schutzprogramme (KOM (2005) 388 endgültig)

Kommission der Europäischen Gemeinschaften: Mitteilung der Kommission an den Rat und das Europäische Parlament zum 10. Jahrestag der Partnerschaft Europa-Mittelmeer (KOM (2005)139 endgültig), Brüssel, den 12.04.2005

Kommission der Europäischen Gemeinschaften: Mitteilung der Kommission an den Rat und das Europäische Parlament: Einbeziehung von Migrationsbelangen in die Beziehungen der Europäischen Union zu Drittländern (KOM (2002)703 endg. - nicht im Amtsblatt veröffentlicht)

Koser, Khalid (2005): Irregular migration, state security and human security. A paper prepared for the Policy Analysis and Research Programme of the Global Commission on International Migration, Sept 2005 (http://www.gcim.org)

Ministerio del Interior, Programa Global de Regulación y Coordinación de la Extranjería y la Inmigración en España (Programa GRECO), Madrid, BOE 27.4.2001 (http://www.mir.es/oris/docus/balan03/extranjería.pdf, Ausdruck v. 24.10.2005)

Piper, Gerhard (2001): Spaniens elektronische Mauer, in: Bürgerrechte & Polizei/CILIP 69 (2/2001) http://www.cilip.de/ausgabe/69/sive.htm (Ausdruck v. 21.10.2005)

Rodier, Claire (2006): Analyse der externen dimension der Asyl- und einwanderungspolitik der EU – Synthese und Empfehlungen für das Europäische Parlament. Generaldirektion externe Politikbereiche der Union, DGExPo/B/PolDep/ETUDE/2006_11 v. 08/06/2006

Sandell, Rickard (2005): Spain's Quest for Regular Immigration, Real Instituto Elcano, Madrid, ARI N° 64/2005, 18/05/2005

Weiner, Myron, ed.(1993): International Migration and Security (Boulder, Colo.: Westview Press, 1993)

Wihtol de Wenden, Catherine (2003): Migration as an International and Domestic Security Issue, in: Brauch, Hans Günter et al. (eds): Security and Environment in the Mediterranean, Springer-Verlag, Berlin et al. 2003, S. 441-451

Thomas Roithner

Konfliktfeld EU versus Völkerrecht

Der Kosovo-Krieg 1999 stellte eine Zäsur für die EU-Sicherheitspolitik dar. Nicht nur die Unterstützung eines völkerrechtswidrigen US-/NATO-Krieges, sondern auch die seither „mit Lichtgeschwindigkeit"[1] (Javier Solana) fortschreitende Militarisierung der Union läuten eine neue Ära von „Emanzipations"-Bemühungen gegenüber den USA ein. Seither hat die EU mehr als ein Dutzend Militär- und Polizeioperationen (vom Balkan, Naher Osten, Kongo, Kaukasus bis Indonesien) auf ihrer Agenda.[2] Zur Liste der durch die politischen Eliten beschlossenen Punkte gehören beispielsweise die EU-Rüstungsindustrie und Rüstungsagentur, die Beistandsverpflichtung, die in der Verfassung vorgesehene Aufrüstungsverpflichtung, das Bekenntnis zum autonomen globalen militärischen Interventionismus, der Aufbau der 60.000 SoldatInnen starken Interventionstruppe und die 18 gegenwärtig in Planung bzw. in Bereitschaft befindlichen „battle groups".[3] Das Bekenntnis zum „global player" und zum aktiven Mitgestalten der Weltordnung scheint unzweifelhaft.

Das Verhältnis der EU zu völkerrechtlichen Mandatierungen für Militäreinsätze ist unklar. Nach dem völkerrechtswidrigen Kosovo-Krieg 1999 hat sich die EU am Gipfel von Helsinki im Dezember 1999 zu folgender Formulierung entschlossen, die seither in zahlreichen Dokumenten (z.B. EU-Verfassung Artikel I-41.1.) aufgegriffen wurde: „Die Aktionen der EU werden im Einklang mit den Grundsätzen der VN-Charta und den Prinzipien und Zielen der OSZE-Charta für europäische Sicherheit durchgeführt werden."[4] Von einem ausdrücklich erteilten Mandat des UN-Sicherheitsrats ist nicht die Rede. Das EU-Parlament hat im Jahr 2000 mehrheitlich beschlossen, bei einem Fehlen des UN-Mandats auf Wunsch des Generalsekretärs Militärinterventionen durchführen zu können.[5] Die 1999 noch vieldiskutierte enge

---

1   Vgl. Tagesspiegel: „Die EU entwickelt sich mit Lichtgeschwindigkeit" meint Javier Solana im Interview; Quelle: http://www.tagesspiegel.de/politik/archiv/13.07.2000/ak-po-eu-26367.html, angewählt am 23.01.2007.

2   Vgl. Rat der Europäischen Union: http://www.consilium.europa.eu/cms3_fo/showPage.asp?id=268&lang=de, angewählt am 23.01.2007.

3   Vgl. Roithner Thomas (2007): Der transatlantische Griff nach der Welt. Die USA und die EU im Zeitalter neoimperialer Kriege, Österreichisches Studienzentrum für Frieden und Konfliktlösung (ÖSFK), International Institute for Peace (IIP) (Hrsg.), Lit: Münster – Wien.

4   Vgl. Europäischer Rat (Helsinki), Vorsitz: Schlussfolgerungen des Vorsitzes: 10. und 11.12.1999, Anlage 1, Quelle: http://www.consilium.europa.eu/ueDocs/cms_Data/docs/pressData/de/ec/00300-r1.d9.htm, angewählt am 23.01.2007.

5   Vgl. Europäisches Parlament: Sicherheits- und Verteidigungspolitik, Vom Parlament angenommene Texte, Punkt 7, vorläufige Ausgabe: 15/06/2000, B5-0505/2000; im Text heißt es exakt: „Solange diese Reformen nicht durchgeführt sind und wenn aufgrund eines Abblockens im Sicherheitsrat kein Mandat vorliegt, kann die internationale Gemeinschaft, wozu

Bindung der EU an die NATO bzw. die USA für Militäreinsätze „out of area" ist mittlerweile zugunsten eigenständiger und autonomer Interventionskapazitäten gewichen.

Gewaltverbot der UNO

Prinzipiell binden sich die Mitglieder der UN – und die EU-Mitgliedstaaten zählen alle dazu – an das Gewaltverbot. Die UNO kennt dazu zwei Ausnahmen. Erstens beeinträchtigt die UN-Charta nach Artikel 51 nicht die kollektive oder individuelle Verteidigung im Falle eines bewaffneten Angriffes (Gebietsverteidigung) und zweitens kann der Sicherheitsrat für „Maßnahmen bei Bedrohung oder Bruch des Friedens und bei Angriffshandlungen" nach Kapitel VII der UN-Charta militärische Maßnahmen zur Wiederherstellung des Friedens beschließen. Zahlreiche Debatten um die Reform der UNO haben eine Ausweitung des Artikel 51 in Richtung Präventiv- oder Preemptivkrieg aus guten Gründen ausgeschlossen[6], was hier nicht in Frage gestellt wird. Die Vereinten Nationen erbitten von ihren Mitgliedern entsprechende Kapazitäten, um Peace-keeping- und Peace-enforcement-Einsätze durchzuführen.

EU-Interventionen ohne UN-Mandat?

Bis zur Erfüllung des „Headline Goal 2010"[7] ist nicht davon auszugehen, dass es autonome EU-Einsätze mit dem Kollateralschaden eines Völkerrechtsbruches geben wird. Die Kriege seit 1999 haben gezeigt, dass sich für Militäreinsätze abseits eines UN-Mandats Mehrheiten oder zumindest nennenswert große Staatengruppen innerhalb der EU-Mitglieder für eine Unterstützung gefunden haben. Die Entwicklung um Mehrheitsentscheidung für EU-Einsätze und EU-Kerneuropa-Einsätze werden für die mögliche weitere Erosion des Völkerrechts durch die EU von entscheidender Bedeutung sein.

Die „Long Term Vision 2025"[8] der EU-Rüstungsagentur geht davon aus, dass sich durch die Balance zwischen Interventionismus und staatlicher Souveränität

---

die Europäische Union zählt, im Notfall nur auf ausdrücklichen Aufruf des Generalsekretärs der Vereinten Nationen militärisch eingreifen."

6   Vgl. Schmitt Burkard (2005): Europas Fähigkeiten – wie viele Divisionen?, in: Gnesotto Nicole (Hrsg.): Die Sicherheits- und Verteidigungspolitik der EU. Die ersten fünf Jahre (1999 – 2004), Seite 105 – 130, hier: Seite 121.

7   Rat der Europäischen Union: Bericht des Vorsitzes zur ESVP, 09. Juni 2004, Anlage I, Seite 14; Das EU-Planziel 2010 sieht einen Zeitplan vor, der folgende Etappen enthält: Im Laufe des Jahres 2004 soll die „Verteidigungsagentur" errichtet werden, bis zum Jahre 2005 soll „die Umsetzung einer gemeinsamen Koordination des strategischen Transports der EU" erfolgen, die im Jahre 2010 in ein voll leistungsfähiges EU-Luftraumkommando münden soll. Bis 2007 sollen die hochmobilen Gefechtsverbände finalisiert sein, 2008 soll ein EU-Flugzeugträger mit den dazu gehörigen trägergestützten Flugzeugen und Begleitschiffen verfügbar sein und im Jahr 2010 die weltraumgestützten Kommandoausrüstungen.

8   Vgl. European Defence Agency (2006): An initial long-term Vision for European Defence Capability and Capacity Needs, October 3rd 2006, Source: http://www.eda.europa.eu/ltv/061003%20-%20EDA%20-

oder der Interpretation der Selbstverteidigung (Artikel 51 der UN-Charta) vermehrt rechtliche Probleme ergeben können. Die Politik könnte daher hinsichtlich des Einsatzes militärischer Mittel und der öffentlichen Legitimierung zunehmend restriktiver umgehen. Der Strafgerichtshof ist dabei ein Aspekt, weshalb sich „ein steigender Level an Komplexität für die politische und militärische Ausführung und Planung ergibt".[9]

Völkerrechtliche Argumente – von Mandatsfragen bis zur Debatte um die Zusammensetzung oder Instrumentalisierung des UN-Sicherheitsrates – wurden in beinahe allen Auseinandersetzungen um Krieg und Frieden der letzten Jahre an vorderster Stelle vorgebracht. Solange das Völkerrecht ein zentrales Entscheidungselement beim Einsatz militärischer Mittel bleibt – und der Wissenstand der Bevölkerung um die Illegalität von Kriegen wie im Irak oder Kosovo ist von großer Bedeutung –, wird auch die EU nur schwer moralische oder sonstige Argumente für ein Eingreifen oder Selbstmandatierungen heranziehen können.

Künftige Interventionen und ihre Legitimität

Künftige Militärinterventionen und -einsätze gegebenenfalls ohne ein Mandat der UNO durchführen zu wollen bedeutet, die Legitimität dieser Einsätze nicht nur völkerrechtlich zu verspielen, sondern die ohnehin äußerst geringe Zustimmung der Bevölkerung in manchen EU-Mitgliedstaaten zum Einsatz schwerer Waffen weiter zu verringern. Namhafte Kommentatoren haben festgestellt, dass die politische Wegstrecke von Demonstrationen gegen George W. Bushs Außenpolitik zu Manifestationen gegen eine EU-Politik nicht weit sein könnte.

In Teilen der politischen und militärischen Eliten der EU herrscht ein großes Problembewusstsein hinsichtlich der Legitimität von militärischen Auslandseinsätzen vor. Die „Long Term Vision 2025" der EDA (European Defence Agency) analysiert, dass Militäroperationen einem immer strengeren Blick von VolksvertreterInnen, Medien und der Bevölkerung unterworfen sein werden. Gegenüber kontroversiellen Auslandsinterventionen wird immer mehr Skepsis vorherrschen.[10] „Das Konzept des internationalen Rechts wurde durch die Globalisierung populär gemacht, was verstärkte Vorsicht gegenüber der gesteigerten Sorge hinsichtlich der Rechtmäßigkeit militärischer Aktionen hervorruft. (...) Die Aufmerksamkeit über Kollateralschäden wird immer mehr ansteigen."[11]

Im Zuge des Krieges gegen Jugoslawien 1999 setzten USA, NATO und EU auf die „humanitäre Intervention", um einen Krieg „out of area" jenseits des Völkerrechts zu legitimieren. Nach dem 11.09.2001 begannen die USA mit einer höchst zweifelhaften völkerrechtlichen Grundlage[12] den „Krieg gegen den Terror" gegen

---

%20Long%20Term%20Vision%20Report.pdf, dialed on February 23rd 2007. Alle Übersetzungen des Papiers stammen vom Autor.

9   Vgl. European Defence Agency (2006), a.a.O., point 20.
10 European Defence Agency (2006), a.a.O., point 12.
11 European Defence Agency (2006), a.a.O., point 13.
12 Vgl. Paech Norman (2001): Afghanistan-Krieg, Bundeswehreinsatz und Völkerrecht. Ein Gutachten von Prof. Dr. Norman Paech zum Antrag der Bundesregierung (12.11.2001),

Afghanistan und setzten diesen – gepaart mit dem Argument eines „Abrüstungs-krieges" – gegen den Irak im Jahr 2003 in ebenfalls völkerrechtswidriger Weise fort. Das Beispiel Iran und die Argumentation der USA für ein härteres Vorgehen gegen Teheran zeigen, dass manche dieser Kriegsbegründungen in der Öffentlich-keit und den Medien bereits sehr verschlissen sind. Durch die Debatte um die Re-form der Vereinten Nationen kommt – beispielsweise für eine mögliche Militärin-terventionen im ölreichen Sudan – die „responsibility to protect"[13] als neues Ar-gument und Spielraum für Interventionen westlicher Militärmächte hinzu.

Die „humanitäre Intervention", der „Krieg gegen den Terror" oder der „Abrü-stungskrieg" sind keine zulässigen Legitimationen für Kriege. Die Motive – Men-schenrechte, Terrorismus und Massenvernichtungswaffen – werden als Auslöser bzw. Mitauslöser für Kriege westlicher Staatengemeinschaften, Bündnisse, Blöcke oder Koalitionen allerdings weiterhin bestehen und herhalten müssen. Die im Jahr 2006 ausgelöste Debatte um die Energiesicherheit der EU hat in der Öffentlichkeit eine Basis gelegt, um auch den militärischen Rohstoffinterventionismus unter-schiedlichster Intensität als offizielle Doktrin der EU festzuschreiben. Flankiert von Teilen der nationalen politischen und militärischen Eliten hat die ESS den ersten offiziellen Schritt der EU in diese Richtung bereits unternommen. Die Ener-gieabhängigkeit der EU ist für Solana in der ESS ein „Anlass zur Besorgnis". Der Europäische Rat hat auf die Energiekrise mit Russland und der Perspektive künfti-ger Herausforderungen mit einer Energiestrategie reagiert.[14] Ein diesbezügliches autonomes militärisches Handeln der EU wird unter der gegenwärtigen globalen Konstellation Widerstand von den permanenten UN-Sicherheitsratsmitgliedern China, Russland und den USA hervorrufen.

Diskussion in Österreich

Die österreichische Debatte um den möglichen völkerrechtswidrigen Einsatz der „battle groups" hat gezeigt, dass das Festhalten an der Neutralität und dem Völker-recht vom Bundespräsidenten Fischer bis zur breitesten Mehrheit der Bevölkerung reicht.[15] Österreichische Gesetze – wie der Verfassungsartikel 23f, das Kriegsmate-rialgesetz[16], das Strafgesetz zur Neutralitätsgefährdung[17] oder das Truppenaufent-

---

Quelle: http://www.uni-kassel.de/fb5/frieden/themen/Voelkerrecht/gutachten.html, ange-wählt am 23.01.2007.

13 Vgl. United Nations Organisation (2004): A more secure world: Our shared responsibility. Report of the Secretary-General's High-level Panel on Threats, Challenges and Change, New York; United Nations Organisation (2005): in larger freedom. Towards Development, Security and Human Rights for all, Report of the Secretary-General, New York.

14 Vgl. Europäischer Rat (2005) : Schlussfolgerungen des Vorsitzes, Tagung vom 23./24. März 2006 in Brüssel, http://www.consilium.europa.eu/ueDocs/cms_Data/docs/pressData/de/ec/89030.pdf, ange-wählt am 23.01.2007.

15 Vgl. Interview mit Heinz Fischer in „Der Standard": Staatsspitze muss zusammenarbeiten, 01.12.2004, Quelle: http://www.hofburg.at/rte/upload/pdf_interview/041201_der_standard-1.pdf, angewählt am 23.01.2007.

16 Vgl. Republik Österreich (2001): Bundesgesetz, mit dem das Bundesgesetz über die Ein-, Aus- und Durchfuhr von Kriegsmaterial und das Waffengesetz 1996 geändert werden, sowie

haltsgesetz[18] – erachten allerdings seit geraumer Zeit Militärmissionen auch lediglich nur mit einem EU-Mandat als legitim. Selbst ohne völkerrechtliche Basis haben die Bundesregierungen seit 1998 Sorge getragen, keine Unvereinbarkeit mit der Neutralität Österreichs entstehen zu lassen.

Die Neutralität Österreichs – Wien ist ein wichtiger UN-Standort und OSZE-Sitz – war stets mit der UNO und dem allgemeinen Gewaltverbot eng verbunden. Österreich und die anderen EU-Neutralen Finnland, Schweden, Malta und Irland haben sich in der Vergangenheit besonders für den Dialog zwischen Nord und Süd, Ost und West, Gespräche im Nahen Osten, nukleare Abrüstung, UN-peace-keeping oder die Entwicklungszusammenarbeit eingesetzt.

In Österreich wurde der Artikel 23f als Ergänzung zum Amsterdamer Vertrag (unter der SPÖ-ÖVP-Regierung) in die Verfassung gebracht. BundeskanzlerIn und AußenministerIn sollen – nach den Erläuterungen des Verfassungsartikels – auch ohne Mandat der UN österreichische SoldatInnen im Rahmen der EU unter anderem in Kampfeinsätze entsenden können.[19] Ein Schritt zur Militarisierung, der in der Nachkriegsgeschichte des neutralen Österreich bislang beispiellos war.

UN-Mandat ist unerlässlich, aber nicht alles

Außen- und Sicherheitspolitik ist keine ausschließliche Aufgabe von PolitikerInnen und Militärs auf nationaler und internationaler Ebene. Eine Entscheidung über militärische Auslandseinsätze ist auch eine Frage der öffentlichen Debatte. Einsätze ohne UNO-Mandat scheiden aus friedenspolitischen und juristischen Gründen aus. Dies lässt jedoch nicht den Umkehrschluss zu, dass UN-mandatierte Einsätze automatisch ein besonderes Engagement in dem entsprechenden Konflikt nahe legen. Ein Mandat des UN-Sicherheitsrates bedeutet, dass sich die Regierungen der

---

ein Truppenaufenthaltsgesetz erlassen wird, Bundesgesetzblatt 57/2001, 12. Juni 2001, http://ris1.bka.gv.at/bgbl-pdf/index.aspx?page=doc&id=30862.bgblpdf&db=bgblpdf&rank=8, angewählt am 23.01.2007.

17 Vgl. Republik Österreich (2002): Bundesgesetz, mit dem das Strafgesetzbuch, die Strafprozessordnung 1975, das Strafvollzugsgesetz, das Suchtmittelgesetz, das Gerichtsorganisationsgesetz, das Waffengesetz 1996, das Fremdengesetz 1997 und das Telekommunikationsgesetz geändert werden (Strafrechtsänderungsgesetz 2002), BGBl. I Nr. 134/2002 (13.8.2002), http://ris1.bka.gv.at/bgbl-pdf/index.aspx?page=doc&id=31117.bgblpdf&db=bgblpdf&rank=1, angewählt am 23.01.2007.

18 Weitere „rechtliche Anpassungen" werden von der Reformkommission des Bundesheeres angestrebt und fallen in der Politik auf fruchtbaren Boden, siehe Ingrid Dengg: Förderung im Fadenkreuz, in: Trend. Das österreichische Wirtschaftsmagazin, Nr. 7-8/2004, Seite 38 – 44; Rainer Nowak: Kriegsmaterialiengesetz. Plan für Lockerung von Militär-Exporten, in: Die Presse, 12. August 2004.

19 Vgl. Peter Kostelka/Andreas Khol: Parlamentarischer Antrag XX. GP.-NR 791/A, 1998-05-26 sowie Bericht des Verfassungsausschusses über den Antrag 791/A der Abgeordneten Dr. Peter Kostelka, Dr. Andreas Khol und Genossen, Erläuterungen, 1255 der Beilagen zu den Stenographischen Protokollen des Nationalrates XX. GP.

USA, Russlands, Frankreiches, Großbritanniens und Chinas – vertreten durch ihre UN-RepräsentantInnen – auf ein gemeinsames Handeln geeinigt haben.

Die öffentliche Debatte sei hier auch als unabdingbare Voraussetzung für einen UN-Militäreinsatz im Ausland genannt. Dies erhöht nicht nur die demokratische Legitimität der Einsätze, sondern – und dies sei als dritte Voraussetzung hier eingeführt – führt automatisch zu einer Diskussion über den adäquaten Auslandseinsatz per se. Das bedeutet mitunter die intensivere Auseinandersetzung mit nichtmilitärischen und präventiv wirkenden Mechanismen der Krisenbewältigung. Eine fruchtbare Weiterentwicklung dieser Mechanismen im Spannungsfeld zwischen Politik, Zivilgesellschaft, Wissenschaft, Medien und Bevölkerung wäre eine wünschenswerte Folge.

EU-Sitz im Sicherheitsrat und Reform der UN

Ein gemeinsamer Sitz der EU-Mitgliedstaaten im Sicherheitsrat der Vereinten Nationen scheint derzeit unwahrscheinlich. Außerdem zäumt die EU damit das Pferd von hinten auf und konzentriert sich auf das militärisch Machbare und seine Finanzierung bzw. auf die scheinbare Notwendigkeit, um mit den USA auf gleicher Augenhöhe agieren zu können. Eine Einigung der großen Militärmächte innerhalb der EU auf eine Stimme im UN-Sicherheitsrat würde eine weitere Verschiebung weg von der Zivilmacht in Richtung Militärmacht bedeuten.

Die in Diskussion geratene Zusammensetzung des UN-Sicherheitsrates[20] ist nicht nur ein Problem der Repräsentanz westlicher Machtblöcke, sondern die Nicht-Repräsentanz der Entwicklungsländer und der arabischen Welt. Die EU-Politik in Weltbank, Währungsfonds und Welthandelsorganisation hat bislang verdeutlicht, dass eine gerechtere Weltwirtschaft im Sinne einer globalen und stabilen Friedensordnung nicht durch westliche Militär- und Wirtschaftsmächte erreicht wird. Die Herausforderung der EU wäre im Zusammenhang mit den Vereinten Nationen die Lösung jener Probleme, die die Sicherheitsstrategie der EU „Ein sicheres Europa in einer besseren Welt" 2003 richtig benannt hat: Armut, Hunger, Unterernährung, Ungerechtigkeit, globale Erwärmung u.a. Der Dialog der EU mit den Vereinten Nationen im Sinne eines intensiven Engagements für die UN-Millenniumsziele[21] und der Rolle der Zivilgesellschaft steckt leider noch in den Kinderschuhen.

---

20 Zur Reform der UNO im Allgemeinen vgl. http://www.un.org/reform/, angewählt am 23.01.2007.

21 Zu den UN Millennium Development Goals siehe http://www.un.org/millenniumgoals/, angewählt am 23.01.2007.

Norman Paech

UNO und Völkerrecht stehen auf dem Spiel

1. Gefährdete Prinzipien des Völkerrechts

Es ist leicht, die Ohnmacht und das Versagen der UNO zu demonstrieren. Keinen der letzten vier großen Kriege konnte sie verhindern: weder den Krieg der NATO gegen Jugoslawien 1999, noch den nun schon über sechs Jahre dauernden Krieg gegen und in Afghanistan, noch den Krieg gegen den Irak seit 2003 oder den Krieg Israels gegen den Libanon im Sommer 2006. Letzterer war nur eine Eruption im andauernden Kleinkrieg zwischen Israelis und Palästinensern, aber an ihm zeigt sich die Ohnmacht der UNO besonders deutlich. Dieses Versagen hat nur in begrenztem Maße etwas mit der zweifellos unvollkommenen Konstruktion und Struktur der UNO zu tun. Entscheidender ist ihre Abhängigkeit von dem guten Willen der großen Mächte, denen gegenüber ihr ohnehin schwach entwickelter Sanktionsmechanismus ohnmächtig ist. Die USA haben es in allen vier Fällen auf verschiedene Weise demonstriert.

Anders ist es mit dem Völkerrecht, obwohl seine Existenz und Garantie eng mit der UNO verbunden ist. Seine Neudefinition 1945 in Gestalt der UNO-Charta ist ohne Gründung der Organisation nicht denk- und durchführbar gewesen. Diese Verklammerung von Norm und Organisation macht seine Stärke und seine Schwäche aus. Und so sehen wir heute, dass derjenige, der die Axt an das Völkerrecht legt, auch die UNO unterminiert. Die Schwächung des Völkerrechts zielt gleichzeitig auf die Entlegitimierung der UNO. Und so werde ich mich in meinen weiteren Ausführungen diesem sehr viel subtileren Angriff auf die UNO durch die schleichende Revision des klassischen Völkerrechts widmen.

Wer erinnert sich noch der Rede von US-Präsident George Bush vor dem US-Kongress am 11. 9 1990, wo er das Projekt einer neuen Weltordnung aus der Taufe hob?

„Aus dieser schwierigen Zeit kann unser fünftes Ziel – eine neue Weltordnung hervorgehen: Eine neue Ära, freier von Bedrohung durch Terror, stärker in der Durchsetzung von Gerechtigkeit und sicherer in der Suche nach Frieden. Eine Ära, in der die Nationen der Welt im Osten und Westen, Norden und Süden prosperieren und in Harmonie leben können. Hundert Generationen haben nach diesem kaum auffindbaren Weg zum Frieden gesucht ... Heute kämpft diese Welt, um geboren zu werden, eine Welt, die völlig verschieden ist von der, die wir kannten. Eine Welt, in der die Herrschaft des Gesetzes das Faustrecht ersetzt ... Eine Welt, in der der Starke die Rechte der Schwachen respektiert."

Ein eindrucksvolles Stück politischer Lyrik, welches leider dem Test der anschließenden Kriege nicht standgehalten hat. Er orientierte die Zukunft der internationalen Beziehungen auf die Koordinaten und Prinzipien des klassischen Völkerrechts, auf die UNO-Charta und das gleiche Recht, die Souveränität und territoriale Integrität aller Staaten. Diese Position ist zwar weder von Clinton noch von Bush jun. offiziell in ihren Botschaften aufgegeben worden. Aber mit dem 11.09.2001 beansprucht die US-Administration drastische Revisionen an den überkommenen Regeln der Friedenssicherung für sich, und es mehren sich die Stimmen, die zumindest das zentrale Prinzip der UN-Charta, das Gewaltverbot des Art. 2 Z. 4 für tot erklären. Die seit 1945 entwickelten Prinzipien werden nicht länger als richtungsweisend für die Weiterentwicklung des Völkerrechts erachtet, sondern unter dem Vorwurf ihrer Ineffizienz und Ohnmacht angesichts der neuen Gefahren einer radikalen Umwertung unterworfen. Der 11.09.2001 diente der Ausrufung des weltweiten Ausnahmezustandes, mit dem sich die USA ermächtigte, unter dem Diktat des Terrors zur Verteidigung einer Weltordnung aufzutreten, in der von jetzt ab sie allein die Feinde der zivilisierten Welt definiert und bekämpft.

Die in dieser Situation am meisten gefährdeten Prinzipien des Völkerrechts sind das der Souveränität und Gleichheit der Staaten, das Selbstbestimmungsrecht der Völker, das Interventionsverbot und das absolute Gewaltverbot, wie sie in der UNO-Charta von 1945 verbürgt sind.[1] Ihre Herausbildung und Durchsetzung hat Jahrhunderte in der Geschichte der internationalen Beziehungen gebraucht und war immer mit dem Aufstieg und Zerfall großer Mächte verbunden.

2. Das spanische Weltreich, die spanische Scholastik und der gerechte Krieg

Souveränität und das Recht zum Krieg waren seit Beginn der zwischenstaatlichen Beziehungen eng miteinander verknüpft. Ja, das Recht zum Krieg galt geradezu als Ausweis und Bestätigung der Souveränität. In der frühen christlichen Theologie (Augustinus, Thomas von Aquin) gab es die ersten Versuche, den willkürlichen Krieg einzugrenzen und ihn auf den „gerechten Krieg" zu beschränken. Mit der Expansion Europas über die ganze Welt und der Errichtung des spanischen Weltreiches im 14. und 15. Jahrhundert wurde die Berechtigung zum Krieg gegen fremde Völker zur zentralen Frage der scholastischen Theologen und Juristen in Europa. Spaniens Eroberungen und Herrschaft über fremde Völker wurden als Ausdruck seiner durch den katholischen Papst legitimierten Souveränität nicht in Frage gestellt, wohl aber die Methoden und Instrumente der Herrschaft. Die Kriterien für den „gerechten Krieg" wurden enger gezogen und die ersten Ansätze eines Selbstbestimmungsrechts der Völker formuliert (Bartolomé de las Casas).

Mit dem Übergang der kolonialen Dominanz zunächst auf Frankreich, dann auf die Niederlande und England verschwanden allerdings die im Ergebnis immer erfolglos gebliebenen Versuche, die Kriege durch „gerechte" Gründe zu begrenzen. Der Krieg wurde wieder ausschließlich an die Souveränität der Staaten gebunden, welches die Souveränität der großen Mächte war.

---

1 Vgl. zu dem völkerrechtlichen Desaster des Irakkrieges, N. Paech: Das Scheitern der UNO im Irakkrieg, in: Aus Politik und Zeitgeschichte, Beilage der Zeitschrift „Das Parlament", B 24–25/2003, S. 35–44

3. Die europäische Aufklärung, die französische Revolution und das Selbstbestimmungsrecht der Völker

Erst in den Schriften der europäischen Aufklärung des 18. Jahrhunderts (Montesquieu, Rousseau, Kant) nahm die Sicherung des Friedens und die Eingrenzung des Krieges wieder eine zentrale Stelle ein. Sie überwand die theologische Diskussion und erkannte erstmals den Einfluss der widersprechenden gesellschaftlichen Interessen auf die Entscheidung zwischen Krieg und Frieden. Sie verurteilte die bis dahin üblichen Kabinetts- und Handelskriege und ließ nur den Verteidigungskrieg gelten. Dies war auch die Leitlinie für die revolutionären Kräfte der Jahre 1789 ff. Die französische Nationalversammlung erklärte 1790, keinen Eroberungskrieg führen zu wollen und verankerte diesen Grundsatz in der Verfassung von 1791. Und nicht nur das, die Nationalversammlung knüpfte daran die Sanktion, dass jeder Minister oder „Agent der Exekutive", der sich einer Aggression schuldig macht, wegen Hochverrats zur Verantwortung gezogen werden soll. Robespierre fasste Artikel zwei und drei seines Vorschlages für eine „Erklärung des Rechts" von 1790 in die berühmt gewordenen Worte: *„Celui qui opprime une nation, se déclare ennemi de toutes. Ceux qui font la guerre à une peuple pour arrêter le progrès de la liberté, et anéantir les droits de l'homme, doivent être poursuivi par tous, non comme des ennemis ordinaires, mais comme des assasins et des brigands rebelles."*[2] Ihr wesentliches Argument war das Selbstbestimmungsrecht der Völker, welches ebenfalls zum ersten Mal in der Geschichte in einer Verfassung verankert wurde. Robespierre und die Jakobiner lehnten den Krieg auch dann noch kategorisch ab, als die Interventionsdrohung der dynastischen Konterrevolution immer offener wurde und die Girondins sich mit dem königlichen Hof zur „Kriegspartei" verbündeten.

Diese sah im Krieg nicht nur innenpolitisch die Möglichkeit, mittels Notstandsgesetzgebung der vielfältigen Probleme Herr zu werden, sondern auch außenpolitisch für Handel und Industrie neue Märkte zu erkämpfen. Die Kriegserklärung von 1792 eröffnete zunächst nur einen Verteidigungskrieg – das revolutionäre Frankreich verteidigte sich gegen das reaktionäre Europa. Napoleon allerdings begrub mit seinem Feldzug über Europa schon bald die revolutionären Prinzipien des Selbstbestimmungsrechts und des Verbots des Angriffskrieges für die nächsten hundert Jahre unter den Toten zahlloser Angriffs- und Eroberungskriege bis zum 1. Weltkrieg.

---

2   „Wer eine Nation unterdrückt, erklärt sich zum Feind von allen. Diejenigen, die Krieg gegen ein Volk führen, um den Fortschritt der Freiheit aufzuhalten und die Menschenrechte zu beseitigen, müssen von allen verfolgt werden, u.zw. nicht nur als gemeine Feinde, sondern als Mörder und aufständische Räuber." Moniteur universel du 25. avril 1793. Vgl. Insgesamt N. Paech, Die Französische Revolution und die Entwicklung des Völkerrechts, in: A. Herzig, I. Stephan, G. G. Winter, Sie, und nicht Wir, Die Französische Revolution und ihre Wirkung auf Norddeutschland und das Reich, Hamburg 1989, S. 762–785.

4. Der Völkerbund, der Briand-Kellog-Pakt und das Kriegsverbot

Das Ende des ersten Weltkrieges und die erfolgreiche russische Revolution brachten nicht nur eine neue Machtkonstellation, sondern auch neue Denkansätze hervor. Exponenten waren die Sowjetunion und Lenin sowie die USA und der amerikanische Präsident Wilson. Beide forderten die radikale Abkehr von den Regeln und Erfahrungen der alten Welt, die unter dem Begriff „Gleichgewicht der Kräfte" die Diplomatie Europas seit dem Westfälischen Frieden von Münster und Osnabrück 1648 beherrscht hatten – Lenin in seinem ersten Friedensdekret vom November 1917 und Wilson in seinen berühmten 16 Punkten vom Februar 1918. Die neue Friedensordnung sollte auf den Prinzipien der Selbstbestimmung und kollektiven Sicherheit beruhen. Wilsons Credo – insofern war er Kantianer – lautete: demokratische Nationen sind per se friedfertig. Selbstbestimmung verursache keinen Krieg, vielmehr ihr Fehlen, die Verweigerung der Selbstbestimmung. Alle europäischen Abkommen waren bis dahin davon ausgegangen, dass man Grenzen berichtigen und verschieben könne, um ein Kräftegleichgewicht herzustellen. Und diese Balance genoss in jedem Fall Vorrang vor den Wünschen und Rechten der Völker. Die neue Friedensordnung sollte auf einem allgemeingültigen und juristisch fixierten Konzept von dem, was man unter Frieden versteht, basieren: Das war der Paradigmawechsel von der alten Politik der Großmächte zum neuen System der kollektiven Sicherheit, wie es im Völkerbund verwirklicht werden sollte.

Auf dieser Basis wurde der Völkerbund errichtet. Allerdings konnte in der Satzung noch kein absolutes Verbot des Angriffskrieges sowie eine vollkommene Auflösung des Kolonialsystems festgeschrieben werden. Die hegemonialen Interessen der alten Mächte beherrschten noch zu sehr den neuen Bund. Erst zehn Jahre später 1928 einigten sich der französische Außenminister Aristide Briand und sein US-amerikanischer Kollege Frank B. Kellog auf ein Verbot des Angriffskrieges, allerdings ohne Sanktionen für den Verstoß gegen dieses Verbot. Die anderen Mächte des Kontinents, vor allem die Sowjetunion und Deutschland traten dem Vertrag bei. Das Konzept scheiterte nicht erst am 2. Weltkrieg, sondern bereits zu Beginn der dreißiger Jahre, als Japan China angriff, um die Mandschurai abzutrennen, und Italien Äthiopien überfiel, ohne dass der Völkerbund in der Lage war, die Sanktionsmöglichkeiten der Satzung zu ergreifen.

5. Die Vereinten Nationen, die UNO-Charta und das Gewaltverbot

Die Sieger des zweiten Weltkriegs, vor allem die USA, die Sowjetunion und Großbritannien, entwarfen mit der Neuordnung der Nachkriegswelt auch eine neue internationale Rechtsordnung, die in der UNO-Charta ihren Ausdruck fand. Sie war die Summe der bis dahin in der Geschichte erarbeiteten Rechtsprinzipien: die Souveränität der Staaten, ihre Gleichheit ob groß oder klein, stark oder schwach, das Selbstbestimmungsrecht der Völker, das Verbot der Intervention in die inneren Angelegenheiten eines Staates und das zum absoluten Gewaltverbot ausgeweitete Kriegsverbot. Hinzu kam mit den sog. Nürnberger Prinzipien die individuelle Strafbarkeit für Kriegsverbrechen und Verbrechen gegen die Menschlichkeit.

Auch für dieses neue System kollektiver Sicherheit, welches auf dem gescheiterten Völkerbund aufbaute, gilt die gleiche Regel: Soweit und solange die großen Mächte sich einig sind in der Durchsetzung der Prinzipien bzw. sich gegenseitig in einem Machtgleichgewicht blockieren, funktioniert das System. So war es möglich, dass die nukleare Abschreckung die Gefahr eines Nuklearkrieges bisher gebannt hat. Das Gleichgewicht der Kräfte hat darüber hinaus zumindest in Europa eine so lange Epoche des Friedens ermöglicht, wie es sie in seiner Geschichte bisher noch nicht gegeben hat.

6. Die neuen Kriege, die neuen Revisionisten und die Erosion des Völkerrechts.

Diese Epoche ist jedoch mit dem Untergang der Sowjetunion und des alten Machtgleichgewichts ebenfalls zuende gegangen. Und die damals erhoffte Friedensdividende dauerte keine zehn Jahre. Der Krieg gegen Jugoslawien 1999 war ein offener Verstoß gegen das Völkerrecht, wenn er dieses damit auch nicht vollkommen außer Kraft gesetzt hat. Doch haben sich mit dem Versuch der völkerrechtlichen Legitimierung dieses Krieges und der beiden nachfolgenden Kriege gegen Afghanistan und den Irak verstärkte Tendenzen vor allem in der US-amerikanischen Völkerrechtsliteratur gezeigt, zu einer grundlegenden Revision des Völkerrechts anzusetzen.

Der Tod des Völkerrechts ist bereits wiederholt verkündet worden. 1970, fünfundzwanzig Jahre nach der Verkündung der UNO-Charta schrieb z. B. Thomas Frank,[3] dass das zentrale Prinzip der Charta, das Gewaltverbot des Art. 2 Z. 4, tot sei. Sechzehn Jahre später befand Jean Combacau: *„Die internationale Gemeinschaft glaubt nicht mehr länger an das System der Charta, weil die kollektive Garantie, die ihre Mitglieder gegen ihr individuelles Recht auf Gewaltanwendung eingetauscht haben, nicht funktioniert und dafür kein wirklicher Ersatz gefunden worden ist ... Was uns auch immer offiziell mit der gesetzlichen Situation vorgespiegelt wird, die internationale Gemeinschaft ist faktisch wieder dort angelangt, wo sie vor 1945 war: im Naturzustand; und dort macht der Begriff der Selbstverteidigung bekanntlich keinen Sinn.“*[4] Ihre Begründung lässt sich mit den Worten Michael Glennons aus dem Jahr 2002 zusammenfassen, mit denen auch er den Abgesang auf das Gewaltverbot anstimmt: *„Seit 1945 haben sich Dutzende von Mitgliedstaaten an gut über 100 zwischenstaatlichen Konflikten beteiligt, die Millionen von Menschen getötet haben. Das internationale Rechtssystem ist freiwillig und die Staaten werden nur durch die Regeln verpflichtet, denen sie zugestimmt haben. Ein Vertrag kann seine bindende Wirkung verlieren, wenn eine genügende Anzahl von Vertragsstaaten ein Verhalten praktizieren, welches gegen die Regeln des Vertrages verstößt. Die Übereinstimmung der UN-Mitgliedstaaten zu dem allgemeinen Gewaltverbot, wie es in der UNO-Charta zum Ausdruck kommt, ist auf*

---

3   Thomas M. Franck, Who killed Article 2 (4)? Changing Norms Governing the Use of Force by States, in: 64 American Journal of International Law, 1970, S. 809 ff.
4   Jean Combacau, The Exception of Self-Defense in U.N. Practice, in: Antonio Cassese (ed.), The Current Legal Regulation of The Use of Force, 1986, S. 32 ff.

diesem Weg durch eine veränderte Absicht ersetzt worden, wie sie in ihren Handlungen ausgedrückt worden ist. ... Es scheint, dass die Charta tragischerweise den Weg des Briand-Kellog-Paktes gegangen ist, der vorgab, den Krieg zu illegalisieren und der von jedem größeren Weltkriegsteilnehmer unterschrieben worden ist."[5]

Noch haben sich diese Stimmen in der Weltmeinung nicht durchgesetzt. Aber die unipolare Weltmachtstellung der USA mit ihrem Dominanzanspruch begünstigt derartige Tendenzen, die auf eine Erosion der Völkerrechtsordnung, wie sie 1945 neu begründet wurde, zielt.[6] Wie hartnäckig sie sind, zeigen drei aktuelle Ansätze der deutschen Diskussion, die vor allem auf die Relativierung des absoluten Gewaltverbots zielen.

Da ist zunächst die bekannte Figur der „humanitären Intervention", mit der versucht wurde, den Überfall auf Jugoslawien zu legitimieren. Sie beruht auf der Etablierung einer neuen Hierarchie im Völkerrecht, die die Menschenrechte an deren Spitze stellt und darunter die staatliche Souveränität und das Gewaltverbot einreiht. Dieses Konzept spekuliert auf die Wiederbelebung des Naturrechts in Gestalt überpositiver Normen, denen sich das Völkervertragsrecht unterzuordnen hat. Allerdings ist dieser offensichtliche Rückfall in vergangene Zeiten in der Wissenschaft zurückgewiesen und die allein relevante positivrechtliche Kodifizierung der Menschenrechte in völkerrechtlichen Verträgen betont worden. Für einen derart vertraglich begründeten Menschenrechtskodex gilt jedoch Artikel 103 UNO-Charta: *„Widersprechen sich die Verpflichtungen von Mitgliedern der Vereinten Nationen aus dieser Charta und ihre Verpflichtungen aus anderen internationalen Übereinkünften, so haben die Verpflichtungen aus dieser Charta Vorrang." Daraus folgt eindeutig die Unterordnung der menschenrechtlichen Verträge unter zwingende Normen der UNO-Charta, wie das absolute Gewaltverbot des Art. 2 Z.4 und die völkerrechtliche Unzulässigkeit einer „humanitären Intervention".*[7]

Eine modernere Variante ist die Berufung auf das jüngst in Umlauf gesetzte Konzept einer „Responsibility to protect", aus der rasch eine „Pflicht zur Intervention" in Fällen gemacht wird, in denen schwerste Verbrechen wie Völkermord und ähnlich schwere Verbrechen identifiziert werden. Derzeit wird versucht, mit dieser Figur eine militärische Intervention mit UNO-Truppen in Darfur/Sudan durchzusetzen. Das Konzept wurde von der International Commission on Intervention and State Sovereignty (ICISS) in den Jahren 2000/2001 entwickelt, die von der Kana-

---

5   Michael J. Glennon, How War Left the Law Behind, in: New York Times v. Nov. 21, 2002, S. A 33; Michael J. Glennon, Showdown at Turtle Bay. Why the Security Council Failed, in: Foreign Affairs May/June 2003, S. 3 ff.
    Ähnlich auch S. Tönnies: "Wenn man diese Ordnung aber auf ihre tragenden Elemente hin untersucht, sieht man, dass sie sämtlich zusammengebrochen sind." Cosmopolis now. Auf dem Weg zum Weltstaat, Hamburg 2002, S. 91.

6   Eine Übersicht über die unterschiedlichen Positionen liefert der Sammelband von M. Byers und G. Nolte, United States Hegemony and the Foundations of international Law, Cambridge UK, 2003.

7   Vgl. näher dazu N. Paech, „Humanitäre Intervention" und Völkerrecht, in: U. Albrecht, P. Schäfer, der Kosovo-Krieg, Köln 1999, S. 82 ff.

dischen Regierung eingerichtet worden war. Sie sollte einen Ausweg aus der auch von UNO-Generalsekretär Kofi Annan anerkannten Unzulässigkeit der „humanitären Intervention" wie in Fällen von Ruanda und Srebrenica finden. Die Kommission sprach sich für eine Interventionsmöglichkeit in extremen und außergewöhnlichen Fällen aus.[8] Dies machte aus der Responsibility allerdings noch kein Interventionsrecht oder gar eine –pflicht für einzelne Staaten und Staatengruppen, selbst wenn das Konzept auch 2005 in einer Resolution der Generalversammlung[9] anerkannt wurde. Denn die Durchbrechung des absoluten Gewalt- und Interventionsverbots in der UNO-Charta ist weder durch einen Kommissionsbericht noch durch eine Resolution der Generalversammlung möglich. Dazu bedarf es entweder der Änderung der Charta oder einer gewohnheitsrechtlichen Änderung, die jedoch nur durch eine dauerhafte Praxis der Staaten eintreten kann. Auch der Verweis auf die Charta der Afrikanischen Union (AU) vom 11. Juli 2000 führt in die Irre. Zu den Grundsätzen ihrer Arbeit zählt sie zwar in Art. 4 (h): *„Das Recht der Union, auf Beschluss der Versammlung in einem Mitgliedstaat zu intervenieren und zwar im Hinblick auf schwerwiegende Umstände, namentlich: Kriegsverbrechen, Völkermord und Verbrechen gegen die Menschlichkeit."* Dieses „Recht" durchbricht jedoch nicht das Gewaltverbot und das Gebot der Nichteinmischung, die gleichfalls als Grundsätze (f) und (g) in der Charta anerkannt sind und durch ihre Verankerung in der UNO-Charta übergeordnete Gültigkeit haben (Art. 103 UN-Charta). Das Recht ist nur mit der Zustimmung des Mitgliedstaates oder auf Grund einer Resolution des UNO-Sicherheitsrats gem. Art. 39 und 42 UNO-Charta aktivierbar.

Juristisch ist also nicht an den klassischen Ver- und Geboten des Völkerrechts vorbeizukommen. So versucht man es auf politologischem Weg, in dem man die Disparität von Kriegsrealität und völkerrechtlicher Norm unterstellt. Anknüpfungspunkt ist der seit dem 11.09.2001 zum Hauptfeind erklärte internationale Terrorismus, der eine neue und vom klassischen Kriegsrecht nicht erfassbare Asymmetrie in das gegenwärtige Kriegsgeschehen gebracht habe. Die klassische Konstellation der Staatenkriege werde weitgehend abgelöst durch asymmetrische Kriege zwischen sog. Privatakteuren, den internationalen Terrorgruppen, und Staaten. Der pronocierteste Vertreter dieser These, Herfried Münkler, geht davon aus, „dass nur zwischen Staaten dauerhafte Friedensordnungen etablierbar sind, während der notorische Gestaltwechsel asymmetrischer Politikakteure, die Schübe strategischer Kreativität, die davon ausgehen, und die nichtreziproken Rationalitäts- und Legitimitätsstrukturen, die damit verbunden sind, permanente Veränderungen verursachen, die immer wieder Krieg und Gewalt zur Folge haben."[10] Mit dieser Hypothese will er die „Privatakteure", ob Einzeltäter, Al Qaida oder Hisbollah, außerhalb der Völkerrechtsordnung stellen und etwa das Prinzip der Verhältnismäßigkeit der Mittel außer Kraft setzen: *„Wer hier auf Verhältnismäßigkeit*

---

8   Vgl. ICISS, The Responsibility Report, Cambridge 2001, S. 31 ff.

9   UNGV Res. 60/1.2005 World Summit Outcome v. 24. 10. 2005.

10 H. Münkler, Asymmetrie und Völkerrecht. Die Lehren des Sommerkrieges 2006, in: Die Friedens-Warte 81, 2006 2, S. 59 ff., 63.

besteht, nimmt Partei, auch wenn er selbst eine solche Parteinahme gar nicht intendiert."

Im Klartext: Wer von Israel die Einhaltung der Verhältnismäßigkeit der Mittel bei ihrem Kampf gegen Hisbollah einfordert, nimmt – gewollt oder ungewollt - Partei für Hisbollah. Darin liegt die sehr eindeutige Aufforderung, Israels Kriegsführung gegen den Libanon nicht mit den Maßstäben des humanitären Völkerrechts zu beurteilen. Statt einer Verurteilung wegen schwerer Kriegsverbrechen, wie durch eine Kommission des UNO-Menschenrechtsrats geschehen,[11] wird die rechtsblinde Parteinahme für die staatliche Kriegspartei propagiert. Nähme man diesen Vorschlag ernst, müsste er nicht nur für Israel und seinen Kampf gegen Hisbollah, Hamas und die Al Aksa-Brigaden gelten, sondern auch für die Truppen der Operation Enduring Freedom gegen die Taliban in Afghanistan.

Münkler hat offensichtlich die noch nicht so lange zurückliegende Epoche der kolonialen Befreiungskämpfe vergessen, welches bereits „asymmetrische Kriege" von Guerillas gegen die alten Kolonialstaaten waren. Das Problem ist also nicht so neu und wurde seinerzeit mit der Einbindung der Befreiungsbewegungen in die Rechte und Pflichten des humanitären Völkerrechts versucht zu regeln. Münkler hingegen meint, mit einem Konzept der Doppelstandards allen nichtstaatlichen Formen der kriegerischen Gewalt begegnen zu können. Im Ergebnis läuft es auf die Befreiung der Staaten von den Einschränkungen und Verboten der Gewaltausübung hinaus und entzieht dem ohnehin gefährdeten humanitären Völkerrecht den Rest seines normativen Einflusses.

7. Die Stabilisierung des Völkerrechts

Es mag angesichts der jüngsten Entwicklung wenig überzeugend klingen, aber ein nüchterner Blick auf die vergangenen Jahrhunderte zeigt uns, dass nie zuvor in der Geschichte der internationalen Politik das Völkerrecht, und damit die rechtliche Regelung internationaler zwischenstaatlicher Beziehungen, einen derart schnellen Wandel, eine derart progressive Kodifizierung erfahren hat wie seit der Gründung der UNO 1945. Dazu gehört die Erweiterung des Kriegsverbotes (Briand-Kellog-Pakt von 1928) zum Gewalt- und Interventionsverbot in der Charta der Vereinten Nationen und durch die anschließende Resolutionspraxis der Generalversammlung. Dazu gehört ferner die Durchsetzung des Rechts auf Selbstbestimmung in der Epoche der Dekolonisation. Dieses Recht, welches bald nach den Deklarationen der französischen Revolution durch die Armeen Napoleons in das Magma der Geschichte untergepflügt wurde, brauchte knapp zweihundert Jahre, bis es über die Stationen des Völkerbundes und der Vereinten Nationen erst in den 1970er Jahren als zwingendes Recht allgemein anerkannt wurde.

Zu diesem Fortschritt gehört auch die umfassende Kodifizierung der individuellen Menschenrechte, selbst wenn der rechtliche Status der ökonomischen und sozialen Rechte immer noch bestritten und auf bloße politische Programmatik abgewertet wird. Und wenn darüber hinaus die Ergänzung und Erweiterung der indivi-

---

11 Vgl. Report of the Commission of Inquiry on Lebanon pursuant to Human Rights Council
Resolution S-2/1, v. 23.11.2006

duellen Menschenrechte durch kollektive den großen Industriestaaten noch abge-
rungen werden muss – es handelt sich um das Recht auf Frieden und auf Entwicklung -, der Fortschritt liegt bereits in der Formulierung derartiger Rechte durch die
Menschenrechtskommission der UNO und die Übernahme dieser Konzepte durch
die Generalversammlung. So ist auch die Einrichtung eines Europäischen Ge-
richtshofes für Menschenrechte überhaupt der erste Ansatz, das Individuum aus
seiner völkerrechtlichen Nichtexistenz herauszuholen und in den unmittelbaren
Schutzraum völkerrechtlicher Sanktionen gegen den eigenen Staat zu stellen. Die
verschiedenen Urteile des Europäischen Gerichtshofs für Menschenrechte gegen
die Türkei sprechen eine deutlichere Sprache und verschaffen den Folteropfern
mehr Rechte und Wiedergutmachung als die europäischen Regierungen sie bisher
von der türkischen Regierung erreichen konnten.

Am Anfang der gesellschaftlichen Organisation der Bundesrepublik nach dem
zweiten Weltkrieg hat die Frage der Einordnung der BRD in die internationale
Völkergemeinschaft durchaus eine prominente Rolle gespielt. Dabei war vor allem
über die Stellung des Völkerrechts in seinem Verhältnis zum nationalen Recht zu
entscheiden. In einer denkwürdigen Debatte im Laufe der Beratungen des Parlamentarischen Rates von 1948 sagte damals Carlo Schmid (SPD):

„Die einzige wirksame Waffe des ganz Machtlosen ist das Recht, das Völker-
recht. Die Verrechtlichung eines Teiles des Bereichs des Politischen kann die ein-
zige Chance in der Hand des Machtlosen sein, die Macht des Übermächtigen in
ihre Grenzen zu zwingen. Selbst die Gesetze eines Drakon, von denen man das
Wort ‚drakonisch‘ ableitet, waren ein Fortschritt, denn sie setzten der Macht we-
nigstens gewisse Grenzen. Die fürchterliche Peinliche Halsgerichtsordnung Karls
V., deren Lektüre uns heute Schaudern macht, war einmal ein Fortschritt, denn
auch sie setzte der Macht wenigstens gewisse Grenzen. Der Vater des Völker-
rechts, Hugo Grotius hat genau gewusst, was er getan hat. Er hat erkannt, dass es,
nachdem es der englischen Übermacht gelungen war, die holländische Flagge fast
ganz von den Meeren zu verjagen, nur ein Mittel gab, Hollands Lebensmöglichkei-
ten zu erhalten, nämlich die Lebensverhältnisse auf der hohen See zu verrechtli-
chen und gegen das englische mare clausum das mare liberum zu setzen. Die sog.
kleinen Mächte sind nicht umsonst die großen Pioniere des Völkerrechts gewesen;
das hat einen – oft uneingestandenen und unerkannten – politischen Grund. Daher
sollten wir Deutsche, gerade weil wir heute so machtlos sind, mit allem Pathos,
das uns zu Gebote steht, den Primat des Völkerrechts betonen.“

Die gegenwärtige Gefährdung der Völkerrechtsordnung des UNO-Systems ist
nicht durch den Widerspruch der Rechtswissenschaft und ihrer Vertreter zu beseitigen. Die Stärkung der alten Prinzipien hängt entscheidend davon ab, ob es gelingt, sie mit einer realen Macht gegen ihre Auflösung zu schützen. Denn Völkerrecht verdankt seine Existenz und seinen Erhalt nicht allein der wissenschaftlichen
und juristischen Argumentation, sondern in erster Linie der Akzeptanz und Durchsetzung durch die Staatengemeinschaft. Die Völkerrechtsordnung und ihre Institutionen der UNO waren nicht in der Lage, den völkerrechtswidrigen Überfall auf
den Irak zu verhindern. Dazu hätte es einer starken Gegenkraft bedurft. Auch die
Drohungen gegen den Iran können leider nicht mit dem Hinweis auf die UNO-

Charta, den Non-Proliferation-Treaty und das allgemeine Völkerrecht abgewehrt werden. Auch hier bedarf es einer starken Gegenmacht, die den Prinzipien politische Geltungskraft verleiht. Diese kann jedoch nur dann aufgebaut und wirksam werden, wenn wir die Staaten auf ihre eigenen Prinzipien immer wieder verpflichten. Volkssouveränität äußert sich nicht nur in den Wahlen alle vier oder fünf Jahre, sondern in dem permanenten Plebiszit für den Primat des Völkerrechts als Friedensrecht.

Ernst Woit

Die Legitimation imperialistischer Kriege verhindern!

Seit dem Untergang der Sowjetunion und der mit ihr verbündeten Staaten ist – vorerst – ein durch weitgehende Dominanz der USA und ihrer Verbündeten bestimmtes weltpolitisches Kräfteverhältnis entstanden. An die Stelle der zumindest die zweite Hälfte des 20. Jahrhunderts bestimmenden globalstrategischen Bipolarität ist eine Unipolarität getreten, die imperialistische Kriege mit dem Ziel totaler Weltherrschaft des Kapitalismus wieder möglich erscheinen lässt. Die von den USA und ihren Verbündeten bereits geführten völkerrechtswidrigen Angriffskriege gegen die Bundesrepublik Jugoslawien, gegen Afghanistan und gegen Irak machen deutlich, dass das von den für diese Kriege verantwortlichen Politikern dieser imperialistischen Staaten genau so gesehen wird.

Seit dem Epoche-Wechsel am Ende der 80er/Anfang der 90er Jahre des 20. Jahrhunderts versuchen die Staaten des siegreichen kapitalistischen Imperialismus mit allen Mitteln eine „Neue Weltordnung" zu installieren. Dafür streben sie – auch durch Kriege - danach, besonders folgende weltpolitische Ziele zu erreichen, bevor diese durch ein erneut verändertes internationales Kräfteverhältnis nicht mehr erreichbar sein werden:

-   Zerstörung der „alten Weltordnung", der Weltordnung der UN-Charta, ihrer Grenzen und Einflusssphären sowie ihrer völkerrechtlichen Normen;
-   Rückgängigmachen aller seit 1917 und besonders seit 1945 durch nationalen und sozialen Befreiungskampf zu Ungunsten des kapitalistischen Imperialismus erreichten globalen Veränderungen;
-   Weltherrschaft der USA und ihrer mächtigsten Vasallen, fundiert durch neokolonialistische Beherrschung der wichtigsten Welt-Regionen, die ihnen mit einem Anteil an der Weltbevölkerung von 20 % weiterhin die Verfügung über 80 % der globalen Ressourcen sichert.

In den Massenmedien versucht man den Menschen einzureden, dass die imperialistischen Kriege „humanitäre Interventionen" seien und kein anderes Ziel verfolgten als „Menschenrechte und Demokratie weltweit zu verbreiten". In den Organen zur Selbstverständigung der herrschenden Klasse wird darüber seit längerem sehr viel offener Stellung genommen. So schrieb Oberstleutnant i.G. Reinhard Herden, Bereichsleiter der Bundeswehr für Analyse und Risikoprognose, bereits 1996 in der vom Bundesministerium der Verteidigung herausgegebenen Zeitschrift „Truppenpraxis/Wehrausbildung": „Die großen Kriege des 20. Jahrhunderts fanden zwischen wohlhabenden Staaten statt. Im nächsten Jahrhundert werden die jetzt in Frieden miteinander lebenden wohlhabenden Staaten gegen die Völker der armen

Staaten und Regionen ihren Wohlstand verteidigen müssen."[1] Über diese Kriege entwickelte Herden dann – frei von jeder Sentimentalität – recht präzise Vorstellungen: „Das 21. Jahrhundert wird die Ära eines neuen Kolonialismus sein. Regionale politische, militärische und wirtschaftliche Hegemonie tritt an die Stelle von großen Okkupationsstreitkräften, Kolonisation und teuren Verwaltungen. Dem Wettbewerb nicht gewachsene Regionen werden untergehen. Die Kolonien der Zukunft werden vor allem Ressourcenlieferanten und Absatzmärkte für die Kolonialmächte sein. ... Große konventionelle Kriege können vor allem durch Streitigkeiten um Ressourcen und interkulturelle Konflikte ausgelöst werden – oder durch beides (z.B. im Großraum Persischer Golf/Kaspisches Meer)."[2]

Auch für den CDU-Politiker Kurt Biedenkopf ist diese Aufteilung der Weltressourcen eine klare Selbstverständlichkeit. In seinen unter dem Titel „Ein deutsches Tagebuch" veröffentlichten Memoiren notiert er unter dem 31. März 1990 nach einem Gespräch mit Franz Alt über die inhumanen globalen Konsequenzen der Wirtschaftspolitik der „westlichen Industriegesellschaften": „Die Art, wie wir leben, ist nicht verallgemeinerungsfähig. Wir können unsere materiellen Ansprüche an die Erde und ihre Ressourcen nicht auf die große Mehrheit der Menschheit übertragen. China und Indien mit der gleichen PKW-Dichte und dem gleichen Verbrauch von Energie wie in einer hochentwickelten Zivilisation wären undenkbar. Das heißt aber, dass die Fortsetzung unserer eigenen Lebensweise nur möglich ist, wenn sie auch in Zukunft einer privilegierten Minderheit, den hochentwickelten Industrienationen, vorbehalten bleibt."[3] Was das in der Konsequenz bedeutet, machte die „Frankfurter Allgemeine Zeitung" deutlich, als sie am Tage des Überfalls der USA und ihrer Komplizen auf den Irak in einem redaktionellen Artikel schrieb: „Der Irak soll als Feind verschwinden, indem die Amerikaner ihn mit imperialen Mitteln neu gründen. Die Verwerfungen der postkolonialen Zeit werden durch einen neuen demokratischen Kolonialismus zugeschüttet."[4]

Wir haben uns heute mit der Tatsache auseinanderzusetzen, dass es den Regierungen der nach Weltherrschaft strebenden kapitalistischen Großmächte bisher immer wieder gelungen ist, ihre völkerrechtswidrigen Angriffskriege für eine hinreichende Mehrheit der Bevölkerung so zu rechtfertigen, dass sie dieser legitim erschienen und erscheinen. Wer künftige Kriege verhindern will, muss sich damit auseinandersetzen, wie es immer wieder gelang, eine an sich friedliebende Bevölkerung so zu manipulieren, dass sie mehrheitlich diese Kriege unterstützt, zumindest aber akzeptiert hat. Und das, obwohl den meisten Menschen inzwischen längst klar ist, wie skrupellos sie von den zum Krieg hetzenden Politikern immer wieder belogen worden sind. Dabei sollten wir das bei der Beeinflussung der öffentlichen Meinung bestehende Kräfteverhältnis sehr nüchtern einschätzen. So verwies der Fernsehjournalist Klaus Bednartz in einem Interview darauf, wie deprimierend es ist, wenn kritische Sendungen von den kritisierten Politikern einfach ignoriert wer-

---

1   R. Herden: Die neue Herausforderung. Das Wesen künftiger Konflikte. In: Truppenpraxis/Wehrausbildung. Frankfurt/M. Nr. 2/1996, S. 70.
2   Ebenda, S. 71.
3   K. Biedenkopf: 1989 – 1990. Ein deutsches Tagebuch. Berlin 2000, S. 224.
4   Frankfurter Allgemeine Zeitung. Frankfurt/M., 20. 3. 2003, S. 37.

den: „Wenn wir dem Verteidigungsminister nachweisen, dass er die Öffentlichkeit konsequent belügt, ... ich ihn einen Lügner nenne – und dann weder ein Dementi noch eine Klage folgt, sondern so getan wird, als hätten wir nicht gesendet, dann ist das schon frustrierend."[5] Wenn wir helfen wollen, künftige Kriege dadurch zu verhindern, dass wir mit unseren relativ bescheidenen Möglichkeiten gegen die Manipulation ideologischer Kriegsbereitschaft ankämpfen, müssen wir so viel wie möglich aus der Geschichte lernen und darauf eingestellt sein, einen langen Atem zu haben.

NATO-Angriffskrieg gegen UN-Mitglied Jugoslawien und die öffentliche Meinung

Der erste Krieg zur ‚Neuordnung der Welt' war die – meist fälschlich ‚Kosovo-Krieg' genannte - NATO-Aggression zur Zerschlagung der Bundesrepublik Jugoslawien. Es gelang den Aggressoren, in den NATO-Staaten – mit Ausnahme Griechenlands - eine relativ hohe Zustimmung der Bevölkerung zu diesem Krieg zu erreichen. So betrug die Zustimmungsrate zu diesem Krieg in einer nach zwei Monaten Kriegführung durchgeführten Befragung in Italien 51 %, in Deutschland 54 %, in Frankreich 62 % und in Großbritannien sogar 67 %. Mehrheitlich gegen diesen Krieg sprach sich nur die Bevölkerung Portugals mit 51 % und die Griechenlands mit 97 % aus.[6]

Mit welchen Argumentationsmustern haben die Politiker und Ideologen des Aggressors diese hohe Zustimmung erreicht? In Deutschland erklärte Bundeskanzler Schröder am Tage des Kriegsbeginns in einer Fernsehansprache u.a.: „Heute Abend hat die NATO mit Luftschlägen gegen militärische Ziele in Jugoslawien begonnen. Damit will das Bündnis weitere schwere Verletzungen der Menschenrechte unterbinden und eine humanitäre Katastrophe im Kosovo verhindern. Der jugoslawische Präsident Milosevic führt dort einen erbarmungslosen Krieg. ... Wir führen keinen Krieg. Aber wir sind aufgerufen, eine friedliche Lösung im Kosovo auch mit militärischen Mitteln durchzusetzen ..."[7] Da wurde also vom deutschen Regierungschef allen Ernstes behauptet, in Jugoslawien führe nur Milosevic einen ‚erbarmungslosen Krieg', die NATO dagegen führe gar keinen Krieg, sondern nur ‚Luftschläge gegen militärische Ziele', denn sie sei aufgerufen ‚eine friedliche Lösung im Kosovo mit militärischen Mitteln durchzusetzen'. Als derselbe Schröder auch noch die Behauptung aufstellte, Milosevic unterhalte im Kosovo Konzentrationslager, wurde er nach Beweisen dafür gefragt. Aufschlussreich ist die Antwort, die er am 16. Mai 1999 in PHOENIX TV in die Worte kleidete: „Es kommt darauf an, was man dem Begriff ‚Konzentrationslager' unterlegt. Wir wissen, dass die Menschen zusammengefasst werden, konzentriert. Das reicht, um zu handeln." Nicht viel anders Bundesaußenminister Fischer, der den Überfall der NATO auf das UNO-Mitglied Jugoslawien ganz einfach mit dem in der Öffentlichkeit inzwi-

5   Die Zeit. Hamburg. Nr. 23 v. 31. 5. 2001, S. 40.
6   Die Zeit. Hamburg. Nr. 23 v. 2. 6. 1999, S. 10.
7   Nach: H. Loquai: Der Kosovo-Konflikt – Wege in einen vermeidbaren Krieg. Baden-Baden 2000, S.9.

schen massenhaft erzeugten ‚Feindbild Milosevic' begründete: „Das Problem Milosevic läßt sich beim besten Willen nicht krisenpräventiv lösen. Deswegen bedurfte es ja des Kosovo-Krieges und der Intervention in Bosnien."[8]

Eine spezifische Argumentation wurde entwickelt, um den offenkundig völkerrechtswidrigen Angriffskrieg dennoch als ‚gerechtfertigt' erscheinen zu lassen. In seinem voluminösen Buch „Moral und Politik" hatte der Moralphilosoph Vittorio Hösle bereits unmittelbar nach dem Untergang des von der Sowjetunion geführten weltpolitischen Lagers gegen Bestrebungen polemisiert, die eindeutige Verurteilung eines ungerechten und auf die „Ausbeutung eines anderen Volkes" zielenden Krieges dadurch zu relativieren, dass man ihn dann wenigstens als „gerechtfertigt" bezeichnet. Hösles Ablehnung des Terminus ‚gerechtfertigter Krieg' ist auch dadurch eindeutig, dass er in diesem Zusammenhang betont: „Die Ausbeutung eines anderen Volkes ist stets unrecht, und sie wird nicht gerecht dadurch, dass sie vom eigenen Volk gebilligt wird."[9] Aber genau so versuchte der Vorsitzende der deutschen katholischen Bischofskonferenz, Karl Lehmann, am 03. April 1999 (Ostersonntag), die zu diesem Zeitpunkt noch anhaltenden Luftbombardements der Infrastruktur Jugoslawiens im Interview der Woche des „Deutschlandfunk" mit den Worten zu rechtfertigen, dieser Krieg sei „kein Angriffskrieg, sondern ein Verteidigungskrieg für Menschenrechte." Auf die Frage des Interviewers, ob das bedeute, dass nun einfach Menschenrechte vor Völkerrecht gelten, antwortete Lehmann : „Das ist eine sehr dialektische Struktur. ... Auf der einen Seite wird man sagen müssen, im Blick auf die Vereinbarungen und Abmachungen, die es international gibt, gilt, dass ohne UNO-Mandat es völkerrechtlich nicht gedeckt ist, was geschieht. Es ist ein Verstoß gegen das Völkerrecht – aber im Interesse der Menschenrechte! Und deswegen denke ich mir, dass es – wenigstens nach vorne gedacht, auf die Zukunft hin - eigentlich ein Beitrag zum Völkerrecht ist, dass das Völkerrecht nämlich verbindlicher wird." Man muss wohl lange suchen, um eine zynischere Kriegsrechtfertigung zu finden als diese österliche des obersten Repräsentanten des deutschen Katholizismus. Wenige Tage nach Lehmann, am 19. April 1999 argumentierte die Berliner Sektion der Deutschen Gesellschaft für Zivilschutz in ihrer „Bürgerinformation Nr. 01/1999" zum Thema „Luftschläge und Bodentruppen" nach dem gleichen Muster so: „Die Friedensaktionen gegen Jugoslawien sind zwar nicht rechtmäßig, aber dennoch gerechtfertigt."[10]

Spätestens im Zusammenhang mit der NATO-Aggression gegen Jugoslawien wurde offenbar, dass viele jener pazifistischen Positionen, die unter den Bedingungen der Block-Konfrontation im Kampf gegen die Gefahr eines nuklearen Vernichtungskrieges entstanden waren, für eine prinzipielle Ablehnung und Bekämpfung imperialistischer Kriege zur Durchsetzung einer ‚Neuen Weltordnung' nicht mehr trugen. Das hing zweifellos mit dem Ort und der so anderen Art der Kriegführung zusammen, die das eigene Überleben nicht gefährdete. Zugleich war das aber auch das Resultat einer beispiellos intensiven Kriegshetze über die Massenmedien, die

---

8   Interview in: Die Zeit, Hamburg, Nr. 41 v. 5. 10. 2000, S. 4.
9   V. Hösle: Moral und Politik. München 1997, S. 1010.
10 Nach: junge Welt. Berlin, 29. 4.1999, S. 12.

den Feind als ‚Hitler von heute' bezeichnete und die NATO-Aggression als Krieg
zum ‚Schutz der Menschenrechte', als ‚humanitäre Intervention' zur ‚Verhinderung eines neuen Auschwitz' hinstellte. Immer wieder wurden Gegner dieses Krieges nach dem Rezept des CDU-Politikers Heiner Geißler als besonders gefährliche
Friedensfeinde hingestellt. Geißler hatte in den 1980er Jahren, auf dem Höhepunkt
der Nachrüstungsdebatte, formuliert: „Der Pazifismus der dreißiger Jahre hat
Auschwitz erst möglich gemacht." 1997 schrieb er: „Frieden mit Schweigen der
Waffen zu verwechseln bedeutet Friedhofsfrieden."[11]

Eine besonders während der NATO-Luftangriffe auf Jugoslawien häufig zu beo-
bachtende Haltung von vormaligen Kriegsgegnern war ihre innere Zerrissenheit
und das Bekenntnis, dem Krieg in der Überzeugung zugestimmt zu haben, dass er
in dieser Situation das kleinere Übel sei. Typisch dafür war Erhard Eppler, der am
12. April 1999 in seinem Schlusswort an den SPD-Parteitag erklärte: „Tragisch ist
eine Situation, wenn man schuldig wird, ganz gleich, was man tut." Doch habe er
mit seiner Zustimmung zur Bombardierung Jugoslawiens wenigstens das Gefühl
gehabt, „dass wir ein bisschen weniger schuldig werden, als wenn wir es nicht
täten."[12]

Kriege gegen den Terrorismus?

Seit dem 11. September 2001 ist das Hauptmuster zur Rechtfertigung der auf Beherrschung der Welt zielenden Kriege der USA, sie höchst offiziell als ‚Kriege
gegen den Terrorismus' zu bezeichnen. So haben die USA ihren Angriff auf Afghanistan mit der stereotyp wiederholten Behauptung begründet, Osama bin Laden
habe die Terroranschläge vom 11. September 2001 von Afghanistan aus inszeniert.
Zur Rolle des Terrorismus und zur Personifizierung Osama bin Ladens in der
Kriegspropaganda der USA machte der namhafte Militärstratege und zeitweilige
außenpolitische Berater der Bush-Administration Brent Scowcroft in einem „Spiegel"-Interview aufschlussreiche Angaben. Auf die Frage, ob es sinnvoll sei, „vom
Krieg gegen den Terrorismus" zu sprechen, antwortete Scowcroft: „Ja und nein.
Sinnvoll, weil Krieg der Mobilisierung dient. ... In den ersten Tagen war die Rede
vom Krieg vor allem ein Weckruf. Die Wortwahl hat ihren Zweck erfüllt. Andererseits ist Krieg ein etwas irreführender Begriff, was die Natur des Konflikts angeht.
... Nichtmilitärische Maßnahmen sind effizienter als jedes Kriegsszenario. Aber es
gibt natürlich in Amerika das Bedürfnis nach einem Militärschlag als Antwort auf
die schrecklichen Angriffe. Diese Erwartung muss irgendwie erfüllt werden." Auf
die Frage, ob Osama bin Laden als zentrale Figur des Terrorismus nicht über-
schätzt werde, antwortete Scowcroft: „Vermutlich. In Wahrheit wissen wir nicht
besonders viel über ihn. ... Er ist zu einem nützlichen Symbol geworden."[13]

Um eine durch derartige Feindbilder langfristig auf einen Krieg eingestimmte
Bevölkerung endgültig kriegsreif zu machen, pflegen imperialistische Politiker

11 H. Geißler: Das nicht gehaltene Versprechen. Köln 1997, S. 41.
12 Nach: Th. Ebert: Tragödie und Torheit im Krieg um den Kosovo. In: gewaltfreie aktion,
     Karlsruhe, Nr. 119/120, S. 12.
13 „Ein nützliches Symbol". (Interview).In: Der Spiegel. Hamburg. Nr.40/2001, S. 170.

jeweils unmittelbar vor der bewaffneten Aggression eine spezifische Lügenkampagne zu inszenieren. So schreckte die USA-Administration bekanntlich nicht davor zurück, vor dem Golfkrieg II im US-Kongress und im UN-Sicherheitsrat bestehende Bedenken gegen einen militärischen Angriff auf den Irak die Lüge vom irakischen Baby-Mord in Kuweit zu inszenieren.[14] Um den zweiten Krieg gegen den Irak zu rechtfertigen, verbreiteten die USA und Großbritannien unter bewusster Missachtung der Expertenerkenntnisse die Lüge, dass der Irak über den Weltfrieden gefährdende Massenvernichtungsmittel verfüge. Am 05. Februar 2003 hatte US-Außenminister Colin Powell diese Lüge sogar persönlich vor dem UN-Sicherheitsrat vertreten, um von diesem – wenn auch letztlich erfolglos – die Legitimierung des längst geplanten Angriffs auf den Irak zu erreichen, der dann am 20. März 2003 ohne UN-Mandat erfolgte.

Unmittelbar vor und nach der Invasion im Irak haben sich die imperialistischen Politiker und Ideologen geradezu hemmungslos offen über die wahren Ziele dieses Krieges geäußert. Daran müssen wir immer wieder erinnern, weil sie das inzwischen nicht mehr tun. Unmittelbar vor der Invasion brachte James Woolsey (1993/94 Chef der CIA) die Zielsetzung des Krieges gegen den Irak mit den Worten auf den Begriff: „Wir müssen dem Nahen Osten die Ölwaffe wegnehmen. ... Man braucht eine langfristige Strategie. ... Wir fangen jetzt mit dem Irak an, weil Saddam am tückischsten und gefährlichsten ist."[15] Zehn Tage nach Beginn der Invasion schrieb der Chefredakteur einer einflussreichen deutschen Sonntagszeitung: „Die Antikriegsbewegung liegt mit ihrem Instinkt nicht falsch. Die amerikanische Regierung hat die Welt tatsächlich getäuscht. Sie hat in der Irak-Krise nicht ernsthaft auf die Vereinten Nationen, also auf Verhandeln und Eindämmen, gesetzt. Der Irak-Krieg ist nicht defensiv, sondern offensiv, er ist ein imperialistischer Krieg." Aber: „Wem das imperiale Motiv vollkommen fremd ist, der ist kein verlässlicher Freund des Friedens."[16] Wenig später suchte ein Tübinger Ethnologe ebenfalls in dieser Sonntagszeitung zu begründen, „warum ein neuer Kolonialismus für Afghanistan, Irak und andere die einzige Chance ist". Für ihn jedenfalls stehe fest, „dass sich bestimmte Gebiete der Welt vorläufig wahrscheinlich nur in der Form von Protektoraten oder Reservaten für eine globale Ordnung stabilisieren lassen." Deshalb forderte er allen Ernstes „einen nichtkolonialen (!) und nichtrassistischen Kolonialismus zu denken".[17] Ähnlich sah auch Richard Herzinger mit der Eroberung des Irak eine ganze „neokolonialistische Epoche" beginnen, denn: „Längst dienen militärische Interventionen der Selbstbehauptung westlicher Demokratien – als Instrumente ihrer Weltinnenpolitik. Diese läuft auf einen ‚demokratischen Neokolonialismus' hinaus."[18] So hemmungslos offen argumentieren die

14 Siehe u.a.: J.R.McArthur: Die Schlacht der Lügen. München 1993, S. 46 ff.; Ramsey Clark: Wüstensturm. US-Kriegsverbrechen am Golf. Göttingen 1993, S. 63 f.
15 „Wir fangen mit dem Irak an." (Interview). In: Der Spiegel. Hamburg. Nr. 4/2003, S. 109.
16 Th. Schmid: Gewalt kann Frieden stiften. In: Frankfurter Allgemeine Sonntagszeitung. Frankfurt/M., 30.03.2003, S. 13.
17 Th. Hauschild: Die Welt ist nicht genug. In: Frankfurter Allgemeine Sonntagszeitung. 20.04.2003, S.21.
18 R. Herzinger: Wo Demokraten schießen. In: Die Zeit. Hamburg. Nr. 25 v. 12.06.2003, S. 8.

imperialistischen Kriegsideologen heute nicht mehr. Zu offenkundig ist inzwischen, dass die USA und ihre Satelliten diesen Krieg nicht gewinnen können.

Für eine Strategie der Delegitimierung des Krieges

Mit ihren Angriffskriegen gegen Jugoslawien, Afghanistan, den Irak und gegen den Libanon haben die USA, die NATO und Israel ihre Entschlossenheit demonstriert, unter Missachtung des geltenden Völkerrechts, insbesondere des Angriffskriegs-Verbots der UN-Charta, mit immer neuen Kriegen eine neokolonialistische Neuordnung der Welt durchzusetzen. Bisher ist es den herrschenden Kreisen dieser Staaten immer wieder gelungen, durch ständige systematische ideologische Beeinflussung zu erreichen, dass die Bevölkerung ihrer Staaten diese Kriege überwiegend als zumindest ‚gerechtfertigt‘ ansieht. So gelang es ihnen bereits Jahre vor der militärischen Besetzung des Irak, z.B. durch einen – vom UN-Sicherheitsrat geduldeten - regelrechten Luftkrieg in den sog. ‚Flugverbotszonen‘, „den Irak im Bewusstsein der atlantischen Bevölkerung zu einer Region zu reduzieren, für die die Grundsätze und Prinzipien der UNO-Charta nicht mehr gelten, wo alles erlaubt ist ...“[19] Dass die für diese Kriege verantwortlichen Politiker ohne UN-Mandat zur Aggression schritten, heißt nicht, dass ihnen dieses Mandat völlig gleichgültig ist. Im Gegenteil: Da ihnen das für die Manipulation ideologischer Kriegsbereitschaft vor Kriegsbeginn nicht erreichbar war, bemühten sie sich – bisher immer erfolgreich – um die nachträgliche Legitimierung ihrer Kriege durch den UN-Sicherheitsrat, etwa durch Einrichtung sog. ‚UN-Tribunale‘ zur Aburteilung von Politikern und Militärs der völkerrechtwidrig überfallenen Staaten sowie die Billigung neokolonialistischer Besatzungsregime durch Resolutionen des UN-Sicherheitsrates.

Um die Legitimation weiterer derartiger Kriege zu verhindern, brauchen die Friedenskräfte eine entsprechende Gegen-Strategie. In ihrem Zentrum muss die prinzipielle und konsequente Verteidigung des auf der UNO-Charta beruhenden Völkerrechts und insbesondere des absoluten Verbots von Angriffskriegen stehen.

Das erfordert zumindest dreierlei:

1. die nicht nachlassende Analyse und Verurteilung der seit dem Ende der Block-Konfrontation geführten Aggressionskriege einschließlich der zu ihrer ideologischen Rechtfertigung angewandten Argumente;

2. die – bisher nur selten geführte – kritische Analyse und Verurteilung der Manöver der Aggressorstaaten zur Erlangung einer die UNO und das Völkerrecht noch weiter deformierenden nachträglichen Legitimierung ihrer Kriege zur neokolonialistischen Beherrschung der wichtigsten globalen Ressourcen;

3. die vorausschauende rechtzeitige Entlarvung und Bekämpfung aller Versuche, künftige Angriffskriege ideologisch vorzubereiten.

Was die Vorbereitung künftiger Kolonialkriege betrifft, sei zunächst darauf verwiesen, mit welcher Selbstverständlichkeit inzwischen in den Massenmedien aller

---

19 N.Paech: Beginn einer neuen Weltordnung. In: Göbel/Guilliard/Schiffmann (Hrsg.): Der Irak. Ein belagertes Land. Köln 2001, S. 14.

NATO-Staaten die angebliche Notwendigkeit weltweiter militärischer Interventionen beschworen und z.B. behauptet wird, Deutschland müsse heute auch ‚am Hindukusch verteidigt' werden. Herfried Münkler machte an der weltweiten militärischen Interventionsfähigkeit sogar die gesamte außenpolitische Handlungsfähigkeit der EU fest, indem er betonte: „Die eigentliche Frage heißt doch: In welcher Weise sind die Europäer handlungsfähig? Das ist die klassische Frage nach der militärischen Interventionsfähigkeit, die bedeutet, dass ein politischer Wille der Europäer mit militärischen Mitteln, mag er nun legitim oder illegitim sein (!), gegebenenfalls geltend gemacht werden kann."[20]

Deutschland betreffend ist es aufschlussreich, was Rolf Clement, Leiter der Hintergrund-Abteilung des Deutschlandfunk, über eine dazu notwendige "Umgewöhnung" der Deutschen schrieb: Das Ende der Blockkonfrontation stellte für Deutschland „einen Umgewöhungsprozess dar, für den es lange Zeit benötigte, vielleicht sogar noch benötigt. ... Dass die Bundeswehr so im Laufe der Zeit schleichend zu einem Instrument deutscher Außenpolitik geworden ist, scheint der breiten Öffentlichkeit nicht bewusst zu sein. Nachdem die Einsätze in Kambodscha und Somalia als ‚humanitär' bezeichnet wurden – was damals die Akzeptanz in der Bevölkerung erhöhte, aber eine Verharmlosung war -, hatten Politiker immer wieder versucht, auch den Balkan-Einsatz in der Darstellung mit der Aura einer friedenserhaltenden Maßnahme zu versehen." Dennoch sei „eine militärische Aktion immer noch unpopulär". Schlussfolgerung: „Die Streitkräfte müssen also, wenn man diesem Gedanken folgt, viel früher als bisher in die Gestaltung der Politik einbezogen werden."[21]

Wie groß die Aufgabe der Delegitimierung künftiger imperialistischer Kolonialkriege ist, wird schlaglichtartig an der Tatsache deutlich, dass das Nachrichtenmagazin „Der Spiegel" erst kürzlich mit der Losung auf dem Titelblatt erscheinen konnte: „Die Deutschen müssen das Töten lernen. Wie Afghanistan zum Ernstfall wird".[22]

---

20 Nach: Blätter für deutsche und internationale Politik. Bonn. H. 5/2004, S. 547.
21 R. Clement: Die neue Bundeswehr als Instrument deutscher Außenpolitik. In: Aus Politik und Zeitgeschichte. Beilage Nr. 11/2004 z. Das Parlament. Berlin, 8.3.2004, S. 40 ff.
22 Der Spiegel. Hamburg, Nr. 47/2006.

Detlef Bald

Von der Verteidigung zur Intervention
Die Bundeswehr – das staatliche Mittel der Macht

Die Bundeswehr wird gern als „normale" Armee bezeichnet. Das zeigte sich besonders 2005, als fünfzig Jahre Bundeswehr – das Jubiläum – mit großem Gepränge gefeiert wurde. Das parteiübergreifende Wort von CSU, CDU und SPD von der „Erfolgsgeschichte einer Armee in der Demokratie" überstrahlte gleichermaßen die staatlichen und parlamentarischen Repräsentanten beim morgendlichen ökumenischen Festgottesdienst im Berliner Dom wie beim Großen Zapfenstreich im abendlichen Dunkel vor dem Reichstag.[1] Diese politischen Feiern rahmten den Reigen der monatelangen Festveranstaltungen ein und zollten der Bundeswehr eine bis dahin nicht gekannte offizielle Anerkennung; sie zelebrierten, wie es allenthalben lautete, die „Armee im Einsatz", mit hoher medialer Präsenz. Zur Wirklichkeit der Berliner Republik gehörte, dass der glänzende Pomp der aktuellen Feierlichkeiten nur durch polizeiliche weiträumige Absperrungen praktisch unter Ausschluss der Bevölkerung in Szene gesetzt werden konnte und eine Akzeptanz des Militärs behauptete, die tatsächlich aber als Distanz von Militär und Gesellschaft offenkundig wurde.

Wie war es früher? Ein Blick auf das Gründungsjahr 1955 zeigt, dass damals zu Zeiten der Bonner Republik nahezu zwei Drittel der Bevölkerung die Aufrüstung ablehnten und „selbst die Mehrheit derer, die meinen, Deutschland brauche eine Armee, sind keine ausgesprochenen Freunde des Militärs."[2] Konrad Adenauer war entsetzt über den verbreiteten Widerstand, der sich in dem Slogan äußerte: „Nie wieder deutsche Soldaten!", volkstümlich auch verbreitet als: „Militär bedeutet Krieg". Die Menschen erinnerten sich: „Krieg gehört für die meisten zum Furchtbarsten, was sie sich vorstellen können, sowohl für ihr eigenes Leben als auch für Deutschland."[3]

Aus friedenswissenschaftlicher Sicht wurde daher im Jubiläumsjahr mit Bedacht zur langen Geschichte der Bundeswehr angemerkt: „Grundsätzliche Kritik tut Not, und die politische Analyse aus antimilitaristischer Perspektive muss den historischen Rückblick einschließen. Was sich zeigt, sind Kontinuitäten deutscher militaristischer Politik und ihrer Umsetzung durch das Militär."[4] Solche harschen Worte

---

1 Gemeinsam für Deutschland – mit Mut und Menschlichkeit. Koalitionsvertrag zwischen CDU, CSU und SPD, Berlin 11. Nov. 2005, S. 131.
2 Gerhard Schmidtchen, Wozu dient die Bundeswehr?, in: Der Spiegel, 29/1956, S. 30; vgl. die Umfragedaten bei Detlef Bald, Die Atombewaffnung der Bundeswehr. Militär, Öffentlichkeit und Politik in der Ära Adenauer, Bremen 1994, S. 100 ff.
3 Institut für Demoskopie Allensbach (Hg.), Die Ablehnung des Militärs. Eine psychologische Studie der Motive, Allensbach 1961, S. 1, 4.
4 Arbeitsstelle Frieden und Abrüstung (Hg.), Am Hindukusch und anderswo. Die Bundeswehr – Von der Wiederbewaffnung in den Krieg, Köln 2005, S. 8.

geben ein Bild der Bundeswehr ab, das augenscheinlich in der offiziell reklamierten „Erfolgsgeschichte" einer demokratischen Armee kaum vorkommt. Diese widersprüchlichen Einschätzungen nehmen wir zum Anlass, die bestimmenden Faktoren der Militärpolitik und -geschichte der Bonner und Berliner Republik seit dem Ende des Zweiten Weltkrieges näher zu betrachten. Der erste Teil betrifft daher die Zeit des Kalten Krieges, der dann folgende zweite Teil geht über die Zeit nach 1990, dann folgt ein kleines Fazit.

I. Westbindung und Kalter Krieg

1. Die internationale Ordnung. Das Jahr 1945 stand vor der Bonner Politik. Deutschland war besetzt und in Zonen aufgeteilt. Die Bonner Republik entstand aus den von den westlichen Alliierten besetzten Zonen. Westbindung bedeutete Wertebindung, Freiheit bedingte Machtbindung. Die neue Freiheit fand unter Kontrolle statt. Konrad Adenauer, der „Kanzler der Alliierten", akzeptierte diesen politischen Rahmen und koppelte den Akt der Staatswerdung der Bonner Republik an die Aufstellung des Militärs. Für ihn galt das tradierte Muster der Nationalstaaten: Souveräne Handlungsfreiheit eines Staates, also die „Erlangung der Souveränität" war nur als „Folge der Wiederaufrüstung" zu realisieren.[5] Man wird Adenauer nicht gerecht, wie es gerne versucht wird, seinen Politikbegriff als „Machtvergessenheit" zu charakterisieren.

Allerdings hatte die Suprematie der Alliierten Bestand; sie resultierte aus der deutschen Kapitulation 1945; die Beschlüsse der Potsdamer Konferenz galten bis 1990. Hans-Peter Schwarz hat den Kern dieser Lage richtig mit dem Begriff bezeichnet: „die gezähmten Deutschen".[6] Adenauer hat vergebens versucht, die Struktur dieser Ordnung zu ändern. Er suchte über die Westbindung seine Ziele zu erreichen und gab daher der Militär- und Bündnispolitik höchsten Vorrang in seiner Politik. Adenauer dachte staatliche Macht ganz konservativ, Realpolitiker, der er war. Wenigen ist aufgefallen, dass er diese Position schon immer hatte und z.B. „1947 das Instrument der Armee als ein wesentliches Element staatlicher Souveränität betrachtete"[7]. Die Absicht des Kanzlers, seine Vorstellung vom „Wesen eines Staates" durchzusetzen und die „Wehrhoheit" zu gewinnen, konnte also nur mit den USA als führender Macht der Westalliierten gelingen.[8] Schon 1950 war der erste Etappenerfolg der Aufrüstung zu verzeichnen. Sie akzeptierten, dass das Kanzleramt eine Geheimplanung zur Aufrüstung in Auftrag gab. Im Oktober 1950 wurde die Himmeroder Denkschrift fertiggestellt.[9] Doch der Gleichklang der Inte-

---

5   Konrad Adenauer, Erinnerungen 1945-1953, Frankfurt/M. 1967, S. 77.
6   Vgl. Hans-Peter Schwarz, Die gezähmten Deutschen. Von der Machtbesessenheit zur Machtvergessenheit, Stuttgart 1985.
7   Zitat von Antonius John, in: Stiftung Haus der Geschichte der Bundesrepublik (Hg.), Nach-Denken. Über Konrad Adenauer und seine Politik, Bonn 1993, S. 145.
8   Konrad Adenauer, „Wir haben es geschafft". Die Protokolle des CDU-Bundesvorstandes 1953-1957. Düsseldorf 1990, S. 510.
9   Vgl. Detlef Bald, Die Bundeswehr 1955-2005. Eine kritische Geschichte, München 2005, S. 28 ff.

ressen von Washington und Bonn brauchte seine Zeit, die neue Gestalt des Militärs in der Ära Adenauer entstehen zu lassen.

2. Westdeutsche Militärpolitik. Die ehemaligen Generale und Admirale der Wehrmacht, die also 1950 in Himmerod die Zukunft des Militärs entwarfen, planten ganz nach dem Ideal der Vergangenheit die „neue Wehrmacht", wie sie die spätere Bundeswehr nannten. Nach dem Muster der Vernichtungsdoktrin des „Totalen Krieges" im Osten kam eine „Worst-Case"-Verteidigung zustande, welche die operativen Maximen des Generalstabs der Wehrmacht in das Panorama des Kalten Krieges stellte und eine europaweite „Gesamtverteidigung von den Dardanellen bis nach Skandinavien" ins Visier nahm. Eine echte Massenarmee vom Typ mobiles und motorisiertes Expeditionsheer sollte „von vornherein offensiv" und im Hinterland des Gegners mit Atombomben vorgehen können.[10] Das war die Quintessenz dessen, was in der Folgezeit „Vorwärtsverteidigung" genannt wurde und voll der massiven Vergeltung („massive retaliation") entsprach. Insofern war es für Kanzleramt und militärische Führung nur plausibel, die Bundeswehr mit Atomwaffen auszustatten. Die nukleare Einsatzbefugnis aber, gewissermaßen der zweite Schlüssel zur Freigabe im Ernstfall, blieb trotz aller Bestrebungen auf Dauer in amerikanischer „nationaler" Hand. Seitdem war die Hoffnung auf nukleare Stabilität die eigentliche Garantie der Sicherheit. Sicherheit durch Atomwaffen hing von der mit dieser Doktrin verbundenen, aber immer unkalkulierbaren Glaubwürdigkeit der Abschreckung ab. Das Sicherheitsdilemma Deutschlands blieb bestehen, auch wenn eine militärische Ratio forderte, die Atomwaffen nur „vernünftig" und nur dann einzusetzen, „wenn andere Mittel zum Erreichen des taktischen Zieles nicht ausreichen". Von dieser Position aus kritisierte Generalinspekteur Ulrich de Maizière im Rückblick „den geplanten großzügigen, fast unbekümmerten Einsatz atomarer Gefechtsfeldwaffen im jeweiligen Verteidigungsraum" – der „unbekümmerte Einsatz" von Atomwaffen hatte über Jahrzehnte die Doktrin der Verteidigung bestimmt.[11] Im Durchschnitt war die Bundeswehr, seit dem Jahr 1957, mit 4.000 Atombomben ausgestattet, 1992 betrug ihre Anzahl noch 2.500. Die Tatsache, die Atomwaffen vernichteten das, was es zu verteidigen gelte, und Deutschland sei daher in einem flächendeckenden Atomkrieg nicht verteidigungsfähig, setzte sich in der Führung der Bundeswehr nicht als Handlungsmaxime durch. Sie suchte dem Dilemma zu entgehen, indem sie auf dem Automatismus des eskalatorischen Verbunds der Atomstrategie bestand. Es gab kein Entkommen aus der Falle der Rüstungsspirale der Abschreckung. Das Signum der gespaltenen Sicherheit blieb bestehen, bei der Fiktion und Realität der Vernichtung so nah bei einander lagen. Die Kontinuität ist unübersehbar. Der Denkhorizont des „Totalen Krieges", welcher der Generalstabsschule der Weltkriege entstammte, begleitete die Modernisierung der Rüstung und die militärischen Doktrinen bis zum Ende des Kalten Krieges.

---

10 Vgl. das Dokument bei Hans-Jürgen Rautenberg, Norbert Wiggershaus (Hg.), Die „Himmeroder Denkschrift" vom Oktober 1950 und militärische Überlegungen für einen Beitrag der Bundesrepublik Deutschland zur westeuropäischen Verteidigung, Karlsruhe 1977.

11 Ulrich de Maizière, In der Pflicht. Lebensbericht eines deutschen Soldaten im 20. Jahrhundert, 2. Aufl. Herford 1989, S. 229.

3. Traditionalistisches Milieu. Die Welt des Primats des Militärischen stand am Anfang der Bundeswehr und wies der praktischen Politik im Amt Blank und beim Aufbau nach 1955 die Richtung. Doch es ging nicht nur um Rüstung und Strategie. Schon die Himmeroder Denkschrift von 1950, jene „Magna Charta" einer „neuen Wehrmacht", dokumentierte diese Tendenzen sowohl einer politisch sauberen Vergangenheit im Nationalsozialismus als auch „zeitlos" gültiger militärischer Traditionen. Die Vergangenheit wurde entsorgt. Neben der Militärstruktur und den operativen Maximen (wie oben dargelegt) folgte auch die normative Fixierung der Bundeswehr dem Soldatenbild einer idealisierten Vergangenheit. Das Problem liegt darin, dass dieses Militärkonzept nicht zwischen Militär und Militarismus in der deutschen Geschichte unterschied. So wurden Traditionslinien aufgemacht, welche die Grundwerte der Bonner Verfassung konterkarierten. Rückblickend wird dies gerne als „Gründungskompromiss" beschworen, was die Verhältnisse verfälscht, aber für das Militär eine Gründungslegende des demokratischen Neuanfangs aufpoliert.

Der in diesem Dokument von Himmerod eingestreute demokratische Reformansatz von Wolf Graf von Baudissin orientierte sich an den rechtsstaatlichen, freiheitlichen und pluralistischen Werten des Grundgesetzes. Doch Baudissin konnte nur isolierte, marginale und unsystematische Einsprengsel einfügen. Es bleibt sein persönliches Verdienst, auf dieser spröden Basis mit langem Atem ein Konzept der umfassenden Militärreform mit dem Leitbild des „Staatsbürgers in Uniform" entwickelt und dafür in Politik, Parlament und Gesellschaft geworben zu haben.[12] Die Geschichte der „Inneren Führung" ist daher im Anfang eine Geschichte des Defizits. Die Politik für den inneren Aufbau der Bundeswehr folgte also zunächst restaurativen und sogar auch reaktionären Leitbildern, die zum Bestand des Militarismus gehörten.

Die Folgen für Norm und Realität der Bundeswehr waren verheerend. Nur ein paar Beispiele: Als 1966 die Gewerkschaften erstmals in Kasernen werben durften, traten Generalinspekteur Heinz Trettner und reihenweise oberste Generale aus Protest zurück; als der Inspekteur der Luftwaffe Johannes Steinhoff 1968 die „zeitlose Gültigkeit" des „vorbildlichen Führertums" von Offizieren der Wehrmacht lobte,[13] fand er nur Beifall; als im Frühjahr 1969 Generalmajor Hellmut Grashey den Offizieren des 20. Juli die Ehre absprach und pointiert feststellte, nun könne man „endlich" die „Maske" der „Inneren Führung" ablegen, erfuhr er mit seinem Vortrag an der Führungsakademie Beifall; als etwa zur gleichen Zeit der Inspekteur des Heeres, Albert Schnez, eine von der gesamten obersten militärischen Führung

---

12 Vgl. Hilmar Linnenkamp, Dieter S. Lutz (Hg.), Innere Führung. Zum Gedenken an Wolf Graf von Baudissin, Baden-Baden 1995; Detlef Bald, Johannes Klotz, Wolfram Wette, Mythos Wehrmacht. Nachkriegsdebatten und Traditionspflege, Berlin 2001; zu Wolf Graf von Baudissin und die Zivilisierung des Militärs auch: Claudia Fröhlich, Michael Kohlstruck (Hg.), Engagierte Demokraten. Vergangenheitspolitik in kritischer Absicht, Münster 1999, S. 84 ff.; Detlef Bald, Uwe Hartmann, Claus von Rosen (Hg.), Klassiker der Pädagogik im deutschen Militär, Baden-Baden 1999.

13 Inspekteur Johannes Steinhoff anlässlich des Stapellaufs des Zerstörers „Mölders", 13. April 1968.

gebilligte Studie vorlegte, die eine „Umformung der zivilen Gesellschaft an Haupt und Gliedern" nach militärischem Vorbild einklagte, zeigte sich das Substrat des „Sui-generis"-Denkens in aller Klarheit. Ein Journalist fand 1970 diese Bewertung: „Ins Kaiserreich ließe sich auch diese Bundeswehr hervorragend integrieren."[14] Dieses Urteil über zwanzig Jahre Militäraufbau in der Bonner Republik ist nicht einmal polemisch. Sogar die alten Generale waren zutiefst vom Zustand der Bundeswehr enttäuscht; die Nationalkonservativen Hans Speidel und Adolf Heusinger sowie der Reformer Graf Baudissin stimmten darin überein, die Reform des Militärs sei in der Bonner Republik „gescheitert".[15]

Die Ära Adenauer hat die weitere Entwicklung der Militärgeschichte beträchtlich belastet, da der Traditionalismus seit Himmerod mit antipluralistischen und geschichtsklitternden Parolen sanktioniert wurde. So wurde die Opposition gegen die demokratische Militärreform in die Bundeswehr regelrecht eingebaut und der Konflikt mit der Demokratisierung gemäß der „Wehrgesetzgebung" und dem entsprechenden Konzept der „Inneren Führung" installiert. Im Militär konnte in den fünfziger und sechziger Jahren die Gegenposition zur Reform solchen Erfolg haben, da sie auch, wie Norbert Frei nachgewiesen hat, Teil einer allgemeinen, dezidierten Vergangenheits- und Geschichtspolitik auf allen Ebenen der Politik war.[16] So bildeten sich im Militär zwei „Fronten, die sich in der einen oder anderen Form" immer wieder zeigten. Politisch ist die Gestalt der Bundeswehr daher zwiespältig gekennzeichnet.[17] Die legislatorisch gesteuerte Militärreform kam schließlich mit großen Mühen voran, aber sie hatte über lange Jahre nur formale Relevanz. Diese immanenten Widersprüche gelten gerade auch für die Militärführung.[18] Diese Problematik ist stark zu betonen, da die Geschichte der Bundeswehr sogar während der Reformphase zu Beginn der siebziger Jahre und auch bis in die Gegenwart (nach 1990) noch davon bestimmt ist.

II. Der Paradigmenwechsel nach 1990

Die Machtgeometrie über den Atlantik beherrschte auch nach 1990 die Militärgeschichte. Die alliierten Rechte, wie sie in Potsdam 1945 formuliert worden waren, gestalteten den Übergang vom besatzungsrechtlich „penetrierten System" hin zur

---

14 Armin Halle, Vortrag in Tutzing, 19. April 1970, zitiert in Bald, Bundeswehr, S. 69.

15 Befragung von 1969 bei Klaus Reinhardt, Generalstabsausbildung in der Bundeswehr, Bonn, Herford 1977.

16 Vgl. Norbert Frei, Vergangenheitspolitik. Die Anfänge der Bundesrepublik und die NS-Vergangenheit, München 1996.

17 Wolf Graf von Baudissin, Abschiedsvorlesung, 18. Juni 1986, Universität Hamburg, in: Ders., Dagmar Gräfin Baudissin, „....als wären wir nie getrennt gewesen". Briefe 1941-1947, hrsg. von Elfriede Knoke, Bonn 2001, S. 267.

18 Wido Mosen, Bundeswehr – Elite der Nation? Determinanten und Funktionen elitärer Selbsteinschätzung von Bundeswehrsoldaten, Neuwied, Berlin 1970, S. 329; Oskar Negt, In Erwartung der autoritären Leistungsgesellschaft, in: Gert Schäfer, Carl Nedelmann, Der CDU-Staat. Studien zur Verfassungswirklichkeit, München 1967, S. 210; vgl. Jakob Moneta u.a., Bundeswehr in der Demokratie. Macht ohne Kontrolle?, Frankfurt/M. 1974, S. XIII (Einleitung von Imanuel Geiss).

Souveränität des vereinten Deutschland.[19] Die Doktrin von der Bedrohung aus dem Osten, die wesentlich Legitimität und Identität der alten Bundeswehr geprägt hatte, verlor schließlich jegliche Bedeutung. Ein neues Kapitel der Militärgeschichte wurde 1990 aufgeschlagen. Am Tag nach der Einigung ertönte bei Kanzler Helmut Kohl ein bis dahin ungewohnter Klang staatlicher Politik. Im Bundestag erklang die Terminologie der „internationalen Verantwortung" und der „nationalen Interessen" dieses Landes. Publizistisch wurde Deutschland als europäische Macht mit Begriffen beschworen wie „Großmacht wider Willen" und „Zentralmacht Europas".[20] War es Versuchung oder Realismus, als US-Präsident George Bush den Deutschen eine „partnership in leadership" anbot?

1. Die NATO. Sie bestimmte das neue Paradigma des globalen Interventionismus und gab damit für die zweite Hauptphase der Geschichte der Bundeswehr den Rahmen vor. Die Parameter der neuen Sicherheitspolitik wurden auf der NATO-Tagung am 06. Juli 1990 sichtbar. In dieser Londoner Erklärung wurde der „Blick in ein neues Jahrhundert gerichtet", für die das Bündnis die treibende Kraft des Wandels sein werde. Da die Sowjetunion nicht mehr das Feindbild darstelle, wurde die etablierte Militärkonzeption der Integration taktischer Nuklearwaffen aufgegeben. Den wichtigen Wendepunkt markiert das am 08. November 1991 in Rom verabschiedete „Neue Strategische Konzept". Darin wurde zunächst bekräftig, beim Aufbau einer dauerhaften Friedensordnung in Europa eine „Schlüsselrolle" spielen zu wollen. Dann kam die neue Ausrichtung; sie war markant: „Im Gegensatz zur Hauptbedrohung der Vergangenheit sind die beiden Sicherheitsrisiken der Allianz ihrer Natur nach vielgestaltig und kommen aus allen Richtungen, was dazu führt, dass sie schwer vorherzusehen und vielgestaltig sind."[21] Als „vitale Interessen" wurden ökonomischer Wohlstand und globale Rohstoffversorgung benannt, die „out of area", d.h. außerhalb des gültigen NATO-Verteidigungsbereichs, gesichert werden müssten: „Die Sicherheit des Bündnisses muss jedoch auch den globalen Kontext berücksichtigen. Sicherheitsinteressen des Bündnisses können von anderen Risiken berührt werden ...".[22] Neben den lebenswichtigen Ressourcen wurden unter den globalen „Risiken ... aus allen Richtungen" auch schon Terrorattacken aufgezählt. Mit diesem Dokument bereiteten die USA die Plattform, mit militärischem Denken ihre Fähigkeit als Siegermacht des Kalten Krieges im Verbund mit den NATO-Partnern weltweit einzusetzen.[23]

---

19 Wolfram F. Hanrieder, Deutschland, Europa, Amerika. Die Außenpolitik der Bundesrepublik Deutschland 1949-1994, 2. Aufl. Paderborn 1995; Ernst-Otto Czempiel, Weltpolitik im Umbruch. Das internationale System nach dem Ende des Ost-West-Konflikts, München 1992.

20 Vgl. Christian Hacke, Weltmacht wider Willen. Die Außenpolitik der Bundesrepublik Deutschland, Frankfurt/M. 1993; Hans-Peter Schwarz, Die Zentralmacht Europas. Deutschlands Rückkehr auf die Weltbühne, Berlin 1994

21 Das Neue Strategische Konzept des Bündnisses, in: Bulletin des Presse- und Informationsamtes der Bundesregierung, Nr. 128, 13. Nov. 1991, S. 1039.

22 NATO-Gipfelkonferenz in Rom. Erklärung von Rom über Frieden und Zusammenarbeit, ebenda, S. 1033.

23 Vgl. Jo Angerer, Erich Schmidt-Eenboom (Hg.), Siegermacht NATO. Dachverband der neuen Weltordnung, Berg/Starnberger See 1993.

2. Die deutschen Interessen an Interventionen. Die Bundeswehr war auf Interventionen „out of area" nicht unvorbereitet. Der Umschwung erfolgte bereits Jahre vor der neuen Politik in der NATO und vor dem Fall der Mauer. In einem bekannt gewordenen Dokument hatte die militärische Führung schon 1987 ein Gutachten erstellen lassen, unter welchen Umständen „Einsätze im Rahmen nationaler maritimer Krisenoperationen außerhalb des NATO-Vertragsgebietes" zulässig seien. Die „Wahrung deutscher Interessen" wurde als hoch brisant eingestuft, da die deutschen Öffentlichkeit kritisch eingestellt sei, jedoch könnten Truppen jederzeit zu „humanitärer und Katastrophenhilfe" entsandt werden, Waffeneinsatz sei auch zum Schutz von Handelsschiffen möglich.[24] General Klaus Naumann bedauerte, dass in Deutschland infolge der historischen Erfahrungen – aber auch wegen eines „Versöhnungs- und Friedenspathos" – die „legitime Anwendung" von Gewalt diskreditiert sei. Solange dieser Widerspruch nicht aufgelöst sei, werde die Bonner Republik in Europa politisch nur eine „untergeordnete Rolle spielen".[25] Ein neues Konzept militärisch gestützter Interessenwahrnehmung deutscher Außen- und Wirtschaftspolitik war entworfen, bevor die Welt im Zusammenbruch des Ostblocks die Wende im sicherheitspolitischen Denken fühlte.

Kaum war die Mauer in Berlin gefallen, wurde der neue Ansatz vorgestellt. Ganz im Sinne des Friedensgedankens sprach Generalinspekteur Dieter Wellershoff schon 1990 den „erweiterten Sicherheitsbegriff" – schlicht und einfach – ganz populär an: „Helfen, retten, schützen!" werde die künftige Ausrichtung der Bundeswehr, wo immer dies erforderlich sei.[26] Die Argumente wurden eingängig vorgetragen: „Und wir können nicht tatenlos bleiben, wenn anderswo Frieden gebrochen, das Völkerrecht mit Füßen getreten und Menschenrechte verletzt werden. Wir müssen bereit sein, Mitverantwortung für Frieden, Freiheit und Gerechtigkeit in der Welt zu übernehmen."[27] Wer mochte sich diesem menschlich-moralischem Appell verschließen! Der Nachsatz des Ministers Volker Rühe, es ginge um Einsätze „im Dienst der Völkergemeinschaft", im Bündnisverbund, eben nicht nur im Auftrag der Vereinten Nationen, war unmissverständlich.

Im Januar 1992 erfolgte die amtliche Neuausrichtung des Auftrags der Bundeswehr. Das Spektrum für die „Armee im Einsatz" fand sich mit globalen „Herausforderungen" umschrieben. Nationale Interessen wurden herausgestellt, um militärische Fähigkeiten umfassend einzusetzen. Die Zielrichtung wurde präzisiert: „Förderung und Absicherung weltweiter politischer, wirtschaftlicher, militärischer und ökologischer Stabilität; die Aufrechterhaltung des freien Welthandels und der

---

24 Dokument vom 16. Okt. 1987 bei Caroline Thomas, Randolph Nikutta, Bundeswehr und Grundgesetz. Zur neuen Rolle der militärischen Interventionen in der Außenpolitik, in: Militärpolitik Dokumentation, Jg. 13, Bd. 78/79, 1990, Frankfurt/M. 1991, S. 70 ff.
25 Klaus Naumann, Ansprache in Hamburg, 27. Febr. 1989, in: Mittler-Brief 3/1989, S. 3.
26 gl. Dieter Wellershoff (Hg.), Sicherheitspolitik und Streitkräfte im Wandel, Bonn 1991.
27 Volker Rühe, Betr.: Bundeswehr. Sicherheitspolitik und Streitkräfte im Wandel, Berlin 1993, S. 165.

Zugang zu strategischen Rohstoffen."[28] Die Forderung nach „ungehindertem Zugang zu den Märkten und Rohstoffen in aller Welt" stieß zwar auf heftigen Protest der SPD-Opposition im Bundestag und wurde auch zum Erbe deutscher kolonialer Weltmachtträume gerechnet.

Die zivilistische Parole des Rettens ist inzwischen entfallen, nun heißt es plastisch: „Kämpfen, stabilisieren, helfen!" Der postnationale Typ vom Militär der Moderne hat damit seinen Eingang ins deutsche Militärkonzept gefunden. Schon 1991 trat der Einschnitt in der grundsätzlichen neuen Orientierung markant hervor, als die Parole „Der Krieg ist der Ernstfall" die neue Ausrichtung eingängig und symbolträchtig widerspiegelte. Da konnte man das Leitwort von Gustav Heinemann, der Frieden sei der Ernstfall, endlich umkehren: „Auf die Kriegstüchtigkeit der Bundeswehr hin ist also alles auszurichten, Ausbildung, Ausrüstung und Struktur. Ethos, Erziehung, Sinnvermittlung und Motivation müssen sie mit einschließen ...".[29] Ein Kämpferkult wurde geboren, kam ähnlich wie in den fünfziger Jahren wieder auf: „Kämpfen können und kämpfen wollen!" 1994 wurde zu einem wichtigen Jahr der inneren Formierung der Bundeswehr.

3. Die Leichtigkeit im Umgang mit dem Recht. Statt einer Ergänzung des Grundgesetzes genügte vielen in der Politik, in Regierung und Parlament, das Urteil des Bundesverfassungsgerichts vom 12. April 1994. Jener Teil des Urteils, der die deutsche Beteiligung an friedenssichernden UN-Operationen als verfassungsrechtlich legal feststellte, war erwartet worden. Doch dass den Militärbündnissen NATO und WEU die gleiche Völkerrechtsqualität wie der UNO – „ein System kollektiver Sicherheit" – zuerkannt wurde, führte zu Irritationen. Das Gericht legitimierte Einsätze im Auftrag der NATO oder WEU. Es definierte die Bündnisse um, erklärte die wörtliche Bindung der Verträge, welche die Zielsetzung der Verteidigung und die geographisch-regionale Reichweite des NATO-Gebietes festlegten, de facto für obsolet. Die Regierung nutze die nun gegebene „informelle Funktionserweiterung" des Völkerrechts, um qua Bündnis weltweit mit Militär zu handeln.[30] Auf dieser Basis wurde der erste Kriegseinsatz der Bundeswehr im Kosovo 1999 legitimiert.[31]

Der Tatbestand legaler Waffeneinsätze der Bundeswehr im Ausland und besonders „out of area", also außerhalb des Bündnisgebietes, ist nach Geist und Wortlaut von Grundgesetz und Bündnisvertrag höchst problematisch. Bezeichnenderweise wurde seit Beginn der neunziger Jahre die alte Eindeutigkeit der „Verteidigung" durch den „erweiterten Sicherheitsbegriff" aufgeweicht. Mit Bedacht schlugen Politiker und Militärs diesen Weg ein. Die Kritik der Politikwissenschaftler und

---

28 Militärpolitische und militärstrategische Grundlagen und konzeptionelle Grundrichtung der Neugestaltung der Bundeswehr, Bonn Januar 1992.

29 Johann Adolf Graf von Kielmansegg, Der Krieg ist der Ernstfall, in: Truppenpraxis 3/1991, S. 304 ff.

30 Caroline Thomas, Randolf Nikutta, Anything goes. Das Bundesverfassungsgerichtsurteil vom 12. 07. 1994. Ein Kommentar, in: Wissenschaft und Frieden, 3/1994.

31 Vgl. Bald, Bundeswehr, S. 162 ff.; Heinz Loquai, Der Kosovo-Konflikt. Wege in einen vermeidbaren Krieg, Baden-Baden 2000.

Juristen, auf diese Weise eine „verlotterte Politik" mit einem „missbräuchlichen
Verfassungsgebaren" zu betreiben, scherte sie nicht.[32] So erfolgte Seitens der Exekutive auf der Basis von Protokollen und Deklamationen nationaler und internationaler Gremien Schritt für Schritt eine Uminterpretation, bis nach einigen Jahren
das neue öffentlich immer mehr akzeptierte, sicherheitspolitische Selbstverständnis
des Interventionismus entstanden war. Das geflügelte Wort des Ministers Struck,
Deutschlands werde „am Hindukusch" verteidigt, entspricht genau diesem Umgang
mit der Rechtslage. So wurde das Völkerrecht transformiert. Die Stärke des Rechts
wich dem Recht auf Stärke.[33] Die Spannung der konkurrierenden Rechtsverständ-
nisse besteht weiterhin fort.

4. Einsatz des Militärs im Innern. Schließlich wurde das Thema des Einsatzes
der Bundeswehr im Innern auf die Tagesordnung gesetzt. Im Januar 2003 bereits
vernahm die erstaunte deutsche Öffentlichkeit, die Bundeswehr müsse zum Schutz
von Personen und Objekten vor terroristischen Bedrohungen im Innern eingesetzt
werden können. Edmund Stoiber, der bayerische Ministerpräsident, und Wolfgang
Schäuble, damals Bundestagsabgeordneter, forderten dafür eine Änderung des
Grundgesetzes.[34] Beide bildeten die Speerspitze einer Lobby, um – in der Zeit der
Fertigstellung der Verteidigungspolitischen Richtlinien des Ministers Struck – die
Aufgaben der Bundeswehr auszuweiten. Sie hatten Erfolg. Erstmals erhielt die
Bundeswehr im Mai 2003 den Auftrag, sich auf Einsätze im Innern vorzubereiten:
„Zum Schutz Deutschlands und seiner Bürgerinnen und Bürger leistet die Bundeswehr künftig einen bedeutenden, zahlreiche neue Teilaufgaben umfassenden und
damit deutlich veränderten Beitrag im Rahmen einer nationalen Sicherheitskonzep-
tion." (Ziffer 80) Die „zahlreichen" Aufgaben sind nicht einzeln, enumerativ fest
gehalten sondern pauschal unter Schutz der „Bevölkerung" und der „lebenswichtigen Infrastruktur des Landes" vor Terrorismus und „asymmetrischen Bedrohungen" subsumiert. Die Einsatzoptionen gelten „immer dann", wenn „nur" die Bundeswehr über die „erforderlichen Fähigkeiten" verfügt. Das ist die Lage gemäß
diesem administrativen und nicht parlamentarischen Akt, dem Erlass von Minister
Struck.

In historischer Perspektive ist ein qualitativer Punkt – das Tabu der Nachkriegsgeschichte – außer Kraft gesetzt, das Militär nicht im Innern einzusetzen. Welche
dienstrechtlichen Konsequenzen sich daran fügen und welche gesellschaftlichen
oder politischen Umstände für die Einsätze konkret gemeint sind, bleibt bei diesen
diffusen amtlichen Worten offen. Doch damit nicht genug. Kaum war Schäuble im
Herbst 2005 zum Innenminister ernannt, setzte er den Einsatz der Bundeswehr
anlässlich der Fußballweltmeisterschaft auf die innenpolitische Agenda.[35] Er erwies sich als treibende Kraft, für diesen Zweck das Grundgesetz zu ändern. Er

---

32 Vgl. Dieter S. Lutz (Hg.), Deutsche Soldaten weltweit? Blauhelme, Eingreiftruppen, „out of
    area" – Der Streit um unsere sicherheitspolitische Zukunft, Reinbek 1993, S. 8.
33 Vgl. Dieter S. Lutz, Hans J. Giessmann (Hg.), Die Stärke des Rechts gegen das Recht des
    Stärkeren, Baden-Baden 2003.
34 FAZ, 30. Jan. 2003, 1. Febr. 2003.
35 Vgl. Wolfgang Schäuble, Soldaten vor die Fußballstadien, in: SZ, 16. Dez. 2005.

folgte seinen alten Prinzipien. Bereits im Jahr 1993 hatte sich Schäuble, damals Fraktionsvorsitzender der Unionsparteien im Bundestag, in einem Brief an die Fraktionsabgeordneten gewandt. Darin waren diese Ziele schon aufgeführt. Wegen „weltweiter Wanderungsbewegungen und internationalem Terrorismus" würden die Grenzen zwischen innerer und äußerer Sicherheit „verwischen"; daher müssten die „perfektionistischen Beschränkungen" des Grundgesetzes aufgehoben werden.[36] Trotz aller juristischen Gegenkräfte bleibt er dem Ziel, die staatliche Militärmacht auch im Innern einzusetzen bis in die Gegenwart treu. Zuletzt brauchte er den semantischen Trick, der herkömmliche Begriff der Verteidigung nach dem Grundgesetz sei obsolet, da die Terrorbedrohung „der Qualität des Verteidigungsfalles" entspräche.[37] Diese hartnäckig vorgetragenen Initiativen werden noch Folgen haben, ist zu befürchten. Da Struck als ehemaliger Verteidigungsminister bereits 2003 einen entsprechenden Auftrag der Bundeswehr erteilt hat, wird vermutlich die SPD unter seinem Fraktionsvorsitz die Pläne zur Grundgesetzerweiterung der CDU/CSU kaum verhindern wollen, sondern am Ende gewiss mittragen.

III. Fazit

Was bedeuten die vorgetragenen Entwicklungen? Der Paradigmenwechsel der militärischen Realität, des Auftrags und des Einsatzes der Bundeswehr nach 1990 ist gravierend. Norm und Wirklichkeit unterlagen einem politischen Richtungswechsel. Innen- und außenpolitisch wurden die Grenzen erweitert, um einem geziemenden Machtbegriff Geltung zu verschaffen. Nachdenkenswert ist, dass die Erfahrungen der deutschen Geschichte in ihrem normativen Gehalt nun so verstanden werden, dass die Bundesrepublik im atlantischen Bezugsrahmen die Kategorie der mitbestimmenden Weltmächte verwirklichen will. Also: Das Militär als politisches Instrument der Außenpolitik hat offenbar einen erstrebenswerten, hohen Stellenwert für global ausgeweitete Interventionen gewonnen. Im Namen von Demokratie, Menschenrechten und Freiheit wurde das Friedensgebot nach dem Grundgesetz umdefiniert, ja verwässert. Ein nationales Verständnis von Staat, Politik und Macht hat sich in den Führungseliten von CSU, CDU und SPD durchgesetzt und bestimmt den Einsatz für den internationalen Prestigestatus durch globale Militärpräsenz.

Das Jahr 1990 markiert tatsächlich einen Wendepunkt in der deutschen Militärpolitik. Das alte, von den Alliierten im wesentlichen vorgegebene und mitbestimmte, kontrollierte Paradigma des Militärs zur Erhaltung des Status quo in Europa hat seine Relevanz verloren. „National" und „staatlich" wurden mit erweiterten, auch traditionellen Inhalten gefüllt. Die Bundeswehr hat einen gewandelten und politisch expliziten Status erhalten.

In einem internationalen Geflecht zwischen den USA und Deutschland, zwischen Washington (via Brüssel) und Bonn wurde das vorbereitete geopolitische Interventionskonzept des „erweiterten Sicherheitsbegriffs" gleich nach der Einigung präsentiert. Die Medienbilder der Gefahr vor Terror und Ausländern sowie

---

36 Zitiert in FR, 22. Dez. 1993.
37 Jung schweigt zu Schäuble-Plan, in SZ, 05.-07. Jan. 2007.

der Gefährdung der Rohstoffversorgung haben ihre Wirkung getan. Eine Mehrheit der Bevölkerung hat daher diesen Wandel der Militärpolitik mitgetragen – ein anderer Teil hat Protest und Widerstehen deutlicher entwickelt. Die deutliche Akzeptanz der Einsätze „out of area" hat die Kritiker der militärgestützten Außenpolitik erstaunt; sie mussten feststellen, dass sich „die Militarisierung schon zu stark in allen gesellschaftlichen Bereichen festgesetzt" hätte.[38] Eine andere politische Kultur ist entstanden. Kennzeichen der neuen Politik der Berliner Republik, Auftrag und Struktur der Bundeswehr zu transformieren, ist nach innen und nach außen eine schleichende Militarisierung der Politik.

---

38 Pflüger, Bundeswehr, S. 110.

Lühr Henken

Das neue Strategiebuch für die Bundeswehr

Mit dem Weißbuch[1] hat die große Koalition am 26. Oktober 2006 ein wegweisendes Dokument ihrer militärischen Orientierung für die nächsten Jahre vorgelegt. Da das letzte Weißbuch 1994 erschien, ist wohl davon auszugehen, dass es etwa für einen Zeitraum von zehn Jahren ausgelegt ist. Die Hochglanzbroschüre ist 165 Seiten stark und ist eigentlich ein Verkaufprospekt für eine neue Militärdoktrin. Das Weißbuch baut auf den Verteidigungspolitischen Richtlinien von Peter Struck 2003 und der „Konzeption der Bundeswehr"[2] 2004 auf und schreibt die Praxis der Militarisierung der Außenpolitik fort. Hierbei geht es jedoch nicht nur um eine Fortschreibung im Sinne von Mehr von dem selben, sondern um eine Zementierung und Erweiterung. Im Kern geht es um die deutsche Beteiligung an schnellen Eingreiftruppen von NATO und EU für den weltweiten Einsatz. Also um eine Orientierung weg von der Landesverteidigung hin zum Militärinterventionismus, ohne sich in dem Dokument auch nur ansatzweise mit der zum großen Teil verheerenden Geschichte des Militärinterventionismus zu befassen. Ich meine hier vor allem die Völkerrechtswidrigkeit der Angriffskriege der NATO gegen Jugoslawien oder den Krieg gegen den Irak 2003. Auch die Erörterung von Sinn und Unsinn der Bundeswehreinsätze in Somalia, Bosnien etc. ist kein Thema. Es wird stillschweigend so getan, als sei das o.k. Die Friedensbewegung findet dies alles andere als o.k. Der Bundesausschuss Friedensratschlag hat auf Grund der Tatsache, dass es über die fundamentale Festschreibung, die durch dieses Weißbuch geschehen soll, und dem Fehlen einer gesamtgesellschaftlichen Diskussion über dessen Inhalt, die Bundesregierung aufgefordert, das Weißbuch zurückzuziehen.

Was steht Wesentliches im Weißbuch und wie ist das zu bewerten?

Als zentrale Herausforderung wird im Weißbuch die Bekämpfung des internationalen Terrorismus und die Verbreitung von Massenvernichtungswaffen, die auch in die Hände von Terroristen gelangen können, gesehen (S. 16). Nach dem 11.9. 2001 ist dies eine neue Begründung für den Militärinterventionismus. 1991 als vom Terrorismus noch nicht die Rede war, der Warschauer Pakt sich im Sommer auflöste und alles auf die NATO wartete, dem gleichzutun, mussten noch sehr vage „Risiken" und „Instabilitäten" herhalten, um der NATO ihren Erhalt durch den Aufbau schneller Eingreiftruppen und die Erweiterung des Einsatzgebiets „out of area" zu sichern. Nun kommt den Befürwortern der Aufrüstung der internationale Terrorismus sehr gelegen. Als weitere Risiken nennt das Weißbuch Regionalkon-

1 Bundesminister der Verteidigung, Weißbuch 2006 zur Sicherheitspolitik der Bundesrepublik Deutschland und zur Zukunft der Bundeswehr, 165 Seiten, Die Seitenangaben (in Klammern) im Text beziehen sich auf die Vollversion
http://www.weissbuch.de/download/Weissbuch_2006_Vollversion.pdf

2 Konzeption der Bundeswehr, Erlass von BM Peter Struck, 9.08.04, 112 Seiten,
http://www.geopowers.com/Machte/Deutschland/doc_ger/KdB.pdf, im Weiteren: KdB

flikte, illegalen Waffenhandel, die Transportweg- und Energiesicherheit, die Migration auf Grund des Zerfalls von Staaten und Unterentwicklung, aber auch Pandemien und Seuchen. Es sagt jedoch nicht, dass die Bundeswehr zur Bekämpfung all dieser Risiken und Bedrohungen eingesetzt werden soll. Die Bundeswehr wird vielmehr als ein Unterstützer in einem vernetzten Sicherheitskonzept angeboten. Das liest sich im Weißbuch so: „Das Gesamtkonzept der Bundesregierung ‚Zivile Krisenprävention, Konfliktprävention, Konfliktlösung und Friedenskonsolidierung' ist ein Baustein dieses gesamtstaatlichen Sicherheitsverständnisses. Es erfasst neben den klassischen Feldern der Außen-, Sicherheits- und Entwicklungspolitik unter anderem die Bereiche Wirtschaft, Umwelt, Finanz-, Bildungs- und Sozialpolitik." (S. 26). Also: Militärpolitik als ein kleiner – eher unbedeutender - Teil vom Ganzen, das sich vernetzte Sicherheitspolitik nennt. Die Fakten sprechen eine andere Sprache.

Denn aktuell steht die Bundeswehr im Prozess des radikalsten Umbaus ihrer Geschichte, die sie weltweit kampffähig machen soll. Oder wie Heeresinspekteur Budde sagte: Die „härteste Bewährungsprobe", die die Bundeswehr noch bestehen müsse: „den klassischen Kriegseinsatz"[3]. Dies wird weiter hinten im Weißbuch beschrieben. Dazu mehr weiter unten. Zunächst soll es noch um andere markante Punkte des Weißbuchs gehen.

Wegweisend für die Globalstrategie der großen Koalition ist die Betonung der Rolle der NATO und das Ziel des Regierungshandelns, eine „strategische Partnerschaft von NATO und EU" zu etablieren (S. 40). Das zieht sich wie ein roter Faden in immer anderen Formulierungsvarianten durch das Weißbuch. Zwei Passagen mögen das belegen: „Die globalen Herausforderungen für die deutsche Sicherheit sind ohne ein leistungsfähiges und auf gegenseitigem Vertrauen der Mitgliedstaaten beruhendes transatlantisches Bündnis dauerhaft nicht zu bewältigen. [...] Auch künftig können die Grundfragen von Europas Sicherheit nur gemeinsam mit den Vereinigten Staaten beantwortet werden. Die deutsch-amerikanischen Bande bedürfen jedoch der stetigen Pflege und Vertiefung durch gegenseitige Konsultation und abgestimmtes Handeln. Ein enges und vertrauensvolles Verhältnis zu den USA ist für die Sicherheit Deutschlands im 21. Jahrhundert von überragender Bedeutung." (S. 30) Und an anderer Stelle: „Die Strategische Partnerschaft von NATO und EU ist eine tragende Säule der europäischen und transatlantischen Sicherheitsarchitektur. EU und NATO stehen nicht in Konkurrenz, sondern leisten komplementäre Beiträge zu unserer Sicherheit." (S. 49)

Das heißt, die Jahrzehnte lang zivil daher kommende EU, die inzwischen einer stetigen Militarisierung unterzogen wird, soll eine strategische Partnerschaft mit dem Militärpakt NATO eingehen. Einer NATO, die bereits einen völkerrechtswidrigen Krieg – mit deutscher Beteiligung – zu verantworten hat, und die außerhalb des NATO-Gebiets Krieg führt, nämlich in Afghanistan. Einer NATO, die von den USA dominiert wird, welche den Irak völkerrechtswidrig angegriffen haben. Das

---

3 Hans-Otto Budde, Die Bewährungsprobe steht noch aus, Vortrag am 28.2.07 vor der Deutschen Gesellschaft für auswärtige Politik (DGAP), Zusammenfassung: http://www.dgap.org/dgap/veranstaltungen/dae0aeb8ba8611dbb380e1054506c393c393.html

ist eine klare neue Ausrichtung. Denn noch im Entwurf des Weißbuchs, der Ende Mai 2006 an die Öffentlichkeit gelangte, war dies so nicht herauslesbar. Die Änderung macht sich zählbar daran fest, dass der Begriff „Strategische Partnerschaft von EU und NATO" im Entwurf nur einmal auftauchte (übrigens genau so häufig wie der Zusammenhang Strategische Partnerschaft EU mit Lateinamerika und EU mit Indien), aber in der Endfassung sogar sechsmal verwendet wurde. Auch ist feststellbar, dass die unter Schröder starke Anlehnung an Frankreich etwas zurückgenommen wurde. Symptomatisch dafür: Das Streichen des Satzes: „Gerade die sicherheitspolitische Handlungsfähigkeit Europas ist angewiesen auf den Schulterschluss zwischen Deutschland und Frankreich"[4].

Im Weißbuch wird ausdrücklich die Europäische Sicherheitsstrategie begrüßt. Darin steht, dass „die erste Verteidigungslinie oftmals im Ausland liegen" müsse. Dieser Satz wurde sowohl in den Weißbuch-Entwurf als auch in die Fassung vor der Vollversion aufgenommen; in der Hochglanzvollversion fehlt er. Dort steht an der Stelle: „Wann möglich, soll gehandelt werden, bevor sich eine Krise entwickelt." (S. 43) Das klingt ziviler, ist aber nicht rein zivil gemeint, denn an anderer Stelle wird es dann deutlicher: Sicherheitsvorsorge kann am wirksamsten durch „präventives Handeln" gewährleistet werden, wobei dabei „das gesamte sicherheitspolitische Instrumentarium" (S. 25) einbezogen werden müsse. Also: In dieser Art von „Prävention" ist Waffengewalt ausdrücklich eingeschlossen. Damit sind wir – wenngleich nicht offen formuliert – durchaus bei der Präventivkriegsstrategie des George W. Bush angekommen, wie dieser sie in der National Security Strategie 2002, der so genannten Bush-Doktrin, formuliert hatte und im Irak anwendet.

Der Regierung ist klar: Diesem Vorgehen steht das strikte Gewaltverbot der Charta der Vereinten Nationen entgegen. Deshalb folgende Formulierung im Weißbuch: „Denn gerade, wenn es zum Einsatz militärischer Gewalt kommt, ist die völkerrechtliche Legitimation entscheidend." (S. 54) Folglich setzt sich das Weißbuch dafür ein, das strikte Gewaltverbot der UN-Charta auszuhebeln, indem es einer angeblichen allgemeinen Schutzverantwortung („responsibility to protect") das Wort redet (S. 53/54). Inhaltlich bedeutet dies, wenn etwa ein Staat infolge eines Bürgerkrieges, eines Aufstandes, interner Unterdrückung oder schwerer Verletzung der Menschenrechte seine Bevölkerung nicht mehr vor Leid bewahren könne – oder dies auch nicht wolle -, greift die Verantwortung der Staatengemeinschaft. D.h. das Prinzip der staatlichen Souveränität und territorialen Integrität wird aufgehoben zu Gunsten eines internationalen Eingreifens im Namen einer ‚Verantwortung'[5]. Das Responsibility-Konzept wurde 2005 von der UN-Generalversammlung anerkannt[6]. Dies aber hierzulande nun so auszulegen, als sei damit ein Recht auf Intervention oder gar eine Pflicht zur Intervention[7] verbunden,

4   Vorläufige Fassung des Weißbuchs, 28.4.2006, 109 Seiten, S. 27,
    http://www.geopowers.com/Machte/Deutschland/doc_ger/vorl._WB_2006.pdf
5   Norman Paech, Operationen gegen „gescheiterte Staaten", Freitag 32, 22.12.2006
6   http://daccessdds.un.org/doc/UNDOC/GEN/N05/ 497/26/PDF/N0549726.pdf?OpenElement
7   Armin Osmanovic, Die Pflicht zur Intervention, taz 1.12.2006: „In der Charta ist eine Verantwortung zur Einmischung festgeschrieben, wenn Menschen in großer Gefahr sind. Dieses Prinzip kommt dem 2005 auf dem UN-Gipfel nach langen Verhandlungen verabschiedeten

ist schlicht falsch. In der Resolution der UN-Generalversammlung ist lediglich die Aufforderung an die Staaten enthalten, ihrer Schutzverpflichtung gegenüber der eigenen Bevölkerung gewissenhafter nachzukommen. Von einem Recht oder gar einer Pflicht zur Intervention war da nicht die Rede. Zudem müsste als Voraussetzung für die rechtliche Wirksamkeit die Charta entsprechend mit einer Zweidrittel-Mehrheit geändert werden. Davon ist man jedoch noch weit entfernt. Würde allerdings dieses Responsibility-Konzept zum Maßstab internationalen Handelns erhoben, würde dem Militärinterventionismus – unter welcher echten oder vorgeblichen Begründung auch immer – Tür und Tor geöffnet. Aber die Bundesregierung hat ein klares Konzept: Zitat aus dem Weißbuch: „Als Reaktion auf die Intervention im Kosovo 1999 ist die völkerrechtliche Lehre von der ‚Responsibility to protect' entstanden. Auch wenn die Staaten, die sich diese Lehre zu Eigen gemacht haben, wahrscheinlich noch nicht in der Mehrheit sind, prägt die Debatte um die ‚Responsibility to protect' doch zunehmend das Denken westlicher Länder. Dies wird langfristig Auswirkungen auf die Mandatierung internationaler Friedensmissionen durch den Sicherheitsrat der Vereinten Nationen haben. Denn gerade, wenn es zum Einsatz militärischer Gewalt kommt, ist die völkerrechtliche Legitimation entscheidend." (S. 54). Erstaunlich ist, dass die Weißbuch-Verfasser sich diese Ausrichtung erst im Sommer haben einfallen lassen. Im Entwurf gab es kein so smart daherkommendes „Responsibility to protect". Da wurde dasselbe Anliegen so formuliert: „Die gewandelten Sicherheitsherausforderungen erfordern (...) ein neues, gemeinsames Verständnis des Systems der Charta der Vereinten Nationen als grundlegenden Rahmen der internationalen Beziehungen. Instrumente der Konfliktprävention und Krisenbewältigung (...) müssen weiter entwickelt werden, das Recht auf Selbstverteidigung präzisiert und präventives Eingreifen auf völkerrechtlich gesicherten Grundlagen geregelt werden"[8] Diese Passage fehlt komplett in der Endfassung.

Im Weißbuch wird auffallend häufig von Interessen gesprochen: So hier: „Deutschland, dessen wirtschaftlicher Wohlstand vom Zugang zu Rohstoffen, Waren und Ideen abhängt, hat ein elementares Interesse am friedlichen Wettbewerb der Gedanken, an einem offenen Welthandelssystem und freien Transportwegen." (S. 19). Man befürchtet die „Störung von Rohstoff- und Warenströmen beispielsweise durch zunehmende Piraterie" (S. 23). Allerdings legt sich das Weißbuch nicht fest, ob überhaupt, und falls doch, wie weit ein Bundeswehreinsatz zur Sicherung des Zugangs zu Rohstoffen gehen soll. Darüber steht dort nichts. Dass die Bundeswehr tatsächlich zur „Sicherung der Rohstoffzugänge" eingesetzt werden soll, das will die Kanzlerin. Die CDU hat auf ihrem Dresdner Parteitag Ende November 2006 die Bundeswehraufgaben genau beschrieben: „Gerade im Zeitalter der Globalisierung ist die deutsche Wirtschaft mehr als zuvor auf den freien Zugang zu den Märkten und Rohstoffen der Welt angewiesen. Die Bundeswehr kann

---

Konzept ‚Responsibility to protect" (R2P) nahe. Demnach kann die internationale Gemeinschaft zum Mittel der militärischen Intervention greifen, um die Menschenrechte zu schützen, und zwar auch ohne Zustimmung des betroffenen Staates."

8   Vorläufige Fassung des Weißbuchs, S. 12

als Teil der staatlichen Sicherheitsvorsorge im Rahmen internationaler Einsätze zur Sicherung der Handelswege und Rohstoffzugänge beitragen."[9] Klarer kann man es kaum formulieren. Zugangssicherung schließt den Zugang zu Lagerstätten von Erdöl, Gas und Mineralien in fremden Ländern ein und beschränkt sich nicht auf Seewegsicherung. Dazu ist zu sagen: Es ist nichts gegen ein Interesse an Rohstoffen anderer Länder einzuwenden, sehr wohl jedoch dagegen, sich diese gewaltsam aneignen zu wollen.

Das waren die wesentlichen Aussagen des Weißbuchs zur außenpolitischen Orientierung und zu den Aufgaben, Zielen und Interessen einer militärisch abgestützten deutschen Außenpolitik. Wenden wir uns jetzt den strukturellen Veränderungen und der militärischen Hardware zu. Auch dies steht – wenngleich nicht in der Ausführlichkeit, wie im Folgenden – im Weißbuch. Allerdings sucht man im Weißbuch genauere Beschreibungen von Waffen, ihre Anzahl und Preise vergeblich.

Schnelle Eingreiftruppen für die EU

Seit Anfang 2001 ist die EU formell ein Militärpakt. Seitdem hat sie die so genannten Petersberger Aufgaben vom Militärpakt Westeuropäische Union (WEU)[10] übernommen. Die „Petersberger Aufgaben" beinhalten: humanitäre Aufgaben, friedenserhaltene Maßnahmen („Peace-Keeping) und „Kampfeinsätze bei der Krisenbewältigung einschließlich Maßnahmen zur Herbeiführung des Friedens". Also Krieg. Um das auch wirklich zu können, baut die EU eine Schnelle Eingreiftruppe auf. Sie soll 80.000 Soldaten umfassen, wobei 60.000 dem Heer und die restlichen 20.000 der Luftwaffe und der Marine angehören (S.46). Sie sollen binnen zwei Monaten verlegbar sein und die so genannten Petersberg-Aufgaben durchführen können. Als Kriegsmaterial sollen ihr rund 100 Schiffe, darunter vier Flugzeugträger, fünf U-Boote, mindestens 17 Fregatten und zwei Korvetten[11] sowie mindestens 400 Kampfflugzeuge zur Verfügung stehen. Die Bundesregierung bietet für die 80.000-Mann-Truppe der EU ein Kontingent von 18.000 Soldaten an. Das ist das größte nationale Kontingent aller EU-Mitglieder.[12] Die faktische Einsatzfähigkeit wird für 2010 angestrebt.

EU-Battlegroups

Die Speerspitze dieser Schnellen Eingreiftruppe der EU bilden so genannte Battlegroups, jeweils 1.500 Mann stark (S. 46), für die die EU-Staaten im Zeitraum

---

9   Beschluss des 20. Parteitags der CDU Deutschlands „Deutschlands Verantwortung und Interessen in Europa und der Welt wahrnehmen", Dresden 28./29.11.2006, http://www.cdu.de/doc/pdfc/061127_Beschluss_A_end.pdf

10 WEU, ehemals Brüsseler Pakt vom 17.3.1948, ursprünglich unterzeichnet von Belgien, Frankreich, Luxemburg, den Niederlanden und Großbritannien, 1954 kamen Deutschland und Italien hinzu, Portugal und Spanien 1988 und schließlich Griechenland 1992. Zehn Mitglieder, die auch Mitglieder von EU und NATO sind.

11 The Military Balance 2002/2003, S. 219

12 a. a. O., S. 30, Die deutsche Luftwaffe stellt sechs Staffeln, entsprechend 108 Tornados bzw. Eurofighter, dazu 13 Kriegsschiffe

2005 bis 2012 bereits Kontingente für 23 Battlegroups[13] gemeldet haben. Seit Anfang 2007 sind die ersten voll einsatzfähig. Zwei Battlegroups stehen jeweils für ein halbes Jahr in kurzfristiger Einsatzbereitschaft. Spätestens zehn Tage nach dem politischen Beschluss sollen sie im Umkreis von bis zu 6.000 km um Brüssel eigenständig (d.h. ohne NATO-Unterstützung) einsetzbar sein und zwischen einem und vier Monaten durchhalten können. Im ersten Halbjahr 2007 bildete Deutschland in einer multinationalen Battlegroup die Führung. Es gibt ein Battlegroup-Konzept. Darin heißt es: Sie sind „bestimmt für, aber nicht begrenzt auf den Gebrauch für zusammenbrechende oder zusammengebrochene Staaten (von denen sich die meisten in Afrika befinden)." [14] Ihr Einsatz soll „vorrangig (aber nicht exklusiv)" auf Grundlage eines Mandats nach Kapitel VII der UN-Charta erfolgen. Übersetzt heißt das: Sie können durchaus auch ohne UN-Mandat eingesetzt werden. Also, da nicht grundsätzlich ein Mandat nach Kapitel VII die Voraussetzung für einen Einsatz ist, ist Völkerrechtsbruch geplant. Deutschland hat seine Beteiligung gleich an acht Battlegroups angemeldet, wobei es in vieren die Führung übernehmen will. Das ist die häufigste Beteiligung und die häufigste Führungsübernahme aller EU-Staaten. Die Bundesregierung beteiligt sich also in höchstem Maße an der Militarisierung der EU – aber nicht nur dort.

Schnelle Eingreiftruppe der NATO

Seit 2002 wurde die schnelle Eingreiftruppe NATO Response Force schrittweise aufgebaut. Auf dem NATO-Gipfel-Treffen in Riga im November 2006 wurde die NRF mit 25.000 Soldaten voll einsatzfähig gemeldet. Binnen einer Woche soll sie weltweit verlegbar sein. Über die kriegerische Bedeutung dieser NATO-Truppe war sich der (inzwischen abgelöste) Verteidigungsminister Struck völlig im Klaren. Im Juni 2005 sagte er gegenüber dem Bonner Generalanzeiger: „Es wird in der NATO keine Arbeitsteilung geben können nach dem Motto: Wir überlassen anderen Nationen friedenserzwingende Einsätze und deutsche Soldaten rücken nachher ein, um die Lage zu stabilisieren. So geht es nicht. Deutschland wird seinen Beitrag in der schnellen Eingreiftruppe (Response Force) leisten, die innerhalb einer Woche 21.000 Kampfsoldaten an jeden Ort der Welt schicken kann."[15] Die NRF funktioniert so, dass sich im halbjährlichen Rhythmus die Zusammensetzung der Truppe ändert. Diese Periode dauert insgesamt drei Jahre, dann fängt der Rhythmus von vorn an. Deutschland beteiligt sich an der NRF mit Verbänden von 1.200 bis ca. 6.200 Soldaten pro Halbjahr. Kanzlerin Merkel verkündete auf der Münchner Sicherheitskonferenz im Februar 2006 stolz: „Wir stellen den größten Truppenanteil an der NATO Response Force."[16]

---

13 Vgl. EU-Institute for Strategic Studies (ISS), Paris, Februar 2007, 94 Seiten, Tab. S. 90
    (Zeitraum 2007 bis 2011) http://www.iss-eu.org/chaillot/chai97.pdf
14 Lutz Holländer/Ronja Kempin, Europas Platz an der Sonne, Blätter für deutsche und internationale Politik 5'05, S. 596
15 Bonner Generalanzeiger 6.06.05
16 http://www.uni-kassel.de/fb5/frieden/themen/Sicherheitskonferenz/2006-merkel.html

Das waren die Vorhaben von EU und NATO. Wie wirkt sich das auf die Bundeswehr aus?

Radikaler Umbau der Bundeswehr

Von 2006 bis 2010 soll die Bundeswehr den radikalsten Umbau ihrer Geschichte erfahren. Einhergehend mit einer Verringerung der Soldatenzahl von 285.000 auf 250.000 und der Standorte von 621 auf rund 400 erhält die Bundeswehr eine interventionistische Struktur.

Ausgerichtet auf das Primat von Auslandseinsätzen werden Landes- und Bündnisverteidigung als die weniger wahrscheinlichen Einsatzfälle konzeptionell und materiell nachgeordnet behandelt. Die Bundeswehr wird seit 2006 in drei völlig neue Kategorien unterteilt, die ihr neue Offensivkraft verleihen soll: in so genannte Eingreif-, Stabilisierungs- und Unterstützungskräfte. Sie wird strukturell angriffsfähig.

35.000 Mann Eingreifkräfte (S. 101 bis 113): Das sind Hightech-Soldaten aller drei Teilstreitkräfte mit entsprechender Ausrüstung für die schnellen Eingreiftruppen von EU und NATO. 18.000 stehen für die EU zur Verfügung und 15.000 davon werden für die NRF bereitgehalten. Das schließt bei der NRF Soldaten für die Vor- und Nachbereitschaft ein. Je 1.000 Soldaten stehen für die UN und für Evakuierungsmaßnahmen bereit. Die „Eingreifkräfte" unterliegen der so genannten Vernetzten Operationsführung. Darüber später mehr. Die Aggressivität des Bundeswehrkonzepts unterstreicht Generalinspekteur Schneiderhan, der die Fähigkeiten der Eingreifkräfte so beschrieb: „Sie müssen zu uneingeschränkten vernetzten Operationen und zum Gefecht der verbundenen Waffen, zur verbundenen Luft- und Seekriegführung sowie zum präzisen Waffeneinsatz im gesamten Reichweitenspektrum befähigt sein. Vielleicht müssen sie noch auf lange Zeit den Sieg durch physische Präsenz mit traditioneller Symbolik dokumentieren: die Hauptstadt fällt, Denkmäler werden gekippt, Flaggen werden eingeholt."[17]

70.000 Mann Stabilisierungskräfte sind für längerfristige Einsätze vorgesehen, also KFOR, SFOR, ISAF etc. Sie sind eskalationsfähig und zwischen ihnen und den „Eingreifkräften besteht ein operatives Wechselspiel."[18] Maximal 14.000 von ihnen können gleichzeitig, „aufgeteilt auf bis zu fünf verschiedene Einsatzgebiete"[19], eingesetzt werden.

135.000 Soldaten und 75.000 ziviles Personal, also insgesamt 210.000, sind Unterstützungskräfte.

Neue Waffen und Ausrüstungen

Zur Umsetzung des Konzepts, weltweit interventionsfähig und damit angriffsfähig zu werden, wurden seit den 1990er Jahren für die Bundeswehr zunehmend neue Waffensysteme und Ausrüstungen in Auftrag gegeben. Im Folgenden werden eini-

---

17 Soldat und Technik, Januar 2004, S. 11
18 Peter Struck, Pressekonferenz 13.01.04, www.bundeswehr.de
19 Weißbuch 2006, S. 85

ge wenige beschrieben, die die weltweite Orientierung und die Aggressivität des
Konzepts belegen.

Weltraum

Die Bremer Firma OHB-System AG stellt für die Bundeswehr ein System von fünf
Radarsatelliten, SAR-Lupe genannt, samt Bodenstation (in Gelsdorf bei Bonn) her.
Gezielt kann mit dieser licht- und wetterunabhängigen Radartechnik spätestens
binnen eineinhalb Tagen jeder Ort auf der Erde anvisiert und ausspioniert werden.
Objekte von einem halben Meter Größe werden so aus dem All identifizierbar. Die
Technologie (Kosten 742 Mio. Euro[20]) ist so ausgereift, dass ihre Bilder mit denen
der USA vergleichbar werden und im Tausch angeboten werden können. Deutsch-
land wird damit zum Global Player.

Nach dem erfolgten Start des ersten Satelliten am 19. Dezember 2006 und des
zweiten am 3. Juli 2007 werden die anderen drei Satelliten in Abständen von vier
bis sechs Monaten ins All gebracht. SAR-Lupe soll 2008 voll funktionsfähig sein
und in drei Jahren mit dem optischen und auf Infrarotbasis arbeitenden französischen Helios-II- Satelliten verkoppelt werden. Dies wiederum wird von offizieller
Seite als erster Schritt hin zu einem europäischen Verbund von Aufklärungssatelli-
ten betrachtet.

Der Bundesausschuss Friedensratschlag bewertet dies als einen Einstieg in die
EU-Weltraumrüstung unter deutsch-französischer Führung. So wird der autonome
Einsatz der schnellen Eingreiftruppen der EU und ihrer Speerspitze, den Battlegroups, unabhängig von den USA effektiviert. Die Länder der Welt müssen sich
bedrohter fühlen. Dies wird zu Gegenmaßnahmen führen, die letztlich auch die
Bekämpfung dieser Satelliten einbezieht. Dabei wird es nicht nur um die Störung
sondern auch um die Zerstörung von Satelliten gehen. Militärische Satelliten werden Weltraumwaffen nach sich ziehen.

Luftraum

Beginnen wir mit einem Kürzel: AGS steht für Alliance Ground Surveillance (Allianz zur Boden-Überwachung). Den Auftrag, für die NATO ein AGS herzustellen,
hat ein europäisch-US-amerikanisches Konsortium bestehend u.a. aus EADS, General Dynamics, Northrop Grumman und Thales erhalten. Für weltweite Einsätze
der NATO Response Force soll die Firmengruppe ab 2010 ein gemeinsames
Einsatzlagebild zur Angriffsoptimierung am Boden zur Verfügung stellen. Die EU
kann auf diese NATO-Ressource zugreifen. Dieses System ist Grundlage für die
sogenannte Vernetzte Operationsführung, welche die Bundeswehr als „Kernele-
ment ihrer Transformation" (S. 99) begreift. Die „Eingreifkräfte" der Bundeswehr
unterliegen der „Vernetzten Operationsführung". Das AGS ist das technische

---

20 Die Kostenangaben für Waffensysteme und Ausrüstungen in diesem Text sind dem Bundeswehrplan 2008 entnommen, Generalinspekteur der Bundeswehr, Bundeswehrplan 2008, 70
   Seiten, VS – Nur für den Dienstgebrauch, März 2007,
   http://www.geopowers.com/Machte/Deutschland/Rustung/Rustung_2007/BwPlan_2008_dok
   .pdf

Scharnier, das die strategische Partnerschaft von EU und NATO militärisch ermöglicht. Wie muss man sich das vorstellen?

Das bedeutet, man schafft - so steht es im Weißbuch wörtlich - „einen alle Führungsebenen übergreifenden und interoperablen Informations- und Kommunikationsverbund. Dieser verbindet alle relevanten Personen, Truppenteile, Einrichtungen, Aufklärungs- und Waffensysteme." Kurz gesagt: Jeder hat auf seinem Display dasselbe Lagebild. Der militärische Vorteil wird im Weißbuch auch beschrieben: „Nicht mehr die klassische Duellsituation auf dem Gefechtsfeld steht künftig im Vordergrund, sondern das Ziel, auf der Basis eines gemeinsamen Lageverständnisses Informations- und Führungsüberlegenheit zu erlangen und diese in Wirkung umzusetzen. Ziel ist dabei neben dem Erfolg auf dem Gefechtsfeld auch die Einwirkung auf die Willensbildung des Gegners. Damit wird militärisches Handeln im gesamten Aufgabenspektrum schneller, effizienter und effektiver." (S. 82 f)

Ziel der Sache: Die Beschleunigung der Entscheidungsfindung, was den entscheidenden Vorteil im Krieg bringen soll. Wie wird das technisch umgesetzt? Mit umgebauten Airbussen A 321 und/oder Unbemannten Flugkörpern (UAV) Global Hawk wird ein auf der Radartechnik fußendes C4ISR-System (Command, Control, Communications, Computers, Intelligence, Surveillance und Reconnaissance) aufgebaut. Eine überlegene US-Kriegsführungsfähigkeit à la Irakkrieg wird hier auf NATO und die EU übertragen. Auch damals im Irakkrieg waren die Global Hawks im Einsatz. Das mit einem Radarsystem ausgestattete Global Hawk kann binnen 24 Stunden ein Gebiet von der Größe Nordkoreas ausspionieren – und dies 5500 km von seinem Startplatz entfernt. Die Bundeswehr will ab 2013 sechs Global Hawks kaufen, um diese „als rein nationale Fähigkeit" der NATO-AGS „beizustellen"[21]. Die Einführung von UAVs wird im offiziellen Sprachjargon der Bundeswehr als „Kristallisationspunkt für die Transformation in Bundeswehr und Luftwaffe"[22] angesehen. Als Weiterentwicklung des Global Hawk will man den Euro Hawk. Der Bundestag gab am 1. Februar die Entwicklung eines Prototyps des Euro Hawks (für 431 Mio. Euro) in Auftrag. Ab 2010 sollen vier weitere beschafft werden.".

Erstmals in der deutschen Militärgeschichte hat die rot-grüne Bundesregierung Marschflugkörper bestellt. Bis 2010 sollen für Tornados und Eurofighter 600 Taurus (lat. Stier) angeschafft werden. Aus einer Entfernung von bis zu 350 km vom einprogrammierten Ziel abgesetzt kann Taurus mittels der 500 kg schweren Gefechtsladung noch vier Meter dicken Beton durchschlagen. Die Marschflugkörper Taurus tragen in sehr hohem Maße zur Angriffsfähigkeit der Bundeswehr bei.

Die deutsche Luftwaffe erhält ab 2010 sechzig strategische Transportflugzeuge Airbus A 400 M. Die viermotorigen Propellermaschinen sollen die Transall ablösen, können aber doppelt so viel tragen und mehr als doppelt soweit am Stück fliegen, nämlich 9.000 km. Zehn Airbusse werden für die Luftbetankbarkeit ausgelegt, so dass sie nonstop um die Welt fliegen können. Sie werden als Schlüsselprojekt angesehen und dienen offiziell der „Strategischen Verlegefähigkeit in der Luft."

---

21 Michael Trautermann, Oberstleutnant i.G., Unmanned Aerial Vehicles, Strategie und Technik, November 2005, S. 41 bis 49, S. 49
22 Michael Trautermann, S. 41

Der Airbus kann Militärgerät transportieren wie zwei Kampfhubschrauber Tiger, Transporthubschrauber NH-90, Schützenpanzer Puma oder alternativ 116 Soldaten mit Ausrüstung. Die 60 Airbusse kosten 9,2 Mrd. Euro.

Ende Juni 2003 gingen die Eurofighter in Serienproduktion. Bis zu 180 Maschinen sollen in drei Tranchen bis 2015 beschafft werden. Der Bundeswehrplan 2008 weist den Preis für 180 Eurofighter (inkl. Bewaffnung) mit 23 Mrd. Euro aus. Der Haushaltsauschuss des Bundestages bewilligte die zweite Tranche über 68 Maschinen Anfang Dezember 2004. Er band seine Zusage jedoch an Auflagen, wonach „in den Verträgen Regelungen zu vermeiden (seien), die eine Vorentscheidung zur Tranche 3 bedeuten könnten"[23]. Es besteht also durchaus die Chance, wenigstens die dritte Tranche über 75 Eurofighter noch zu verhindern. Die Verhandlungen über die Vertragsunterzeichnung dürften etwa im Jahr 2008 anstehen.

Der Haushaltsausschuss hat für die Entwicklung des Luftverteidigungssystems MEADS grünes Licht gegeben (Kosten 3,95 Mrd. Euro). Es soll Marschflugkörper und ballistische Raketen mit Reichweiten unterhalb von 1.000 km abschießen. Wenn wir uns kurz die Umgebung Deutschlands vor Augen führen, wird deutlich, dass im Umkreis von 1000 km niemand mit Raketen oder Marschflugkörpern auf uns zielt. MEADS kann also mit Landesverteidigung nichts zu tun haben. Hat es auch nicht. Es soll lediglich Soldaten der EU-Battlegroups und die NRF der NATO im Ausland schützen. Dazu taugt das vorhandene Patriot-System nicht, denn es passt nur schwer in ein Flugzeug, aber MEADS kann mit den Military-Airbussen weltweit transportiert werden. Allerdings: Flugzeuge, Hubschrauber und Drohnen kann MEADS nicht vom Himmel holen. Deshalb hat der Bundestag der Entwicklung von Raketen des Typs Iris T-SL als Zweitflugkörper zugestimmt. Später sollen 504 Iris-Raketen für 300 Mio. Euro beschafft werden.

Heer

Das Heer, das heute die meisten Soldaten in Auslandseinsätzen stellt, soll künftig auch die meisten Soldaten für die Eingreifkräfte und die Stabilisierungskräfte stellen.

Für die Eingreifkräfte des Heeres sollen 88 neue Schützenpanzer Puma zur Verfugung gestellt werden, von denen insgesamt 410 Exemplare bis 2012 für 3,9 Mrd. Euro gekauft werden sollen. Sie können in den Airbussen transportiert werden. Fünf Puma in sechs Airbusse – klingt seltsam ist aber logisch, denn ein Panzer ist zu schwer für den Airbus. Deshalb werden Teile der Schutzverkleidung separat transportiert und vor Ort wieder angebaut.

Das Heer soll aus fünf Divisionen bestehen. Dazu zählen die Division Spezielle Operationen DSO (ca. 7.300 Mann), zu der neben zwei Luftlandebrigaden das geheim handelnde Kommando Spezialkräfte (KSK) gehört, und die Division Luftbewegliche Operationen DLO (ca. 10.500 Mann). Mit besonderem Stolz weist die Bundeswehr auf die neue sogenannte Luftbewegliche Brigade der DLO hin. Sie soll 64 Kampfhubschrauber Tiger und 32 Transporthubschrauber NH-90 erhalten sowie eine 1.600 Soldaten starke Infanterie, die per Gleitschirm einfliegt. Diese

---

23 Strategie und Technik, Januar 2005, S. 6

Kampftruppe, dessen Kern die Tiger bilden, die die kampfstärksten Hubschrauber überhaupt sind, wird aus dem Stand einsetzbar und steht nach Bundeswehrselbstzeugnis „damit qualitativ auch international an der Spitze"[24]. Ab 2009 soll die erste Staffel (= 18 Tiger + 18 NH-90) einsatzbereit sein („combat ready"). Vorerst 80 Tiger für 5,3 Mrd. Euro sollen beschafft werden.

Eine Analyse des „Neuen Heeres" zeigt, dass zu denjenigen Teilen der Eingreifkräfte, die von der Artillerie gestellt werden, 80 Panzerhaubitzen 2000 sowie 40 Raketenwerfer MARS zählen. „Die Panzerhaubitze 2000 ist das zurzeit modernste Rohrwaffensystem der Welt."[25] Es schießt 36 km weit und kann 20 Schüsse in drei Minuten abfeuern. Der Mehrfachraketenwerfer MARS „kann Bomblet- und Minenraketen bis zu einer Entfernung von 38,5 km verschießen."[26] Bombletmunition richtet sich vor allem gegen Menschen. Diese Landwaffen sollen auch auf Kriegsschiffe montiert werden.

Marine
Für den Beschuss von Landzielen werden fünf neuartige Korvetten hergestellt. Das sind ca. 90 m lange hochseegängige Kriegsschiffe, dessen wesentliche Bewaffnung jeweils vier Marschflugkörper sind. Mit ihrer Reichweite von 200 km, die durchaus auf 400 km ausbaufähig ist, können sie sämtliche Hauptstädte der afrikanischen Küstenländer, Damaskus aber auch Pjöngjang erreichen. Sie sind auf Salvenbeschuss ausgelegt. Im neuen Weißbuch heißt es ganz lapidar: „Mit den Korvetten K 130 verbessert die Marine künftig ihre Durchsetzungs- und Durchhaltefähigkeit. Diese Eingreifkräfte der Marine werden zur präzisen Bekämpfung von Landzielen befähigt sein und damit streitkräftegemeinsame Operationen von See unterstützen." (S. 124)

In Wirklichkeit sind die Korvetten ein spektakulär neues Kampfmittel. Mit den Korvetten erweitert die Bundeswehr ihre Möglichkeiten erheblich. Erstmals kann sie nicht nur Schiffe und U-Boote versenken, sondern auch von See aus Zerstörungen an Land – sogar im Landesinneren - herbeiführen. Früher nannte man das „Kanonenbootpolitik". Die Indienststellung der Korvetten soll bis November 2008 erfolgen.

Konzeptionell auf das engste mit den neuartigen Korvetten verbunden ist der nächstgrößere Kriegsschifftyp: die Fregatte. Die Marine verfügt über 15 Fregatten (8 F 122, 4 F 123, 3 F 124). Die Besonderheit des neuesten Modells, den drei F 124 der Sachsen-Klasse, ist ihr Preis. Mit einem Stückpreis von 733 Mio. Euro sind sie noch um 100 Mio. Euro teurer als das größte Kreuzfahrtschiff der Welt, die Queen Mary II.

Für die so genannten Stabilisierungskräfte gab der Haushaltsausschuss des Bundestages im Juni 2007 grünes Licht: die F 125. Davon sollen vier Schiffe für 2,62 Milliarden Euro (inkl. Bewaffnung) beschafft werden. Die F 125 ist „für langjähri-

---

24 Hans-Jörg Voll, Oberstleutnant i. G., Das neue Heer, Strategie und Technik, März 2005, S. 20 bis 24, S. 22

25 Heinrich Fischer, Brigadegeneral, Die Artillerie im Neuen Heer, Strategie und Technik, März 2005, S. 25-31, S. 30.

26 Fischer, S. 30

ge weltweite Einsätze auch in rauen Seegebieten"[27] konzipiert. Hervorstechendes
Merkmal sind die Bestückung mit schweren Heereswaffen: das 155-mm-Geschütz
der Panzerhaubitze 2000 und ein Mehrfach-Raketenwerfer MARS. Zudem sollen
auf den Fregatten jeweils 50 Mann Spezial-Kampftruppen stationiert werden können, die von mitgeführten Speedbooten aus andere Schiffe entern oder an fremdes
Land gehen können. Sie sollen ab 2012 in Dienst gestellt werden.

Für die Eingreifkräfte der Bundeswehr stellt die Marine „sieben Fregatten, fünf
Korvetten, vier U-Boote sowie Seeluftstreitkräfte"[28] zur Verfügung.

Bleiben noch die U-Boote der Klasse 212: Das letzte der vier U-Boote des neuartigen Typs 212 wurde Anfang Mai 2007 in Dienst gestellt. Die U-212 sind die
kampfstärksten konventionellen U-Boote der Welt. Das wird durch einen neuartigen Brennstoffzellenantrieb erreicht, der das Boot weitgehend von Außenluft unabhängig macht, so dass die U-Boote drei bis vier Wochen lang ununterbrochen
unter Wasser bleiben und dabei bis zu 22.000 km zurücklegen können. Ihre Tauch-
tiefe ist eigentlich geheim. Dem Hamburger Abendblatt war jedoch zu entnehmen,
dass sie bei sensationellen 700 m[29] liegt. Dabei bewegen sie sich quasi lautlos
(„Selbst amerikanische Atom-Boote sind lauter")[30]. Die Kampfstärke der U-212
wird erreicht durch neuartige deutsche Schwergewichtstorpedos Seehecht, von
denen die Bundeswehr 70 Exemplare geordert hat. Aus sechs Rohren lassen sich
diese über eine gelenkten Laufstrecke von mehr als 50 km (Vorgängermodell ca.
20 km) ins Ziel befördern. Der Seehecht kann nicht nur Überwasserschiffe, sondern auch U-Boote versenken.

Außerhalb der NATO ist keine Marine fähig, Jagd auf diese U-Boote zu machen. Für Russland, China, Iran oder Nordkorea stellen diese U-Boote im Konflikt-
fall bis auf weiteres eine nicht abwehrbare Bedrohung dar. Die U-212-Technik
wird exportiert: Auch Süd-Korea, Israel, Griechenland, Portugal und Italien erhalten sie. Eine weitere Besonderheit: Eins dieser U-Boote kann „800 km Küste kontrollieren"[31]. Zwei weitere U-212 wurden im September vom Bundestag beschlossen. Die beiden 915 Mio. Euro teuren U-Boote sollen in den Jahren 2012 und 2013
in Bundeswehrdienst kommen.

Aus all dem lässt sich leicht schließen: Die Bundeswehr ist für den weltweiten
Einsatz in den Schnellen Eingreiftruppen von EU und NATO bemerkenswert gut
gerüstet. Die Regierung richtet sie auf eine weltweite Angriffsfähigkeit ein, die
auch die Teilnahme an US-geführten Großkriegen möglich machen soll.

---

27 Strategie und Technik, November 2005, S. 61
28 KdB, S. 77
29 Hamburger Abendblatt 14.12.2006
30 Hamburger Abendblatt 15.10.2005, „Kaleu" der U-32
31 FAZ 19.9.06

Heiko Humburg

PR-Strategien der Bundeswehr
in Zeiten von Jugendarbeitslosigkeit und „Hartz IV"

Die Bundeswehr (Bw) spannt ein feines Netz über die ganze Gesellschaft. Ihre Strategien zielen auf mehr oder weniger subtile Beeinflussung aller Menschen im militaristischen Geist. Dabei richtet sich die PR-Arbeit der Bw keineswegs nur, aber schwerpunktmäßig auf Jugendliche, insbesondere die Arbeiterjugend. Die Bundeswehr bedient sich bei ihrer Einflussarbeit professioneller Apparate aus Forschern und PR-Experten, aber auch „unabhängiger Journalisten", Fernsehstationen, diverser staatlicher und halbstaatlicher Stellen sowie Städten und Kommunen. Dabei geht es allgemein gesprochen um Deutungshoheit über die Auslands- und Kriegseinsätze der Bundeswehr, um ein „normales", positives Image der Streitkräfte und im speziellen um Nachwuchswerbung, also um Rekrutierung.

1. Nachwuchswerbung und Propaganda in den Schulen und der Öffentlichkeit

Ein Ort, den die Bundeswehr nutzt, um Jugendliche in ihrem Sinne zu beeinflussen, ist die Schule. Immer stärker ist sie darum bemüht, versteckt oder offen Inhalte und Themen der Armee in den Unterricht einzubringen, z.B. durch kostenloses Unterrichtsmaterial.

Auch Lehrerinnen und Lehrer leiden unter ständig längerer Arbeitszeit und – stress. Die Bundeswehr bietet offensiv an, ihnen einen Teil der Unterrichtsvorbereitung abzunehmen. Die „Arbeitsgemeinschaft Jugend und Bildung e.V." verschickt an Jugendleiter und Pädagogen kostenlose fertig einsetzbare Unterrichtsmaterialien. Im Internet bezeichnet sich der Verein als unabhängig und gemeinnützig. „Unsere Partner sind Ministerien, Verbände und Unternehmen."[1] Einer dieser Partner ist die Bundeswehr. Monatlich gibt der Verein didaktisch gut durchdachte Arbeitsblätter zu aktuellen Themen heraus, die im wachsenden Maße im Politik- und Gesellschafts- oder Sozialkundeunterricht an Schulen eingesetzt werden. Konzipiert sind die Materialien für SchülerInnen ab der 8. Klasse.

Welche Inhalte werden vermittelt? Im Arbeitsblatt „Gefahr durch neue Atommächte" lernen die Schüler zum Beispiel wahrheitswidrig, dass die Internationale Atomenergiebehörde bewiesen habe, dass der Iran den Atomwaffensperrvertrag „in vielfältiger Hinsicht missachtet"[2].

Das Arbeitsblatt „Die Bundeswehr im Auslandseinsatz"[3] zeigt eine Weltkarte mit den Einsatzorten der Bundeswehr. Die Schüler sollen dann auf den Bundeswehr-Internetseiten die Hintergründe der Einsätze recherchieren. Überschrieben

---

1   http://www.jugend-und-bildung.de/webcom/show_article.php/_c-16/_lkm-113/i.html
2   http://www.frieden-und-sicherheit.de/uploads/72/Arbeitsblatt_Atommaechte.pdf
3   http://www.frieden-und-sicherheit.de/uploads/72/Arbeitsblatt_BW_Ausland.pdf

sind die Seiten, auf denen die SchülerInnen „recherchieren" sollen mit „Wege zum Frieden", „Verantwortung tragen" sowie „Frieden schaffen". Andere Arbeitsblätter beschäftigen sich mit den Themen „Eine Truppe für Europa" oder dem Kongo[4]. Ein Arbeitsauftrag unter anderen: „Versetzen Sie sich in die Rolle eines Bundeswehrsoldaten: Darf er schießen, wenn er von einem Kindersoldaten bedroht wird?" Antwort aus dem Text: Ja, weil es beim Einsatz der Bundeswehr schließlich darum geht, Afrika zu helfen. Das neueste Arbeitsblatt behandelt das „Weißbuch" der Bundeswehr[5], das bekanntlich globale Militäreinsätze zur Sicherung vermeintlich deutscher Interessen vorsieht. Darin haben SchülerInnen dann Multiple-Choice Fragen zu beantworten. Als Kostprobe und zu Ihrer Wissenüberprüfung hier eine der Fragen: „Das Weißbuch der Bundesregierung heißt Weißbuch, weil …

a) … die Farbe weiß für den Frieden steht.

b) … es einen weißen Umschlag hat.

c) … darin viele Weisheiten niedergeschrieben sind." Na, hätten Sie es gewusst?

Die Materialien sind aber keineswegs alle plump, ganz im Gegenteil. Ein „Klassiker" ist die Hochglanz-Broschüre „Frieden und Sicherheit"[6]. Für Lehrer gibt es eine Extra-Ausgabe mit Tipps und Tricks zur Planung und Leitung des Unterrichts mit dem Material. Das Heft nimmt Lehrern alle Schritte der Unterrichtsplanung ab und ist didaktisch sehr professionell gemacht. In den didaktischen und methodischen Hinweisen wird den Lehrern nahe gelegt, den Unterricht komplett nach den Materialien zu strukturieren.

Systematisch wird die emotionale Betroffenheit von Kindern und Jugendlichen als Ansatzpunkt für die Vermittlung der militaristischen Inhalte genutzt. Militär ist notwendig, um Terror und Angst zu bekämpfen: „Wenn in der Gesellschaft die Angst vor terroristischen Anschlägen zunimmt, dann trifft dies auch Jugendliche. Die Schüler sollten wissen, dass das Verbreiten von Furcht und Schrecken eines der Ziele von Terrorismus ist und dass das »Kopf in den Sand stecken« und Lähmung keine Lösungen sein können."[7] Unter der Überschrift „Die allgegenwärtige Gefahr" wird vor allem mit der Macht der Bilder gearbeitet, in diesem Fall mit schrecklichen Fotos aus Beslan und dem Irak. Man sieht leidende Kinder und wird systematisch zu dem Schluss geleitet, dass die Verhinderung solcher Bilder den weltweiten Einsatz des deutschen Militärs erfordert.

Im Heft wird angeregt, für weitergehende Fragen einen Vertreter der Bundeswehr in die Schule einzuladen bzw. mit der Schulklasse einen Besuch in einer Kaserne zu machen. „Insbesondere bei der Einbeziehung eines Jugendoffiziers in die unterrichtliche Gestaltung oder bei einem Truppenbesuch können ganz unterschiedliche Fragen relevant sein, zum Beispiel:

- Chancen der beruflichen Weiterentwicklung bei der Bundeswehr,
- Frauen in der Bundeswehr (Erfahrungsberichte), …

---

4   http://www.frieden-und-sicherheit.de/uploads/72/Arbeitsblatt_Kongo.pdf
5   http://www.frieden-und-sicherheit.de/uploads/72/Arbeitsblatt_Weissbuch.pdf
6   http://www.frieden-und-sicherheit.de/uploads/134/FS_Schuelerheft.pdf
7   Ebd.

- Realität von Auslandseinsätzen (wer geht in den Einsatz, wer entscheidet über Einsätze, was bedeutet das konkret?).“[8]

In der Lehrerausgabe des Heftes wird darauf verwiesen, dass das Erreichen der Lernebene des „beurteilen, abwägen, Bereitschaft entwickeln“ leichter durch das eigene Erleben einer Bundeswehreinrichtung oder im Gespräch mit einem Jugendoffizier erreicht werden kann als ohne diese „Angebote“. Was mit „Bereitschaft entwickeln“ gemeint ist, ist klar: Es geht um die Bereitschaft, sich hinter die Bundeswehr zu stellen oder eine Verpflichtung zu den Streitkräften ins Auge zu fassen. Auf der Bundeswehrhomepage finden sich Berichte, wie ein Besuch von Schulklassen in Bw-Einrichtungen aussehen kann, darunter ein Text über den Besuch von Mädchen einer 9. Klasse beim EloKa-Bataillon 932 (Elektronische Kampfführung) im hessischen Frankenberg unter der Überschrift: „Girls' Day 2006 - Soldat (w) gesucht“[9]. Zum „Girls' Day“ am 27. April 2006 öffnete auch die Bundeswehr an vielen Standorten ihre Tore. Schülerinnen im Alter zwischen 13 und 17 Jahren waren eingeladen. Im Internet stellt die Bw das so dar: „»Ich hätte nicht gedacht, dass die Leute hier so locker sind« sagt Laura Schauberer (…). An etwa 20 Computerarbeitsplätzen sitzen Soldaten der Ausbildungskompanie und lernen die verschlüsselten Botschaften der Morsezeichen zu übersetzen. »Das ist am Anfang schwierig, aber man kriegt das schnell hin«, sagt der Gefreite Daniel Wittig tröstend zu Alessandra Rauch. Sie hat gerade die Kopfhörer abgenommen und zugegeben, sie habe »nix« verstanden. »Aber ich will ja auch zur Marine«, sagt die 13-Jährige selbstbewusst.“[10] Wir lernen: Die Bundeswehr bringt unter anderem auch die Emanzipation junger Frauen voran. Die Bundeswehr hatte zum Girls Day alle Schulen der Region angeschrieben, in vielen Fällen bereits im Vorfeld mit Lehrern und Schülerinnen gesprochen und zeigte sich sehr zufrieden mit dem Erfolg. „So können wir wertvolle Kontakte zum Nachwuchs von Morgen knüpfen“, so ein Jugendoffizier.

2. Rolle und Aufgaben der Jugendoffiziere

In den meisten Bundesländern gibt es kultusministerielle Erlasse und Weisungen, die die Einbindung von Jugendoffizieren in den Schulunterricht befürworten. Die Bundeswehr arbeitet bei ihren Auftritten in Schulen nach eigener Aussage eng mit der Lehrerschaft zusammen. Die Jugendoffiziere berichten: „In fast allen Betreuungsbereichen gestaltete sich dieses Miteinander vertrauensvoll, kooperativ und effektiv. Die Lehrer, mit denen die Jugendoffiziere in Kontakt stehen oder kommen, sind der Bundeswehr fast ausnahmslos positiv und offen gegenüber eingestellt. Dabei sind erfreulich viele jüngere Pädagoginnen und Pädagogen ….“[11] Dennoch ist die Bundeswehr mit der Zahl der Einladungen von Jugendoffizieren an Schulen keineswegs zufrieden. Ein Bundeswehr-PR-Experte beklagt, dass die kultusministeriellen Empfehlungen den Lehrern als End-Entscheidern einen so großen

---

8 Ebd.
9 http://www.bundeswehr.de/portal/a/bwde/
10 Ebd.
11 BMVg; Bericht der Jugendoffiziere für das Jahr 2005.

Spielraum ließen, dass diese letztendlich selbst festlegen, in welchem Maß die Bundeswehr im Unterricht behandelt und ob Jugendoffiziere hinzugezogen würden. Für die Zukunft wird angestrebt, dies verbindlicher zu regeln.[12]

Im Rahmen der Aus- und Weiterbildung für Pädagogen und Multiplikatoren bieten die Jugendoffiziere spezielle sicherheitspolitische Seminare an. So informieren sie z.B. Referendare bei mehrtägigen Fahrten nach Berlin, Brüssel oder Straßburg über die deutsche Außen- und Sicherheitspolitik, die Entwicklungen in der NATO sowie die Europäische Sicherheits- und Verteidigungspolitik. In vielen Bundesländern werden diese Veranstaltungen von den Kultusministerien als Lehrerfortbildungsseminare anerkannt. So kann der Jugendoffizier in Bad Salzungen (Thüringen) berichten: „Mittlerweile wurde erreicht, dass das Ministerium seine Schulämter ausdrücklich auf die Zusammenarbeit mit den Jugendoffizieren hinweist. Außerdem wurde erreicht, dass die Jugendoffiziere im Thüringer Institut für Lehrerweiterbildung nun als Dozenten aufgeführt und somit vom Ministerium und den Schulämtern anerkannte Weiterbildungen für Lehrer anbieten können."[13] Es werden also bereits Lehramtsanwärter „militärisch" geschult; Offiziere der Bundeswehr unterrichten in Thüringen die künftigen Klassenlehrer aus den Fächergruppen Gemeinschaftskunde, Geschichte und Ethik.

Alle diese Aufgaben werden von den Jugendoffizieren ausgeführt. Obwohl die Akzeptanz der Bundeswehr nach eigenen Aussagen höher denn je ist, verrichten heute knapp 100 hauptamtliche und weit über 300 nebenamtliche Jugendoffiziere ihren Dienst, der ganz oder teilweise darin besteht, die Jugendlichen von der Außen- und Sicherheitspolitik der BRD zu überzeugen. Allein im Jahr 2005 führten die Jugendoffiziere fast 8.000 Einsätze durch und erreichten knapp 181.000 Menschen. Mit über 160.000 erreichten Schülerinnen und Schülern liegt der Schwerpunkt eindeutig im schulischen Bereich. Im Vergleich zum Jahr 2004 stieg damit die Zahl der Einsätze um über 9,8 % an.[14] Hinzu kommen noch zahlreiche Einsätze auf Großveranstaltungen. 2007 sind ca. 350 dieser Einsätze geplant[15], auf Messen, Volksfesten, an Unis oder Berufsinformationszentren, u.a. auf der Ostseemesse Rostock, dem NRW-Tag in Paderborn oder dem „Tag der Traumberufe" in Potsdam. Von Düsseldorf aus steuern 24 hauptamtliche Mitarbeiter alle Einsätze der Bundeswehr auf Großveranstaltungen oder belebten Marktplätzen. Sie koordinieren die Trucks des „Karriere-Treffs" aber auch die jeweils acht Infomobile und Infotrucks sowie die acht Messestände der vier Zentren für Nachwuchsgewinnung, die rein personalwerblich ausgerichtet sind.[16]

Im „Handbuch der Jugendoffiziere", herausgegeben von der Akademie für Information und Kommunikation (AIK), wird als Aufgabe beschrieben, dass Jugendoffiziere in „Kernfragen des militärischen Auftrages keine von den Vorgaben des

---

12 Cassens, Manfred; Die Informationsarbeit der Bundeswehr in erziehungswissenschaftlicher Perspektive. Informationsinhalte und deren didaktische Einbettung; Inauguraldissertation; Universität der Bundeswehr München 2006; S. 80.
13 BMVg; Bericht der Jugendoffiziere für das Jahr 2005.
14 Ebd.
15 Aktuelle Auflistung im Internet unter: www.bundeswehr-karriere.de
16 Y-Magazin der Bundeswehr; November 2006; S. 108.

Bundesministerium für Verteidigung abweichenden Auffassungen" vertreten dürfen. Das bedeutet also, dass sie dazu verpflichtet werden, immer streng die Position der Regierung und der Armee wiederzugeben und für sie zu werben. In der Arbeit der Jugendoffiziere geht es um Überzeugungsarbeit, nicht wie so oft betont um Dialog und Information. Diese sind höchstens Mittel zum Zweck.

Wer hauptamtlicher Jugendoffizier werden will, muss vom Notenschnitt im oberen Drittel seines Jahrgangs gewesen sein, über ein abgeschlossenes Universitätsstudium verfügen, eine Empfehlung der AIK vorweisen können, nach dem Studium ausreichend lang in der Truppe gedient haben und mindestens drei Jahre für diese Rolle zur Verfügung stehen. Alle Soldaten, die Jugendoffiziere werden sollen, absolvieren einen Intensivkurs. Dabei geht es um drei große Bereiche:

- Rhetorik – d. h. es werden Verhaltens- und Argumentationsweisen gelehrt
- Politische Bildung/Sicherheitspolitik – d. h. inhaltliche Schulung zu strittigen Bundeswehrthemen
- Informationen über die Jugendlichen – d. h. Einstellungen der Jugendlichen, Verhaltensweisen, Interessen usw.

Das Jugendoffiziers-Motto bei ihren öffentlichen Auftritten lautet: „Radikale Gegner beeindrucken, Unentschlossene gewinnen, Befürworter positiv bestärken." Wenn sich ein radikaler Gegner dennoch hartnäckig weigert, beeindruckt zu sein, werden rhetorische Tricks aus dem Arsenal der „Psychologischen Kriegsführung" angewandt (z.B. der „Kommunismusverdacht"). Leider ist dies aber derzeit relativ selten überhaupt nötig, die SchülerInnen hätten in der Mehrzahl eine positive oder neutrale Meinung zu den Streitkräften.[17] Das war zum Beispiel in den 1980er Jahren einmal anders: „Die Reaktion auf den Jugendoffizier reichte (abgesehen von den wenigen positiven Ausnahmen) von Abwesenheit im Unterricht bis zu offener, verfassungsfeindlicher Antihaltung. Dazu einige Lehrerzitate, innerhalb von 8 Tagen Schulbesuch gesammelt: »Sie sind ja nur hier um zu agitieren«, »Der Einzelne ist bloßes Objekt des Staates, von Freiheit kann da keine Rede sein«, »Dieser Staat ist nicht verteidigungswürdig«."[18]

Der Etat der Bundeswehr für Nachwuchswerbung und Öffentlichkeitsarbeit steigt stetig. Die Öffentlichkeitsarbeit unter Jugendlichen ist für die Bundeswehr mehr als Nachwuchsgewinnung, es geht auch um erzieherische Wirkung und um Imagepflege der Armee sowie um die Möglichkeit bei Bedarf auch kurzfristig deutlich mehr junge Menschen als Soldaten zu rekrutieren. Die Bundeswehr legt nach Außen großen Wert darauf, dass die Jugendoffiziere selbst nicht direkt in der Personalwerbung aktiv sind. „Sie (die Trennung von „Information" und Rekrutierung, Anm. H.H.) wird von den Schulbehörden und den Schulen erbeten und erwartet. Vor allem in traditionell der Bundeswehr kritisch gegenüberstehenden Betreuungsbereichen ist es unerlässlich, sich abzusprechen und den entsprechenden Schulen zu garantieren, dass der Vortrag keine Nachwuchswerbung ist."[19] Diese

---

17 BMVg; Bericht der Jugendoffiziere für das Jahr 2005.
18 Zitiert in der Doktorarbeit eines ehemaligen Jugendoffiziers: Cassens; Informationsarbeit der Bundeswehr in erziehungswissenschaftlicher Perspektive; Inauguraldissertation; Universität der Bundeswehr München 2006; S. 87.
19 BMVg; Bericht der Jugendoffiziere für das Jahr 2005.

Trennung wird in der Praxis allerdings kaum aufrecht erhalten. Die Jugendoffiziere sollen den Rekrutierern den Weg bereiten. Auch die Jugendoffiziere geben zu: „Prinzipiell ist die Zusammenarbeit mit der Wehrdienstberatung … ausgezeichnet. So werden gemeinsame Auftritte vor Schulklassen genauso geplant und durchgeführt wie Besuchsanfragen weitergeleitet werden, … oder es werden Schulanschreiben von beiden zusammen ausgestaltet und versandt."[20]

Neben ihrer einseitigen Informationsarbeit und der Werbung für den Soldatenberuf betätigen sich Jugendoffiziere auch als Marktforscher für die Bundeswehr. Ihre Ergebnisse und Daten werden im jährlichen Jugendoffiziersbericht zusammengefasst. Ein Ziel dieses Berichts ist die weitere Verbesserung des Werbekonzepts für die Bundeswehr durch noch bessere Anpassung an die Zielgruppe.

3. Wo die Daten hingehen … und wozu sie verwendet werden

„Akademie für Information- und Kommunikation der Bundeswehr" (AIK)

Die Zentrale der Datensammlung und –verarbeitung der Bundeswehr befindet sich in Strausberg bei Berlin. Dort hat jetzt u. a. die „Akademie für Information- und Kommunikation der Bundeswehr" (AIK) ihren Sitz, die zuvor in Waldbröl bei Bonn stationiert war. Die AIK ist die Nachfolgeeinrichtung der „Akademie für Psychologische Verteidigung" (PSV), die nach der Wiederbewaffnung Westdeutschlands mit tatkräftiger konzeptioneller und praktischer Unterstützung vormaliger NS-Propagandisten aufgebaut wurde.[21]

Die AIK hat seit 1990 ein Aufgabenfeld mit drei Kernfunktionen:
- Feststellen und Analysieren der Einstellung der Bürger zur Bundeswehr und darauf basierende Empfehlungen für die Informationsarbeit abzugeben.
- „Begegnungsstätte sicherheitspolitisch aktiver und interessierter" Multiplikatoren.
- Aus-, Fort- und Weiterbildung des militärischen und zivilen Fachpersonals in Form von Lehrgängen (in erster Linie Presse- und Jugendoffiziere).[22]

Neben der Ausbildung von Fachpersonal der Presse- und Informationsarbeit wird in der AIK also im Rahmen von Seminaren ein sicherheitspolitischer Dialog mit „interessierten Bürgern" geführt. Gemeint sind so genannte Multiplikatoren. Angesprochen werden neben „führende(n) Vertreter(n)" von „publizistischen Organen mit überregionaler Bedeutung" auch „leitende Angehörige der Industrie und Wirtschaft", „führende Vertreter der Arbeitnehmerverbände", Juristen und Pädagogen des höheren Staatsdienstes, bekannte Persönlichkeiten des öffentlichen Lebens sowie Abgeordnete des Deutschen Bundestages, der Landtage und des Europäischen Parlaments, nach eigenen Aussagen mit wachsendem Erfolg.[23]

---

20 Ebd.
21 Zur Geschichte der AIK siehe: Hutchings, Steven; Gesteuerte Demokratie; Diplomarbeit an der Hochschule für Gestaltung, Offenbach am Main, 2006.
22 Cassens; Informationsarbeit der Bundeswehr in erziehungswissenschaftlicher Perspektive; Inauguraldissertation; Universität der Bundeswehr München 2006; S. 98.
23 Informationsveranstaltungen des Heeres für zivile Führungskräfte 2006; www.zifkras.de.

Ziel dieser Propaganda-Apparate der Bundeswehr ist aktuell beispielsweise die Vorbereitung der Öffentlichkeit auf den Tod deutscher Soldaten „in größerer Zahl". Die „Gesellschaft in Deutschland", so der AIK-Kommandeur Oberst Rainer Senger, müsse darauf „vorbereitet" werden, dass Bundeswehrangehörige „in größerer Zahl sterben" und „andere Menschen töten".[24] Diese Stand-by-Propaganda soll unter den Medienvertretern Gewöhnung und Gleichgültigkeit hervorrufen.

Wie es auf der Fachtagung hieß, basiert die „neue Informations- und Kommunikationsstrategie" auf den „Verteidigungspolitischen Richtlinien" der Bundeswehr. Darin wird bekanntlich behauptet, dass sich „Verteidigung geografisch nicht mehr eingrenzen" lasse und die Aufgabe des deutschen Militärs in der „Gestaltung des internationalen Umfelds in Übereinstimmung mit deutschen Interessen" bestehe. Der „Bürger" müsse verstehen, dass die Bundeswehr in Zukunft vermehrt „friedenserzwingende, also intensive Maßnahmen" im Ausland durchführen werde und „kein Technisches Hilfswerk in Flecktarn" sei.[25]

Eine Aufgabe der AIK ist auch die „Corporate Identity" der Bundeswehr, also die Vermittlung eines positiven Bildes der Streitkräfte in den Medien. Die erste koordinierte Werbekampagne lief Ende der 1980er mit dem Slogan „Eine starke Truppe" an. Die Kampagne sollte vor allem der Nachwuchswerbung dienen. „Im Rahmen dieser ersten systematischen Werbekampagne der Streitkräfte warben sie 1987 erstmals im Medium Fernsehen um Nachwuchs. Stark emotionalisierende Werbesequenzen, die mit der Anlehnung an die Schlussszene des damaligen Filmhits »Top Gun« (amerikanischer Fliegerfilm) oder der Darstellung von Lagerfeuerromantik das »besondere Abenteuer in der Bundeswehr« im Sinne einer »Starken Truppe« vermitteln sollte."[26] Unter dem Namen „Dachkonzept Informationsarbeit 2000" wurde zwischen 1992 und 2000 mit großem finanziellen Aufwand versucht, die gesellschaftliche Akzeptanz der „neuen" Bundeswehr in der Bevölkerung zu verbessern und zum anderen, die Institution als attraktiven und modernen Arbeitgeber darzustellen. Seitdem startet die Bundeswehr jährliche Werbekampagnen, z.B. die Kampagne „Wir sind da".

„Truppe für Operative Information" (OpInfo)

Die Bundeswehr nimmt auf dargestellte Weise gezielt Einfluss auf Massenmedien wie das Fernsehen. Aus der ehemaligen PSV ist auch die „Truppe für Operative Information" (OpInfo) hervorgegangen. Bezeichnenderweise trägt sie im NATO-Sprachgebrauch weiterhin die Bezeichnung „Psychological Operations" (PSYOPS). Aus diesem Hause stammt auch der neue Sender „Bundeswehr Television" (BwTv), der verschlüsselt per Satellit ausgestrahlt wird, da den Streitkräften

---

24 Interview mit Oberst Rainer Senger, Kommandeur der Akademie der Bundeswehr für Information und Kommunikation; www.bmvg.de, 8.9.2005.
25 Ebd.; Auszüge aus Interview und Kommentierung zuerst bei www.german-foreign-policy.com vom 18.09.05
26 Cassens; Informationsarbeit der Bundeswehr in erziehungswissenschaftlicher Perspektive; Inauguraldissertation; Universität der Bundeswehr München 2006; S. 91.

eine direkte mediale Einflussnahme auf die eigene Bevölkerung verboten ist.[27] BwTv wurde 2002 mit Hilfe der PR-Agentur Atkon AG aufgebaut. Wie die Recherchen von Steven Hutchings zum Dokumentar-Film „Die gelenkte Demokratie" ergaben, wurde eine 100-prozentige Tochterfirma der Atkon AG, die Atkon TV Service GmbH, damit beauftragt, sendefertige Fernsehbeiträge an private und öffentlich-rechtliche Fernsehanstalten abzugeben.[28]

In Zusammenarbeit mit der OpInfo entstand auch die TV-Serie „Sonja wird eingezogen", die 2006 auf RTL ausgestrahlt wurde. Die Moderatorin Sonja Zietlow segelte darin auf der Gorch Fock, sprang Fallschirm und robbte mit Scharfschützen und KSK-Soldaten durch den Schmutz. Der 50. Geburtstag der Bundeswehr war der willkommene Anlass, Schaffen und Wirken der Truppe einer breiten Öffentlichkeit zu präsentieren und nebenbei um den dringend benötigten Nachwuchs zu werben. Natürlich spielten Tote und Verletzte so gut wie keine Rolle. Und Krieg ist schlimm, das wissen die Soldaten natürlich - und wurden nicht müde, es vor der Kamera zu wiederholen. Frieden dagegen ist gut. Den zu sichern sei für die Soldaten überhaupt das Wichtigste und darüber hinaus biete die Bundeswehr tolle Jobs und tolle Herausforderungen. Diese Botschaften sollten offenbar zeigen, wie aufgeklärt die Truppe ist. RTL hält sich zur Frage, wer „Sonja wird eingezogen" finanziert, bedeckt. Weder das Produktionsbudget noch die Aufteilung unter den Kooperationspartnern werden genannt. Fest steht nur, dass die Bundeswehr das Gerät stellte.

In den USA ist die verzerrte Darstellung des Militärs in Filmen und im Fernsehen bereits Standard. Braucht ein Action-Filmer ein paar Panzer, Kampfjets oder vielleicht einen ganzen Flugzeugträger, muss er beim Militär vorstellig werden. Dort prüft man das Drehbuch und wenn es gefällt, dann wird das Kriegswerkzeug bereitgestellt. Wenn nicht, dann nicht. Hier steht uns in Deutschland wohl noch einiges bevor.

„Sozialwissenschaftliches Institut der Bundeswehr" (SoWi)

Fast alle Forschungseinrichtungen, die für die mediale Propagandaarbeit des deutschen Militärs relevant sind, wurden mittlerweile in Strausberg konzentriert. Neben der AIK befindet sich hier das „Sozialwissenschaftliche Institut der Bundeswehr" (SoWi), das der AIK mittels Meinungsumfragen die Ansatzpunkte für die gezielte Einflussarbeit an Bevölkerung und Truppe liefert.

Eines der Dauer-Forschungsprojekte heißt „Lagebild Jugend heute". Dazu heißt es auf der SoWi-Homepage deutlich: „In einem »Lagebild« werden die vorherrschenden Einstellungen, Orientierungen und sonstigen Verhaltensgrundlagen der heranwachsenden Generation aus der Vielzahl vorhandener Informationsquellen zusammengeführt und für Bedarfsträger der Bundeswehr nutzbar gemacht. Als Anwenderbereiche sind die Aufgabenfelder Öffentlichkeitsarbeit und Nachwuchs-

---

27 Das Bundesverfassungsgericht entschied zwar 1977 grundsätzlich, dass auch Öffentlichkeitsarbeit staatlicher Institutionen legal ist, die Ausstrahlung eines frei empfangbaren TV-Kanals ist davon aber nicht gedeckt. Vgl. Cassens; Informationsarbeit.

28 http://v2v.cc/v2v/Gesteuerte_Demokratie%3F

werbung ins Auge gefasst. Der angestrebte Nutzen zielt auf die Verfügbarkeit ent-scheidungsrelevanter Informationen, mit denen Bedarfsträger zur Aufrechterhal-tung und Steigerung der Attraktivität der Bundeswehr für die Jugend beitragen können."[29] Besonderen Wert legen die Wissenschaftler des SoWi auf die Frage, wie Jugendliche am effektivsten zu einer Verpflichtung bei der Bundeswehr ge-bracht werden können. Die zentralen Forschungsfragen lauten hier: „Wie groß ist das Interesse Jugendlicher an einer beruflichen Tätigkeit bei der Bundeswehr? Was spricht aus Sicht der Jugendlichen für eine Tätigkeit bei der Bundeswehr und was spricht dagegen? Welche Gelegenheiten zur Information über die Bundeswehr werden genutzt? Ziel ist, die Nachwuchswerbung und -gewinnung mit aktuellen Informationen versorgen zu können."[30]

4. Spezielle Lockangebote für arbeitslose Jugendliche

Die Ergebnisse oben genannter Studien sind wiederum Grundlage für die Erstel-lung von Werbematerialien und das Auftreten der Jugendoffiziere und „Wehr-dienstberater" zur Nachwuchsgewinnung. Anfang der 1990er Jahre steckte die Bundeswehr gewissermaßen in der Krise was die Nachwuchswerbung betrifft. Die Umstrukturierung der Streitkräfte auf eine weltweit einsetzbare Interventionsarmee und nicht zuletzt die verringerte Präsenz der Bundeswehr in der Fläche durch Auf-gabe von Standorten führten zu einem für die Armee besorgniserregenden Rück-gang der Zahl der Freiwilligen. Dies zwang die Nachwuchsgewinnungsorganisati-on mit der dazugehörigen Wehrdienstberatung ab 1994 zu neuen Wegen und Ver-fahren. Die Zeitschrift „Informationen für die Truppe" zeigt sich begeistert: „Sie leiteten einen Wandel von der eher passiven Annahme- zu einer Dienstleistungsor-ganisation ein, die sich aktiv um den Bewerber bemüht und von sich aus der Trup-pe verstärkt ihre Unterstützung anbietet. Dabei ist es der Wehrdienstberatung auch gelungen, ein neues, zukunftsweisendes Profil zu entwickeln."[31] Seitdem setzt die Bundeswehr bei der Ansprache von Jugendlichen vor allen anderen Aspekten auf die „Sicherheit des Arbeitsplatzes" beim Bund. Dementsprechend liegt der Schwerpunkt der Agitation vor allem auf jugendlichen Arbeitslosen. Angesichts einer Jugendarbeitslosigkeit von ca. 15 % und mehreren Hunderttausenden Jugend-lichen ohne einen Ausbildungsplatz, ist dies nicht überraschend.

Nach Angaben der Bundeswehr wächst wegen der weit verbreiteten Perspektiv-losigkeit unter Jugendlichen ihre Bedeutung als staatlicher Ausbilder. „Immer stär-ker rückt die Frage zum »Arbeitgeber Bundeswehr« in den Vordergrund; dies gilt vor allem für den Bereich der Haupt- und Realschulen."[32] Allerdings geschieht dies bei den Jugendlichen keineswegs aus reiner Begeisterung für den Soldatenberuf, sondern vielmehr aus Alternativlosigkeit. Die zur Verfügung stehenden Ergebnisse des SoWi zeigen, so Jonna Schürkes in einer IMI-Analyse, dass ein großer Teil der

---

29 http://www.sowi.bundeswehr.de/portal/a/swinstbw
30 Ebd.
31 Ehlert, W. / Schmuhl, R.: Sympathisch und kompetent. In: Informationen für die Truppe (IfdT) 11 / 1998; S. 5.
32 BMVg; Bericht der Jugendoffiziere für das Jahr 2005.

Jugendlichen, die sich bei der Bundeswehr verpflichten, dies vor allem aus ökonomischen Gründen tut. Im Jahr 2003 konnten sich ca. 30 % der männlichen Jugendlichen eine Verpflichtung bei der Bundeswehr vorstellen, wobei über die Hälfte
davon dies nur „unter Umständen" tun würde. Dies erklärt sich daraus, dass 30 %
angeben, sie würden sich verpflichten, da sie keine Möglichkeit sehen, einen anderen Ausbildungsplatz zu bekommen. Über 70 % der Jugendlichen, die Interesse am
Soldatenberuf haben, geben an, sie würden vor allem aufgrund der Arbeitsplatzsicherheit zur Bundeswehr gehen, fast 60 % nennen die guten Einkommensmöglich-
keiten als Grund.[33] Die Jugendoffiziere stellen deshalb mit großem Bedauern fest,
dass bei der Entscheidung für die Bundeswehr weniger das „Berufsbild Soldat" im
Vordergrund stehe, sondern nur die Ausbildungs- und Berufschancen gesehen
werden. Jugendoffiziere aus Dresden: „Bundeswehr als Arbeitgeber spielt in Sach-
sen, wo ca. 20 % Arbeitslosigkeit herrscht, natürlich eine Rolle. Viele verfolgen
dabei aber das Motto »weg von der Straße« oder »Hauptsache Arbeit«, ohne jedoch ernsthaft darüber nachzudenken, was es heißt, Soldat zu sein."[34]

Der Stern meldete im Juni 2005 unter dem Titel „Bundeswehr verzeichnet Zulauf wegen Arbeitslosigkeit", dass die Zahl der Bewerber kontinuierlich ansteigt.[35]
Wie die Berliner Zeitung im Januar 2006 meldete, werde die Bundeswehr zu einer
„Armee der Arbeitslosen"[36]. Mehr als jeder Dritte einberufene Wehrpflichtige sei
zuvor arbeitslos gemeldet gewesen. Ein BW-Jugendoffizier hat mir gegenüber
wörtlich gesagt: „Die rennen uns die Bude ein und wir können auswählen."

Die Bewerber 2002 (jüngere Daten liegen nicht vor) kommen hauptsächlich von
den Haupt- (ca. 40 %) und von den Realschulen (ca. 50 %), also von Schulen, deren Abgänger bei der Ausbildungsplatzvergabe besonders stark benachteiligt sind.
Auch eine regionale Besonderheit ist festzustellen: Es verpflichten sich vor allem
Jugendliche aus Ostdeutschland und zwar vor allem aus Gegenden mit extrem
hoher Jugendarbeitslosigkeit.[37]

Die Bundeswehr profitiert also nachweislich direkt von der hohen Jugendarbeitslosigkeit und dem Ausbildungsplatzmangel. Die Bw wirbt mit Slogans wie „Du
suchst Zukunft? Wir bieten sie" oder „Die Bundeswehr – jung dynamisch und
effektiv – eines der größten Ausbildungsunternehmen Deutschlands" oder „Be-
rufsgarantie bei der Bundeswehr – Nutzen sie ihre Chance".

Zwischen 3.000 und 4.000 Jugendliche pro Jahr werden bei der Bundeswehr in
ca. 60 Berufen ausgebildet – das reicht vom Koch bis zum Fluggerätemechaniker,
die Tendenz ist zur Zeit steigend. Nimmt man andere Angebote der beruflichen
Bildung wie Studium an den Bw-Unis oder Fortbildungen hinzu, kommt man auf
eine Zahl von über 10.000 Jugendlichen jährlich. (Auf die Angebote zum Studium
kann ich an dieser Stelle nicht näher eingehen; nur soviel: Die Bw-Hochschulen in

---

33 Schürkes, Jonna; Armee der Arbeitslosen. Sozialabbau als Rekrutierungshilfe der Bundes-
    wehr; In: AUSDRUCK – das IMI-Magazin; Oktober 2006.
34 BMVg; Bericht der Jugendoffiziere für das Jahr 2005.
35 Bundeswehr verzeichnet Zulauf wegen Arbeitslosigkeit, http://shortnews.stern.de vom
    10.6.05.
36 Bundeswehr wird zum Heer der Arbeitslosen, Berliner Zeitung 03.01.06.
37 Schürkes; Armee.

München und Hamburg sind von den allgemeinen Studiengebühren ausgenommen.) Die Bundeswehr brüstet sich damit, dass grundsätzlich jede Soldatin und jeder Soldat die Gelegenheit bekommt, sich während der Zeit bei der Bundeswehr beruflich zu qualifizieren. Die Ausbildung findet vor dem offiziellen Eintritt in die Bundeswehr statt und gestaltet sich als duales System, d. h. Ausbildung im „Betrieb Bundeswehr" und Unterricht an der Berufsschule. Die Bundeswehr besitzt 34 Ausbildungswerkstätten sowie rund 350 Ausbildungsstätten der Streitkräfte und der Bundeswehrverwaltung. Die Ausbildung dauert zwischen 24 und 42 Monaten; sie endet mit einer Abschlussprüfung vor der zuständigen Kammer. Das Ausbildungsentgelt basiert auf dem Tarifvertrag für Auszubildende des öffentlichen Dienstes, das monatliche Ausbildungsentgelt beträgt derzeit für Auszubildende im Westen, im ersten Ausbildungsjahr 617,34 €, im dritten Ausbildungsjahr 710,93 € und für Auszubildende im Osten, im ersten Ausbildungsjahr 571,04 €, im dritten Ausbildungsjahr 657,61 €.

Die „Pferdefüße" des Jobs

Das alles klingt erstmal ziemlich attraktiv, vor allem für Jugendliche, denen quasi jede andere berufliche Perspektive verbaut wird. Natürlich ist die Bw weder im Ausland noch im Inland ein Sozialwerk. So ist es nicht verwunderlich, dass die Bundeswehr im Gegenzug einiges von den Rekruten verlangt. Und da gibt es entscheidende Pferdefüße in diesem so attraktiv klingenden Angebot.

Zunächst: Ausbildung gibt es natürlich nur als Soldat oder Soldatin, also nicht ohne Teilnahme an der kämpfenden Truppe. Jugendliche, die eine Ausbildung beim Bund beginnen, müssen sich für mindestens 8 Jahre als Soldat verpflichten, für einige Ausbildungsgänge sogar für 12 Jahre.

Der entscheidende Pferdefuß ist aber, dass sich alle Auszubildenden verpflichten, für mindestens 1 Jahr in einen Auslandseinsatz zu gehen. Derzeit kommt fast keiner der Auszubildenden beim Bund um den Auslandseinsatz herum. Die Wahrscheinlichkeit im Ausland stationiert zu werden ist extrem hoch und steigt weiter an. Dann bleibt als Rekrut nur zu hoffen, dass man in einen vergleichsweise „sicheren" Auslandseinsatz kommt und nicht z.B. nach Afghanistan. Wie bereits erwähnt, geht auch die Bundeswehr selbst davon aus, dass die Zahl der im Auslandseinsatz getöteten deutschen Soldaten in den kommenden Jahren drastisch steigen wird. Aber die Bilanz ist auch jetzt schon erschreckend: Bis heute sind offiziell 65 Bundeswehrsoldaten bei Auslandseinsätzen ums Leben gekommen, zahlreiche wurden dabei verletzt und die Bundeswehr klagt über immer mehr durch Auslandseinsätze traumatisierte Soldaten. Insgesamt wurden seit 1996 rund 1.600 SoldatInnen nach Auslandseinsätzen wegen psychischer Störungen behandelt.[38] Aber wesentlich mehr leiden an solchen Beschwerden, die bis hin zu Panik, völliger Hilflosigkeit und Selbsttötungen reichen.

Aber für die Zeitsoldaten im Auslandseinsatz gilt auch in den gefährlichsten Einsatzgebieten: Mitgegangen – Mitgefangen. Die Disziplin wird auch mit immensem ökonomischen Druck aufrechterhalten: Steigt jemand frühzeitig aus, verliert er

---

38 Psychische Probleme bei Soldaten nehmen zu; Frankfurter Rundschau 17.10.2006.

die Abfindung, die den Übergang ins Zivilleben nach der Bundeswehr gewährleisten soll, ebenso den Anspruch auf Berufsförderung zur Wiedereingliederung. Sogar die Beiträge zur Arbeitslosenversicherung werden erst rückwirkend eingezahlt. Im Übrigen ist die Ausbildung bei der Bundeswehr oft genug im zivilen Leben nicht oder nur bedingt nutzbar.

All diese Nachteile sind aber den Jugendlichen entweder nicht vollständig bekannt oder aber sie nehmen sie notgedrungen aus Mangel an beruflichen Alternativen hin.

Die Rekrutierungen nimmt die Bundeswehr im Übrigen nicht allein vor, sondern in enger Kooperation und mit erheblicher Unterstützung der Arbeitsagenturen und Jobcenter. Auch die Agentur für Arbeit wirbt intensiv für die Bundeswehr, und zwar mit denselben Argumenten wie die Bundeswehr: angebliche Arbeitsplatzsicherheit, hohes Einkommen etc. Die Zusammenarbeit ist bundesweit durch eine Rahmenvereinbarung zwischen dem Bundesministerium der Verteidigung (BMVg), den Zentren für Nachwuchsgewinnung der Bundeswehr Wirtschaftsunternehmen und den Arbeitsagenturen geregelt. Ziel ist eine gemeinsame, wechselseitige Nachwuchsgewinnung und -sicherung zwischen Bundeswehr und freier Wirtschaft und die Förderung des Personalkreislaufes Wirtschaft-Bundeswehr-Wirtschaft.[39]

Immer wieder gibt es Veranstaltungen zur Anwerbung von - vor allem jugendlichen - Arbeitslosen bzw. Schulabgängern, die gemeinsam vom Arbeitsamt und der Bundeswehr organisiert werden. Auf den Protest Bremer Arbeitsloser gegen die Anwerbung von Erwerbslosen für Auslandseinsätze im September 2001, reagierte der Vize-Chef des Arbeitsamtes mit Unverständnis. Die Bundeswehr sei eine ganz normale Firma, mit der man zusammenarbeite. Sowohl die Arbeitsagentur als auch die Bundeswehr freuen sich über die „hervorragende Zusammenarbeit".[40]

Neben der direkten „Anwerbung", bieten die Agenturen Raum für Rekrutierungsveranstaltungen der Bundeswehr z.B. in Berufsinformationszentren. In einigen Städten ist dies bereits fest institutionalisiert: In Essen ist eine Außenstelle des Zentrums für Nachwuchsgewinnung der Bw direkt in die Räumlichkeiten der Arbeitsagentur gezogen. Anstelle der flächendeckenden Präsenz an Bundeswehrstandorten wurden insgesamt 205 solcher Außenberatungsbüros eingerichtet.[41] Diese werden der Bundeswehr in der Regel kostenlos von Kommunen und Gemeinden zur Verfügung gestellt.[42]

Mittlerweile gibt es eine Reihe von Modellversuchen, wie die Rekrutierung für die Bundeswehr durch die Arbeitsagenturen noch weiter verbessert werden kann. Das „Berliner Modell" ist, wie das kurz zuvor entstandene „Schaumburger Modell", Teil der erwähnten Rahmenvereinbarung. Die Agenturen werben Firmen an, die leicht über ihren Bedarf hinaus ausbilden, die Bundeswehr beteiligt sich mit

---

39 Rahmenvereinbarung des BMVg mit Unternehmen der Wirtschaft über die Förderung der Zusammenarbeit im Bereich beruflicher Qualifizierung und Beschäftigung vom 08. Juli 1999; http://bundeswehr-wirtschaft.de/bzbwwi/rav_bmvg.php
40 Schürkes; Armee.
41 Cassens; Informationsarbeit; S. 109.
42 http://www.streitkraeftebasis.de/portal/a/streitkraeftebasis

250 € monatlich an den Kosten und bekommt dafür die ausgebildeten Fachkräfte als Zeitsoldaten. Auf www.bundeswehr.de wird für diese Kooperation intensiv geworben: „So ein guter Start ins berufliche Leben ist heutzutage keine Selbstverständlichkeit. Entsprechend gelöst ist die Stimmung unter den Jugendlichen an diesem Tag. (…) Christoph Sieber (…) wusste schon genau, was er wollte: Systemkaufmann werden und danach auf jeden Fall zur Bundeswehr. Doch ein Ausbildungsplatz war nicht leicht zu finden – bis er durch einen Aushang in der Schule vom »Berliner Modell« erfuhr. »Das war einfach die ideale Kombination für mich. Wie ein Sechser im Lotto«, sagt er freudestrahlend. »Mit Zusatzzahl« fügt seine Mutter noch hinzu."[43]

Auch die größten privaten Jobvermittler im Internet kooperieren intensiv mit der Bundeswehr. So sind z.B. bei www.lehrstellenfuchs.de die Angebote der BW auf der Startseite prominent zu finden.

5. Ausblick: Zwangsverpflichtungen durch die Bundeswehr?

Die Sorge der Armee, angesichts einer steigenden Zahl eigener Opfer in den Auslandseinsätzen der Bundeswehr in den kommenden Jahren nicht mehr genug Auswahl an „Freiwilligen" zu haben, nimmt dennoch zu. Deshalb erscheint es als logische Konsequenz, dass in nicht allzu ferner Zeit auch Zwangsrekrutierungen für die Armee Realität werden könnten. Der Druck, eine Ausbildungs-/Arbeitsstelle zu finden wurde mit „Hartz IV" zum Zwang. Heute werden bereits vor allem jugendliche Hartz IV-Empfänger dazu verpflichtet jede „zumutbare" Arbeit anzunehmen und so ist es an einigen „Arbeitsgemeinschaften" (Arge), bereits üblich, arbeitslose Jugendliche im Rahmen so genannter Maßnahmen, zur Teilnahme an Bundeswehr-Rekrutierungs-Veranstaltungen zu verpflichten. Warum sollte es in dieser Logik nicht auch bald zumutbar sein, Soldat zu werden und „Deutschland am Hindukusch" oder sonst wo zu „verteidigen"? In den Think-Tanks der Generalität wird das seit längerem gefordert und die Idee hat längst auch die politische Ebene erreicht.

Die Verpflichtung von Arbeitslosen für die Bundeswehr wurde bereits Mitte 2005 vom damaligen Verteidigungsminister Peter Struck (SPD) ins Spiel gebracht: Zwar nicht für Auslandseinsätze, aber als Komparsen für Soldaten, die für Auslandseinsätze trainieren. Das erspare Kosten und schaffe Jobs für einen Teil der Masse an Arbeitslosen in der Region.[44] Nach der gewaltigen medialen Aufregung um vermeintlich geplante Terroranschläge in Köln und Koblenz im Sommer 2006 machte ein anderer Sozialdemokrat, der Bundesminister für Verkehr Wolfgang Tiefensee, den Vorschlag, Arbeitslose in U-Bahnen und Zügen zur Terrorabwehr einzusetzen. Auch er stieß zwar zunächst noch auf Ablehnung, aber Verteidigungsminister Franz-Josef Jung sah seine Chance gekommen, vorzuschlagen Hartz IV Empfänger per Marschbefehl einzuziehen, in Uniformen zu stecken und im

---

43 www.bundeswehr.de
44 Struck: Arbeitslose sollen bei großen Truppenübungen Bundeswehr unterstützen;
    http://shortnews.stern.de vom 8.6.05.

Rahmen der Bundeswehr einzusetzen.[45] Auch hier scheint nach dem Prinzip „Steter Tropfen höhlt den Stein" gearbeitet zu werden. Fakt ist zumindest, dass die militaristischen Vordenker in Bundeswehr und Politik seit längerem eine allgemeine Dienstpflicht durchsetzen wollen – das würde bedeuten, dass alle jungen Frauen und Männer einen Dienst ableisten müssten - bei der Bundeswehr oder in sozialen Pflichtdiensten.[46]

Die Bundeswehr setzt also für die Zukunft auch darauf, durch sozialen, ökonomischen oder staatlichen Zwang Jugendliche in die Armee zu bringen. Dabei ist die Hoffnung, dass Soldaten, die sich aufgrund fehlender Alternativen oder direktem Zwang verpflichten, gefügiger sind als jene, die freiwillig und nicht mit dem Gefühl der Alternativlosigkeit den Beruf des Soldaten wählen.

6. Plädoyer für eine stärker antimilitaristische Friedensbewegung

Karl Liebknecht schrieb einmal: „Der Militarismus sucht den militärischen Geist in allen Kreisen der Bevölkerung, insbesondere der Jugend zu erzeugen und zu fördern."[47] Wie brandaktuell diese 100 Jahre alte Schrift doch ist! Die militaristische Propaganda legt sich – unterstützt durch staatliche und privatwirtschaftliche Stellen – wie Mehltau über die Gesellschaft.

Die Bundeswehr knüpft mit ihrer Werbung um Jugendliche geschickt an den miesen Perspektiven der Jugendlichen an. Jugendliche, die schon lange vergeblich einen Ausbildungsplatz in ihrem Wunschberuf oder überhaupt einen Ausbildungsplatz suchen, erreichen wir nicht allein durch „moralische" Argumente, indem wir erzählen, welcher Art die Institution ist, der sie sich anschließen wollen. Deshalb müssen zusätzlich die Informationen über die konkreten „Missstände" in der Ausbildung bei der Armee agitatorisch genutzt werden. Vor allem brauchen wir z.B. eine Ausbildungsplatzumlage, die Betriebe, die nicht ausbilden, zur Kasse bitten, um allen Jugendlichen eine qualifizierte betriebliche Ausbildung zu schaffen, ohne auf eine Verpflichtung beim Bund angewiesen zu sein. Dies ist gleichzeitig eine wichtige Möglichkeit, der Armee das Wasser abzugraben, weil Jugendliche nicht mehr auf eine direkte oder indirekte Karriere beim Bund angewiesen sein würden. Kurz gesagt: Es geht um die Verknüpfung sozialer, gewerkschaftlicher und antimilitaristischer Kämpfe.

Das allein wird aber sicher nicht reichen: Aus meiner Sicht ist es erforderlich, dass sich die Friedensbewegung stärker als bisher mit der Bundeswehr und ihrem Auftreten in der Öffentlichkeit beschäftigt. Es ist das Militär, das die Milliarden verschlingt, die die neuen Waffensysteme kosten und die z.B. für Bildung und Ausbildung fehlen. Es ist das Militär, das versucht, die öffentliche Meinung und den Wunsch nach Frieden zu manipulieren, und nicht zuletzt ist es das Militär, das die Gesundheit und das Leben Tausender junger Menschen in Gefahr bringt, indem es sie zum Kanonenfutter für die Interessen des deutschen Imperialismus macht.

---

45 Neuer Plan der Bundesregierung: Hartz-IV-Empfänger nach Afghanistan; Taz 29.8.06.
46 Jung löst Debatte über Dienstpflicht aus; Frankfurter Rundschau 20.10.2005.
47 Liebknecht, Karl; Militarismus und Antimilitarismus unter besonderer Berücksichtigung der internationalen Jugendbewegung; Dietz Verlag; Berlin 1957.

Die Menschen informieren, den reibungslosen Ablauf der Indoktrination durch die Bundeswehr stören, Jugendoffizieren kein Forum in Schulen bieten, kreative Aktionen vor Jobcentern, in denen die Bundeswehr Frischfleisch sucht .... Friedensbewegung und Gewerkschaften müssen der militaristischen Propaganda der Bundeswehr in Schulen, Arbeitsämtern und der Öffentlichkeit entschlossener als bisher entgegentreten.

Joachim Guilliard

Irak: Wie weiter nach dem gescheiterten Krieg?

> *Du weißt, dass Dein Land in Schwierigkeiten*
> *steckt, wenn:*
> *- die UNO eine spezielle Abteilung – UNAMI*
> *– für Dein Land einrichten musste, nur um*
> *das Chaos und Blutvergießen beobachten*
> *und protokollieren zu können*
> *- diese Abteilung nicht aus dem Land selber*
> *heraus arbeiten kann,*
> *- ein 8-jähriger Krieg und eine 13 Jahre*
> *während Blockade wie die Goldenen Jahre*
> *des Landes aussehen,*
> *- Leute sich glücklich schätzen, wenn sie end-*
> *lich die Leiche des Angehörigen identifizie-*
> *ren können, den sie seit zwei Wochen vermis-*
> *sen.*
> *[...]*
> *Ein Tag im Leben eines durchschnittlichen*
> *Irakers ist darauf reduziert worden, Leichen*
> *zu identifizieren, Autobomben zu meiden und*
> *zu versuchen den Überblick zu behalten, aus*
> *wessen Familien Mitglieder verhaftet wur-*
> *den, welche ins Ausland flohen und welche*
> *entführt wurden.*
> (Riverbend, „End of Another Year ...",
> riverbendblog.blogspot.com, 29.12.2006)

Das Jahr 2005 war aus Sicht der USA noch erfolgversprechend zu Ende gegangen. Nach einem Referendum über die neue Verfassung waren auch die Wahlen im Dezember zumindest formal gut verlaufen. Damit war der Weg frei zur Bildung einer international anerkannten Regierung unter Washingtons Kontrolle und der Schaffung eines gesetzlichen Rahmens für den Zugriff ausländischer Konzerne auf das irakische Öl. Doch rasch zerstörten die eskalierenden Ereignisse die Fassade vom demokratischen Aufbau. Die Situation verschlimmerte sich im Laufe des vierten Jahres der Besatzung in einem Maß, dass auch Washington das Desaster eingestehen musste. Verantwortlich dafür werden nun aber vor allem die Iraker selbst gemacht.

Nach einem Überblick über die verheerende Situation wird im folgenden daher zunächst kurz auf ihre prinzipiellen Ursachen eingegangen. Wichtiger für die Diskussion über Auswege aus der Misere, ist die Frage, wer aktuell hauptsächlich für die eskalierende Gewalt verantwortlich ist. Dies wird im dritten Teil behandelt. Den Abschluss bilden ein Überblick über die Strategiedebatten in Washington,

Grundrisse realistischer Lösungsansätze und die tatsächlich in Angriff genomme-
nen Vorhaben der US-Regierung.

Katastrophale Lebensverhältnisse und Gewalt fordern unzählige Opfer

Die katastrophale Entwicklung im Irak ist seit langem bekannt, wie u.a. eine um-
fangreichen Studie des UNDP bereits Anfang 2005 belegte. Dokumentiert wurde
z.B. eine alarmierende Unterernährung bei Kindern und eine fast dreimal so hohe
Kindersterblichkeit, wie in den benachbarten Ländern.[1] Ein Grund dafür ist der
fortgesetzte Zusammenbruch der einst vorbildlichen Krankenversorgung. An 160
der 180 Krankenhäusern im Lande fehlt, so die irakische Ärztekammer, mittlerweile selbst das Allernotwendigste. „Unsere Krankenhäuser ähneln mehr Scheunen,
ohne elektrische Energie, Medizin, Ausrüstung und nun auch Ärzten", so ein Me-
diziner gegenüber der Nachrichtenagentur IPS. Von den über 34.000 vor 2003
registrierten Ärzten hat mehr als die Hälfte das Land verlassen, mindestens 2.000
wurden ermordet.[2]

Neben eklatanten Versorgungsmängeln ist es die alltägliche Gewalt, Behörden-
willkür und Missachtung der Menschenrechte, die das Leben der Iraker zur Hölle
machen. Nach Angaben der UN-Mission im Irak (UNAMI) wurden im zweiten
Halbjahr 2006 allein in Bagdad monatlich über 2.000 Opfer von Gewalt registriert,
70 bis 100 jeden Tag. Die Gesamtzahl der in 2006 Ermordeten beziffert UNAMI
mit 34.452.[3] Dabei handelt sich aber nur um die Opfer, die von Kranken- und Lei-
chenschauhäuser erfasst wurden – unter den herrschenden Kriegsbedingungen nur
ein Teil der tatsächlichen Getöteten. Die meisten Toten, insbesondere in abgelege-
nen oder gerade umkämpften Gebieten, werden meist sofort an Ort und Stelle begraben. Viele gelten lange Zeit als vermisst.

Aufschluss über die tatsächlichen Opferzahlen können nur Nachforschungen vor
Ort bringen. Ein amerikanisch/irakisches Team unter Leitung renommierter Wissenschaftler der *Bloomberg School of Public Health* an der *John Hopkins University* hat dies bereits zweimal im Abstand von 18 Monaten getan und eine repräsenta-
tive Auswahl von Haushalten nach den Todesfällen in ihren Familien befragt. Die
Ergebnisse der zweiten Studie, bei der 1.850 Haushalte mit insgesamt 12.000 Personen einbezogen waren, wurde Anfang Oktober 2006 in der angesehenen medizi-
nischen Fachzeitschrift *The Lancet* veröffentlicht. Sie machten das ganze Ausmaß
des Schreckens sichtbar. Ungefähr 655.000 Iraker und Irakerinnen waren demnach
bis Juni 2006 an den Folgen von Krieg und Besatzung gestorben, über 600.000 von
ihnen wurden Opfer von Gewalt. Es handelt sich natürlich um Schätzwerte. Die
tatsächliche Zahl der Opfer liegt zwischen 390.000 und 940.00, wobei eine Zahl
um 650.000 am wahrscheinlichsten ist.

---

1 Iraq Living Conditions Survey 2004, UNDP, 12 May 2005
   http://www.iq.undp.org/ILCS/overview.htm
2 Dahr Jamail and Ali Al-Fadhily , „Medical System Becomes Sickening", Inter Press Service,
   23.11.2006
3 UNAMI, Human Rights Report, 01. Nov. – 31. Dec. 2006

Kurzfristiges Aufsehen erregte in den Medien nur die erschreckend hohe Zahl. Noch alarmierender ist aber, dass sich die Zahl der Gewaltopfer jedes Jahr fast verdoppelte, von 90.000 über 180.000 auf 330.000. Da die Gewalt weiter eskalierte, müssen wir für das Jahr 2006 sogar mit mehr als 330.000 getöteten Irakern rechnen, d.h. mit dem 10-fachen der UNO-Angaben.

Einige der beteiligten Wissenschaftler haben mit der gleichen Methode auch in anderen Konflikten, wie z.B. in der sudanesischen Provinz Darfur, die Zahl der Opfer geschätzt. Während diese Zahlen ohne weiteres akzeptiert und z.T. zur Basis politischer Entscheidungen auf internationaler Ebene wurden, stießen die Ergebnisse der Irak-Studien im Westen auf breite Ablehnung. 27 führende internationale Experten wandten sich daraufhin in einem Schreiben an die Öffentlichkeit und bescheinigten der Studie, methodisch korrekt zu sein und somit die besten aktuell verfügbaren Daten über die Sterblichkeitsraten im Irak zu liefern. Auch wenn die Genauigkeit immer eine Problem sei, so könne man doch sicher sagen, dass die Zahl der Opfer auf alle Fälle über 390.000 liege und sogar bis zu 940.00 betragen könne.[4]

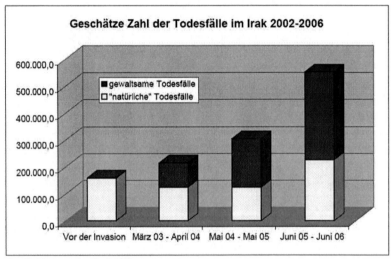

Quelle:Lancet-Studie 2006

Ungeachtet dieser und vieler anderer Expertenaussagen, wurde die Studie, meist nur auf Grund der unfassbaren Zahl, als spekulativ verworfen und in den Medien größtenteils ignoriert.[5] Auch UNAMI hat die Studienergebnisse mit Verweis auf Erklärungen der US-Regierung und des „Iraq Body Count"-Projekts (IBC)[6] als

---

4   "The Iraq deaths study was valid and correct – 27 academics in the fields of the medical sciences attest",The Age, 21.10.2006
5   s. Democracy and Debate - Killing Iraq, MediaLens, 18.10.2006
6   „Reality checks: some responses to the latest Lancet estimates", IBC, 16 October, 2006. Zum Eifer, mit dem die IBC-Leute gegen die Lancet-Studie zu Felde ziehen, siehe Stephen Soldz: "Iraq Body Count finds a task worth their time" und zur Entkräftung der IBC-Einwände

unplausibel ad acta gelegt. Kenner der Situation im Irak, wie der Nahostexperte Juan Cole, wiesen hingegen nach, dass sich die Ergebnisse der Lancet-Studie durchaus mit den übrigen Berichten über das Ausmaß der Gewalt im Irak in Einklang bringen lassen. [7]

Die Diskrepanz zur Zahl der registrierten Toten ist nach der Erfahrung von Experten nicht ungewöhnlich. In keinem Konflikt konnte man durch „passive Beobachtung" mehr als 20% der Opfer erfassen, heißt es in der jüngsten Lancet-Studie. In den heißen Phasen des Bürgerkrieges in Guatemala z.B. waren nur 5 % erfasst worden.

Weichen in die Katastrophe wurden von Washington früh gestellt

Wenn es auch Differenzen über das Ausmaß des Schreckens gibt, so bezweifelt niemand den Ernst der Lage. Mit dem Bericht der meist als Baker-Kommission bezeichneten „Iraq Study Group" erkannte schließlich im Herbst 2006 auch das offizielle Washington das Desaster an.[8] Die Ansichten, wer dafür verantwortlich ist und welche Auswege es aus der sich täglichen verschlimmerten Katastrophe gibt, gehen jedoch weit auseinander.

Im Westen werden gemeinhin die Iraker selbst für die katastrophale Situation, das Chaos und die Gewalt verantwortlich gemacht. Demnach sind die „Aufständischen" und „Terroristen" und seit 2006 zunehmend auch „schiitische" und „sunnitische Milizen", Schuld an der Misere, sowie die irakische Regierung, die weder die „sektiererische Gewalt" beendigen, noch den Wiederaufbau des Landes voranbringen könne.

Doch hatte es zuvor noch nie in der Geschichte des Landes in größerem Maße religiös motivierte Gewalt gegeben. Die nun alltäglich gewordenen Bombenanschläge und Attentate breiteten sich erst unter der US-geführten Besatzung aus. Das Wort „Besatzung" jedoch kommt z.B. im Report der Baker-Kommission, die den Anspruch hatte, eine schonungslose Bestandsaufnahme zu liefern, nur zweimal vor: in Anführungsstrichen, als ein von Gegnern der USA gebrauchter Begriff. Dabei ist es offensichtlich, dass die USA nach wie vor das Heft in der Hand halten, nicht nur militärisch, sondern mit Tausenden „Beratern" auch auf allen Ebenen von Regierung und Verwaltung.

Die eigentliche Ursache, die Eroberung des Landes durch US-geführten Truppen, wird im Westen systematisch ausgeblendet, so wie auch die Tatsache, dass es eine ganz zielbewusst durchgeführte Besatzungspolitik war, mit der früh schon die Weichen in die Katastrophe gestellt wurden. Das Desaster begann schließlich – völlig vorhersehbar – mit der Auflösung von Armee und Polizei, der Zerschlagung

---

"Media Alert: Lancet Report Co-Author Responds To Questions", MediaLens, 31.10.2006, sowie Sheldon Rampton, "Time for Another Body Count in Iraq", Alternet, 18.11.2006

7 s. Juan Cole, „655,000 Dead in Iraq since Bush Invasion", 11.10.2006 u.a. das von US-Abgeordneten Dennis Kucinich und Ron Paul organisierte „Congressional Hearing on Civilian Casualties in Iraq"

8 Iraq Study Group (ISG), "The Iraq Study Group Report", New York, Nov. 2006, http://www.usip.org/isg

staatlicher Strukturen und der Einführung völkischer und konfessioneller Kriterien in Regierung und Verwaltung. Das State Department und die britische Regierung wollten rasch stabile Verhältnisse im eroberten Land herstellen und hatten nur vor, die Führungsspitzen auszutauschen. Vizepräsident Dick Cheney und Pentagonchef Donald Rumsfeld setzen sich jedoch, wie der damalige britische Innenminister David Blunkett enthüllte, mit ihren radikaleren Vorstellungen durch: „Wir zerstörten schließlich die Struktur eines funktionierenden Staates", so die späte öffentliche Kritik des Briten.[9]

Die Bush-Administration habe im Irak keinen Fehler ausgelassen, so eine häufig geäußerte Kritik, gerade so, als hätten sie eine Checkliste abgearbeitet. Wäre das hauptsächliche Ziel ein stabiler demokratischer Irak gewesen, so wäre das sicher richtig. Dies hatte für die dominierenden Kräfte in Washington jedoch nie Priorität. Sie setzten genau das um, was sie sich vorgenommen hatten – ohne die geringste Rücksicht auf die Iraker.

Es ging schließlich nicht nur um die Absetzung des Regimes von Saddam Hussein. Ziel war vor allem erstens die dauerhafte Ausschaltung des Irak als Regionalmacht und zweitens die Etablierung einer massiven permanenten militärischen Präsenz – als Ausgangsbasis für die Umgestaltung bzw. Unterwerfung der gesamten Region. An dritter Stelle standen schließlich die Umwandlung des Irak in ein radikal neoliberales Modell und der direkte Zugriff US-amerikanischer Konzerne auf das irakische Öl.

Innerirakische Konflikte und andere Ursachen der Gewalt

Auch wenn sie konsequent ausgeblendet wird, so ist die prinzipielle Verantwortung Washingtons für die fürchterlichen Verhältnisse noch recht einfach zu belegen. Entscheidend für mögliche Auswege aus der Misere ist jedoch die Frage, welche Kräfte aktuell für die Eskalation der Gewalt verantwortlich sind.

Im Westen werden dafür hauptsächlich traditionelle Konflikte zwischen verschiedenen Bevölkerungsgruppen, insbesondere Sunniten und Schiiten verantwortlich gemacht. Doch derart gravierenden Konflikte gab es vor dem Einmarsch der Besatzungstruppen nicht. Ebenso wenig, wie es in den letzten Jahrzehnten eine Herrschaft „der" Sunniten über „die" Schiiten gab. Unter den Osmanen waren Schiiten in der Tat von wichtigen öffentlichen Ämtern und zahlreichen Berufen ausgeschlossen gewesen. Dies ist aber spätestens seit dem Sturz der Monarchie 1958 Vergangenheit. Nach der Machtübername der säkularen Baath-Partei spielte die Konfession generell keine gravierende Rolle mehr, über die Hälfte aller Minister, Generäle, Direktoren, Botschafter etc. waren Schiiten.[10] Was blieb sind soziale Unterschiede. So ist der Mittelstand in Großstädten wie Bagdad vorwiegend sunnitisch, während die Schiiten mehrheitlich die Armenviertel bevölkern.

---

9   U.K. reportedly tried to curb U.S. on Iraq – Blunkett: Britain was incapable of stopping war plans by Cheney, Rumsfeld, Reuters, 07.10.2006 ausführlicher: Blunkett: how I cracked under the strain of scandal, Guardian, 07.10.2006

10   s. hierzu den gut recherchierten Bericht der International Crisis Group: „The Next Iraqi War? Sectarianism and Civil Conflict", ICG, Middle East Report N°52 – 27.02.2006

Die Konflikte, die es gab und auch heute noch gibt, haben andere, vor allem politische und soziale Ursachen. Hier stehen z.B. arabische Nationalisten, die die Ressourcen des Landes unter staatlicher Kontrolle behalten wollen, halbfeudalen oder neoliberalen Kräften gegenüber, die teilweise im religiös-fundamentalistischen Gewand daherkommen.

Diese Konflikte wurden massiv dadurch geschürt, dass die USA sich von Anfang an auf einige der extremsten Kräfte in diesem Spektrum stützten und diese unter dem Schutz der Besatzungsmacht ihre Position politisch und militärisch stark ausbauen konnten. Gemeint sind die beiden kurdischen Parteien PUK und KDP, sowie die beiden Schiitenparteien SCIRI und Dawa, die mittlerweile Regierung und Verwaltung auf Landes- und Provinzebenen, wie auch Armee und Sicherheitskräfte dominieren.

Da diese Kräfte eine völkische bzw. sektiererische Agenda verfolgen, schürt deren Politik tatsächlich die Spannungen zwischen den Bevölkerungsgruppen, die durch die von der Besatzungsmacht eingeführten ethnisch-konfessioneller Kriterien bei der Zusammensetzung von Regierung, Verwaltung und Sicherheitskräften entfacht worden waren. Mörderische Anschläge auf schiitische Zivilisten mit z.T. Hunderten von Toten, für die al-Qaeda nahestehende, sunnitische Extremisten verantwortlich gemacht werden, trugen ihren Teil dazu bei.

Nicht weil es einen traditionellen Konflikt gibt, eskaliert daher die sektiererische Gewalt, sondern weil es schiitische, sunnitische und kurdische Organisationen gibt, die eine solche Gewalt zur Durchsetzung ihrer Interessen einsetzen.

Gewaltwelle nach Amtsantritt der ersten gewählten Regierung

Während der ersten beiden Jahre der Besatzung blieben Gewaltakte gegen Zivilisten noch sporadisch. Ab Mai 2005, kurz nach dem Amtsantritt der ersten gewählten, schiitisch-kurdischen Regierung nahm die Zahl der Attentate, Entführungen und Exekutionen plötzlich massiv zu. Zwischen acht- und elfhundert Tote wurden bis Februar 2006 allein im Bagdader Leichenschauhaus monatlich eingeliefert. Nach Ermittelungen von John Pace, bis Februar 2006 Direktor des Menschenrechtsbüros der UNO im Irak, waren Dreiviertel von ihnen an Schusswunden gestorben. Die meisten trugen zusätzlich Spuren schwerer Folter.

John Pace, der über 40 Jahre lang für die Vereinten Nationen arbeitete, war nach seinen Nachforschungen überzeugt, dass für den größten Teil der Morde schiitische Gruppen verantwortlich sind, die unter Kontrolle des radikal-schiitischen „Obersten Rats der islamischen Revolution" (SCIRI) und des von ihm besetzten Innenministeriums stehen. Auch Polizeieinheiten und paramilitärische Polizeikommandos, die sich zum erheblichen Teil aus Mitgliedern der Badr-Brigaden, der Miliz des SCIRI, zusammensetzen, waren offensichtlich involviert.

Ähnlich wie in der Hauptstadt, auf die sich öffentliche Aufmerksamkeit konzentrierte, war die Situation auch im übrigen Land. In den an die Kurdisch-Autonome Region angrenzenden Provinzen sind es die kurdischen Parteien, die weitgehend die Verwaltung in ihrer Hand haben und das Gros der Polizei und Armee stellen. Die Grenze zwischen den kurdischen Milizen und den Sicherheitskräften sei so dünn, dass sie zeitweise nicht existiert, so der US-Journalist Tom Lasseter, der sich in Begleitung eines Peshmerga-Offiziers in der Stadt umgesehen hatte.[11] Auch hier wird regelmäßig von Übergriffen der Sicherheitskräfte und Milizen sowie gezielter Vertreibungen berichtet. Besonders betroffen ist die ölreiche Provinz um Kirkuk, wo die kurdischen Parteien bestrebt sind, bis zu dem für dieses Jahr geplanten Referendum eine kurdische Bevölkerungsmehrheit herzustellen.

Der Anschlag auf die Goldene Moschee in Samarra

In die durch die zahlreichen Morde bereits angeheizte Situation platzte im Februar 2006 der Anschlag auf die Goldene Moschee in Samarra. Die Gewalt eskalierte von nun an auf erweitertem Niveau. Da es sich bei der Moschee um eines der höchsten Heiligtümer der Schiiten handelt, wurden sofort sunnitische Widerstandsgruppen dafür verantwortlich gemacht. Die näheren Umstände lassen es aber fraglich scheinen, dass die aufwendig und professionell durchgeführte Sprengung ohne Rückendeckung der amerikanischen und irakischen Armeeeinheiten in unmittelbarer Nähe zu Moschee möglich war.[12]

Obwohl es keine konkreten Hinweise auf die Täter gab, begann bereits kurz nach dem Anschlag ein Rachefeldzug gegen sunnitische Einrichtungen und Personen. Bewaffnete Banden, oft in Uniformen der Sicherheitskräfte, streifen seither offen umher und machen Jagd auf ihre Gegner. Täglich werden Dutzende von Leichen gefunden, die oft in Gruppen von diesen Banden hingemetzelt wurden. Auch die Zahl der Bombenanschläge auf sunnitische wie schiitische Gläubige nahmen massiv zu. Immer mehr Familien fliehen aus Vierteln, in denen sie mit ihrer Konfession in der Minderheit sind.

Die Gewalt ist aber nach wie vor, wie viele Beobachter feststellten, nicht spontan, sondern in der Regel zentral organisiert: „Pogrome im Balkanstil, bei denen sich Nachbarn gegen Nachbarn wenden", gab es bisher keine, so der Irak-Experte des britischen Guardian, Jonathan Steele.[13]

Dennoch schüren die Angriffe bewaffneter Banden auf Angehörige anderer Konfessionen selbstverständlich Misstrauen zwischen den Bevölkerungsgruppen und provozieren immer häufiger undifferenzierte Racheakte auf Angehörige der anderen Konfession. Wenn Polizeieinheiten – von Milizionären der Regierungsparteien durchsetzt – selbst in Entführungen, Folterungen und Exekutionen verwickelt sind, so bleibt niemand mehr, auf dessen Schutz der Einzelne sich verlassen kann, außer den eigenen Milizen und Selbstschutzgruppen. Das alles untergräbt zunehmend den Zusammenhalt der irakischen Gesellschaft. 40.000 Iraker fliehen mittlerweile pro Monat aus dem Irak. Insgesamt haben mehr als 1,8 Millionen das

---

11 s. z.B. Tom Lasseter, "In Iraq, Kurdish militia has the run of oil-rich Kirkuk", McClatchy Newspapers, 16.02.2007
12 s. J. Guilliard, „Kein Glaubenskrieg" junge Welt, 03.03.2006
13 Joachim Guilliard, „Der schmutzige Krieg gegen die Zukunft des Irak", IMI-Analyse 2006/013, 11.07.2006

Land seit Kriegsbeginn verlassen, 1,6 Millionen wurden zu Flüchtlingen im Land selbst.[14]

In Abwesenheit einer anerkannten, effektiven Zentralgewalt droht der Irak zu zerfallen – nicht in einen kurdischen, einen schiitischen und einen sunnitischen Teil, wie oft gemutmaßt wird, sondern in zahlreiche Enklaven.

Blutige Anschläge auf Zivilisten werden häufig ganz allgemein „dem" Widerstand zugeschrieben. Dessen Ziel sei es, so liest man meist, allgemeines Chaos zu schüren, um das demokratische Projekt der Besatzungsmächte zum Scheitern zu bringen. Doch dies ist wenig plausibel. Es mag sein, dass terroristische Kräfte, die für solche Anschläge verantwortlich sind, sich selbst zum Widerstand zählen. Die meisten Iraker tun dies nicht. Die wirklichen Widerstandsgruppen haben vor allem ein Ziel: die Besatzer aus dem Land zu treiben. Dafür benötigen sie breite Unterstützung und Einigkeit in der gesamten Bevölkerung.

Konflikte zwischen den Bevölkerungsgruppen nützen allein Kräften, wie dem SCIRI, die die neu geschaffenen Verhältnisse erhalten wollen. Dieser ist militärisch mittlerweile sehr stark, hat aber, als eine im Schlepptau der Amerikaner aus dem Iran zurückgekehrte Organisation, auch unter den Schiiten viel mehr Feinde als Anhänger. Seine Chancen, die erreichte Position zu behaupten, wachsen folglich in dem Maße, wie es ihm gelingt, die mit ihm verfeindeten schiitischen Kräfte in einen konfessionellen Konflikt mit den Sunniten zu verwickeln.

Unmittelbare Verantwortung der USA

Doch nicht nur der SCIRI, auch die Besatzer haben ein massives Interesse daran, ein Zusammengehen oppositioneller schiitischer Gruppen mit säkularen und sunnitischen Besatzungsgegnern zu verhindern. Iman Amad Khammas, Journalistin und ehemalige Direktorin von Occupation Watch in Bagdad, ist sich daher sicher, dass die Konflikte geschürt werden, um die Bevölkerung zu spalten und den Widerstand gegen die Besatzung zu schwächen. Auch wenn die Gewalt sektiererisch erscheine und sich vorwiegend gegen Angehörige anderer Konfessionen richte, so sei die Religion nur eine Fassade, erklärte sie auf einem Seminar in Madrid über die Morde an irakischen Akademikern. In Wirklichkeit ginge es um politische Macht.[15] Hinweise dafür, dass die Besatzungsmacht diese Entwicklung fördert, sah sie in deren Unwillen, gegen gewaltsame Ausschreitungen direkt vor ihrer Nase einzuschreiten und in den zahlreichen Fällen, wo Besatzungstruppen und schiitische Milizen Hand in Hand arbeiteten. Oft ist in der Tat kaum vorstellbar, dass die Mörder ohne Einverständnis der Besatzer agieren konnten, so beispielsweise als mehrere Dutzend Milizionäre stundenlang einen eigenen Checkpoint auf dem Highway zum Flughafen aufrecht erhalten konnten, an dem sie Autos anhielten, Insassen, die sie für Sunniten hielten, herauszerrten und insgesamt 40 Männer er-

14 Karin Leukefeld, „Bush hat beschlossen, dass sich die Iraker sofort aus dem Land zurückziehen sollen", Neues Deutschland, 02.11.2006, sowie Al-Jazeera report 03.11.2006

15 „Ein Krieg, um die Kultur und die Zukunft der Iraker zu zerstören" - Internationales Seminar über die Ermordung von irakischen Akademikern und Angehörigen des Gesundheitswesens, Madrid, 22./23. April. Einen Bericht hierzu s. http://www.iraktribunal.de

moderten. Der Highway gehört zu den best bewachten Straßen und es sind in beiden Richtungen nur zwei Kilometer zu US-Basen, die ständig schnelle Eingreiftruppen in Bereitschaft haben.

Beispiel Haifa Straße

Bei manchen Operationen besteht der Verdacht, dass Milizen regelrecht als Lock-
vögel eingesetzt werden. So beispielsweise im Vorfeld der Kämpfe in der Haifa-
Straße, einem gutbürgerlichen Viertel im Zentrum Bagdads, unweit der Grünen
Zone. Sie begannen2007, als schiitische Milizen versuchten, in das vorwiegend
sunnitische Viertel einzudringen. Örtliche Selbstverteidigungsgruppen, vielleicht
unterstützt von Guerillakämpfern, stellten sich ihnen entgegen und verrieten so ihre
Verteidigungsstellungen. Daraufhin rückten US-amerikanische und irakische
Truppen an, unterstützt von Panzern und Kampfhubschrauber. Selbst F-15
Kampflugzeuge begannen, in diesem dichtbesiedelten Stadtviertel gegen die sunnitischen Stellungen zu feuern. In einem sich über den ganzen Tag hinziehenden
Kampf nahmen die Besatzungstruppen schließlich Meter um Meter die Straße ein,
stürmten die Häuser und nahmen die Männer mit. 50 Aufständische seien getötet
worden, hieß es am Abend von Seiten der US-Armee. Nach irakischen Angaben,
waren die meisten der Getöteten jedoch keine Kämpfer. Diese sind offenbar nach
und nach der Übermacht gewichen und in benachbarten Viertel abgetaucht.

Ähnliches geschieht auch in anderen Stadtvierteln Bagdads. Es ist Teil der im
letzten Sommer gestarteten „Operation gemeinsam vorwärts". In Ramadi der
Hauptstadt der Anbar-Provinz, westlich von Bagdad und in anderen Hochburgen
des Widerstands wenden die US-Marines diese Taktik bereits seit langem an. Viele
sunnitische Mittelschichtviertel verkümmern so nach einem Bericht der New York
Times zu verlassenen Ghettos, abgeschnitten von jeglicher öffentlichen Dienstleis-
tung.[16]

In den Zeiten, in denen sich die Besatzungstruppen fern gehalten hatten, war die
schon mehrfach umkämpfte Haifastraße ein relatives ruhiges Viertel gewesen, so
der US-amerikanische Soziologieprofessor Michael Schartz. Dies galt auch für die
dort lebende schiitische Minderheit. Die Selbstverwaltungsstrukturen hatten einen
effektiven Schutz organisiert und sich auch mit den entsprechenden Kräften der
mehrheitlich schiitischen Nachbarvierteln koordiniert. Das hat der erneute US-
geführte Angriff für eine Weile gründlich zerstört.[17]

Indem mit den US-Truppen schiitische Soldaten, vermutlich Angehörige der
Badr Brigaden einrückten, Häuser zerstörten, Leute töteten, verschleppten oder
vertrieben, ist es für Anwohner, nichts weiter als eine weitere mit US-Hilfe durchgeführte ethnische Säuberung.

---

16 Shiite District, Flash Point in Baghdad, Rebuilds, NYT, 09.02.2007. Siehe auch Ilana
    Ozernoy u. Ali Hamdani, "No Forwarding Address – The disintegration of a Baghdad
    neighbourhood", The Atlantic Monthly, March 2007,
    http://www.theatlantic.com/doc/200703/world-in-numbers.
17 Michael Schwartz, "Baghdad Surges into Hell – First Results from the President's
    Offensive", TomDispatch.com (Nation Institute), 12.02.2007

Salvador Option

Viele Experten sind überzeugt, dass die Besatzungsmächte auch direkt in das Treiben der Todesschwadrone verwickelt sind. Da die Bemühungen, eine dauerhafte Kontrolle über das Land zu erringen, bisher am wachsenden irakischen Widerstand scheiterten, habe Washington begonnen, auf die bereits in Vietnam und El Salvador angewandten Taktiken eines schmutzigen Krieges zurückzugreifen.

In dieselbe Richtung zielte auch eine Anfrage des US-Kongressabgeordneten Dennis Kucinich an das Pentagon. Er forderte darin Einsicht in die Unterlagen über die Pläne des Ministeriums, Mord- und Entführungskommandos im Irak einzusetzen. Kucinich bezieht sich dabei auf das im Januar 2005 vom US-Magazin Newsweek aufgedeckten Projekt, das in Anlehnung an den Aufbau von Todesschwadronen gegen die Befreiungsbewegung in El Salvador, den Namen „Salvador Option" erhalten hatte.

Das Pentagon hat die Existenz eines solches Projektes im Irak dementiert, es gibt jedoch, so Kucinich, „immer mehr Hinweise, die nahe legen, dass die USA tatsächlich irakische Mord- und Entführungskommandos finanziert und trainiert haben und dass diese Einheiten nun aktiv sind – mit entsetzlichem Erfolg."[18] So hat die US-Regierung nachweislich Ende 2004 drei Milliarden US-Dollar bereitgestellt, um paramilitärische, amerikanisch-irakische Einheiten für verdeckte Einsätze aufzubauen. Mit dem Aufbau betraut wurden US-Experten, die in den 1980er Jahren eine führende Rolle in den schmutzigen Kriegen in Mittelamerika gespielt hatten. Zu diesen zählen insbesondere der oberste „Berater" des irakischen Innenministeriums, Steven Casteel, und der Berater des US-Botschafters für „irakische Sicherheitskräfte", Colonel James Steele.[19]

Erster US-Botschafter im Irak war John Negroponte, der in selbiger Funktion in Honduras eine Schlüsselrolle im terroristischen Krieg gegen die Unabhängigkeit Nikaraguas und die Befreiungsbewegungen El Salvadors und Guatemala spielte. Seit kurzem ist Negroponte als stellvertretender Außenminister erneut für die Besatzungspolitik im Irak zuständig.

Die ersten irakischen Spezialeinheiten wurden Berichten der Los Angeles Times und Washington Post zufolge im Frühjahr 2005 mit Unterstützung aus den USA einsatzbereit gemacht. Unter diesen neuen „Spezialpolizeikommandos", bestehend aus insgesamt 12.000 gut ausgebildeten irakischen Veteranen von Sondereinheiten des alten Regimes, waren auch die mittlerweile berüchtigten Wolf-, Skorpion- und Tigerbrigaden. Zur selben Zeit, so Kucinich, begann die Welle von Entführungen und Exekutionen – ganz im Stil der mittelamerikanischen Todesschwadrone.

Diese Kommandos stehen unter ständiger Kontrolle der Besatzungsmacht. So sind in allen Sondereinheiten US-amerikanische Verbindungsteams (Special Police

---

18 „Kucinich Asks Tough Questions of Bush, Rumsfeld",www.kucinich.us, May 6, 2006
19 s. J. Guilliard, „Der schmutzige Krieg ..." a.a.O. sowie ausführlich in: Max Fuller, „Crying Wolf: Media Disinformation and Death Squads in Occupied Iraq", GlobalResearch.ca, 10.11.2005 und „For Iraq, ‚The Salvador Option' Becomes Reality", GlobalResearch.ca, 02.06.2005

Transition Teams - SPTT) integriert. Ihre Aktionen werden in der Abteilung „Operationen" („Operations Directorate") des Innenministeriums mit Führungsstäben der US-Armee vorbereitet. Koordiniert wird diese Zusammenarbeit schließlich von einem Stab von US-Offizieren innerhalb des „Nationalen Kommando Zentrums" des „irakischen" Innenministeriums.[20]

Einige führende Neokonservative in Washington machen kein Hehl daraus, das für sie Bürgerkrieg durchaus eine Option wäre. „Ein Bürgerkrieg wäre eine humanitäre Tragödie, aber keine strategische", so Präsidentenberater Daniel Pipes, einer der führenden Neokonservativen. Im Gegenteil: „Wenn sunnitische Terroristen schiitische angreifen und umgekehrt, sind Nicht-Muslime viel weniger in Gefahr, getroffen zu werden." Die Verluste der Besatzungstruppen würden, so das Kalkül der US-Falken, in diesem Fall deutlich reduziert. Es würde auch das Ende der Demokratisierungsbemühungen im Nahen- und Mittleren Ostens bedeuten, die nur dazu führen, dass „Islamisten durch Wahlen legitimiert werden." Eine weitere Chance bestünde darin, dass Syrien und Iran in den Konflikt hineingezogen würden und sich dadurch die Möglichkeit für eine Konfrontation der USA mit diesen Staaten beschleunige.[21]

Der vergessene Krieg der Besatzungstruppen

Schockierende Filmaufnahmen von brutalen US-amerikanischen Angriffen hatten entscheidend zur Mobilisierung gegen den Vietnamkrieg beigetragen. Die führenden Kreise in den USA und Europa haben daraus gelernt. Die Kämpfe ihrer Truppen in Afghanistan und Irak finden fern ab der Öffentlichkeit statt. Bilder gibt es, wenn überhaupt, nur ab und zu von ausgewählten, „eingebetteten" Journalisten.

Doch immer noch ist täglich Krieg. Ständig führen die Besatzungstruppen im Irak großangelegte Militäroperationen mit klingenden Namen wie „Eiserner Hammer", „stählerner Vorhang" oder „Endgültiger Schnitt" durch. Im Zuge dieser Operationen gegen Widerstandsgruppen und ihre lokalen Unterstützer werden ganze Städte und Stadtviertel zum Teil wochenlang belagert, bombardiert und schließlich gestürmt. Die Militärexperten des unabhängigen Internetportals *GlobalSecurity.org* listen über 200 solcher Operationen auf.

Die bisher umfassendste Offensive starteten US-Truppen im 2006 in Bagdad unter dem Namen „Operation gemeinsam vorwärts". 14.000 zusätzliche US-Soldaten und 30.000 irakische Hilfstruppen waren dazu in der Hauptstadt zusammengezogen worden, die mit Panzern und Luftwaffenunterstützung vor allem gegen bewaffnete Kräfte in den sunnitischen Vierteln vorgingen. In vielen Vierteln haben sich lokale Strukturen herausgebildet, die ihre Verwaltung und ihren Schutz in die eigenen Hände genommen haben und dabei in mehr oder weniger offener Gegnerschaft zur Besatzungsherrschaft stehen. Die Offensive soll vor allen dazu dienen, die volle Kontrolle über diese Viertel herzustellen.

---

20 Max Fuller, "Diyala - A Laboratory of Civil War? - A recent case study in the dynamics of occupation and sectarianism", http://www.brusseltribunal.org/DiyalaFuller.htm
21 Daniel Pipes, „Civil war in Iraq?" Jerusalem Post; 01.03.2006

Gegen den organisierten Widerstand richten die US-Angriffe dabei wenig aus. Da sie aber die Selbstverteidigungsstrukturen zerstören, machen sie die Viertel verwundbar gegenüber feindliche Milizen wie Kriminelle. Die Zahl der Gewaltopfer in Bagdad stieg daher kaum verwunderlich im Herbst weiter an.[22]

Von diesen tödlichen Kampfeinsätzen, den massiven Zerstörungen und den vielen Toten, die es dabei gibt, hört und sieht man hierzulande so gut wie nichts. In den täglichen Nachrichten sind nur Autobomben- und Selbstmordanschläge auf die Zivilbevölkerung zu sehen. Auch über deren Hintergründe erfährt man nichts, Informationen über die politische Zugehörigkeit oder Zielsetzung der irakischen Akteure sucht man meist vergebens. Angegeben wird meist nur deren mutmaßliche Konfession. So entsteht Stück für Stück das falsche Bild eines Krieges zwischen „den Sunniten" und „den Schiiten".

Die Anschläge in Sadr City vom 23.11.2006

Ein gutes Beispiel für die irreführende Berichterstattung ist die „zur tödlichsten" erklärte Anschlagsserie des Jahres 2006. Am 23. November töteten im schiitischen Stadtteil Sadr City fünf koordiniert gezündete Autobomben mehr als 200 Menschen. Gleichzeitig wurde auch das Gesundheitsministerium von bis zu 100 Bewaffneten angegriffen, das von Parteigängern des einflussreichen schiitischen Klerikers Muktada al-Sadr besetzt ist und als eine Bastion seiner Bewegung gilt. Die wiederum hat ihre meisten Anhänger unter den 2 Millionen Einwohnern des riesigen Armenviertel Sadr City. Aufgrund der Konfession der Angegriffenen wurden ohne nähere Untersuchungen „sunnitische Aufständische" für die Angriffe verantwortlich gemacht.[23] Zwar sind bewaffnete Auseinandersetzungen zwischen Sadr-Anhängern und sunnitischen Gruppen keine Seltenheit. Es sind aber vor allem die „Badr-Brigaden" des inner-schiitischen Rivalen SCIRI, mit denen sich Milizionäre von al-Sadrs „Mehdi Armee" regelmäßige heftige Kämpfe um die Vorherrschaft über schiitische Städte und Stadtviertel liefern. SCIRI, der „Oberste Rat der islamischen Revolution", wiederum ist eine der dominierenden Parteien in der Regierung und enger Verbündeter der USA. Al-Sadr ist zudem ein entschiedener Gegner der Besatzung. Zur Zeit der Anschläge waren auch US-Truppen in Sadr City eingerückt, um gegen Einheiten der „Mehdi Armee" vorzugehen. Die Sprecher der US-Armee bezeichneten diese Miliz zu dem Zeitpunkt bereits als den gefährlichsten Gegner im Irak.[24]

Das Gesundheitsministerium liegt in einem schwerbewachten Viertel, unweit der „Grünen Zone" direkt gegenüber dem Verteidigungsministerium. Um hinzugelangen mussten die Angreifer mehrere durch zahlreiche Posten bewachte Sicherheitsgürtel überwinden. Trotz der dringenden Bitten um Unterstützung tauchten erst knapp drei Stunden später die ersten US-Hubschrauber auf, worauf die Angreifer verschwanden. Im Falle sunnitischer Guerillas hätten sie sich wohl kaum soviel Zeit gelassen. Sprecher des Ministeriums klagten die Besatzer und die irakischen

---

22 s. Michael Schwartz a.a.O.
23 Iraq: Is Baghdad Attack Beginning Of Civil War?, Radio Free Europe, 29.11.2006
24 "Attacks in Iraq at Record High", Pentagon Says, NYT, 19.12.2006

Sicherheitskräfte daher der Komplizenschaft an.[25] Dieser Verdacht wurde erhärtet, als US-Truppen trotz Protest der Maliki-Regierung Anfang Februar 2007 in das Ministerium eindrangen und den Vizeminister gefangen nahmen.

US-Truppen selbst für die meisten Opfer verantwortlich

Dem britischen Premier Tony Blair wurde daher auch nicht widersprochen, als er Kritik wegen der vielen irakischen Opfer mit den Worten wegwischte, dass es schließlich nicht britische und amerikanische Truppen gewesen seien, die sie getö-tet hätten. „Sie wurden getötet von Leuten, die zu verhindern suchen, dass das Land wieder auf die Beine kommt, indem sie vorsätzlich Terrorismus einsetzen".

Auch hier lügt Blair, wie u.a. die bereits erwähnte Lancet-Studie deutlich zeigt. Demnach sind es in Wirklichkeit die Besatzungstruppen selbst, die für die meisten Opfer von Gewalt verantwortlich sind. 31% aller Gewaltopfer wurden von Besat-zungstruppen getötet, hauptsächlich durch Luftangriffe und Artilleriegeschosse. Ihre absolute Zahl hat sich zwischen 2003 und 2006 fast verdreifacht, hochgerech-net auf die Bevölkerung von 30.000 auf 85.000. Sicherlich noch einmal so viel dürften bei gemeinsamen Angriffen mit irakischen Truppen umgekommen sein. Sie verbergen sich hinter den 45% der Opfer, bei denen nicht eindeutig festgestellt werden konnte, ob ausländische Soldaten oder Iraker die Täter waren.

Wie der Tabelle ebenfalls zu entnehmen ist, fordern auch nicht Autobomben und Selbstmordanschläge die meisten Opfer, wie aufgrund der Nachrichtenbilder zu erwarten wäre, sondern Schusswaffen.

---

25 More than 200 dead in Baghdad's deadliest day of bombings, WSWS, 25.11.2006

Quelle der Ge-walt:	Zeitraum			Gesamt	
	März 03 - April 04	Mai 04 - Mai 05	Juni 05 - Juni 06	%	Todesfälle (hochge-rechnet)
Besatzungstrup-	35,6%	38,9%	26,1%	31,5%	189.000
andere	8,9%	18,9%	30,3%	23,5%	141.000
unbekannt oder unsicher	55,6%	42,2%	43,6%	45,0%	271.000
Schusswaffen	80,0%	51,1%	52,7%	56,0%	336.000
Autobombe	2,2%	7,8%	18,2%	12,6%	76.000
andere Explosion / Artilleriemuni-	2,2%	23,3%	12,1%	14,2%	86.000
Luftangriff	13,3%	14,4%	12,1%	13,2%	80.000
unbekannt oder unsicher	0,0%	2,2%	2,4%	2,0%	12.000
Unfall	2,2%	1,1%	2,4%	2,0%	12.000
Gewaltsame To-desfälle gesamt	90.000	179.000	328.000	100,0%	601.000

Widerstand weiter gewachsen

Auch mit dem Einsatz der brutalsten Methoden der „Aufstandsbekämpfung" konn-ten die Besatzer den Widerstand nicht in den Griff bekommen – ganz im Gegenteil. Immer größere Teile der Bevölkerung wurden dadurch erst recht in den aktiven Widerstand getrieben. Befürworteten gemäß Umfragen westlicher Institute anfäng-lich nur ein knappes Fünftel bewaffnete Angriffe auf die Besatzer, so werden diese mittlerweile von nahezu zwei Dritteln aller Iraker unterstützt, unter den Sunniten liegt der Anteil mittlerweile sogar bei 91%.[26] Es ist längst kein vereinzelter Wider-stand mehr, sondern ein regelrechter Volksaufstand. Wie in anderen Länder auch umfasst dieser das gesamte Spektrum, vom zivilen, über einen militärischen, der im großen und ganzen legitime Mittel anwendet, bis hin zu kriminellen Elementen.

Die US-Truppen haben längst in weiten Teilen des Nordens und in der Mitte des Landes die Kontrolle verloren, auch die Briten kommen im Süden immer heftiger unter Druck.

Auch die im Sommer begonnene Operation „Gemeinsam Vorwärts" brachte, wie zu erwarten, keinen entscheidenden Erfolg. Ende des Jahres musste das Pentagon eingestehen, dass die Zahl der Angriffe sogar noch weiter zugenommen hat, auf

---

26 "The Iraqi Public on the US Presence and the Future of Iraq", WorldPublicOpinion.org, 27.09.2006

über 1.000 pro Woche. Die Pentagonangaben enthalten dabei, wie Nachforschungen der Baker-Kommission ergaben, nur Angriffe, die auch erhebliche Schäden verursachten. So verzeichnete die Kommission beispielsweise an einem Tag, an dem die US-Armee 93 Angriffe und größere Gewalttaten gemeldet hatte, über 1.000. Die überwiegende Zahl der Angriffe richteten sich, wie auch Statistiken der US-Armee bestätigen, von Anfang an gegen die Besatzungstruppen.[27]

Die Offensive in Bagdad forderte von den US-Truppen einen zusätzlichen Preis. Zwischen Oktober und Januar waren ihre Verluste mit 334 höher als in jedem vergleichbaren Zeitraum zuvor, sie lagen erstmals auch in Bagdad höher als in der al-Anbar Provinz, in der bisher die meisten Kämpfe stattfanden.[28] Vor dem Krieg war die Möglichkeit eines Häuserkampfes in den Straßen Bagdads der Alptraum der US-amerikanischer Generäle gewesen – nun ist er Wirklichkeit geworden. In einem Punkt war die Offensive ein voller Erfolg: der Anteil unter den Sunniten, die Angriffe auf US-Truppen befürworten, stieg in Bagdad zwischen Januar und September 2006 von 57 auf 100 Prozent.[29]

Strategiedebatten in Washington – die Baker-Kommission

Vor diesem für Washington so alarmierenden Hintergrund entstand im Herbst 2006 eine hektische Strategiedebatte. Besonderes Augenmerk richtete sich in der Öffentlichkeit auf die Ergebnisse der bereits erwähnten Baker-Kommission. Deren im November veröffentlichte nüchterne Bestandsaufnahme, entlarvte die bisherige offizielle Lagebeschreibung gründlich als reine Propaganda. Einige Feststellungen der von James Baker, dem Außenminister des ersten Präsidenten Bush, geleiteten Kommission, mussten in den Ohren von Präsident Bush und seinen Leuten wie Ohrfeigen klingen.

In Europa reagierte man geradezu euphorisch auf den „Realismus", mit dem die Kommission endlich den Tatsachen ins Auge blicke. Zu Unrecht, machte doch auch sie hauptsächlich die Iraker selbst für die katastrophale Situation verantwortlich. Sicherlich war ihr Ansatz in vielem vernünftiger als die bisherige US-Strategie. So spricht sie sich beispielsweise für eine Verständigung mit Iran und Syrien aus. Ein Ende der Besatzung und einen Abzug der ausländischen Truppen fordert aber auch sie nicht. Sie befürwortete nur eine schrittweise Reduzierung der Kampftruppen, die etwa die Hälfte der im Irak stationierten Truppen ausmachen, und auch dies nur in Abhängigkeit von der Entwicklung im Land. Die abgezogenen Einheiten sollten auch nicht nach Hause ziehen, sondern in Nachbarländern in Alarmbereitschaft bleiben.

Die Empfehlungen, der mit hochrangigen Demokraten und Republikanern paritätisch besetzten Kommission, zeigen vor allem eines: den Konsens der Führung beider Parteien, den Irak in einen verlässlichen Vasallenstaat umzuwandeln, sowie

---

27 "Iraq violence: Facts and figures" BBC News, 29.11.2006,
   http://news.bbc.co.uk/1/hi/world/middle_east/5052138.stm
28 "More U.S. troops died in Iraq combat over past four months than in any similar period of war", Associated Press, 07.02.2007
29 "Baghdad Shias Believe Killings May Increase", WorldPublicOpinion.org, 20.11.2006

eine permanente Truppenpräsenz am Golf zur militärischen Machtprojektion aufrechtzuerhalten – sicherlich nicht zuletzt mit Blick auf den Iran.[30] Ein zentraler
Punkt in ihrem Bericht ist die Sicherung eines langfristig abgesicherten Zugriffs
ausländischer Konzerne auf die Erdölressourcen des Iraks. Das vitale Interesse der
USA „an den zweitgrößten bekannten Ölreserven" wird gleich im ersten Kapitel
betont: in der „Empfehlung 63" wird die Umwandlung der nationalisierten Ölin-
dustrie in ein kommerzielles Unternehmen gefordert, das ganz oder teilweise an
ausländische Firmen verkauft werden könne.[31]

Viel ist auch von „Nationaler Versöhnung" und der „Integration" oppositioneller
Kräfte in den „politischen Prozess" die Rede. Das würde aber nichts anderes bedeuten, als dass diese Kräfte die US-amerikanischen Pläne akzeptieren würden. Für
die Mehrheit der Iraker ist dies völlig indiskutabel, sie will zunächst die Besatzer
aus dem Land haben. Selbst die Studie des britischen Verteidigungsministeriums
kam zum Ergebnis, dass über 80% der Iraker die britisch-amerikanische Besatzung
„heftig" ablehnen. Andere Umfragen kommen noch auf höhere Ablehnungsquoten.

Auch die im Westen vorherrschende Meinung, die ausländische Truppen müssten zur Verhinderung eines Bürgerkrieges im Land bleiben, wird vor Ort nicht
geteilt: Nach einer vom Washingtoner Meinungsforschungsinstitut World Public
Opinion im September 2006 durchgeführten Umfrage sind 82% der schiitischen
Araber und 97% der sunnitischen Araber davon überzeugt, dass „das U.S. Militär
im Irak mehr Konflikte verursacht als verhindert", und rechnen knapp zwei Drittel
nach einem Abzug der Besatzungstruppen mit einem Rückgang der sektiererischen
Gewalt sowie mit mehr Sicherheit.[32] Wer dies ignoriert, braucht über Demokratie,
politischen Prozess und ähnliches nicht mehr reden.

Einer der zentralen Vorschläge der Baker-Kommission war die verstärkte Ausbildung irakischer Sicherheitskräfte, um ihnen die Hauptlast des Krieges zuschie-
ben und US-Truppen abziehen zu können. Die Idee einer solchen „Irakisierung"
der Besatzung ist allerdings nicht neu. Sie scheiterte bisher bereits daran, dass nur
ein kleiner Teil der neuen Einheiten bereit war, den Heimatort zu verlassen und
gegen andere Iraker zu Felde zu ziehen. Zum Einsatz gegen Besatzungsgegner
bereit waren meist nur die Einheiten, die aus den Milizen der kurdischen und schiitischen Verbündeten gebildet wurden. Deren Loyalität gehört aber ihren jeweiligen
Parteien und ihr Einsatz schürt tatsächlich Bürgerkriegstendenzen.

Der Report charakterisiert die irakische Regierung als „Regierung der nationalen
Einheit" und als „weitgehend repräsentativ für die irakische Bevölkerung". Sie ist
jedoch nichts dergleichen, so auch das Urteil der International Crisis Group (ICG).
Da sie nur eine von mehreren Parteien im Konflikt sind, dürften Regierung und
Sicherheitskräfte im Irak nicht als „privilegierte Verbündete" behandelt und unter-
stützt werden.

---

30 Anthony Arnove, "The US Occupation of Iraq - Act III in a Tragedy of Many Parts",
    Counterpunch, 16.12.2006
31 Antonia Juhasz, „It's still about oil in Iraq – A centerpiece of the Iraq Study Group's report is
    its advocacy for securing foreign companies' long-term access to Iraqi oil fields.", LA Times,
    8.12.2006
32 The Iraqi Public on the US Presence and the Future of Iraq a.a.O.

In der empfehlenswerten Analyse der transatlantischen „Denkfabrik", zu dessen Mitglieder zahlreiche prominente westliche Politiker zählen, werden die Empfehlungen der Baker-Kommission daher auch als „vollkommen unzureichend" kritisiert, um den „Zerfall des Irak" zu verhindern. Auch die Experten der ICG sind überzeugt, dass die dominierenden Kräfte in der Regierung den Kreislauf aus intensivierter Gewalt und Gegengewalt anheizen, um Nutzen aus einer Polarisation der Gesellschaft ziehen zu können. Gleichgültig gegenüber den nationalen Erfordernissen, würden deren politische Führer zunehmend zu „Warlords".[33]

Eine „Stärkung der irakischen Regierung" und der „Ausbau der Sicherheitskräfte" gehört auch zu der von den EU-Staaten verfolgten Politik. Ausgerechnet die „Sicherheitskräfte", die offensichtlich mitverantwortlich für den aktuellen schmutzigen Krieg sind, sollen zur Verringerung der Gewalt beitragen. Die „Steigerung der Unterstützung für einige irakische Akteure gegen andere hat die Weisheit einer sich selbsterfüllenden Prophezeiung: Schritte, die genau den Prozess beschleunigen werden, den sie zu verhindern vorgeben", stellten die ICG-Experten treffend fest. Die Situation im Irak sei kein militärisches Problem, bei der eine Seite gestärkt und die andere besiegt werden müsse. Es ginge auch nicht darum, die Regierung zu wechseln, wie einige in Washington vorschlagen, „sondern die gesamte Machtstruktur, die seit 2003 aufgebaut wurde."

Realistische Lösungsansätze

Patentlösungen, wie die Gewalt beendet und das Land wieder stabilisiert werden kann, gibt es nicht. Sicher ist nur, dass die Besatzung keinen Beitrag dazu leisten kann, sondern im Gegenteil selbst das größte Problem darstellt und eine Lösung mit jedem Tag schwieriger wird. Regionale und lokale Konflikte zwischen rivalisierenden irakischen Kräften werden auch nach einem Abzug der Besatzungstruppen nicht verschwinden. Die Bestrebungen der Besatzungsgegner die aufgezwungen Regelungen rückgängig zu machen, wird selbstverständlich auf den Widerstand der Nutznießer der Besatzung, insbesondere der kurdischen und schiitischen Parteien stoßen, die ihre erreichten Positionen kaum freiwillig hergeben werden. Anderseits könnte der fehlende Schutz durch ausländischer Truppen dazu beitragen, dass sie ihre Ambitionen kräftig herunterschrauben.

Eine Restauration der alten Herrschaftsverhältnisse hingegen ist nicht zu fürchten, auch nicht die Einführung eines islamischen Staates. Keine der wichtigen Organisationen und Bewegungen, auch nicht aus den Reihen des bewaffneten Widerstands, haben dies im Programm. Die meisten größeren Guerillaorganisationen haben schon früh ihre Bereitschaft zu Verhandlungen erklärt, sie aber von einem verbindlichen Zeitplan für eine Ende der Besatzung abhängig gemacht.

Über die prinzipiellen Schritte herrscht daher unter unabhängigen Experten, wie die der ICG, durchaus Einigkeit. Deren Vorschläge wiederum decken sich weitgehend mit den Vorschlägen, die aus den Reihen des politischen und militärischen Widerstands kommen.

---

33 After Baker-Hamilton – What to do in Iraq, ICG, 19.12.2006
    http://www.crisisgroup.org/home/index.cfm?id=4580

Der erste Schritt müsste auf alle Fälle die sofortige Einstellung aller offensiver Operationen der Besatzungstruppen sein, verbunden mit der Vereinbarung eines verbindlichen Zeitplans für den zügigen Abzug aller zivilen und militärischen Kräfte der Besatzungsmächte. Das würde den Weg für Verhandlungen unter Einbeziehung aller irakischer Akteure frei machen. In einem nächsten Schritt sollten hier auch die Nachbarstaaten beteiligt werden. Die UNO könnte aufgrund ihrer traurigen Rolle in den letzten 15 Jahren nur eine sehr eingeschränkte Rolle dabei spielen, stattdessen müssten die Islamische Konferenz und die Arabische Liga die Vermittlung übernehmen. In besonders kritischen Gegenden, wie in dem von den Kurdenparteien beanspruchten Kirkuk, könnte auch die Stationierung ausländischer Truppen zur Verhinderung gewaltsamer Auseinandersetzungen nötig werden. Diese müssten selbstverständlich aus neutralen Ländern kommen und ihre Stationierung müsste in Absprache mit den wesentlichen irakischen Konfliktparteien geschehen.

Weitere Maßnahmen zur Deeskalation wären ein Moratorium in der Frage des Föderalismus, in dem viele Iraker das Ende der staatlichen Einheit sehen, eine langfristige Verschiebung der Entscheidung über die Zugehörigkeit Kirkuks, Rehabilitierung aller Iraker, die aufgrund bloßer Mitgliedschaft in der Baath-Partei ihre Ämter und Jobs verloren haben, Freilassung und Entschädigung aller Gefangenen, die ohne Anklage festgehalten werden und Entschädigung aller irakischen Familien, die unter dem US-geführten Krieg gelitten haben.

Nötig wäre hierzu allerdings ein klarer Bruch Washingtons mit der bisherigen Strategie, insbesondere die Aufgabe des Plans einer permanenten militärischen Präsenz im Irak und ein Ende der Ambitionen, gewaltsam den Mittleren Osten umzuformen. Weder die Regierung noch die führenden Demokraten scheinen dazu vorerst bereit.

Bush-Administration beschließt weitere Eskalation

Sieht man vom Ausbau der irakischen Sicherheitskräfte ab, die seit eh und je im Programm sind, wurden die Empfehlungen der Baker-Komission von der Bush-Administration weitgehend ignoriert. Der Präsident hatte parallel auch von der CIA und dem Nationalen Sicherheitsrat Vorschläge für neue strategische Ansätze angefordert. Umgesetzt wurde jedoch das, was Stephen Hadley, Bushs Nationale Sicherheitsberater, bereits Anfang November in einem vertraulichen Memorandum vorgeschlagen hatte: Aufstockung der Truppenstärke. Insgesamt 22.000 zusätzliche Soldaten sollen die Kampftruppen im Irak – etwa ein Drittel der 140.000 US-Soldaten – verstärken, wobei 17.500 für Bagdad bestimmt sind. In Bagdad wird sich dadurch die Truppenstärke verdoppeln. Dies ist eine eindeutige Eskalationsstrategie, wie auch die gleichzeitigen Personalentscheidungen in Washington zeigen. Der neue Pentagonchef Robert Gates hatte sich als stellvertretender Direktor der CIA u.a. vehement für die Bombardierung des sandinistischen Nikaragua eingesetzt; John Negroponte, der als Botschafter in Honduras die Fäden in den schmutzigen Kriegen in Mittelamerika zog, wird als Vizeaußenminister wieder für den Irak zuständig und mit General David Petraeus übernahm ein Fachmann für „Counter Insurgency" den Oberbefehl im Irak.

Im Zentrum der erneuten Anstrengungen steht nach wie vor Bagdad, wo die O-peration „Gemeinsam Vorwärts" ab Februar 2007 mit den neuen US-Truppen und zusätzlichen irakischen Einheiten ausgeweitet werden soll. Viertel um Viertel soll wenigstens die Hauptstadt unter Kontrolle gebracht werden. „Clear, hold, and build" heißt die neue Strategie, die jetzt zum Einsatz kommen soll. „Clear" bedeutet zunächst, einzelne Viertel von möglichen Gegnern zu säubern, „hold" diese gesäuberten Viertel durch stark befestigte Stellungen, sogenannte „Miniforts", zu halten, und „build" schließlich – als „Zuckerbrot"-Komponente – die Wiederherstellung der öffentlichen Basisdienstleistungen. Die 30 bis 40 „Miniforts" sollen vorwiegend mit irakischen Einheiten besetzt werden.[34]

Vorgesehen ist, wie auch in dem von General Petraeus verfassten neuen Feldhandbuch zur Aufstandsbekämpfung beschrieben, die Abriegelung ganzer Stadtviertel, wie es in Tal Afar und anderen kleinern Städten im Norden und Westen seit längerem praktiziert wird. Zäune aus Stacheldraht, Erdwälle, Mauern und natürlichen Barrieren beschränken hier die Ein- und Ausgänge in die Stadt auf wenige, streng bewachte Checkpoints, durch die nur Anwohner mit besonderen Ausweisen ohne weiteres Zugang haben. Ein Konzept, das zynischer Weise nach den besonders bewachten Vierteln der Reichen in den USA und vielen Ländern der Dritten Welt „Gated Communities" genannt wird.[35] Vorbilder sind aber ähnliche Maßnahmen gegen Befreiungsbewegung wie z.B. in Algerien oder die strategischen Dörfer im Vietnamkrieg.

Bisher war diese Strategie stets gescheitert und es ist unwahrscheinlich, das die US-Truppen diesmal erfolgreicher sein werden. Es regt sich daher auch in den eigenen Reihen breiter Widerstand. So wetterte z.B. US Senator Robert C. Byrd, dass rund 20.000 Soldaten offensichtlich keine signifikante Änderung des Kräfteverhältnisses bringen würde. Gemäß General Petraeus eigener Doktrin würden 20 Soldaten auf 1.000 Einwohner benötigt, hochgerechnet allein für Bagdad 120.000 Mann.[36] Auch Zbigniew Brzezinski bezeichnete die Entsendung von weiteren 21.500 Soldaten eine „politische Spielerei von begrenzter taktischer Bedeutung und ohne strategischen Vorteil". Es verwickle US-Truppen in blutige Straßenkämpfe, die sektiererische Gewalt nicht entscheidend schwächen würden, geschweige denn den anti-amerikanischen Widerstand.[37]

Für die betroffene Bevölkerung bedeutet Washingtons Eskalationsstrategie verstärkte Kämpfe und eine weitere dramatische Verschärfung der allgemeinen Lebensbedingungen. Bisher waren US-Truppen fast ausschließlich gegen sunnitische Viertel vorgegangen. Die Truppenerhöhung soll nun offensichtlich auch ein Vor-

---

34 Counterinsurgency takes center stage in Iraq – 30 or 40 'miniforts' within Baghdad., Christian Science Monitor, January 22, 2007

35 "'Gated communities' planned for Baghdad –New U.S. strategy calls for creating zones of safety", LA Times, January 11, 2007

36 US Senator Robert C. Byrd, "Enough Time Has Been Wasted, Mr. President. Enough!", Common Dreams 11.12007

37 Zbigniew Brzezinski, "Five Flaws in the President's Plan", Washington Post, 12.01.2007

gehen gegen die Hochburgen Muktada al-Sadrs, insbesondere Sadr City mit seinen 2 Millionen Einwohnern ermöglichen. Dies könnte zu einem Blutbad führen, das alles bisherige in Schatten stellt.[38]

Doch nicht nur gegen die Gegner der Besatzung richtet sich die neue Eskalationsstrategie, sondern auch gegen Syrien und Iran. Präsident Bush autorisierte US-Truppen, auch „verdächtige iranische Geheimdienstagenten" im Irak „gefangen zu nehmen oder zu töten". Eine gefährliche Anweisung angesichts Tausender Iraner, die als Pilger zu den heiligen Stätten der Schiiten im Irak regelmäßig ein und aus gehen, offensichtlich dazu bestimmt, den Iran zu Aktionen zu provozieren, die wiederum als Vorwände für Militärschläge dienen können.

Parallelen zum Vietnamkrieg

Die Parallelen zum Vietnamkrieg sind beim Vorgehen Washingtons unübersehbar. 1968 war das Scheitern der USA offensichtlich geworden, die Ablehnung in den USA groß. Ab 1969 wurde eine „Vietnamisierung" des Krieges begonnen, 1970 arbeitete die „Vietnam Special Study Group" unter Henry Kissinger konkrete Pläne für einen phasenweisen Rückzug aus. In der Folge wurden die verheerenden Bombardements noch intensiviert und auf Laos und Kambodscha ausgedehnt.

Es wird wesentlich mehr Engagement der Antikriegsbewegung weltweit als bisher nötig sein, um zu verhindern, dass das Ende des Krieges sich ähnlich lange und blutig hinzieht wie damals in Indochina.

---

38 James Cogan, US-Truppen entfesseln in Bagdad neue Mord- und Gewaltorgie WSWS, 12.01.2007

Werner Ruf

Islamische Bedrohung?

> *Was siehst du aber den Splitter in deines Bruders Auge, und den Balken in deinem Auge nimmst du nicht wahr? Wie kannst du sagen zu deinem Bruder: Halt still, Bruder, ich will den Splitter aus deinem Auge ziehen, und du siehst selbst nicht den Balken in deinem Auge? Du Heuchler, zieh zuerst den Balken aus deinem Auge und sieh dann zu, dass du den Splitter aus deines Bruders Auge ziehst!*
> (Lucas-Evangelium, Kap. VI.)

1. Die gefühlte Bedrohung

Endlich ist es so weit, dass auch die deutsche Bevölkerung mehrheitlich davon überzeugt ist, dass der ‚Kampf der Kulturen' auch hierzulande Einzug gehalten hat. Laut einer Umfrage des Allensbacher Instituts für Demoskopie, die von der *Frankfurter Allgemeinen Zeitung* in Auftrag gegeben wurde,[1] sind 56% der Befragten davon überzeugt, dass der Islam uns bedroht. Vor zwei Jahren waren es noch 46%. Daten vor dem 11. September 2001 liegen leider nicht vor. Der gleichen Umfrage zufolge glauben 58% der Deutschen, dass es hierzulande zu Spannungen mit der muslimischen Bevölkerung kommen wird – 2006 waren es noch 44%, 2002 waren es 30%. Das Islambild ist geschlossen und eindeutig: „Der Islam ist von Fanatismus geprägt" sagen 83% (2004: 75%), „der Islam ist rückwärtsgewandt" 62% (2004: 49%), „der Islam ist intolerant" meinen 72% (2004: 66%) und er ist „undemokratisch": 60% gegenüber 52% im Jahre 2004. Damit ist klar, dass Samuel Huntingtons „Kampf der Kulturen",[2] sich in den Köpfen festgesetzt hat und dass sich der Graben zwischen dem „abendländischen Wir" und den „muslimischen Anderen"[3] gewaltig vertieft hat.

Diese Ergebnisse verwundern nicht, blickt man auf eine Studie, die jüngst an der Universität Erfurt erstellt wurde:[4] Die größte Zahl der Gesamtheit der Beiträge (133) der Magazin- und Talksendungen der Jahre 2005 und 2006, insgesamt 31, behandelten den Islam im Zusammenhang mit Terrorismus/Extremismus, 22 bezogen sich auf internationale Konflikte, 21 auf Integrationsprobleme. Bezogen auf

---

1 Die Umfrage wurde im Mai 2006 durchgeführt. Eine Zusammenfassung der Ergebnisse findet sich in der FAZ, 17. Mai 2006, S. 5.
2 Zur Auseinandersetzung mit dem US-amerikanischen Politologen s. u.
3 vgl. hierzu: Ruf, Werner: Barbarisierung der Anderen – Barbarisierung des Wir; in: UTOPIE kreativ Nr. 185, März 2006, S. 222 – 228.
4 Hafez, Kai, Richter, Manuela: Das Gewalt- und Konfliktbild des Islams bei ARD und ZDF, eine Untersuchung öffentlich-rechtlicher Magazin und Talksendungen. Seminar für medien- und Kommunikationswissenschaft, Universität Erfurt, Januar 2007.

die Gesamtheit der Beiträge waren 81% negativ konnotiert. Auch wenn es sicherlich falsch wäre, den Medien die Alleinschuld für die oben angegeben Umfrageergebnisse anzulasten, so dürften sie doch nicht eine unerhebliche Rolle beim Zustandekommen der Sichtweisen der Bevölkerung spielen.

Es wäre mehr als intellektuelle Neugier, könnten wir uns die Ergebnisse der FAZ-Umfrage nochmals, nach der von Papst Benedikt II. in seiner Rede an der Universität Regensburg am 12. September 2006 vom Zaun gebrochenen Debatte[5] über die Aggressivität des Islam, vor Augen führen. Unter Rückgriff auf ein Zitat aus der (wohl fiktiven) Diskussion des oströmischen Kaisers Manuel II. Palaiologos (1391 – 1425) mit einem persischen Gesandten stammt jener Satz, dass der Prophet Mohammed geboten habe, den von ihm verkündeten Glauben „mit dem Schwert zu verbreiten". Dass dieses Zitat unter den Muslimen Aufruhr verursachen musste, ist mehr als verständlich: Unterstellt doch der Papst, der es besser wissen müsste, dass von dieser Ausbreitung „mit dem Schwert" die monotheistischen Juden und Christen genauso betroffen wären wie die polytheistischen und animistischen „Heiden". Die über eineinhalbtausend Jahre währende Existenz einer schier endlosen Vielzahl christlicher und jüdischer Gemeinden im Nahen Osten – darunter die zur katholischen Kirche gehörenden Maroniten – hätten ihn eines Besseren belehren müssen.

Es wäre absurd, einen Zusammenhang zwischen Religion und Gewalt leugnen zu wollen. Jedoch: Warum sucht dieser Papst, der als Josef Kardinal Ratzinger viele Jahre lang Vorsitzender der Glaubenskongregation des Vatikan war, nach Beispielen im Islam? Die Glaubenskongregation ist die Nachfolgerin der Inquisitionskommission, in deren Namen auf der iberischen Halbinsel während und nach der von der kastilischen Krone betriebenen *reconquista* hunderttausende Juden und Muslime bestialisch ermordet wurden. Fällt diesem Papst nicht ein, dass zeitgleich mit dem 1. Kreuzzug in Europa die ersten groß angelegten Pogrome gegen Juden durchgeführt wurden? Weiss er etwa nichts von den Hexenprozessen in Europa? Sollte er vergessen haben, wie viele Frauen, die außereheliche schwanger wurden, öffentlich gedemütigt, gequält oder zum Selbstmord getrieben wurden? War es nicht zum Wohlgefallen der Kirche, dass im Spanien Francos nur eine einzige protestantische Kirche verdeckt hinter hohen Mauern existieren durfte?[6] Wurden nicht auch – bei uns in Deutschland – bis in die 1970er Jahre Personen von den Heiligen Sakramenten der Kirche ausgeschlossen, wenn sie eine „Mischehe" (mit einem protestantischen Partner) eingingen?

Wie kann dieser oberste Vertreter der Kirche sich auf die Vernunft und die Aufklärung berufen, wo doch gerade diese Kirche die Schriften eines Immanuel Kant auf den *Index*, die Liste der verbotenen Bücher gesetzt hat? Ja, er beruft sich auf die Vernunft – aber welche? Heißt es doch in seiner Rede: „Versuchen wir, auch anderen die Vernunft des Glaubens zugänglich zu machen … ." Welche Vernunft

---

5   http://www.oecumene.radiovaticana.org/ted/Articolo.asp?c=94864, abgerufen am 10. Dez. 2006.

6   Rechtsgrundlage hierfür war ein Konkordat des deutschen Reiches mit dem ehemaligen Königreich Spanien. Vgl.: Oberndörfer, Dieter: Die Furcht vor der Türkei; in: Der Bürger im Staat, Heft 3/2005, S. 130 – 133.

ist das denn nun? Die „Vernunft des Glaubens" kann ja nicht die der Aufklärung sein, nein: Im Gegensatz zur Aufklärung und ihrem Bestreben, die Welt wissenschaftlich, rational, schlicht „vernünftig" zu erfassen, wird hier der Glaube zur Vernunft erklärt – und das ist und bleibt allemal der katholische mit seinem intoleranten Universalitätsanspruch. Diese obskurantistische Intoleranz meinte Voltaire mit seinem kirchenhasserischen Satz: *Ecrasez l'infame*: Rottet die Bosheit aus! Benedikt XVI. hat die Aktualität dieses Satzes unter Beweis gestellt!

Doch nicht nur die katholische Kirche ist bis in die jüngste Vergangenheit[7] durch ein enges Verhältnis zu religiös motivierter Gewalt gekennzeichnet: Man lese die antijüdischen (und anti-muslimischen) Tiraden eines Martin Luther, die fast wie Blaupausen für die KZs erscheinen![8] Welche Argumente benutzte gerade auch die Evangelische Kirche im Streit um die Einführung des Ethik-Unterrichts in Berlin? Basierten diese etwa auf den Werten der Aufklärung und der Toleranz?

Keine der Kirchen hat das Recht, für sich die Aufklärung und auf ihr basierend die Werte der Freiheit und der Menschenrechte zu reklamieren, die gerade sie Jahrhunderte lang aufs Schärfste bekämpften, wie dies beispielsweise, den Papst sekundierend, der Vorsitzende der Deutschen Bischofkommission, Kardinal Lehmann tut, wenn er schreibt: *„Es bedarf keiner ins Detail gehenden Analyse, um festzustellen, dass sich die islamische Welt insgesamt mit diesem Begriff der Freiheit und damit auch mit dem gesamten Konzept der Menschenrechte außerordentlich schwertut."*[9] Dieselbe Kirche verweigert bis heute Frauen den Zugang zum Priesteramt.

Bisher wurde in den Medien noch der Versuch gemacht, zwischen „dem Islam" einerseits und „islamistischen Terroristen", „islamistisch motivierter Gewalt" u. ä. zu unterscheiden. Dass dies ohnehin ein brüchiges Konstrukt war, ergibt sich aus dem einfachen Tatbestand, dass die Individuen durch Zuordnung zu Kollektiven, seien diese national oder religiös, in ihren grundlegenden Eigenschaften definiert, in essentiellen Charakteristika gleichgesetzt werden. Dieser Mechanismus führt dazu, dass nicht nur die Trennlinien zwischen den Kollektiven klar gezogen werden können, sondern auch dass den jeweiligen Mitgliedern der Kollektive – eben

---

7   So erinnere ich mich an meinen katholischen Religionsunterricht Anfang der 50er Jahre des vergangenen Jahrhunderts. Der ihn erteilende katholische Priester stellte mit Bezug zum Holocaust (sinngemäß) fest: „Ja, ja, die Juden! Sie haben unseren Heiland ermordet. Dafür müssen sie ewig büßen." Leider war ich damals nicht theologisch genug informiert und auch nicht clever genug, die Frage zu stellen, wie denn, nach christlicher Lehre, die Erlösung der Menschheit funktioniert haben würde, wäre Christus nicht den Kreuzestod gestorben.

8   An die Landesherren appelliert Luther: *„Erstlich, dass man ihre Synagoge oder Schule mit Feuer anstecke und, was nicht verbrennen will, mit Erde überhäufe und beschütte, dass kein Mensch einen Stein oder Schlacke davon sehe ewiglich. ... Zum andern, dass man auch ihre Häuser desgleichen zerbreche und zerstöre. Denn sie treiben eben dasselbige darinnen, das sie in ihren Schulen treiben. Dafür mag man sie etwa unter ein Dach oder Stall tun wie die Zigeuner, auf dass sie wissen, sie seien nicht Herren in unserem Lande ... ."* Bienert, Walter (Hrsg.): Martin Luther und die Juden: ein Quellenbuch. Evangelisches Verlagswerk, Frankfurt/Main 1982, S. 149f.

9   Josef Kardinal Lehmann: Kampf der Kulturen? In: Frankfurter Allgemeine Zeitung, 20. Sept. 2006, S. 8.

den Völkern oder neuerdings auch den Kulturen oder Religionen – gemeinsame Eigenschaften und ihr Handeln und ihre Denkweise determinierende Verhaltensweisen ebenso wie fundamentale wechselseitige Loyalitäten unterstellt werden: Eine solcherart gewissermaßen ontologisch vorgegebene Identität erscheint dann – von innen wie von außen - als feste und berechenbare Größe. Und Kollektive bedürfen zu ihrer Eigendefinition immer eines Anderen, der in der Regel als bedrohlich und gefährlich dargestellt wird.

Auf diese differenzierenden Unterscheidungen kann seit der Rede des Papstes verzichtet werden. Es ist *der Islam*, der uns bedroht, wie dies schon seit einiger Zeit die französischen „néo-réacs", die rechtsgerichteten Philosophen wie Bernard-Henri Lévi, Alain Finkielkraut, André Glucksmann et al. betonen. „Der Islam" – was ist das eigentlich? Eine Religion mit komplexer Vergangenheit, mit zwei großen Glaubensrichtungen *sunna* und *shi'a*, vier Rechtsschulen im sunnitischen Islam, einer Vielzahl regionaler Ausprägungen und zahllosen Formen eines „Volksislam", ganz abgesehen von jener Vielzahl von Menschen, die zwar aus diesem Kulturraum stammen, aber ebenso säkularisiert sind wie Millionen von Menschen in der „Christenheit"! Macht es Sinn, als „christlich" all das in einen Korb zu packen, was von fundamentalistischen Evangelikalen in den USA, die in zahlreichen Bundesstaaten das Verbot der Evolutionstheorie im Unterricht durchgesetzt haben, über das finstere Opus Dei bis zur Befreiungstheologie reicht? Wo bleibt in dieser antagonistischen Debatte die große Welt der orthodoxen Kirche? Diese Spannbreiten, die es in allen Religionen gibt, zeigen überdeutlich, wie untauglich solche Verallgemeinerungen sind – eben und gerade auch für „den Islam"!

Verdrängt wird in der derzeitigen Debatte nicht nur die dunkle Tradition des Christentums, es hat auch eine seltsame, im Kern fundamentalistisch zu nennende Exegese der Schriften des Islam um sich gegriffen: Bornierte christliche Theologen[10] wie sich als Experten anbietende Sozialwissenschaftler[11] und journalistische Schnellschreiber greifen passende Zitate aus dem *kor'an* auf, reden über das Rechtssystem der *shari'a*, die auf die dort enthaltenen, uns heute bestialisch erscheinenden Körperstrafen aus der vormittelalterlichen Zeit reduziert wird. Solch selektiver und tendenziöser Umgang mit den Texten ist unhistorisch, er kann gleichermaßen mit allen Religionen betrieben werden, rechtfertigten doch die Weißen in Südafrika das Apartheid-System mit der Bibel.[12]

---

10 An ihrer Spitze die US-amerikanischen Fundamentalisten wie Pat Robertson und Jerry Falwell, der gemeinsam mit Präsident Bush zu beten pflegt. In der CBS-Sendung „60 Minutes" am 29. September 2002 erklärte er: "I think Mohammed was a terrorist. I read enough … by both Muslims and non-Muslims, [to decide] that he was a violent man, a man of war." Zit. n. Drudge Report, 03. Okt. 2002.

11 Neben Politologen wie Samuel Huntington ist hierunter auch der Kollege Bassam Tibi zu erwähnen, der sich selbst immer wieder als „Vater der Leitkultur" bezeichnet. (s. hierzu neben seinen zahlreichen Büchern u. a. sein „Abschiedsinterview" in: Der Tagesspiegel, 07. Okt. 2006.)

12 Ahnvater Abraham hatte außerehelich mit der Sklavin Hagar den Sohn Ismael gezeugt, der dann mitsamt seiner Mutter auf Betreiben von Abrahams Frau Sarah verstoßen wurde. Die Schwarzen wurden als seine Nachkommen dargestellt, ihre minderen Rechte als Gottes Wille erklärt.

Vor dreihundert Jahren waren „wir" da schon weiter: Als vor allem die katholische Kirche noch mit allen verfügbaren Mitteln die Aufklärung bekämpfte, war
hierzulande ein absolutistischer König, Friedrich II. von Preußen, schon weit fortschrittlicher, als er feststellte: „*Alle Religionen sind gleich und gut, wenn nur die
Leute, die sich zu ihnen bekennen, ehrliche Leute sind; und wenn die Türken (und
Heiden) kämen und wollten das Land bevölkern, dann wollen wir ihnen Moscheen
(und Kirchen) bauen.*" Wahrlich, wahrlich, so ist man versucht zu sagen, das 21.
Jahrhundert scheint vordringlich damit beschäftigt zu sein, die Aufklärung und ihre
Botschaft des Humanismus und der Toleranz endgültig zu beerdigen.

2. Vom „goldenen Mittelalter" zum Imperialismus

Es steht außer Zweifel, dass (auch!) in der Welt des Islam keine volle Gleichberechtigung zwischen den Angehörigen der unterschiedlichen Religionsgemein-
schaften bestand: Als Anhänger einer der vom gemeinsamen Ahnvater Abra-
ham/Ibrahim abstammenden monotheistischen Buchreligionen waren Juden und
Christen nicht im Besitz der ganzen Wahrheit: Sie unterstanden einem besonderen
Rechtsstatut (*dhimmi*), mussten höhere Steuern bezahlen, wurden aber nicht zum
Kriegsdienst eingezogen. Zugleich aber hatte der Staat die Pflicht, sie zu schützen.

Die rasante Expansion des Islam vor allem nach Westen ist wohl nicht „Feuer
und Schwert" zu verdanken, sondern der vom Islam eingeführten gerechteren Ei-
gentums- und Sozialordnung und dem strengen Monotheismus, der dem auf der
iberischen Halbinsel herrschenden Arianismus entsprach. Dies dürfte die einleuch-
tende Erklärung für den – militärisch nicht zu erklärenden - Siegeszug jener knapp
3.000 Reiter auf der iberischen Halbinsel sein.[13]

Warum aber werden die Zeiten des intensiven, toleranten Kulturkontakts zwischen „Morgenland" und „Abendland" verschüttet, die gerade auf den Gemein-
samkeiten der monotheistischen Religionen beruhen? Da wird die „jüdisch-
christliche Tradition" beschworen – aber handelt es sich nicht vielmehr um eine
jüdisch-christlich-muslimische? Es war doch das von Humanismus und gegenseitiger Toleranz geprägte Zusammenleben von Menschen und Wissenschaftlern in
Toledo, Granada, Córdoba, die dazu führten, dass die griechische Philosophie (und
daneben elementare Regeln der Hygiene) im „Abendland" erst entdeckt wurde.
Ohne die Arbeiten von al Farabi, Ibn Ruschd und Ibn Sina - die beiden letzteren
wurden zwecks Verwischung der Spuren ihrer Herkunft flink als Averroes und
Avicenna latinisiert – wäre die griechische Philosophie nie ins „Abendland" gekommen. Und ohne die griechische Philosophie hätte es wohl weder Renaissance
noch Aufklärung gegeben. In diesen Kontext gehören auch die revolutionierenden
Erkenntnisse der Araber in der Medizin und in den Naturwissenschaften, die der
ratio, der Vernunft, als Basis der Aufklärung zum Durchbruch verhalfen. Ohne die
Übernahme dieser Bahn brechenden Erkenntnisse wäre Kolumbus wohl nie auf die
Idee gekommen, gen Westen zu segeln, um im Osten anzukommen. Ohne Algebra
wären wir vielleicht heute noch bei den Römischen Zahlen: Nicht nur die Durch-

13 Olague, Ignacio: Les Arabes n'ont jamais envahi l'Espagne. Paris 1969.

brüche in der Mathematik, auch die Grundfunktionen der digitalen Kommunikation wären schlicht undenkbar.

Eine Hochzeit der Toleranz und des gegenseitigen Respekts „der Kulturen" kennzeichnet die Aufklärung: Montesquieu schrieb seine *Lettres Persanes*, die zu Recht als ein Beispiel des Kulturrelativismus begriffen werden: In einer fiktiven Korrespondenz kritisieren zwei Perser, die Frankreich bereisen, die – im Vergleich zu ihrem Land - rückständigen sozialen und religiösen Verhältnisse. Die von einem der Autoren geäußerte Kritik an der Monarchie, „die immer in Despotismus entartet", projiziert Montesquieus später ausgearbeitete Vorstellungen von der Gewaltenteilung nach … Persien! Damals (!) schrieb Gotthold Ephraim Lessing „Nathan der Weise", Goethe den „West-Östlichen Diwan".

Es waren die Ideen der Aufklärung, vor allem aber die Ideale der Französischen Revolution, die an der Wende zum Imperialismus gerade im Orient mit Begeisterung aufgenommen wurden, versprachen doch diese auf der Grundlage von *liberté*, *égalité* und *fraternité* die Befreiung von der osmanischen Herrschaft und die Perspektive der Schaffung eines säkularen und auf sprachlicher Grundlage geeinten arabischen Staates.[14] In vielen muslimischen Staaten entstanden nationalistisch-modernistische Bewegungen, die sich jung-afghanische, jung-tunesische oder jung-türkische usw. nannten. Aus der jungtürkischen Bewegung ging Mustapha Kemal („Atatürk"), der Begründer der modernen Türkei hervor. Die Jungtunesische forderte in einem Manifest zu Beginn des 20. Jh., „die islamische Welt von Rückständigkeit und Aberglauben zu befreien und der ‚natürlichen Entwicklung' zum Durchbruch zu verhelfen, ... in Einklang mit den Prinzipien der Französischen Revolution, *liberté, égalité, fraternité*, die die Grundsätze des Korans sind."[15]

Doch sehr schnell mussten die Muslime im Allgemeinen und die Araber im Besonderen erfahren, dass die hehren Ideale der französischen Revolution nicht für die kolonisierten Völker gedacht waren. Die kolonialistische Unterwerfung des Orients bedeutete für die säkularen Eliten Modernisierung, wenn nötig mit Gewalt, für viele gläubige Muslime zugleich eine religiöse Herausforderung, war doch in ihrem Verständnis der Islam die jüngste, letzte und endgültige Offenbarung. Im Verständnis der gläubigen Muslime war und ist der Islam im vollen Besitz der Wahrheit, der sie dazu befähigt hatte, militärisch, technisch und wissenschaftlich den anderen Völkern überlegen zu sein, wie das ja auch in den ersten Jahrhunderten der Hochblüte des Islam in Mesopotamien und auf der iberischen Halbinsel der Fall war. War nun das Abendland überlegen, so half nur die Rückkehr zu den Quellen des Glaubens, um die frühere Überlegenheit zurück zu gewinnen und damit der Mission des Islam zu ihrem gottgewollten Auftrag zu verhelfen.[16] Die be-

---

14 Antonius, George: The Arab Awakening, London 1938. Vor allem auch: Hourani, Albert: Arabic Thought in the Liberal Age, Cambridge 1983.

15 Benattar, César, Sebai, El Hadi; Ettealbi, Abdelaziz: L'Esprit libéral du Coran, Paris 1905, S. 98f.

16 vgl. hierzu Peters, Rudolph: Erneuerungsbewegungen im Islam vom 18. bis zum 20. Jahrhundert und die Rolle des Islam in der neueren Geschichte: Antikolonialismus und Nationalismus, in: Ende, Wener; Steinbach, Udo: Der Islam in der Gegenwart, 1989, 2. Auflage, S. 91-131, hier S. 105-126.

deutendsten Vertreter dieser religiös begründeten anti-imperialistischen Glaubens-
richtung waren Jamal ed-Din al-Afghani (1839-1897) und Mohamad Abduh (1849-
1905). Sie forderten die Rückkehr zu den Quellen des Glaubens und die Bezug-
nahme auf die Vorfahren (*salaf*), was der Bewegung den Namen Salafiya gab.[17]
Muslim sein und die Erfahrung, aufgrund der Zugehörigkeit zu diesem Kulturkreis
durch die Kolonialherren diskriminiert und unterdrückt zu werden, gab der Religion eine identifikatorische Komponente und einen politischen Auftrag:

> *„Auf diese Weise wurde aus dem Islam für viele Muslime etwas, was in ihrem
> Bewusstsein überwiegend – und bei manchen von ihnen sogar ausschließlich – ein
> Wesenselement ihrer kulturellen Identität darstellt, das gegen äußere Angriffe
> verteidigt werden muss. ... Um diese neue Aufgabe erfüllen zu können, musste der
> Islam zu etwas werden, auf das man stolz sein konnte."*[18]

Die Arroganz des Kolonialismus, der unter dem Banner der zivilisatorischen
Mission des Westens daher kam, diskriminierte die Muslime, indem er die Religi-
onszugehörigkeit als Kriterium des Ausschlusses vom Öffentlichen Dienst wie von
bestimmten Berufsgruppen benutzte, und machte so den Islam zum identitären
Kristallisationskern des politischen Widerstands.[19]

Mit der Gründung der Muslim-Bruderschaft in Ägypten (1928) flossen die Vorstellungen der *Salafiya* erstmals in das Programm einer politischen Bewegung.
Zwar war und ist diese islamische Erneuerungsbewegung grundsätzlich panisla-
misch orientiert[20], von besonderer Bedeutung war sie jedoch im arabischen Raum,
wo die vom britischen Imperialismus in Zusammenarbeit mit der zionistischen
Bewegung betriebene Gründung des Staates Israel eine besondere Wirkung entfal-
tete, richtete sie sich doch gegen die Schaffung einer territorial geeinten arabischen
Nation. Die Religion wurde zu einem zunehmend wichtigeren Element in der identitären Konzeption vieler zeitgenössischer arabischer und muslimischer Staaten. Es
ist daher kein Zufall, dass in allen Staaten des Nahen und Mittleren Ostens der
Islam Staatsreligion ist – mit zwei Ausnahmen: der von Mustafa Kemal „Atatürk"
säkularisierten Türkei und dem mehrheitlich christlichen Libanon. Herrschaft wird
und wurde schon in den 1950er und 60er Jahren durch Verweise auf den Islam
legitimiert, und dies nicht nur etwa in Saudi-Arabien oder Pakistan, sondern auch
in „sozialistischen" Staaten wie Algerien oder Ägypten, wo zur Zeit Nassers die
egalitaristischen Prinzipien des Islam herangezogen wurden, um ein sozialistisches

---

17 Während die Vertreter der Salafiya-Bewegung in der orientalistischen Literatur noch „Re-
    former" genannt wurden, wurde seit den Anschlägen des 11. September 2001 der Begriff des
    salafi jihad geprägt, der seither Synonym für islamistischen Terrorismus ist.

18 Peters, Rudolph: Erneuerungsbewegungen im Islam vom 18. bis zum 20. Jahrhundert und die
    Rolle des Islam in der neueren Geschichte: Antikolonialismus und Nationalismus, in: Ende,
    Wener; Steinbach, Udo: a.a.O., S. 109.

19 Radikaler noch als die Muslimbrüder forderte der aus Indien stammende Abu Ala al-
    Maududi (1903-1979) die Schaffung eines genuin islamischen Staates, der allein auf der *sha-
    ri'a* basierte. Sein Einfluss war prägend in Pakistan, ist es aber auch für viele militante Grup-
    pen der Gegenwart. Vgl. Reissner, Johannes: Die militant-islamischen Gruppen; in: Ende,
    Werner und Steinbach, Udo (Hrsg.): Der Islam in der Gegenwart, Frankfurt/M., 1989, S.
    470-486.

20 s. Schulze, Reinhard: Islamischer Internationalismus im 20. Jahrhundert, Leiden 1990.

Gesellschaftsmodell zu rechtfertigen, oder aber in Tunesien, wo der säkular orientierte damalige Staatspräsident Burgiba den Verzicht auf das Fasten im Ramadan mit der Begründung forderte, dass der Kampf zur Überwindung der Unterentwicklung ein *djihad* (Heiliger Krieg) sei und daher der Verzicht auf das Fasten geboten sei.

So wie Teile des Orients ihre Niederlage gegenüber dem Okzident (die ja zugleich dann das Programm für Erfolg versprechenden Widerstand lieferte) durch die Abkehr vom Glauben erklärte, schuf sich der Okzident seine Legende für die Beherrschung des Orients. Beide Argumentationen benötigen das „Wir" als Projektionsfläche gegenüber dem „Anderen", von dem sich das jeweilige „Wir" positiv abzuheben vermag.[21] Die kulturologische Argumentation basiert auf der Herstellung antithetischer Kultur-Typologien. So entstand, beginnend schon mit der Aufklärung und ausgeschmückt im 19. Jahrhundert, jenes Bild des Orients, welches Edward Sa'id[22] so trefflich beschrieben hat und wie es von Aziz al-Azmeh in seiner historischen und politischen Funktionalität greifbar gemacht wird. In dieser Dialektik wurde der Orient nicht nur Projektionsort von Sinnlichkeit und Lüsten, die im strengen Moralkodex des Christentums keinen Platz haben, er wurde gleichzeitig auch zum Gegenteil von Vernunft, Freiheit und Veränderbarkeit:

„Der Vernunft entsprach enthusiastische Unvernunft, politisch übersetzt als Fanatismus, eines der Hauptanliegen der Wissenschaftler und Kolonialisten des 19. Jahrhunderts wie der zeitgenössischen Fernsehkommentatoren. ... Islam ... wird als Anachronismus betrachtet, seine Charakteristika – Despotismus, Un-Vernunft, Glauben, Stagnation, Mittelaltertum – gehören zu Stadien der Geschichte, deren Minderwertigkeit eine zeitliche Dimension erhält. ... Niedergang wird so nicht zu einem Tatbestand historischer Prozesse, sondern ein vorhersagbares Ereignis der metaphysischen Ordnung. ... Die Antithese von Normalität und Natürlichkeit ist Anomalie und Widernatürlichkeit."[23]

Dieses latent vorhandene Orientbild wurde wiederbelebt in dem Augenblick, in dem Feind und Feindbild des bipolaren Zeitalters zugleich abhanden kamen.[24]

3. Das alt-neue Feindbild Islam nach dem Ende der Bipolarität

Mit dem Zusammenbruch der Sowjetunion und der Auflösung des Warschauer Vertragssystems fand der Westen sich in einer feindlosen Zeit wieder. Die Herstellung von Identität bedarf aber der Abgrenzung des „Wir" von den „Anderen". Fremdheit speist sich daher aus der Entgegensetzung zum Eigenen, wobei dem Selbst ganz selbstverständlich positive Attribute zugewiesen werden, dem Fremden

---

21 Rommelspacher. Birgit: Anerkennung und Ausgrenzung. Deutschland als multikulturelle Gesellschaft, Frankfurt/New York, 2002.

22 Sa'id, Edward: Orientalism, London 1978.

23 Al-Azmeh, Aziz: Islams and Modernities, London 1993, S. 130-133, (Übersetzung aus dem Engl. W.R.).

24 Ruf, Werner: Islam. A new Challenge to the Security of the Western World? In: Ders. (Hrsg.): Islam and the West Judgements, Prejudices, Political Perspectives, Münster 2002, S. 41-54.

dagegen negative[25] - und meist bedrohliche. So benötigt das „Wir" die „Anderen" als Projektionsfläche für die eigene Identitätsstiftung. Und in diesem wechselseitigen Prozess sagt meist die Ausmalung des „Anderen", des „Fremden" mehr über die Befindlichkeit des „Wir" aus als über diesen „Anderen", von dem es sich abzugrenzen versucht. Bereits während des 2. Golfkriegs (1991), im Augenblick des Ausstiegs der Sowjetunion aus der Weltgeschichte, schrieb der Islamwissenschaftler Reinhard Schulze:

„Folglich bedeutete der Zusammenbruch des Ost-West-Systems 1989/90 einen tiefen Einschnitt in die Selbstlegitimation. Fehlte nun das ‚Andere' als Projektionsfläche für die faktische Antithese in der eigenen Gesellschaft, drohte ein Defizit, ja eine Lücke in der Beschreibung des ‚Wir'. Der Kuwait-Krieg, der propagandistisch schon seit Ende August 1990 geführt wurde, konnte innerhalb kürzester Zeit diese Lücke wieder schließen. Aus dem Osten wurde der Orient, aus dem Kommunismus der Islam, aus Stalin Saddam Hussein. Die Antithetik, die für den Westen bestimmend ist, wirkte nur noch radikaler. (...) Der Islam wurde als Prinzip des Orients ausgemacht, als Bewahrheitung des Irrationalen, gegenaufklärerischen Fundamentalismus, als Universalie, die nicht nur Ideologie ist, sondern allumfassend Gesellschaft, Kultur, Staat und Politik beherrschen will. Der Islam wird nun nicht nur als ideologische Antithese begriffen, sondern als gesamtkulturelle Antithese zum Westen und seiner universalistischen Identität. Der Islam gerät so zur Begründung des Gegen-Westens, zur Gegen-Moderne, ja zur Gegen-Zivilisation."[26]

Und in der Tat: 1993 begründete der amerikanische Politologe und frühere Sicherheitsberater Präsident Reagans mit seinem Aufsatz „Clash of Civilizations" „wissenschaftlich" die Ära einer neuen Bipolarität:

„Unterschiede zwischen Zivilisationen sind nicht nur real; sie sind grundlegend. ... Sie sind viel fundamentaler als die Unterschiede zwischen politischen Ideologien und politischen Regimen. Unterschiede meinen nicht notwendigerweise Konflikt, und Konflikt meint nicht notwendigerweise Gewalt. Aber, über die Jahrhunderte hinweg haben die Konflikte zwischen den Kulturen die längsten und gewalttätigsten Konflikte erzeugt."[27]

Dankbar bemächtigte sich der sicherheitspolitische Diskurs dieses neuen polarisierenden Paradigmas. So stellt das französische Verteidigungsweißbuch 1994 fest: „Der islamistische Extremismus stellt ohne Frage die beunruhigendste Bedrohung dar. (...) Er nimmt oft den Platz ein, den der Kommunismus innehatte als Wider-

---

25 s.u.a. Rommelspacher. Birgit: Anerkennung und Ausgrenzung. Deutschland als multikulturelle Gesellschaft, Frankfurt/New York, 2002, S. 9 – 20. Beck, Ulrich: Wie aus Nachbarn Juden werden. Zur politischen Konstruktion des Fremden in der reflexiven Moderne; in: Miller, Max/Soeffner, Hans-Georg (Hg.): Modernität und Barbarei, Frankfurt/M. 1996, S. 318 – 343; vgl. auch Hobsbawm, Eric: Nationen und Nationalismus. Mythos und Realität seit 1780, 3. Auflage, Frankfurt/New York 2005, S. 7.

26 Schulze, Reinhard: Vom Antikommunismus zum Antiislamismus. In: Peripherie Nr. 41/1991, S. 5 – 12, hier s. 7.

27 Huntington, Samuel P.: The Clash of Civilizations? In: Foreign Affairs, Summer 1993, pp. 22 – 49, hier S. 25.

standsform gegen die westliche Welt."[28] Diese Sprachregelung übernahm auch der damalige NATO-Generalsekretär Willi Claes, als er erklärte, dass der islamische Fundamentalismus möglicherweise eine größere Bedrohung darstelle als dies der Kommunismus war.[29]

In einem zweiten diesem Thema gewidmeten Aufsatz *The West Unique, not U-niversal*, der den Herrschaftsanspruch „des Westens" mit Verweis auf dessen „überlegene Kultur" abzusichern versucht, vertritt Huntington die These, dass die westliche Kultur einzigartig ist, weil nur sie das Erbe der griechischen Philosophie rezipiert habe, weil sie geprägt sei vom Christentum, weil die europäische Sprachenvielfalt ein Unikat darstelle gegenüber den übrigen Kulturen, weil es nur dem Westen gelungen sei, geistliche und weltliche Autorität zu trennen, weil nur im Westen Rechtsstaatlichkeit herrsche, weil es nur dort sozialen Pluralismus und Zivilgesellschaft, repräsentativ gewählte Körperschaften und Individualismus gäbe.[30] Demgegenüber gibt es im Islam nur den Koran und die shari'a.[31] Somit liegt der Schluss auf der Hand: All diese Eigenarten „*machen die westliche Kultur einzigartig, und die westliche Kultur ist wertvoll, nicht weil sie universell ist, sondern weil sie einzigartig ist.*"[32]

Dies ist Rassismus, der nun das alte antisemitische Klischee auf „den Islam" projiziert, indem er nicht mehrt ethnisch-biologisch, sondern kulturalistisch argumentiert.

Es bedurfte noch des 11. September 2001, um den „Clash of Civilizations" zur scheinbar empirisch belegten Tatsache werden zu lassen. Vergessen, ja unterschlagen wird dabei, dass insbesondere die USA in den 70er, vor allem aber dann in den 80er Jahren massiv die Zellen der Muslimbruderschaften in den arabischen Ländern bis hin zur Gründung islamischer Gewerkschaften unterstützten, um damit ein Gegengewicht gegen die als Moskau-freundlich geltenden säkular-nationalistischen Regime zu schaffen. Zur gleichen Zeit unterstützte Israel die Muslimbrüder in Palästina und die Gründung der Hamas, um die PLO zu schwächen.[33] Vor allem aber förderten die USA, in Zusammenarbeit mit Saudi-Arabien,

---

28 République Française: Livre blanc sur la Défense, Paris 1994, S. 18.

29 Interview mit der britischen Tageszeitung The Independent vom 08. Februar 1995.

30 Huntington Samuel P.: The West Unique, not universal; in: Foreign Affairs, Nov/Dec. 1996, pp. 28 – 49, hier S. 30 – 33.

31 The West ... S. 34. Huntington übernimmt hier das alte, von den Orientalisten gepflegte Klischee, das auch von Max Weber übernommen wurde, demzufolge die Orientalen – früher rassistisch als Semiten bezeichnet - heute kulturologisch unter „muslimisch" erfasst (womit Israel dem Westen zugeschlagen wird) heute kulturologisch definiert werden. So hatte der „Ahnvater" des Orientalismus, Ernest Renan, in seiner Vorlesung über die semitischen Völker 1883 formuliert, dass „die Semiten" zu wissenschaftlichen und künstlerischen Leistungen unfähig seien wegen „ (...) der schrecklichen Schlichtheit des semitischen Geistes, die den menschlichen Verstand jeder subtilen Vorstellung, jedem feinsinnigen Gefühl, jedem rationalen Forschen unzugänglich macht, um ihm die immer gleiche Tautologie ,Gott ist Gott' entgegenzuhalten". (Ernest Renan: „De la part des peuples sémitiques dans l'histoire de la civilisation", in: Oeuvres complètes, Bd. 2, Paris 1948, S. 333).

32 The West ... S. 35.

33 Baumgarten, Helga: Hamas. Der politische Islam in Palästina. München 2006, S. 73 – 77.

massiv die militanten Islamisten in Afghanistan, deren terroristische Ausbildung und die Rekrutierung ihrer Kämpfer in allen arabischen Staaten. So entstand einerseits eine Art von islamistischen internationalen Brigaden, andererseits begann damals die Kooperation mit größtenteils kriminellen Warlords, die teilweise bis heute andauert.

4. „Islamfaschismus"

Dieser Begriff findet immer mehr Eingang in die derzeitige politische Debatte, so dass sogar die wissenschaftlichen Dienste des Deutschen Bundestages sich veranlasst sahen, zu einer „Klärung" beizutragen. Das bereits publizierte Papier[34] wurde inzwischen zurückgezogen. Es verweist vor allem auf Analogien und Äquivalenzen, bei denen eine rassistisch oder religiös bestimmte Heilslehre, eine totalitäre Grundausrichtung, ein militanter Antisemitismus und eine umfassende Gewaltkultur hervorgehoben wird. Nicht zufällig wird der Begriff vor allem von prominenten Vertretern der Neo-Konservativen und des PNAC wie Daniel Pipes und Francis Fukuyama verwendet,[35] der wieder einmal den Vergleich mit dem einst bedrohlichen Kommunismus bemüht.[36] Zu denen, die hierzulande mit diesem Begriff hantieren, gehören Necla Kelek oder Josef Joffe, Herausgeber der „Zeit".[37]

Ohne Zweifel gibt es auf phänomenologischer Ebene Parallelen zwischen militantem islamistischem Fundamentalismus und einem Alltagsbegriff von Faschismus: So hat auch der Islamismus eine soziale Basis im Kleinbürgertum und den von sozialem Abstieg bedrohten (dünnen) Mittelschichten. Sein soziales Programm ist im Kern reaktionär, eine analytische Kritik am Kapitalismus und seiner Funktionsweise ist ihm fremd, die Problematik „freien" Handels wird nicht thematisiert. Und es gibt in kleinen Teilen der Bewegung eine Bereitschaft zur Gewalt.[38] Genau dies scheint der Grund zu sein, weshalb Teile einer sich als links verstehenden Kritik diese Phänomenologie hervorkehren, die historischen und strukturellen Ur-

---

34 Wissenschaftliche Dienste des Deutschen Bundestages: „Der aktuelle Begriff", Nr. 92/05 vom 16. 12. 2005. Dieses Papier wurde inzwischen ohne Angabe von Gründen vom Server genommen.

35 Fukuyama, Francis: The End of History and the Last Man, New York 1992, S. 236 -237.

36 „Das islam-faschistische Meer, in dem die Terroristen schwimmen, bildet eine ideologische Herausforderung, die in gewisser Weise grundlegender ist als jene, die der Kommunismus darstellte." A.a.O. S. 62. (Übersetzung W. R.).

37 vgl. auch
    http://de.wikipedia.org/wiki/Islamfaschismus#Benutzer_des_Begriffes_Islamfaschismus

38 Ausgeblendet bleibt hier die Finalität politischer Gewalt: Sicherlich war die französischen Revolution eine blutrünstige Angelegenheit, vorgetragen mit moralischer Emphase: „Das Prinzip der demokratischen Regierung ist die Tugend, und das Mittel, sie zur Herrschaft zu bringen, ist der Terror." (Robespierre, zit. n. Neumann, Franz: „Terrorismus" in: Drechsler/Hilligen/Neumann (Hrsg.): Gesellschaft und Staat. Lexikon der Politik, 10. Auflage, München 2003, S. 966 - 968, hier S. 967). Mit dieser Begründung wurde *la terreur* als Herrschaftssystem etabliert – und brachte zugleich als Tugend die universelle Erklärung der Menschenrechte hervor. Politische Gewalt stand also an der Wiege jenes politischen Systems, das heute das Fundament unserer politischen Ordnungsvorstellungen bildet: des demokratischen Rechtsstaats.

sachen von Gewalt (s. Galtung), wie sie in der jüngsten Gegenwart von extremistischen Gruppen propagiert und z. T. praktiziert wird, aber ausblenden. Exemplarische Beispiele solcher auf die Phänomenologie fixiererter Positionen finden sich etwa bei den „Antideutschen" ebenso wie bei den orthodoxen algerischen Kommunisten, die sich voll und ganz hinter die Politik der „Ausrottung" (der Islamisten) der algerischen Militärdiktatur stellen,[39] wie auch die Philosophen der Neuen Französischen Rechten, die so genannten Néo-Réacs.

Betrachtet man jedoch die letzten Jahrzehnte der politischen Entwicklungen im Nahen und Mittleren Osten genauer, dann kann nicht übersehen werden, dass die Islamisten inzwischen diejenigen sind, die konsequent das nationalistische und anti-imperialistische Programm übernommen haben, das die säkular-nationalistischen Regime entweder nicht verwirklichen konnten oder auch nicht wollten, nachdem sie selbst zu Statthaltern der Interessen der USA geworden waren. Dies gilt für das post-nasseristische Ägypten ebenso wie für das einstmals sich revolutionär gebende Algerien, Libyen, den Sudan oder Jemen. Das Terror-Regime von Saddam Hussein war – neben Syrien – die letzte säkular-nationalistische Bastion im Nahen Osten. Demgegenüber erklärt sich die Popularität von Bewegungen wie Hamas oder Hizbullah weniger aus ihrer Ideologie als aus ihren den religiösen Prinzipien der drei monotheistischen Religionen entspringenden sozialen Leistungen wie vor allem aus ihrem konsequenten Widerstand gegen die US-amerikanische Dominanz.[40] Die Opposition der islamistischen Gruppierungen und Parteien richtet sich primär gegen die eigenen korrupten und repressiven Regime, die allesamt ihre Existenz dem Wohlwollen Washingtons (und der EU) verdanken. Vor allem aber verhindert der undifferenzierte und pauschalisierende Begriff des „Islamfaschismus" die genauere Analyse der Bewegungen, die sehr wohl für die Liberalisierung des jeweiligen politischen Systems eintreten, die in ihren sozialen Programmen und Verwirklichungen mit Abstand fortschrittlicher sind als selbst christliche Gruppierungen im Nahen Osten,[41] und die sich in ihrer Politik durch ein hohes Maß an Pragmatismus auszeichnen.[42]

---

39 Ruf, Werner: Die algerische Tragödie. Münster 1997, S. 137f. So schreibt etwa der wohl prominenteste zeitgenössische algerische Schriftsteller und Inhaber zahlreicher Literaturpreise Rachid Boudjedra, prominentes Mitglied der Algerischen Kommunistischen Partei: „Diese Verrückten Gottes. Diese patentierten Killer, diese zurückgebliebenen Geisteskranken. Diese todbringenden Wesen. Eine faschistische Minderheit, eine stinkende Partei des politischen Abfalls, ein Haufen tollwütiger und pestkranker Ratten." (Boudjedra, Rachid: Prinzip Hass. Mainz 1993).

40 Dies erklärt auch, weshalb bei den palästinensischen Parlamentswahlen im Januar 2006 weite Teile der „christlichen" Palästinenser für Hamas stimmten.

41 Rieger, Brigitte: Rentiers, Patrone und Gemeinschaft: Soziale Sicherung im Libanon. Peter Lang Verlag, Bern, 2003.

42 Nicht nur hat die algerische FIS im römischen Kloster von St. Egidio mit den säkularen Parteien Algeriens (außer den Kommunisten) einen Friedensplan ausgearbeitet, der dann von den Militärs sabotiert wurde; auch die HAMAS in Palästina hat – bis zu der jüngsten Bombardierung von Beit Hanoun – eineinhalb Jahre einen einseitig erklärten Waffenstillstand eingehalten, um so Vorleistungen für Verhandlungen mit Israel zu erbringen; die Hisbollah akzeptiert uneingeschränkt den multikonfessionellen und säkularen Charakter des libanesi-

Die Begriffskeule „Islamfaschismus" birgt die Gefahr, alles „muslimische" un-differenziert als reaktionär und eben „faschistisch" abzutun und damit jede rationa-le Auseinandersetzung mit den derzeit wichtigsten sozialen und politischen Strö-mungen sowohl in der islamischen Welt wie hierzulande zu verhindern. Solcher Reduktionismus macht den Antisemitismus zum Wesenszug jener neuen Anderen, der Muslime. Er verdrängt damit die deutsche Vergangenheit durch die Relativie-rung der Nazi-Verbrechen in Deutschland und in Europa, er trägt bei zu einem undifferenzierten Feindbild gegen die Muslime hierzulande ebenso wie auf der Ebene der globalen Konflikte. So ist dann der Weg nicht weit, die neue Weltord-nung der USA als Bollwerk „gegen den Faschismus" zu feiern.[43] Durch die Über-nahme dieses pauschalen Feindbilds aus der neo-konservativen Ecke gerade auch durch Gruppierungen, die sich als Teil der Linken verstehen wollen, wird so ein Beitrag zu einer Polarisierung geleistet, die jeder rationalen Analyse der Kon-flikthaftigkeiten und Konfliktursachen in der globalen Welt den Weg versperrt. Die Kritik von Moshe Zuckermann, der hervorhebt, dass Islam und Faschismus nichts miteinander zu tun haben, bringt die Debatte auf den Punkt, wenn er sagt: *„Man muss schon den Begriff des Faschismus inhaltlich entleeren, um oberflächliche Ähnlichkeiten ausmachen zu können."*

Denn in der Tat: Die Verkürzung des Faschismus auf den industriellen Massen-mord an den Juden ist eine gefährliche Vereinfachung des Faschismus im Allge-meinen und des Nationalsozialismus im Besonderen, dessen spektakulärstes Verbrechen herausgelöst wird aus der menschenverachtenden Ideologie des NS-Systems schlechthin und seiner Funktion als extreme Form kapitalistischer Herr-schaft.[44] Eine solche verkürzte, bei den „Antideutschen" beliebte Reduktion des Faschismus vermeidet nicht nur jede polit-ökonomische Analyse des Faschismus, sie verdrängt auch die grundsätzliche Menschenfeindlichkeit des auf der biologi-schen Rasselehre aufbauenden Systems, das gnadenlos auch Sinti und Roma, Be-hinderte („lebensunwertes Leben") und „slawische Untermenschen" vernichtete. Dabei lösen gerade die „Antideutschen" „den Antisemitismus vom Rassismus" und produzieren so selbst einen neuen anti-muslimischen Rassismus.[45] Die „Islamfa-schismus"-These evakuiert nicht nur deutsche Schuld, sie projiziert sie nun auf jene Anderen, die zum neuen Feindbild hochstilisiert werden, sie produziert eine ganz besondere – rein einseitige - Aufmerksamkeit und macht in der Tendenz ver-gessen, dass es eben nicht die Muslime waren, die sechs Millionen Juden vergast haben!

Der nationalsozialistische Rassenwahn, der den – gegen die semitischen Völker gerichteten – Antisemitismus propagierte, meinte eben nicht die Juden allein, son-

---

schen Staates, wo sich der Führer der konservativen katholischen Christen, General Aoun, mit ihr verbündet hat; in Jemen besteht eine Koalitionsregierung aus Sozialisten und der aus den Muslimbrüdern hervorgegangenen jemenitischen Reformbewegung.

43 www.antideutsch.tk, zit. n. Erdem, Isabel: Anti-deutsche Linke oder anti-linke Deutsche; in: UTOPIEkreativ Nr. 192,/Okt. 2006, S. 926 – 939, hier S. 9 -10, Anm. 9.

44 Kühnl, Reinhard: Faschismustheorien. Texte zur Faschismusdiskussion 2, Reinbek bei Ham-burg, 1979.

45 Erdem, a.a.O. S. 933f.

dern die semitischen „Untermenschen" schlechthin. Es ist daher kein Zufall, dass die durch Arbeit fast vernichteten Menschen, die von den Nazi-Schergen in die Gaskammern getrieben wurden und die die unterste Kategorie der „Untermenschen" darstellten, als „Muselmänner" bezeichnet wurden.[46] Während die Schändung jüdischer Synagogen oder Friedhöfe – zu Recht – große mediale Empörung auslöst, wird die Beschmierung türkischer Schnell-Imbiss-Läden mit Hakenkreuzen kaum zur Kenntnis genommen[47], so wenig wie migrantenfeindliche Parolen der „Antideutschen" Aufsehen erregen.[48] Vor allem wird (absichtsvoll?) unterschlagen, wie sehr in den kulturalistischen Hasstiraden gegen „den Islam" die alten antisemitischen Stereotypen fortleben. Die „bedingungslose Solidarität mit Israel" kaschiert nur schlecht das latent vorhandene rassistische Grundmuster einer Argumentation, die die alten Vorurteile auf einen alt-neuen Feind projiziert, der in seinem arabischen Kern gleichfalls semitisch ist. Und die herausragenden Figuren der westdeutschen Nachkriegszeit wie Springer, Strauss, Kiesinger etc. vermochten es trefflich, ihre braune Vergangenheit durch demonstrative Freundschaft zu Israel zu übertünchen.

Vor allem aber: Antisemitische Diskriminierung, die bis heute den alten „abendländischen" Vorurteilen folgt, sich aber nun kulturalistisch verkleidet, bleibt sich auch insofern treu, als sie das sexistische Klischee pflegt, das auch vom rassistischen Antisemitismus schon immer auf „den Orient" oder „die Semiten" projiziert wurde.[49] So wird beispielsweise in Teilen der Medien der Mord an dem niederländischen Filmemacher van Gogh als Beweis für die „dem" Islam bzw. „den" Muslimen innewohnende Gewaltbereitschaft angeführt, ohne dass in der Berichterstattung darauf verwiesen würde, dass von Gogh von Muslimen ausschließlich als „der fünften Kolonne der Ziegenficker" sprach und den Propheten Mohamed als „pervertierten Kinderficker" bezeichnete.[50]

Populäre Kronzeugin der „Islamfaschismus"-These ist auch Alice Schwarzer, die in einem ganzseitigen Interview mit der FAZ erklärt: „Mir war klar, dass die es ernst meinen. Ganz wie Hitler 1933."[51] Dann folgen Pauschalisierungen und Verdrehungen, die flugs eine fremdenfeindliche Konnotation erhalten: „Seit Mitte der Achtziger … gilt Deutschland Experten als europäische ,Drehscheibe des islamischen Terrorismus'. Die islamistischen Terroristen aller Länder haben bei uns Asyl

---

46 Levi, Primo: Survival in Auschwitz and the reawakening: Two Memoirs. New York 1986, S. 88 - 92.

47 Frankfurter Rundschau 22. März 2004, S. 4.

48 Erdem, a.a.O. S. 933.

49 Dies reicht von den lüsternen abendländischen Vorstellungen über den Harem bis zu der angeblich der semitischen Rasse innewohnenden sexuellen Besessenheit, die von den Orientalisten immer wieder hervorgehoben wurde. Auch die Nazis bedienten sich dieses Klischees: Man erinnere sich nur an die ekelhaften Schaustellungen von Frauen, die sexueller Beziehungen mit Juden beschuldigt wurden und mit umgehängten Schildern öffentlich vorgeführt wurden, auf denen stand: „Ich bin im Dorf das größte Schwein, ich lass mich nur mit Juden ein".

50 vgl. Hirzalla, Fadi: Der Drang zum Vulgären. Immigrationsdiskurs in Holland; in INAMO Nr. 46, Sommer 2006, S. 9 – 11.

51 Frankfurter Allgemeine Zeitung, 04. Juli 2006, S. 45.

erhalten." Und sie macht auch gleich die Gründe hierfür aus: „Doch es gibt ein besonderes deutsches Problem: dieses deutsche Minderwertigkeitsgefühl, das leicht in Größenwahn umschlagen kann. Diese Fremdenliebe, die Verherrlichung des Fremden ist ein Resultat dieser mangelnden Selbstachtung. Da spielt in Deutschland ... eine fatale Rolle ... das schlechte Gewissen wegen der Nazizeit."[52]

Nichts belegt besser, wie eng das vordergründige Etikett des „Islam-Faschismus" und die „ganz normale" Xenophobie beisammen liegen, verbunden mit der Botschaft, dass wir „uns" endlich des ‚schlechten Gewissens' wegen der Nazi-Zeit entledigen und wieder ‚normal' werden müssen. Demgegenüber erscheint Innenminister Wolfgang Schäuble schon geradezu als rationaler Aufklärer, wenn er im Vorfeld der von ihm einberufenen Islam-Konferenz erklärt: „Muslime in Deutschland sollen sich als deutsche Muslime fühlen können."[53]

6. Ein neuer West-Ost-Konflikt?

Zum Aufstieg des Islam als neuer politischer Kraft haben jedoch ganz entscheidend auch innenpolitische Entwicklungen in den Ländern des Vorderen Orients beigetragen: Die säkularen, nationalistischen Regime der Region, vom Westen misstrauisch als potentielle Verbündete der Sowjetunion beäugt und teilweise durch Unterstützung der Islamisten bekämpft, hatten es nicht vermocht, die Entstehung des Staates Israel zu verhindern, zugleich versuchten sie mit anti-israelischer Propaganda, von der eigenen Misswirtschaft abzulenken. Ihre unterschiedlichen Entwicklungsstrategien hatten versagt, seien sie nun kapitalistischer oder sozialistischer Orientierung gewesen. Sichtbar wurde auch, dass diese Regime, die in unterschiedlicher Intensität den Islam zur Legitimation ihrer Herrschaft nutzten, keineswegs nach dessen strenger Moral lebten. In den Ländern der Region war eine dünne Schicht von (meist korrupten) Modernisierungsgewinnern entstanden, denen eine verelendende Masse gegenüberstand.[54] Das Scheitern der Entwicklungsstrategien verschärfte die ohnehin vorhandene Legitimationskrise dramatisch: Waren nicht Kapitalismus und Sozialismus die beiden Seiten einer und derselben Medaille, des Atheismus? Und resultiert nicht das Elend der Menschen in diesen Ländern aus der Korruption und Bereicherungswut jener, die die Staatsmacht und damit die Quellen der Profitaneignung kontrollieren, kurz derjenigen, die nach westlichem Stil leben, ja geradezu in Genusssucht schwelgen? Der Aufstieg der als Protestbewegung zu verstehenden Islamischen Heilsfront in Algerien ist hierfür ebenso paradigmatisch wie die wachsende islamistische Agitation in Saudi-Arabien oder der Sieg der Hamas bei den – freien! – Parlamentswahlen im Januar 2006.

Diese Entwicklung ist Resultat und Dilemma westlicher Politik zugleich: Einerseits wird Demokratie eingefordert, andererseits kämen bei einer Demokratisierung jene Kräfte an die Macht, deren Ziel möglicherweise die Abschaffung der Formen

---

52 ebenda.
53 Schäuble, Wolfgangn: Muslime in Deutchland. Frankfurter Allgemeine Zeitung, 27. Sept. 2006, S. 9.
54 Fuller, Graham, E./Lesser, Jan O.: A sense of siege. The Geopolitics of Islam and the West, Boulder, Colorado 1995.

westlich-demokratischer Willensbildungsprozesse, vor allem aber die konsequente Kontrolle der jeweiligen nationalen Ressourcen wäre. Dieses Dilemma macht es dem Westen offensichtlich so schwer, der verbalen Einforderung von Menschenrechten und Demokratie den notwendigen politischen und ökonomischen Druck folgen zu lassen. Die Doppelbödigkeit westlicher – vor allem US-amerikanischer - Politik zeigt sich so nicht nur an der bedingungslosen Unterstützung der israelischen Besetzung und Unterdrückung in Palästina, sondern genauso im Widerspruch zwischen verbaler Einforderung von Demokratie und gleichzeitiger Unterstützung der ultra-autoritären und korrupten Regime, die immerhin „Stabilität" zu garantieren scheinen, nachdem sie jede und gerade auch demokratische oppositionelle Bewegung brutal vernichtet haben.[55] So erscheinen in den Augen der nahöstlichen Bevölkerung die Schlagworte „Befreiung" und „Demokratisierung" nur als verlogene Feigenblätter zur Kaschierung des imperialen Griffs nach dem Öl. Und die Art der Kriegführung in Irak und Afghanistan erscheint nur als eindeutiger Beleg dieser These.

Vor diesem Hintergrund geben die Verlautbarungen von Führungspersonen von *al qaeda* zu denken. So erklärte beispielsweise Ayman az-Zawahiri, in westlichen Sicherheitskreisen als die Nr. 2 des Netzwerks gehandelt, zum 2. Jahrestag des 11. September 2001 auf einem vom Sender *al-jazeera* ausgestrahlten Tonband:

„Der zweite Jahrestag der Angriffe auf New York und Washington ist nun auf uns zugekommen. Er erinnert uns an das Opfer unserer heldenhaften 19 Brüder, die mit ihrem Blut eine Seite der amerikanischen Geschichte aufgeschlagen haben, eine Absage der Moslems an Amerikas Arroganz und Tyrannei, ein Ausdruck ihres Stolzes auf ihre Religion, ihren Glauben und ihre Würde und ihre Entschlossenheit, die Moslems und die Unterdrückten der Menschheit zu rächen. ...

An diesem zweiten Jahrestag wollen wir uns an die Menschen in den am Kreuzzug teilnehmenden Staaten wenden, um ihnen Folgendes zu sagen: Wir sind keine Verfechter von Töten und Zerstörung. Mit Hilfe Gottes aber werden wir jede Hand abschlagen, die sich in feindlicher Absicht nach uns streckt.

Wir sagen Euch: ... Hört auf mit Euren Angriffen auf die Menschen und das Eigentum der Unterdrückten. Genug des Handelns mit Slogans von ‚Freiheit und Gerechtigkeit' und ‚Menschenrechten'! Wir rufen Euch zum Islam, der Religion der Einheit Gottes; der Gerechtigkeit, der Mäßigung, der Reinheit und der Macht. Wenn Ihr den Islam zurückweist, haltet wenigstens ein in Eurer Feindseligkeit gegen unsere islamische Weltgemeinschaft. Über Jahrzehnte habt Ihr unsere Frauen und Kinder getötet, unseren Wohlstand gestohlen und Tyrannen unterstützt, die unsere Gemeinschaft brutal beherrschen. ...

(...) Eure größten Verbrecher haben Euch versprochen, sie würden Al-Qaida vernichten, um Euer Leben sicherer zu machen. Ist Al-Qaida am Ende trotz all dieser grausamen und dreckigen Kriege, die man gegen sie geführt hat? Oder hat sich Al-Qaida verstreut, ausgebreitet und die Anzahl ihrer Unterstützer erhöht ...?

Wir können Euch versichern, dass die Wunde Palästinas im Herzen eines jeden Moslems blutet, und dass - mit der Hilfe und Macht Gottes - wir Amerika nicht von

---

55 Bensedrine, Sihem/Mestiri, Omar: L'Europe et ses Despotes, Paris 2004.

Sicherheit träumen lassen werden, solange wir nicht in wirklicher Sicherheit in Palästina und allen Ländern des Islam leben. "[56]

Solche Erklärungen klingen beinahe wie eine neue Befreiungsideologie.[57] Ihre Sprache ist keine religiöse Exegese, sie verweist weder auf Textstellen noch auf missionarische Visionen. Die floskelhaften Verweise auf Gott gehen über diejenigen in unserer Alltagssprache kaum hinaus, und der Ruf zum Islam wird sofort relativiert durch die Forderung *„ ... haltet wenigstens ein in Eurer Feindseligkeit gegen unsere islamische Weltgemeinschaft".* Dieselbe Argumentation findet sich auch wieder und wieder bei Bin Laden.[58] Dies ist ein politischer Diskurs, der in kompromissloser Radikalität die alten Forderungen des – säkularen – arabischen Nationalismus aufnimmt. Genau dies erklärt, weshalb – nicht zuletzt aufgrund der katalysatorischen Wirkung der Kriege in Afghanistan und Irak, vor allem aber des Nahost-Konflikts – in der arabischen und islamischen Welt ein neuer antiimperialistischer Widerstand zu entstehen scheint. Die Politik des Messens mit zweierlei Maß, die ungeheure Zahl von Toten in der Zivilbevölkerung aufgrund der Gewaltanwendung in den jüngsten Kriegen[59] erscheinen als Beweis für die menschenverachtende Politik „des Westens", für seine Arroganz und vor allem für seinen Zynismus, der die Menschenrechte beschwört und sie zugleich mit Füßen tritt. So haben die aggressive US-Politik und ihr kulturalistisch ausgemaltes Feindbild Islam zum ersten Mal in der Geschichte des Nahen und Mittleren Ostens eine Allianz zwischen den nationalistisch-säkularen und den islamistischen Kräften zustande gebracht. Die Übernahme des alten antiimperialistischen Diskurses durchaus unter religiösem Vorzeichen, aber ohne missionarischen Anspruch, zeigt die neue Qualität dieses Widerstands. Politische Gewalt seitens jener Gruppierungen, die sich auf den Islam berufen, kann daher nicht aus der Religion selbst erklärt werden, sie ist vielmehr Gewalt, die aus Geschichte, strukturellen Gewaltverhältnissen und alltäglicher Diskriminierung sowohl auf der Ebene des internationalen Systems wie im innergesellschaftlichen Raum resultiert. Die Zugehörigkeit zum Islam aber wird beiderseits als Referenzsystem zur Diskriminierung einerseits und im Extremfall zur Legitimation von offener Gewalt andererseits bemüht. Das ist in der Tat neu, denn: Die ungeheure Gewaltförmigkeit des Algerienkrieges, die Anschläge der PLO in den 70er Jahren, die bürgerkriegsähnlichen Auseinandersetzungen im Libanon seit 1958 (und der ganz und gar unislamische Vietnamkrieg) waren nicht weniger gewaltförmig als die heutigen Anschläge der „Terroristen". Nur: Sie wur-

---

56 http://www.jihadunspun.com/home.php, abgerufen am 22. Dez. 2003.

57 s. den interessanten Vergleich zwischen Reden Che Guevaras und Usama Bin Landens in: Achcar, Gilbert: The Clash of Barbarisms. The Making of the New World Disorder. London 2006, S. 82.

58 http://english.aljazeera.net/NR/rdonlyres/79C6AF22-98FB-4A1C-B21F-2BC36E87F61F/53232/Binladin.asf, abgerufen am 22. Dez. 2004; vgl. auch die Zitate bei Achcar, Gilbert, a.a.O. S. 78 – 82.

59 In den vier Jahren der 2. palästinensischen Intifada starben 3.334 Palästinenser, darunter 621 Kinder unter 17 Jahren (www.palestinemonitor.org), abgerufen am 20. Januar 2005. Die Zahl der Ziviltoten in Afghanistan seit Beginn des Krieges wird auf über 30.000 geschätzt, die der Toten in Irak seit Beginn der US-geführten Invasion auf über 750.000.

den nicht in das seit der Erfindung des *Clash of Civilizations* so griffige Interpretationsmuster eingepasst.

7. Perspektiven

Die Globalisierung hat die Konflikte in der Welt entterritorialisiert. Im Gegensatz zum alten Ost-West-Konflikt („Eiserner Vorhang") stehen sich nicht mehr Staaten gegenüber, die Konflikte sind hineinverlagert in die Gesellschaften. Dort finden – im Nahen und Mittleren Osten wie bei uns – jene Prozesse statt, die die muslimischen Gemeinschaften weltweit polarisieren zwischen radikalen und fast autistischen Tendenzen und solchen, die reformistisch sind und nach Öffnung streben. Sicherlich entscheiden die Muslime selbst, welchen Weg sie letztlich gehen werden. Dieser hängt jedoch genauso ab von den Integrationspolitiken der Einwanderungsländer und der Art der unverzichtbaren Institutionalisierung der unterschiedlichen – nationalen wie religiösen – Ausrichtungen des im Okzident angekommenen Islam,[60] wobei nie vergessen werden darf, wie lange schon „der Westen" im Orient präsent ist und welches Bild er dort vermittelt und vermittelt hat. Tariq Ramadan hat Recht, wenn er an die europäischen Mehrheitsgesellschaften appelliert:

„Es gibt keine Wirklichkeit des ,wir gegen sie'. Ein ,wir gegen sie' wäre das Ende unserer gemeinsamen Zukunft. Um dies zu verhindern, braucht es Menschen, die aus ihren jeweiligen kulturellen, religiösen und intellektuellen Ghettos herauskommen. Ich möchte, dass Ihr das begreift: Ihr seid Teil dieses Prozesses. Ihr werdet die Muslime bekommen, die Ihr verdient."[61]

Und, so muss hinzugefügt werden, dieser Weg hängt auch ab von der internationalen Politik und dem Verhalten des Westens gegenüber den Ländern des Islam, allen voran Irak, Iran, Afghanistan und nicht zuletzt gegenüber dem Konflikt, den der derzeitige deutsche Außenminister Steinmeier jüngst „den Zentralkonflikt" genannt hat: Israel – Palästina.

---

60 Césari, Jocelyne: L'Islam à l'épreuve de l'Occident, Paris 2004, S. 263.
61 Ramadan, Tariq: Euro-Islam und muslimische Renaissance; in: Blätter für deutsche und internationale Politik, Heft 6/2006, S. 673 – 685, hier: S. 685.

Arne C. Seifert

Anti-iranische Offensive: Mehr als ein Atomstreit

Meinen Vortrag kann ich mit der angenehmen Mitteilung beginnen, dass für die Regelung des Atomstreits mit Iran endlich ein konkreter Verhandlungsrahmen gefunden ist. Aus diplomatischen Quellen verlauten dazu folgende Eckpunkte:

1. Der Westen geht auf die erklärte Bereitschaft der iranischen Führung ein, die Urananreicherung nicht für die Entwicklung von Atomwaffen zu nutzen. Als Gegenleistung bietet der Westen an, iranischen Sicherheitsbefürchtungen hinsichtlich einer westlichen Intervention zum Sturz der iranischen Führung durch folgende Maßnahmen Rechnung zu tragen:

- Die USA setzen ihr Militärprogramm zur Schaffung einer 120.000 Mann starken „Caspian Guard" im Kaukasus aus, legen einen Truppenabzugsplan aus Irak vor und reduzieren ihre Militärpräsenz im Persischen Golf;
- Die USA, EU und NATO wenden das zweite Helsinki-Prinzip der friedlichen Koexistenz „Enthaltung von der Androhung und Anwendung von Gewalt" auf Iran an.
- Die OSZE vermittelt endlich die Unterzeichnung der im September 2002 von den iranischen Nachbarstaaten Zentralasiens erreichte Vereinbarung über die Verwandlung Zentralasiens in eine atomwaffenfreie Zone und beginnen mit deren Verwirklichung.[1]
- Die iranische Führung verpflichtet sich zum Verzicht auf atomare Waffen und zur Teilnahme an einer Umwandlung des Nahen und Mittleren Ostens in eine atomwaffenfreie Zone.

2. Der neue Generalsekretär der Vereinten Nationen, Ban Ki Moon, prüft gegenwärtig, dem Sicherheitsrat sowie den Staaten des Persischen Golfes einen Vorschlag für die Schaffung eines Systems der kollektiven Sicherheit und Zusammenarbeit in der Region zu unterbreiten.

3. Iran nimmt Vorschlag der Russischen Föderation an, Uran gemeinsam in russischen Anlagen anzureichern und dort zu lagern.

4. Die Bundesregierung erwägt gegenwärtig eine vertrauensbildende Vorleistung in Form einer Grundsatzvereinbarung mit Iran über eine dauerhafte Konsolidierung des Verhältnisses Deutschlands zur Islamischen Republik Iran. Damit sollen die Beziehungen dauerhaft auf gegenseitig annehmbare Prinzipien und eine berechenbare Grundlage gestellt werden.

In dieser Vereinbarung, so verlautet aus vertraulichen Quellen, erkennt die Bundesregierung das Recht Irans auf seinen selbstbestimmten, am Islam, der sozialen Spezifik und Werten seiner Gesellschaft orientierten Entwicklungsweg an.

---

1 Die Initiative dazu ging von der Mongolei aus, die sich 1992 zu atomwaffenfreier Zone erklärte und aufforderte, in Zentralasien Gleiches zu tun. 1993 griff diesen Vorschlag der Präsident Usbekistans, Islam Karimov, auf. 2002 (!) kam der Prozess zum Stillstand.

Auch sollen Fragen der Wirtschaftsbeziehungen sowie der Gewährleistung zukünftiger Energiesicherheit auf der Grundlage des gegenseitigen Vorteils geregelt werden.

Schließlich erwägt die Bundesregierung z. Zt., die Problematik der atomaren und konventionellen Rüstungsbegrenzung und Abrüstung unverzüglich und nachdrücklichst doch noch auf die Tagesordnung des nächsten G8-Gipfels zu setzen und dem Deutschen Bundestag einen dementsprechenden Plan zu unterbreiten.

Sie haben es sicherlich längst bemerkt: Ich habe Sie hinters Licht geführt. Einen solchen Plan gibt es natürlich nicht!

Aber, in etwa so müsste und könnte ein Plan zur friedlichen Regelung des Atomstreits mit Iran aussehen. Es müsste ein grundsätzlicher Plan sein. Denn im Streit mit der iranischen Führung steht wahrhaft Grundsätzliches auf dem internationalen Spiel!

Worum geht es? Wodurch werden seine Grundelemente charakterisiert?

Das zu erläutern beabsichtige ich in vier Schwerpunkten: in einer Charakteristik der Ausgangspositionen des Westens (I), durch das Erläutern von Problemstellungen, die bei der Bewertung des Atomstreits zu beachten sind (II), indem ich eingehe auf einige Implikationen für europäische und deutsche Politik, und schließlich (III), auf Konturen eines erforderlichen neuen Verhältnisses zu den Staaten des Nahen und Mittleren Ostens sowie die Regelung des Konfliktes mit Iran (IV).

Seit Monaten belasten das Anstürmen des Westens gegen das Atomprogramm des Iran und dessen Beharren auf seinem Recht, gemäß Artikel IV Atomwaffensperrvertrag die Kernenergie zu friedlichen Zwecken voll zu nutzen und Uran anzureichern, die internationale Lage. Gerüchte, ja Erwartungen einseitiger militärischer Aktionen, so der USA oder/und mit ihnen Verbündeter, weichen nicht aus den Medien.

Die Konsequenzen könnten katastrophal sein. Ein Kriegszustand zwischen NATO-Staaten und Iran wäre nicht ausschließbar, was militärische Handlungen zur Sperrung der Straße von Hormus provozieren könnte, eine Krise bei der internationalen Erdölversorgung sowie eine weitere Eskalation im Nahostkonflikt. Die Spannungen zwischen dem Westen und Iran wüchsen sich also in einen schweren internationalen Konflikt aus.

I. Ausgangspositionen des Westens

Der Westen unterstellt der iranischen Führung, sie wolle die Atomanreicherung zum Bau von Atomwaffen nutzen. Diese hat das stets bestritten und behauptet, die Anreicherung diene ausschließlich der friedlichen Nutzung zur Gewinnung von Atomenergie. Obgleich der Westen die iranische Führung mit ihrer Versicherung beim Wort nehmen und sie in eine international verbindliche, konsensuale Vereinbarung einbinden könnte, geht er den entgegengesetzten Weg. Er trachtet danach, Iran die Wahrnehmung seines Rechts auf Anreicherung kategorisch zu verbieten. Das ist eine machtpolitisch motivierte Entscheidung, bei der es den westlichen Mächten vor allem um Dreierlei geht:

Erstens soll verhindert werden, dass sich in für sie „vitalen Interessenszonen", wie sie der Nahe und Mittlere Osten darstellt, dritte Staaten ein unabhängiges, unter bestimmten Umständen auch militärisch nutzbares Potential zulegen. Letzteres könnte diese nämlich in die Lage versetzen, eigene Interessen auch gegen hegemoniale Zielstellungen der westlichen Allianzen zu behaupten. Gelänge es bestimmten Regionalmächten, zu denen auch Iran gerechnet werden kann, solche Potentiale zu schaffen, so könnte sich erneut ein Gegengewicht zu jenen Allianzen herausbilden. Hinderlich wäre das insbesondere für die Absicht Letzterer, bei der noch nicht endgültig abgeschlossenen Determinierung einer ihren Interessen entsprechenden, neuen „internationalen Ordnung" die Monopolstellung zu erringen und zu behaupten.

Wie noch dargestellt wird, spielt die Bush-Administration im Widerstand gegen die iranische Führung eine besondere Rolle. Sie befindet sich in der Tat in lebenswichtiger Abhängigkeit von den Erdölressourcen im Persischen Golf und von der Bewahrung des Dollars als Leitwährung des internationalen Erdöl- und Erdgashandels. Im US-Feindbild „Schurkenstaat" nimmt die islamische iranische Führung einen zentralen Platz ein. Umgekehrt galten die USA für die Verfechter der islamischen Revolution von Anfang an als „Reich des Bösen" und stehen bei der Verteidigung deren politischen Systems als Gegner an der Spitze.

Es geht zweitens um die größtmögliche Bewahrung des atomaren Abschreckungspotentials in den Arsenalen der führenden Staaten des Westens. Das Behaupten der Monopolstellung beim Determinieren einer neuen internationalen Ordnung bedingt die Bewahrung des atomaren Abschreckungspotentials. Letzteres gewinnt erneut an Bedeutung angesichts des Versagens des neuen, aber noch nicht oder nur partiell atomar gestützten militärischen Hightech-Mittelrepertoirs in den Kriegen der USA im Irak und der NATO in Afghanistan. Hier stellt sich heraus, dass ein Hightech-Krieg in der Auseinandersetzung mit den asymmetrischen Kampfmitteln der „neuen Gegner" nicht zu gewinnen ist. Auch zeigt sich, dass die militärische „Enthauptung" gegnerischer Führungen nicht deckungsgleich mit dem Verwirklichen angestrebter politischer Ziele zu sein braucht. Angesichts dieser Erfahrungen stecken die westlichen Allianzen zur Zeit in einem Ziel-Mittel-Dilemma ihrer Interventionsstrategie: Die politischen Absichten lassen sich mit dem zur Verfügung stehenden militärischen Hightech-Mittelrepertoir nicht oder nur ungenügend zielführend in die Tat umsetzen.

Drittens geht es um die Nichtweiterverbreitung von Massenvernichtungswaffen, insbesondere atomarer. Bei aller Kritik und berechtigtem Misstrauen an und gegenüber der zunehmend interventionistischen Neuorientierung von NATO und EU sollte nicht negiert werden, dass auch politische Akteure des Westens über die Weiterverbreitung von Massenvernichtungswaffen besorgt sind. Eine solche Besorgnis würde aber zwingend deren konsequentes Eintreten für die Festigung des völkerrechtlich gültigen Nichtweiterverbreitungsregimes gegenüber eigenen Verbündeten, insbesondere der Bush-Administration, erheischen. Zugleich müssten sie das Ausräumen von Ursachen in den Mittelpunkt rücken, die andere Staaten dazu veranlassen, im Besitz eigener Atomwaffen einen Ausweg für die eigene Interessenswahrung zu sehen. Eine solche Haltung ist allerdings insbesondere auch in der Außenpolitik der CDU-SPD-Koalitionsregierung zu vermissen.

Im Falle Irans kulminieren alle genannten westlichen Motive: das Infragestellen der Hegemonie des Westens über eine „vitale Interessenszone" (Stichwort: Energiesicherheit) durch die selbstbewusste Führung eines islamischen Staates, die sich in vielerlei Hinsicht den regionalen und internationalen Ordnungsabsichten und Strategien des Westens widersetzt; das Bestreben, das atomare Abschreckungspotential des Westens zu bewahren; die Nichtweiterverbreitung von Massenvernichtungswaffen. Deshalb setzen die tonangebenden Staaten des Westens mit ihrer anti-iranischen Offensive in der Atomfrage alles daran, die iranische Führung zu „disziplinieren" und ihr auf längere Sicht die potenzielle Möglichkeit zu verwehren, sich gegen eine äußere Intervention zu ihrem Sturz zur Wehr zu setzen.

Russland und China befinden sich als Ständige Mitglieder des Sicherheitsrats in einer widersprüchlichen Situation. Einerseits sind sie sich des interventionistischen Strategiewechsels in der internationalen Politik der führenden Staaten des Westens bewusst. Er ist auch für sie in vielerlei Hinsicht gefährlich, impliziert Einengung eigener internationaler sowie regionaler Spielräume und potentiellen Konfliktstoff. Das betrifft insbesondere das Bestreben der USA, die Sanktionsschwelle, vor allem für die Anwendung von Kapitel 7 UN-Charta, für die Realisierung eigener Interessen abzusenken. Andererseits sind beide Staaten daran interessiert, den Klub der Atommächte, welchem sie selbst angehören, klein zu halten. Schließlich beeinflussen umfangreiche Wirtschaftsbeziehungen mit Iran, auch im atomaren Bereich, deren Verhalten im Atomstreit.

II. Problemstellungen, die bei der Bewertung des Atomstreits zu beachten sind

Diese Widerspruchssituation besteht zwischen dem Anspruch Irans auf Respektierung seines selbstbestimmten Entwicklungswegs, der Unterschiedlichkeit seiner Gesellschaft sowie seines politischen Systems einerseits und andererseits einer Hegemonialpolitik des Westens gegenüber dem Nahen und Mittleren Osten.

Diese zugespitzte Widerspruchssituation ist das Ergebnis der Antiterrorstrategie des Westens. Letztere erweist sich sechs Jahre nach dem 11. September als ein gigantisches politisches Manöver, mit dem der Westen die 180°-Wende des außenpolitischen und militärischen Charakters seiner Bündnissysteme NATO und EU im Sinne eines international wirksamen Interventionspotentials vor der Öffentlichkeit tarnte.

Nunmehr, nachdem das erforderliche Potential verfügbar ist, tritt die strategische Absicht einer „geopolitischen Neuordnung"[2] des „Greater Middle East" in die Phase ihrer politischen Implementierung. Die Indikatoren dafür und bisherigen Höhepunkte sind die US-Aggression und Okkupation des Irak, die Behauptung, Europas Sicherheit müsse am Hindukusch verteidigt werden (Struck), der Krieg in Afghanistan, die Tolerierung der atomaren Aufrüstung durch verbündete Regime wie Israel und Pakistan und die auf dem G8-Gipfel am 09. Juni 2004 auf Sea Island verabschiedete gemeinsame Strategie „Partnership for Peace and a Common Future

---

2 Perthes, Volker, Greater Middle East, Geopolitische Grundlinien im Nahen und Mittleren Osten, Blätter für deutsche und internationale Politik, 6/2004, S. 684

with the Region of Broader Middle East and North Africa", in der sich die führenden EU-Staaten im Kern der ordnungspolitischen Stoßrichtung der Bush-Administration anschlossen.

Dabei dürfen allerdings taktische Differenzierungen zwischen dem Vorgehen der Bush-Administration und dem einiger EU-Staaten nicht übersehen werden. Während Erstere einen brutalen Kurs verfolgt, der Regime, die sich westlichen und US-Interessen in den Weg stellen („Schurkensaaten"), mit Straf- und Zwangsmaßnahmen, bis hin zu deren Sturz, bedroht, setzt die EU auf die Unterstützung reformeinsichtiger Kräfte, greift Regimes weniger frontal an, sondern versucht, sie durch Dialog und mehr oder weniger lockende Konditionierung auf ihren Kurs zu bringen.

Warum erscheint es mir wichtig, diese Differenzierung zu berücksichtigen?

Weil die EU-Taktik mehr Spielräume für koexistenzielle Politikansätze bietet. Zugleich darf man aber die Augen nicht davor verschließen, dass in der Kernfrage im transatlantischen Bündnis Übereinstimmung besteht. In der Absicht nämlich, die Regimes jenes geopolitischen Staatengürtels zu beherrschen, in dem sich die wichtigsten Ressourcen an Erdöl und Erdgas sowie Transportinfrastrukturen konzentrieren: Nah- und Mittelost, hier besonders den Raum des Persischen Golfes, Nordafrika, Mittelmeeraum, Kaukasus, Teile Zentralasiens und Afrika südlich der Sahara.

Zur Sicherung ihrer „vitalen Interessen" in dieser Region haben die USA ihr militärisches Potential im Persischen Golf, im Irak, im weiteren arabischen Raum und im Mittelmeer im Zuge der Antiterrorstrategie und des Irakkrieges nochmals verstärkt. Erstmals nach dem Ende des Ost-Westkonflikts treten die NATO und ihre Mitgliedstaaten, darunter auch die Bundesrepublik, hier militärisch auf den Plan. Sie agieren am Horn von Afrika und im Arabischen Meer und kämpfen im an Iran grenzenden Afghanistan. Die NATO beabsichtigt, an der Grenze zu Pakistan einen permanenten Stützpunkt zu errichten. In der Kaspiregion, dem Kaukasus und in Teilen Zentralasiens binden USA und NATO zur Zeit Staaten an ihr Militärsystem. Die USA arbeiten an der Schaffung jener bereits erwähnten „Caspian Guard", einer militärischen Formation, der 120.000 Mann aus den USA, der Türkei, Georgien und Aserbaidshan angehören sollen.

So ist um den Iran herum ein Umzingelungsszenarium mit einem gewaltigen militärischen Interventionspotenzial entstanden, das nicht zuletzt auf die Disziplinierung oder sogar Ausschaltung der iranischen Führung gerichtet ist. Für Letztere bedeutet dies ein drastisches Sicherheitsdefizit. Es wird von der iranischen Führung umso ernster genommen, als sie seit ihrer Machtübernahme in der islamischen Revolution 1979 permanentem Druck durch die USA[3] und, in differenziertem Maße, auch durch die anderen Staaten des Westens ausgesetzt ist.

So reflektiert der gegenwärtige Konflikt zwischen dem Westen und Iran einen grundsätzlichen Widerspruch. Er besteht in einer Politik des Westens, welche

---

3 Unvergessen für sie bleibt der erste Golfkrieg, mit dem sie das Regime Saddam Hussein überzog, unterstützt von den USA, den meisten westlichen Staaten und den arabischen Golfstaaten.

„Einmischung als Norm" zum Prinzip macht, und ihre Zurückweisung. Die zentralen Säulen jener Politik sind das Streben, fremde Herrschaftssysteme, welche nach westlicher Einschätzung eine „Gefahr" darstellen, entweder von außen zu stürzen oder sie mit „weicher demokratisierender Intervention" nach westlichem Normensystem zu transformieren, die machtgestützte Sicherung von Wirtschaftsinteressen sowie die wertemäßige und kulturelle Bevormundung durch einen sich im Zuge der ökonomischen Globalisierung ausweitenden Kulturimperialismus.

Das sind die grundsätzlichen Ingredienzen des Widerspruchs zwischen dem Westen und Iran. Er ist insofern von breiterer regionaler und internationaler Tragweite, als er sich zunehmend auch im Verhältnis zwischen dem Westen und anderen afroasiatischen sowie lateinamerikanischen Regionen auszuprägen beginnt.

Zur Auseinandersetzung um den Zugang zu Energieressourcen

In erster Linie die USA befürchten, dass die iranische Führung das System gegenseitiger Abhängigkeiten durchlöchert, welches sie in den letzten Jahrzehnten mit den Erdöl produzierenden Staaten der Golfregion aufbauten. So brachte die iranische Führung die Erwägung in den internationalen Umlauf, eine alternative asiatische Ölbörse zu schaffen. Über sie sollen Erdöl und -gas nicht mehr in US-Dollar, sondern in anderen Währungen, darunter in Euro, gehandelt werden. Russland, das der Shanghai Cooperation Organisation angehört, beschloss, die alleinige Deposition seiner Devisenreserven vom US-Dollar zu lösen und zugunsten des Euro (30%) zu diversifizieren.

Angesichts eines rapide wachsenden Rohölkonsums u.a. Chinas und Indiens sowie steigenden Bedarfs der alten Industriestaaten einerseits und andrerseits des Schrumpfens der Reserven wird sich die Konkurrenz um Energierohstoffe absehbar zuspitzen. In dieser Situation ist für die USA das Aufrechterhalten der Vorherrschaft des Dollars als Leitwährung des internationalen Erdölhandels und des unbegrenzten Zugangs zu Erdölressourcen von vitaler Bedeutung. Dem laufen o.g. iranische Überlegungen diametral entgegen. Der gesamte Westen beobachtet daher auch mit Sorge das Entstehen partnerschaftlicher Beziehungen zwischen der iranischen Führung und dem Präsidenten eines weiteren Erdölspitzenerzeugers, Venezuela. Gemeinsam mit Kuba vermochten es der Iran und Venezuela auf dem jüngsten Gipfeltreffen der Bewegung der Nichtpaktgebundenen deutliche Anti-Bush-Akzente zu setzen.

Angesichts der prekären Situation des Energieressourcensektors ist absehbar, dass das internationale Gewicht der Erdöl und Erdgasproduzierenden Staaten steigt. Damit erhöhen sich auch die Handlungsoptionen der nah- und mittelöstlichen Region, einschließlich der iranischen Führung. Das gilt es zu berücksichtigen, wenn über die Art und Weise des Umgangs mit der neuen Konkurrenzsituation auf dem Energiesektor zu entscheiden ist. Ob die Wahl des Umgangs interventions- oder konsensorientiert zum gegenseitigen Vorteil ausfällt, wird auch das Verhältnis zwischen Europa und seinen islamischen Nachbarregionen entscheidend beeinflussen. Sollte sich dort das Kräfteverhältnis weiter zugunsten radikalislamistischer Kräfte verändern, wäre eine Verwendung des „Erdöls als Waffe" gegen militärisch-interventionistische Strategien des Westens nicht ausschließbar.

Gesellschaftspolitische Entwicklungsprozesse in der Region

Diese Unsicherheit bekräftigen gesellschaftspolitische Entwicklungsprozesse in der Region. Das Deutsche Orient-Institut Hamburg schätzt 2006 in einer fundierten Analyse der Entwicklungstendenzen bis 2010[4] zwar ein, dass die innenpolitische Stabilität auf Grund der hohen Anpassungsfähigkeit der autoritären Systeme bis 2010 nicht grundsätzlich gefährdet sei. Zugleich verweist das Institut darauf, dass auf Kerngebieten europäischer Nahostpolitik - Demokratisierung der Region, sozioökonomische Problemlage, Einfluss islamistischer Kräfte, Haltung zum Westen, Migration - von der Dauerhaftigkeit retardierender Tendenzen ausgegangen werden muss. „Die gegenwärtige innen- und außenpolitische Situation in Nordafrika, Nah- und Mittelost wird sich bis 2010 [...] nicht grundlegend ändern. Sie bietet ein ideales Operationsfeld für den Einsatz islamistischer Diskurse und die Sammlung von Unterstützung auch außerhalb der überzeugten Befürworter eines ‚islamischen Staates'."[5] Die Reformen würden bis 2010 keine weitreichenden Liberalisierungsprozesse erfahren, die Modernisierung gerate in den meisten Staaten ins Abseits, während die Forderungen nach dem Schutz der kulturellen Identität und nationaler Souveränität in den Mittelpunkt rückten. Unter solchen Bedingungen würden auch westliche Demokratisierungskonzepte keine breitere Akzeptanz finden. „Die Gefahr besteht, dass die politisch-ideologischen und kulturell-religiösen Unterschiede (zu Europa, die Verf.) zu einer Trennlinie stilisiert und zum Gegenstand politischen Kalküls von Befürworten einer Abschottung vom ‚Westen' (westlichen Normen) [...] werden. [...] In Bezug auf Staaten mit einflussreicher islamistischer Bewegung ist mit starken Schwankungen in den Beziehungen zu Europa und mit einer erschwerten Kooperation zu rechnen."[6]

III. Implikationen für europäische und deutsche Politik

Die Modernisierungsproblematik im Nahen und Mittleren Ostenerweist sich also als überaus kompliziert. Dem ist beim Nachdenken über eine alternative Strategie sowohl gegenüber dem iranischen Regime als auch bezüglich des Verhältnisses zu Phänomenen wie Islamismus und Islamisten, Radikalisierung auf islamischer Grundlage und „islamische Revolution" Rechnung zu tragen.

Erstens gilt es, sich auf eine lang anhaltende Periode einzustellen, in der in islamischen Ländern politische Bewegungen ihre Forderungen religiös auf der Grundlage des Islam, nicht säkularistisch, sondern islamistisch artikulieren. Solche Bewegungen zeichnen sich häufig durch einen Doppelcharakter aus, der sich entlang der Linie „sozial/national" manifestiert. Einerseits können diese Kräfte mit ihrer Orientierung auf einen islamischen Staat Protagonisten eines rückwärts gewandten politischen Systems sein. Sie sind in der Regel auch nicht antikapitalistisch orien-

---

4   Faath, Sigrid, Politik und Gesellschaft in Nordafrika, Nah- und Mittelost zwischen Reform und Konflikt, Entwicklungstendenzen bis 2010, Deutsches Orient-Institut, Hamburg, Mitteilungen, Band 74/2006

5   Ebenda, S. 88

6   Ebenda, S. 103

tiert. Andererseits bestehen sie auf einer nationalen Entwicklung ohne westliche Einmischung. Iran ist dafür das staatlich organisierte Beispiel.

Zweitens gilt es zu berücksichtigen, dass eine wie auch immer sich gestaltende Reformierung und Modernisierung weder ohne, noch gegen islamistische Bewegungen und Parteien möglich sein werden. Da diese Bewegungen auch ihre internationale Agenda haben und aktiv verfolgen, ist ihnen auch in der internationalen Politik sowie im Verhalten nah- und mittelöstlicher Staaten Rechnung zu tragen.

Diese Situation wirft Fragen hinsichtlich des Verständnisses des Charakters des „Europäischen Stabilitätsraums" (EU) und seines Verhältnisses zu seinen südlichen Nachbarregionen auf.

Am Beispiel des Konfliktes mit Iran wird die Unversöhnbarkeit zweier unterschiedlicher Konzepte offenbar: der iranische Anspruch auf einen selbstbestimmten Entwicklungsweg einerseits und die ihm entgegenstehende Politik einer „geopolitischen Neuordnung" der nah- und mittelöstlichen Regionen andererseits. Zieht man die im vorherigen Abschnitt skizzierte Gefahr einer „Abschottung vom Westen" ins Kalkül, so gilt es, jenen Interessenskonflikt, der allerdings im Atomstreit mit dem Iran sehr zugespitzt zu Tage tritt, auszuräumen.

Die konzeptionellen und strategischen Hürden, die es dafür zu überwinden gilt, sind enorm. Sie türmen sich auf, weil die EU ihre Nachbarschaftspolitik gegenüber dem Nahen- und Mittleren Osten als regionales Szenario für die Umsetzung einer Politik gestaltet, die das transatlantische Bündnis als „Achse" versteht, um die herum der Westen seine neue Weltordnung formt. Beides ist nicht geeignet, die auf der arabischen und islamischen Seite verbreitete negative Subjekt-Objekt-Wahrnehmungsperspektive abzubauen, derzufolge Europa das Subjekt von Interessenpolitik ist, während die nah- und mittelöstlichen (islamischen) Regionen deren Objekt sind. Eine solche Zweitklassigkeitswahrnehmung belastet das Verhältnis zu Europa aufs Schwerste.

IV. Konturen eines neuen Verhältnisses zu den Staaten des Nahen und Mittleren Ostens

Alle entscheidungsrelevanten Kriterien – die Stabilität des geostrategischen Gesamtraumes Europa und seiner südlichen Nachbarregionen, Energiesicherheit, innere europäische Stabilität und Integration muslimischer Bevölkerung, Sicherheitswahrnehmungen seitens der südlichen Nachbarstaaten, deren Verzicht auf Atomwaffen, europäische Nachbarschaftspolitik im Mittelmeerraum, schwierigeres gesellschaftspolitisches Umfeld in der Region – sprechen dafür, dass sich Europa um ein neues Verhältnis zu seinen islamischen Nachbarregionen bemühen sollte.

Worin müsste das „Neue" inhaltlich bestehen?

Dazu unterbreitet die Gruppe deutscher Botschafter a.D. „Diplomaten für den Frieden mit der islamischen Welt", die sich aus einer Kritik der einseitigen militärischen Orientierung der Antiterrorstrategie heraus gebildet hat, und der Diplomaten aus den außenpolitischen Diensten der DDR und der BRD angehören, folgende Überlegungen:

Erstens sollte Europa einen Weg einschlagen, der für sein Verhältnis zu den islamischen Nachbarregionen langfristig zu einem Modus vivendi friedlicher Koexistenz führt. Dazu müssten kurz- und langfristige Absichten und Ziele miteinander verbunden werden. Als unmittelbare Ziele sollten das schnelle Überwinden von Kriegszuständen (Irak, Afghanistan) und der sofortige Übergang zu vertrauensbildenden Maßnahmen in Angriff genommen werden. In solche sind auch radikale islamistische Bewegungen einzubeziehen. Als langfristiges Ziel sollte das Gewährleisten einer Perspektive des gleichberechtigten Zusammenlebens unserer beider Zivilisationen nach innen und außen angestrebt werden.

Zweitens: Worin sollten die Kernbereiche bestehen?

- Im Respektieren der Integrität der Zivilisation des Anderen.
- In der Anerkennung der Unterschiedlichkeit seiner Gesellschaften und ihres politischen Systems.
- Im Recht auf einen selbstbestimmten Entwicklungsweg, darunter einen sich am Islam orientierenden.
- In gleichwertiger Sicherheit in einem gemeinsamen Stabilitätsraum.

Diese Kernbereiche bedeuten keineswegs die Aufgabe von Werten und Prinzipien. Vielmehr laufen sie auf den Aufbau von Beziehungen hinaus, die auf Zusammenarbeit und Koexistenz beruhen. Auch unter sicherheitspolitischen Gesichtspunkten bedeuten sie keinen Abstrich von europäischer Sicherheit, weil ein europäischer Sicherheitsraum ohne die Stabilität jener Regionen und ein stabiles Verhältnis zwischen beiden nicht mehr machbar sind.

Welche Positionen könnten in Abwägung des oben Gesagten in der aktuellen Iranproblematik vertreten werden?

1. Zum iranischen Entwicklungsweg sollte grundsätzlich eine Haltung bezogen werden, die als selbstverständlich anerkennt, dass Iran seinen selbstbestimmten, am Islam, der sozialen Spezifik und Werten seiner Gesellschaft orientierten Entwicklungsweg geht.

2. In der Atomfrage gilt es, das entschiedene Votum für die Nichtweiterverbreitung von Atomwaffen beizubehalten, das sich auf alle Atomwaffen bezieht, auch iranische. Zugleich sollte die Zweckbehauptung zurückgewiesen werden, Iran sei mit seinem Nuklearprogramm der gefährlichste internationale Konflikherd. Wenn von einem gefährlichen Konfliktherd die Rede sein kann, dann verursacht diesen die Politik der Atommacht USA, welche die nah- und mittelöstliche Region destabilisiert und auch Iran bedroht. Obgleich prinzipielle Bedenken gegen die Nutzung der Atomenergie bestehen und daher für den Ausstieg aus dieser plädiert wird, muss um eine friedliche, diplomatische Regelung des Konflikts um das iranische Nuklearprogramm, ohne Sanktionen durch den VN-Sicherheitsrat, gerungen werden. Eine solche Regelung sollte folgende Grundsätze und Elemente beinhalten:

2.1 Sämtliche Entscheidungen müssen auf geltenden völkerrechtlicher Vereinbarungen beruhen. Gemäß Artikel IV Atomwaffensperrvertrag ist Iran berechtigt, die Kernenergie zu friedlichen Zwecken voll zu nutzen und Uran anzureichern.

2.2 Über die Anreicherung sollte zwischen der IAEA und Iran eine Vereinbarung getroffen werden, die der iranischen Seite die Möglichkeiten einräumt, einerseits Uran anzureichern und, andererseits ihre Zusage zu verwirklichen, dass sie nicht nach atomaren Waffen strebe.

3. Grundsatzvereinbarung über eine dauerhafte Konsolidierung des Verhältnisses zur Islamischen Republik Iran:

Die Regelung des Konflikts in der Atomfrage sollte durch eine Grundsatzvereinbarung über die Konsolidierung des Verhältnisses zur Islamischen Republik Iran flankiert und erleichtert werden. Eine solche Vereinbarung soll berechtigten iranischen Sicherheitsbedenken Rechnung tragen und dauerhafter Vertrauensbildung dienen. Die Bundesregierung wird aufgefordert, eine solche Vereinbarung zu initiieren. Sie sollte folgende Grundstruktur tragen:

Punkt 1: Prinzipien des gegenseitigen Verhältnisses, zu deren Einhaltung sich die Seiten verpflichten. Diese sollten sich an den Helsinki-Prinzipien der friedlichen Koexistenz orientieren: 1. Achtung ihrer souveränen Gleichheit; 2. Enthaltung von der Androhung und Anwendung von Gewalt; 3. Unverletzlichkeit ihrer Grenzen; 4. Achtung der territorialen Integrität ihrer Staaten; 5. Friedliche Regelung von Streitfällen; 6. Nichteinmischung in innere Angelegenheiten; 7. Achtung der Menschenrechte und Grundfreiheiten, einschließlich der Gedanken-, Gewissens-, Religions- und Überzeugungsfreiheit; 8. Gleichberechtigung und Selbstbestimmung der Völker; 9. Erfüllung völkerrechtlicher Verpflichtungen nach Treu und Glauben.

Punkt 2: Gegenseitige Sicherheit. Ausarbeiten eines Verhaltenskodexes zu politisch-militärischen Aspekten der Sicherheit und Vertrauensbildung. Dabei sollte von dem Leitgedanken ausgegangen werden, dass die Sicherheit der Seiten unteilbar und untrennbar mit der Sicherheit aller anderen verbunden ist sowie Sicherheit nicht auf Kosten der Sicherheit anderer Staaten gefestigt werden kann. Die sicherheitspolitischen Vereinbarungen sollten u.a. das Verhalten auf den Gebieten der Gewährleistung der Sicherheit von Schifffahrts-, Land- und Luftverkehrswegen, der Zusammenarbeit bei Abrüstung und Rüstungskontrolle, Nichtweiterverbreitung von MVW, Terrorismusbekämpfung und der regionalen Sicherheit regeln.

Punkt 3: Wirtschaftsbeziehungen. Wirtschaftsbeziehungen mit Iran hatten stets einen hohen Stellenwert. Sie könnten auch bei der Vertrauensbildung und dauerhaften Stabilisierung des Verhältnisses mit dem Iran eine zentrale Rolle spielen. In diesem Kontext könnten u.a. auch Fragen der Gewährleistung zukünftiger Energiesicherheit auf der Grundlage des gegenseitigen Vorteils geregelt werden.

4. Schaffung eines Systems der Sicherheit und Zusammenarbeit in der Region des Persischen Golfes. Iran besitzt das Recht auf Selbstverteidigung. Allerdings sollte dem nicht durch die Entwicklung eigener Atomwaffen, sondern durch die Schaffung eines kollektiven Sicherheitssystems in der Golfregion entsprochen werden. Unverzichtbare Eckpunkte einer solchen Ordnung müssten sein: gegenseitiger Gewaltverzicht, Nichtangriffsgarantien, vertrauens- und sicherheitsbildende Maßnahmen im militärischen Bereich, Rüstungsbegrenzung und Abrüstung.

Eine Positionsbestimmung zur iranischen Führung kommt jedoch nicht ohne Kritik und Abgrenzung von Haltungen aus, die mit einem demokratischen innen- und außenpolitischen Verhalten unvereinbar sind. Zu fordern sind daher:

Erstens eine Abkehr von der Verneinung des Existenzrechts Israels und der Leugnung des Holocaust. Die Anerkennung des Existenzrechtes Israels in der Region, die Unterstützung einer unverzüglichen Regelung des israelisch-palästinensischen Konflikts auf der Grundlage einer Zweistaatenlösung sowie weiterer in den Resolutionen der UNO sowie der in der Roadmap enthaltenen Beschlüsse und Maßnahmen.

Zweitens die Einhaltung der Menschen- und Bürgerrechte im Iran. Repressalien gegen politische Kritiker und Oppositionelle sind einzustellen, die Freiheit der Medien ist zu gewährleisten, gravierendes Fehlverhalten der Justiz, Diskriminierung nationaler Minderheiten, die Todesstrafe sowie einzelne Aspekte des islamischen Straf- und Familienrechtes, wie Amputationen und Steinigen, sind abzuschaffen. Die Rechte der Frau sind zu achten und zu verwirklichen.

Andererseits unterstützt eine auf ein koexistenzielles Verhältnis zum Iran orientierte Politik zugleich Werte, deren Einhaltung von iranischer Seite eingefordert wird: Pluralismus, globale Demokratie, Zurückweisung von Doppelstandards in den internationalen Beziehungen, Respekt der Gleichberechtigung und Würde aller Nationen, Ablehnung von Hegemonie.

Die ernsten Belastungen im Verhältnis der islamischen „Welt" zum „Westen" und, als ihr Auswuchs, die Grundlagen des heutigen Terrorismusdilemmas sind in einem langen historischen Prozess gewachsen, der bis in Europas Epoche kolonialer Dominanz über den Nahen und Mittleren Osten zurückreicht. Es wird eines längeren Prozesses bedürfen, diese Belastungen auszuräumen. Dieser Prozess muss jetzt begonnen werden. Konkrete Handlungsmöglichkeiten dazu bestehen.

Lühr Henken

Nächster Interventionskandidat Sudan?

Die Haltung zu einem militärischen Eingreifen in den seit Februar 2003 virulenten Bürgerkrieg im sudanesischen Darfur wird selbst unter denen kontrovers diskutiert, die bisher die Militarisierung der deutschen Außenpolitik seit Ende der Blockkonfrontation vorangetrieben haben. Als Beispiele mögen einige Aussagen aus der FDP, der SPD und auch der CDU/CSU gelten. Nachdem das Mitglied des Verteidigungsausschusses Elke Hoff (FDP) von ihrer zweiten Sudanreise 2006 zurückkam, sagte sie gegenüber dem Deutschlandfunk: „Ich bin also der festen Überzeugung, dass man mit dem weiteren Einsatz militärischer Mittel überhaupt nicht weiterkommen wird, sondern ich bin der Auffassung, dass wir alles dafür tun müssen, dass die ökonomische und wirtschaftliche Entwicklung im Sudan nach vorne kommt" (www.dradio.de, 5.12.2006). Am 16.12.2006 gab der Tagesspiegel den FDP-Außenpolitiker Wolfgang Gerhardt mit der kontradiktorischen Aussage wieder, er halte „einen Kampfeinsatz im Sudan mit deutscher Beteiligung für unabdingbar." Während SPD-Fraktionschef Peter Struck im Deutschlandradio zu einem Bundeswehreinsatz im Sudan sagte: „Ich bin mir aber darüber im klaren, dass dies ein Mandat wäre, das schon ein brisantes Mandat wäre, schon auch mit Kampfeinsätzen der Soldaten verbunden sein könnte" (FAZ 17.11.2006), wandte sich der CSU-Landesgruppenchef Peter Ramsauer vehement gegen einen Bundeswehreinsatz im Sudan. Vor dem Hintergrund, dass die sudanesische Regierung erklärt habe, eine aufgestockte UN-Truppe wie Feinde zu bekämpfen, wolle er keinen deutschen Soldaten in eine solche Mission schicken (Reuters 29.11.2006). Schon Ende Oktober hatte Hüseyin Aydin, MdB der Linkspartei, wegen seiner Forderung nach einem „UN-Mandat zur Einrichtung von sicheren Zonen für die bedrohte Zivilbevölkerung", (Junge Welt 30.10.2006) Kritik aus den eigenen Reihen auf sich gezogen.

Anfang 2007 hatte sich die deutsche Debatte um einen Sudaneinsatz weitgehend wieder beruhigt. Der Bundestag hatte am 15. Dezember mit 466 zu 44 Stimmen (davon 38 Nein-Stimmen der Linksfraktion) für die Verlängerung des unveränderten AMIS-Mandats für Darfur bis zum 2. Juli 2007 gestimmt. Demnach darf die Bundeswehr bis zu 200 Soldaten einsetzen, um afrikanische Soldaten und Polizisten mit dem Flugzeug nach Darfur zu transportieren und ein Mandat nach Kapitel VII der UN-Charta erlaubt es, sie mit einer militärischen Schutzkomponente auf dem Flughafen zu versehen. Darüber hinaus dürfen sich bis zu 75 Bundeswehrsoldaten an der UN-Mission UNMIS im Süd-Sudan beteiligen. Dieses Mandat zur Überwachung des Waffenstillstands endet am 8. April 2007.

Die Afrikanische Union hat ihre 7000 Mann starke bewaffnete Beobachtermission AMIS über den 31. Dezember 2006 hinaus um ein halbes Jahr verlängert, nachdem die Umsetzung eines Beschlusses des UN-Sicherheitsrats vom 31. August 2006, UNMIS und AMIS zusammenzulegen, mit einem „robusten Mandat" auszustatten und um 20.600 Soldaten und Polizisten zu verstärken, am Widerstand der sudanesischen Regierung scheiterte. Selbst Ultimaten des US-Präsidenten an Khartum, einer UN-Führung zuzustimmen, andernfalls gebe es einen – allerdings nicht spezifizierten - Plan B, ließen den sudanesischen Präsidenten Hassan al-Bashir unbeeindruckt. Anfang 2007 keimte vorübergehend Hoffnung auf, als der US-amerikanische Unterhändler Bill Richardson, Gouverneur des US-Bundesstaates New Mexiko, nach Gesprächen zwischen Al-Bashir und den Rebellengruppen, die das Darfur-Friedensabkommen vom Mai 2006 nicht unterzeichnet hatten, erklärte, beide Seiten hätten sich auf eine 60 Tage-Waffenruhe verständigt. Dieses wurde jedoch gleichentags von einer der Gruppen, der Justice and Equality Movement (JEM), dementiert.

Somit ist Anfang 2007 kein Ende des bewaffneten Konflikts in Sicht. Offensichtlich liegen die Ursachen tiefer und die Interessen der Beteiligten sind vielfältiger als sie bisher öffentlich wahrgenommen wurden. Im Folgenden soll es um eine Annäherung an die Hauptkonflikte im Süden und Westen des Landes gehen. Dabei wurde der Konflikt zwischen der Zentralregierung und den Bescha-Stämmen im Osten des Sudans ebenso ausgeklammert wie die Rolle der Lord Resistance Army (LRA) im Krieg im Süd-Sudan. Im Folgenden handelt es sich um einen Annäherungsprozess an einen schwierigen Konflikt in einem vielschichtigen großen Land. Dabei müssen – leider - auch Fragen offen bleiben und unterschiedliche Antworten auf dieselben Fragen im Raum stehen gelassen werden

Land und Leute

Der Sudan hat eine Fläche von 2,5 Mio. km² (Nordsudan 1,85 Mio km², Südsudan 650.000 km²) und ist damit das größte Land Afrikas, und das zehngrößte der Erde. Es ist siebenmal so groß wie die Bundesrepublik Deutschland. Seine Nord-Südausdehnung beträgt etwa 2100 km, die Entfernung von der Westgrenze zum Tschad bis zur Ostgrenze nach Äthiopien misst etwa 1500 km. Klimatisch gehört es drei Zonen an: im Norden Wüstenklima, im Zentralsudan trockenheißes Steppenklima und im Süden wintertrockenes Savannenklima. Das Land hat eine sehr große landwirtschaftlich nutzbare Fläche von nahezu der doppelten Flächengröße Deutschlands, von der aber nur ein Bruchteil von 15 Prozent genutzt wird.

Mit 35,6 Millionen Einwohnern (2004) hat der Sudan seine Einwohnerzahl in den vergangenen 25 Jahren – trotz der Kriege – verdoppelt. Die sudanesische Bevölkerung ist sehr jung. 40 Prozent der Sudanesen sind unter 15 Jahre alt. Das weite Land ist sehr dünn besiedelt. Der Nil ist zusammen mit dem Atbara, der aus dem äthiopischen Hochland kommt, die Lebensader des Landes. Am Zusammenfluss von Weißem und Blauen Nil leben in Khartum (Hauptstadt), Omdurman und Bahri zusammen 6,2 Mio. Menschen. Rund jeder sechste Einwohner Sudans ist durch die Kriege der letzten 20 Jahre zum Flüchtling im eigenen Land geworden.
Die ethnische Zusammensetzung: Im Norden: die islamisch-arabische Bevölkerung (39 %). Im Westen: die islamischen Beggara-Stämme vor allem Fur, Zaghawa und Messalit (insges. 20 %), im Zentrum des Landes sowie im Süden sind nilotische Stämme vorherrschend, wie Dinka, Nuer, Shilluk u.a. (ca. 30. % der Bevölkerung, die hauptsächlich Anhänger verschiedener Naturreligionen sind), sowie Katholiken

(10 %). Insgesamt wurden 572 Ethnien gezählt. Arabisch ist für 70 Prozent Mutter- und Verkehrssprache, im Südsudan Englisch sowie Stammessprachen (über 140 Sprachen). Sudan gilt als das vielfältigste Land in Afrika.

Das Durchschnittseinkommen liegt mit 781 US-Dollar (2005) beim Doppelten bis Dreifachen Schwarzafrikas und unterhalb der Hälfte Ägyptens. Seit 1999, dem Beginn des Rohölexports, verzeichnet das Land nahezu eine Verdreifachung des Bruttosozialprodukts. Der IWF gibt das Wirtschaftswachstum 2006 mit 12 Prozent an. Der Export hat sich seit 1999 vervierfacht. 78 % wird von Rohöl gedeckt. Es besteht eine sehr starke Abhängigkeit von der VR China. 2003 gingen 70 % des Exportwerts – eben vor allem Öl – dorthin.

Das Land bildet den Übergang von der arabischen Welt nach Afrika, bildet quasi wegen des Nils den Hinterhof Ägyptens (‚der weiche Unterleib'), liegt am geostrategisch wichtigen Roten Meer, der Wasserstraße, die Europa, Afrika und Asien verbindet. Dies in enger Nachbarschaft zur arabischen Halbinsel, der Tankstelle der Welt – will sagen, nicht nur wegen des Öls war und ist der Sudan geostrategisch von großer Bedeutung.

Geschichte Sudans

Bis auf Darfur stand das Gebiet des heutigen Sudan seit dem 17. Jahrhundert unter ägyptischem Einfluss. Große Teile gehörten zum Osmanischen Reich, sind also islamisch geprägt. Bis Ende des 19. Jahrhunderts war Darfur ein eigenständiges Sultanat und das Sklavenreservoir Ägyptens. Ab 1885 bildete sich auf einem Gebiet zwischen dem heutigen Tschad und Äthiopien ein Mahdistaat, der sowohl Darfur als auch Khartum umfasste. 1898 schlugen britische Kolonialtruppen den Mahdistaat nieder. Die Faschodakrise zwischen Frankreich und Großbritannien führte 1899 zu den Grenzziehungen, die bis heute gelten. Der Sudan blieb britisch-ägyptisches Kondominium und wurde erst 1956 unabhängig. Seit 1955 gab es im Süden Kämpfe von Rebellen gegen die Dominierungsversuche des Nordsudan.

Die Geschichte des Landes ist seitdem durch den Wechsel zwischen parlamentarischer Demokratie und Militärherrschaft - aber vor allem durch Kriege gekennzeichnet. Im Mai 1969 kam durch einen Staatsstreich Oberst Numeiri an die Macht, der zunächst eine Politik eines sudanesischen Sozialismus nach ägyptischem Vorbild Nassers und später in Anlehnung an die Sowjetunion verfolgte. Er billigte dem Südsudan ab 1972 eine weitgehende Autonomie zu, was zu einem - fragilen - Frieden mit dem Süden führte. Ab 1977 schwenkte er zum Westen über. 1979 stieß der US-Konzern Chevron auf Ölquellen im Süden. Numeiri kündigte als Folge dessen einseitig das Autonomieabkommen mit dem Süden auf. Da der Süden nun „plötzlich aller Rechte an den Rohstoffvorkommen beraubt (war), reagierte (er) mit erneuter Rebellion" (Gérard Prunier, Le monde diplomatique, 13.12.2002). Nach der Bildung der Sudan People's Liberation Army (SPLA) unter Führung von John Garang brach diese im Mai 1983 aus und beendete eine elfjährige Friedensphase. Die Einführung der Scharia (Striktes Alkoholverbot, die Einsetzung von Sondergerichten zur Aburteilung bestimmter Straftaten: Handabhacken für Diebstahl, Geschlechtertrennung im öffentlichen Leben, Verbot von Zinsen, Thilo Thielke, Krieg im Lande des Mahdi, Essen 2006, S. 200) als Ergebnis der Einflussnahme des islamischen Religionsführers Hassan al-Turabi, Muslimbruder und Doktorand der Sorbonne, im September 1983 verschärfte die Situation zusätzlich. Numeiri wurde im April 1985 entmachtet. Die dann einsetzende demokratische Periode scheiterte. Unter Führung von Omar al-Bashir, der auch heute noch Präsident des Sudans ist, übernahm das Militär am 30. Juni 1989 die Macht in Khartum. Dies mit massiver Unterstützung al-Turabis.

Innenpolitisch ging es Khartum um die Umsetzung der Scharia im Süden, außenpolitisch exponierte sich der Sudan 1991 an der Seite Iraks und erhielt als Unterstützung für den Kampf gegen den Südsudan Waffen aus dem Iran und auch militärische Unterstützung Libyens. Nicht unbedeutend war der deutsche Anteil: Die Lieferungen des Iran beinhalteten 1991 50.000 deutsche G3-Sturmgewehre aus iranischer Lizenzproduktion. Und: Bis 1994 produzierte die von der bundeseigenen Fritz-Werner (Geisenheim) 1959 in Khartum errichtete Munitionsfabrik mit deutscher Hilfe 7,62-mm-Munition für G-3-Gewehre (Roman Deckert, Deutsches Kriegsgerät im Sudan). Während die Regierung in Khartum in dem Guerilla-Krieg um das Öl des Südens auch von den Golfstaaten unterstützt wurde, „versorgt Amerika über Nachschubbasen in Uganda (Gulu Air Base), Eritrea und Äthiopien die sudanesischen Rebellen mit Waffen und Ausrüstung, von denen sich Washington nach Auffassung westlicher Diplomaten in Khartum nach einem etwaigen Sieg der SPLA die Exklusivrechte für die Vermarktung des sudanesischen Öls erhofft" (FAZ 29.7.1998). Der Bürgerkrieg zwischen der Regierungsarmee und der SPLA führte bis 1994 zu 1,3 Mio. Toten und rd. 3,5 Mio. Vertriebenen (Fischer-Weltalmanach 1995, Sp. 596). Unter Fortsetzung des Bürgerkrieges begannen Ende Oktober 1997 offizielle Verhandlungen zwischen Khartum und der SPLA, die im Oktober 2002 zur Vereinbarung einer Waffenruhe für den gesamten Sudan führte.

In Etappen wurden sechs verbindliche Teilabkommen erzielt, die dann mit dem Abkommen von Nairobi im Januar 2005 (Comprehensive Peace Agreement, CPA) nach über sieben Jahren Verhandlungen, davon in den letzten zwei Jahren unter ständigem Druck der USA, in Kraft traten. Mit dem CPA wurde ein 21-jähriger Bürgerkrieg beendet. Das Abkommen sieht im Wesentlichen vor:

- Einen dauerhaften Waffenstillstand
- Vizepräsident des Sudan wird Dr. John Garang, Führer der SPLA. Nach dessen Tod in Folge eines Hubschrauberabsturzes wurde sein Stellvertreter Salva Kiir sein Nachfolger
- SPLA-Vertreter erhalten 28 Prozent der Parlamentssitze und in der nationalen Exekutive
- Die sudanesische Armee verlässt bis Mitte 2007 den Südsudan
- Ende 2009 finden gesamtsudanesische Präsidenten- und Parlamentswahlen statt
- Nach sechs Jahren Übergangszeit soll ein Referendum im Süden über den Verbleib im Sudan entscheiden
- Während der Übergangszeit bis Mitte 2011 teilen sich Nord und Süd die Öleinnahmen des Südens zur Hälfte
- die Scharia gilt nur im Norden, mit Ausnahme der dort lebenden Christen

Am 25. März 2005 beschloss der UN-Sicherheitsrat (UN-SR 1590), das Friedenabkommen im Süden durch eine 10.000 Soldaten starke UN-Truppe (UNMIS) mit einem Mandat nach Kapitel VII der UN-Charta zu überwachen. Diese Resolution wird umgesetzt.

Deutsche Industrieprojekte im Sudan

Zeitweilig Schlagzeilen hierzulande machte das Bestreben der Thormählen Schweißtechnik AG aus dem schleswig-holsteinischen Bad Oldesloe, eine Eisenbahnlinie vom Südsudan nach Kenia zu bauen, um für den Abtransport des Öls nicht mehr auf die Pipeline angewiesen zu sein, die durch den Norden nach Port Sudan verläuft. Alle Indizien deuten mittlerweile jedoch darauf hin, dass sich dieser milliardenschwere Deal zerschlagen hat. Die Firma ist zum Jahresende 2006 aufgelöst worden, weil sich die Mitinhaber mit Thormählen über das Sudan-Projekt zerstritten haben. Zwar soll der Initiator des Projekts, Klaus Thormählen, seine Belegschaft in eine neue Firma in Barsbüttel mitgenommen haben und Thormählen wurde am 22. August 2006 damit zitiert, dass es ihm im Zusammenhang mit dem Sudan-Projekt gelungen sei, den US-Generalkonsul dafür zu gewinnen, dass er seine Kontakte zu einem Hersteller für US-Speziallokomotiven nutze. Allerdings gibt es seither keine neuen Veröffentlichungen mehr über Thormählen. Und zuvor hatte die „Railway Gazette International" (10.8.2006) geschrieben, dass von allen Vorhaben, Eisenbahnen quer durch Afrika zu bauen, diejenige von Thormählen als das „am weitesten Hergeholte" eingestuft werden müsse. (http://www.railways africa.com/news_africa/sudan.php) Und: Der Bericht der Linksparteiabgeordneten Paech und Schäfer über ihre Sudanreise sagt lapidar: Das Eisenbahnprojekt „ist offensichtlich eine Chimäre und spielt im Sudan selbst keine Rolle" (Norman Paech/Paul Schäfer, Bericht einer Sudanreise 2. bis 7. Oktober 2006, S. 6 http://www.uni-kassel.de/fb5/frieden/regionen/Sudan/reise.html). Damit dürfte auch das Großprojekt zum Wiederaufbau Südsudans gestorben sein, was zusätzlich zum Eisenbahnbau den Aufbau der Energieerzeugung, der Nilschifffahrt, der Telekommunikation, einer Fluggesellschaft und einer neuen Hauptstadt für den Südsudan vorsah. Denn die aufgelöste Thormählen Schweißtechnik AG war „gebeten" worden, „die Leitung" dieser Großprojekte „zu übernehmen". (www.thormaehlen-schweisstechnik.de abgelesen 29.11.2004, URL ist inzwischen gelöscht). Das Volumen des Eisenbahnprojekts mit einer 4100 km langen Strecke wurde dort mit 2,5 Mrd. USD, das Gesamtprojekt mit 8 Mrd. USD angegeben. Die Neue Zürcher Zeitung (NZZ) berichtete damals: „Mit den deutschen Firmen Thyssen-Krupp, Siemens, Strabag und Radio Hamburg hat Thormählen eine Holding-Gesellschaft gegründet, welche beim Wiederaufbau des Südens mitwirken soll" (NZZ 27.11.2004). Die Holding wird gegenstandslos sein, denn Siemens verkündete Mitte Januar 2007, den Sudan zu verlassen. „Wir haben uns entschieden, dort mit all unseren Geschäftszweigen auszusteigen." So Siemens-Chef Kleinfeld gegenüber dem Spiegel (22.1.2007).

Perspektiven des Südsudans

Als Folge des Nord-Süd-Krieges kamen insgesamt etwa zwei Millionen Menschen ums Leben, etwa vier Millionen Menschen wurden innerhalb Sudans vertrieben. Von ihnen befinden sich mehr als zwei Millionen in Slums rund um die Hauptstadt Khartum, manche von ihnen seit mehr als zwei Jahrzehnten, die andern leben verstreut im Norden. Fast eine Million Menschen sollen sich noch im Ausland befinden, davon 750.000 in Uganda. Zusammen mit der UN wird an der Rückführung gearbeitet. 63 Prozent wollen laut Befragungen so schnell wie möglich zurück, 25 Prozent später. Allerdings wird die Rückführung nur langsam vonstatten gehen. Ein UN-Programm stellt für 2007 100 Mio. Dollar zur Verfügung. Die Regierung hofft, damit 150.000 Menschen in den Süd-Sudan zurückführen zu können.

Die Umsetzung des CPA von Nairobi kommt, wenn auch zögerlich,voran. Auch die Zahlung von 50 Prozent der Öleinnahmen an den Süden funktioniert. Im Jahr 2005 flossen als 50-Prozent-Anteil der Öleinnahmen 702 Mio. US-Dollar in den Süden. (www.sudantribune.com 16.3.2006). Für die ersten fünf Monate in 2006 waren es 473 Mio. Dollar. (www.sudantribune.com 5.8.2006) Allerdings schreitet die Entwaffnung nur langsam voran und es kommt immer wieder zu kleinen Schießereien. Ende November 2006 war es in der Stadt Malakal, Hauptstadt der Provinz Oberer Nil, zu den heftigsten Kämpfen zwischen SPLA und Regierungstruppen seit Abschluss des CPA gekommen. 150 Tote und 500 Verletzte wurden gezählt.

Ungeachtet dessen laufen die Vorbereitungen für die gesamtsudanesischen Parlaments- und Präsidentenwahlen, die Ende 2009 abgehalten werden sollen. Die südsudanesische SPLM vermeldete Ende Dezember, bereits Zehntausende neue Mitglieder in Gliedstaaten des Nordens gewonnen zu haben (www.sudantribune.com 27.12.2006).

Erdöl – Reserven – Konzessionen

Der Boden Sudans ist rohstoffreich. Eisen, Kupfer, Zinn, Blei, Asbest, Gold, Gips, Steinsalz, Bauxit, Uran, Platin und 1 Mio. t Chrom werden genannt. Jedoch die mit Abstand größte Bedeutung hat dabei das Rohöl. Die US-Firma Chevron hatte 1973 als erste nach Öl gesucht, wurde 1979 fündig, und hatte 1983 80 Prozent einer Konzession in der Provinz Bahr al Ghazal erworben, wo es drei Mrd. Barrel Öl vermutete. Zwei Jahre später jedoch verließ Chevron den Sudan, weil John Garangs SPLA drei ihrer Mitarbeiter tötete. Die SPLA sah die Ölgesellschaften als „legitime militärische Ziele" an, weil die Einnahmen aus dem Ölgeschäft der islamischen Regierung in Khartum zu gute kamen. Auch die französisch-belgische Total nutzt ihre Konzession des riesigen in Südsudan gelegenen Blocks B seit 1985 nicht mehr. 1997 verhängte die Clinton-Regierung Sanktionen gegen den Sudan wegen der „fortgesetzten Förderung des Terrorismus" (Von 1991 bis 1996 verdiente Osama Bin Laden im Sudan Geld vor allem mit dem Straßenbau). Khartum galt als Verbündeter Irans und Förderer islamistischer Gruppen in Afrika. US-amerikanischen Investoren im Sudan drohten seitdem drakonische Strafen. Als einziger US-Ölkonzern hält die texanische Marathon einen derzeit ungenutzten Anteil von 32,5 Prozent am von Total geführten Konsortium des Blocks B.

1995 noch wurden die nachgewiesenen Erdölreserven des Sudan mit lediglich 300 Mio. Barrel angegeben. Für Ende 2005 gibt British Petroleum (BP) die nachgewiesenen Vorräte bereits mit 6,4 Milliarden Barrel an (BP Statistical Review of World Energy 2006, 21 Seiten, Seite 6). Damit liegt der Sudan auf Platz 20 in der Welt - zwischen Aserbaidschan und Katar – und hat die Mitgliedschaft in der OPEC beantragt.

Bisher nicht einzuordnen ist eine geradezu spektakuläre Aussage über die sudanesische Ölmenge, die in der FAZ am 29. Juli 1998 veröffentlicht wurde: „Der damals (in den 80er Jahren, L.H.) für Sudan zuständige Geschäftsträger von Chevron, Payne, soll die Auffassung vertreten haben, dass Sudan über mehr Ölreserven verfügt als Iran und Saudi-Arabien zusammen. Deshalb investierte das Unternehmen angeblich rund 10 Milliarden Dollar zur Erkundung der Öllagerstätten des Sudan." Wenn das zuträfe, wäre das sensationell. (Um die Größenordnungen klar zu machen: Saudi-Arabien verfügt über 264 Milliarden Barrel also über das 40fache der im Sudan nachgewiesenen Menge und der Iran steht mit 137,5 Mrd. Barrel in der BP-Liste.) Eine Bestätigung für die angebliche Feststellung des Chevron-Managers gibt es bis heute nicht. Falls diese Aussage von qualitativer Bedeutung sein sollte, dürfte sie zumindest der US-Außenministerin Rice bekannt sein, denn sie gehörte bis 1995 zehn Jahre lang dem Chevron-Aufsichtsrat an.

Die bisher ausgebeuteten Erdöllagerstätten liegen zum größeren Teil auf dem Gebiet Süd-Sudans. Dabei wird der riesige Block B (früher Block 5) im Süden nicht ausgebeutet. Westliche Firmen haben ihre Konzessionen im Süden verkauft: die kanadische Talisman (am Block 2, Ende 2002), die österreichische OMV (am Block 5 B, September 2003), die schwedische Lundin (am Block 5 A) 2003. Sie beugten sich der jahrelangen Kritik zahlreicher Menschenrechtsorganisationen, die ihnen u.a. Unterstützung von Völkermord im Südsudan vorwarfen. Die Konzessionen werden heute von der Chinese National Petroleum Corporation (CNPC), der malaysischen Petronas, der indischen Oil and Natural Gas Corporation (ONGC), und verschiedenen sudanesischen Firmen sowie einer südafrikanischen Gesellschaft gehalten. Kleine Anteile halten auch je eine Ölgesellschaft aus Katar und den Emiraten. Dazu die genannten aus den USA und Frankreich/Belgien. Nach fachkundiger Schätzung – offizielle sudanesische Zahlen sind nicht verfügbar – lagern in den Ölquellen, in denen derzeit gefördert wird, noch 2,229 Mrd. Barrel. (Egbert Wesselink, in: Oil and the Future of Sudan, Conference Report, Juba, 1./2.11.2006, 49 Seiten, www.ecosonline.org). Hier summieren sich die noch förderbaren Anteile von CNPC auf 1 Mrd., von Petronas auf gut 600, von ONGC auf knapp 300 Mio. Barrel. Seit August 2006 wird über eine zweite - weiter östlich gelegene - Pipeline das Rohöl aus dem Süden nach Port Sudan geleitet.

Aussagen über den Ölinhalt von Block B im Süden, an dem Total und Marathon mit jeweils 32,5 % beteiligt sind, sind nicht verfügbar.

Die tägliche Ölfördermenge in Barrel entwickelt sich rapide. Waren es 2002: 240.000, 2003: 270.000, 2004: 300.000, 2005: 340.000 so waren es 2006 täglich durchschnittlich 430.000 und die Prognose für 2007 liegt bei 620.000 Barrel (www.africanoiljournal.com). In zwei bis drei Jahren wird eine tägliche Förder-menge von 1 Mio. Barrel angestrebt.

Seit Juli 2002 ist zwischen dem Norden und dem Süden vereinbart gewesen, dass sechs Jahre nach Abschluss des Friedenvertrages der Süden sich in einem Referendum selbständig machen darf. Das hätte praktisch zur Folge: Wenn es zu der Unabhängigkeit käme, was bis heute Wille von 95 Prozent der südlichen Be-völkerung ist (Paech/Schäfer, Reisebericht, S.5), würde das für den Norden bedeu-ten, dass es ab dann auf die Öleinnahmen des Südens verzichten müsste.

Spätestens seit Dezember 2003, als sich beide Seiten darauf einigten, dass in der sechsjährigen Übergangszeit die Öleinnahmen des Südens zur Hälfte auch dem Süden zukommen sollen, läuft die Konzessionsvergabe im Norden auf Hochtouren. (Siehe PDF-Datei Ölfeldkarte des Sudan, Stand August 2006 http://www.ecosonline.org/back/pdf_reports/Maps/oilfieldmap%20Sudan%20ECO S.pdf)

Die Chinesische CNPC erhielt zu 95 Prozent die Konzession im Block 6, der in West-Kordofan und Süddarfur, also im Norden liegt. Mitte 2004 meldeten die Chinesen erstmals „bedeutsame Funde" (NZZ 16.6.2004). Damals war die Vergabe der Blöcke 10 bis 15 (alle im Norden gelegen) noch offen. Im November 2004 las man in der NZZ: „Die grossen amerikanischen Ölfirmen Chevron Texaco und Exxon Mobil dringen darauf, wieder ins sudanesische Ölgeschäft einsteigen zu können" (NZZ 27.11.2004). Präsident Bush hatte zugesagt, nach einem Friedens-schluss zwischen Nord und Süd, der damals unmittelbar bevorstand, die Sanktio-nen gegen Khartum aufzuheben. Das ist dann aber nicht geschehen, sondern Bush hat die Wirtschaftssanktionen, die Clinton 1997 gegen den Sudan erlassen hatte, aufrechterhalten und im Oktober 2006 sogar erweitert. Demzufolge bleibt das Vermögen sudanesischer Regierungsmitglieder in den USA eingefroren. „Zudem erließ Bush ein Verbot jeglichen Handels mit der Öl- und petrochemischen Indust-rie Sudans" (FAZ 16.10.2006).

Die letzten veröffentlichten Angaben über die Konzessionsvergabe vom August 2006 besagen, dass Block 14 - ganz im Norden an der Grenze zu Libyen und Ä-gypten gelegen - an die südafrikanische Petro SA zu 80 Prozent gegangen ist. Block 15 erhielten mehrheitlich Petronas und CNPC. Der Block 12 (insgesamt 320.000 km² groß) wurde in A und B aufgeteilt. Block 12 A umfasst Nord-Darfur, 12 B Westdarfur – beide umkämpft. 12 A soll an ein Konsortium vergeben worden sein, dass von der indischen Reliance angeführt wird. Die NZZ schrieb: „Das Kon-zessionsgebiet 12 A ist noch kaum erforscht, doch es umfasst auch ein rund 50.000 Quadratkilometer großes ehemaliges Meeresbecken, in dem sich Erdöllagerstätten befinden könnten" (NZZ 4.2.2006). Für 12 B ist die indische ONGC Videsh im Gespräch. Aber entschieden ist nichts. Die Blöcke 10, 11und 13 sind in jedem Fall noch frei. Allerdings werden die Aussichten auf Ölfunde als mäßig eingeschätzt (Wesselink, S. 15). Wir halten fest: Kein westlicher Ölkonzern ist in die Vergabe von neuen Konzessionen im Norden einbezogen und im Süden liegen die Förder-arbeiten westlicher Ölkonzerne brach.

Darfur

Darfur, die „Heimat der Fur" im Westen des Sudan ist etwa so groß wie Frankreich, wobei Norddarfur, das hauptsächlich aus Wüste besteht, etwa genauso groß ist wie West- und Süddarfur zusammen. Die Einwohnerzahl wird mit rund 6 Millionen angegeben. Unter den insgesamt 80 Ethnien und Stämmen Darfurs sind die Fur mit 800.000 die größte Ethnie, gefolgt von den Zaghawa (190.000) und den Masalit (185.000). Der bewaffnete Konflikt seit Februar 2003 hat dort zu zwei Millionen Binnenflüchtlingen und 218.000 Flüchtlingen in den Tschad hinein geführt. Die Angaben über die Zahl der direkt oder an den Folgen des Darfurkonflikt seit Anfang 2003 bis Anfang 2007 Getöteten hat die unvorstellbare Spanne von 9.000 bis 530.000 und wird später untersucht.

Zur Vorgeschichte des Bürgerkrieges: Konflikte gab es dort seit Langem zwischen sesshaften Ackerbauern und nomadisierenden Kamel- und Viehzüchtern um Wasserstellen und fruchtbares Land. Dürreperioden Mitte der 80er Jahre verschärften die Situation noch. Faktum ist: Die Region wurde von Khartum vernachlässigt.

Was sind Janjawid?

Schauen wir uns die Konfliktbeteiligten genauer an und beginnen mit den Janjawid. Dazu gibt es zwei recht präzise Beschreibungen von Mitte 2004. Die erste aus der FAZ, die zweite aus der NZZ. In der FAZ steht zusammengefasst: Diese berüchtigten Janjawid („unsterbliche Ritter") stammen zum größten Teil aus dem Tschad, von wo sie Anfang der 90er Jahre von der neuen Herrscherelite des Putschpräsidenten Déby, den Zaghawa, nach Darfur vertrieben wurden. In Darfur herrschte damals bereits das Faustrecht, auch hier wurden sie von den Zaghawa verfolgt, die traditionell beiderseits der Grenze leben. „Von 1992 an reagierten die arabischen Tschader in Sudan mit der Gründung von Selbstverteidigungsgruppen auf die Übergriffe der Zaghawa [...] Die Mehrheit dieser Gruppe stellen die tschadischen Walad Zeith, die Ethnie des ehemaligen tschadischen Botschafters in Washington, Ahmat Hassballah Soubiane, der heute zu den schärfsten Kritikern Débys gehört. Der Chef der Maharié wiederum, der zweitstärksten Gruppe innerhalb der Djandjawid, ist ein direkter Verwandter des ehemaligen tschadischen Außenministers Mahamat Saleh Annadir, dem ebenfalls wenig Sympathien für Déby nachgesagt werden" (FAZ 28.7.2004). Der NZZ-Bericht, ein Monat später verfasst, sieht die Mehrheit der Janjawid bei Sudanesen. „Die neuen Janjawid sind Nomaden der Bani Hussein und Bani Helba." Wiedergegeben wird dann die Aussage eines SLA-Vertreters (Die SLA sind die militärischen Gegner der Janjawid). In den vergangenen Jahren seien diese Kamel-Nomaden wegen Dürre und zunehmender Versteppung ihrer Weiden mehr und mehr nach Süden und bis in die Nähe der Bauerndörfer vorgedrungen." Sie seien nach der Erhebung in Darfur im Februar 2003 von Khartum gegen die SLA aufgehetzt worden. „Die heutigen Janjawid nähmen auch Fremde in ihre Reihen auf - frühere Widerstandskämpfer aus dem Tschad oder gewöhnliche Kriminelle aus afrikanischen Ländern, welche sich in Darfur leichte Beute erhofften" (NZZ 20.8.2004). 1994 führte Khartum in Darfur Verwaltungsreformen durch, die das Siedlungsgebiet der sesshaften Fur auf drei Gliedstaaten aufteilte, und damit ihren politischen Einfluss schwächte. Ebenso erging es den ebenfalls sesshaften Masalit, dessen Heimatgebiet in eine Vielzahl von Emiraten aufgeteilt wurde und den Arabischsprachigen zugeteilt wurde. „Diese ‚Reform' führte in der zweiten Hälfte der neunziger Jahre zu einem im Ausland kaum beachteten Aufstand, in dessen Verlauf von Khartum unterstützte arabische Milizen Dörfer nieder brannten und Zehntausende Masalit ins tschadische Exil trieben" (NZZ 22.5.2004). Diese Arabermilizen werden Janjawid genannt. Andere verlegen die Gründung der Janjawid in das Jahr 1999. „In Dar Massalit hatte zunehmender Widerstand der schwarzen ‚Urbevölkerung' gegen arabische Dominanz zu verstärkten militärischen Aktionen der Regierung geführt." Weil die Regierung für ihren Krieg gegen den Süden immer mehr Schwarze aus Darfur rekrutierten, habe dies in den Gebieten der Massalit zu Unruhen geführt, die die Regierung brutal niederwarf. Die Regierung begann in Süddarfur arabische Freiwillige auszubilden und entlohnte sie. „Zum ersten mal wüteten Dschandschawid in Darfur (1999), mehr als 30 Dörfer wurden niedergebrannt, mehr als ein Tausend Massalit getötet. Die meisten, hieß es, seien aus dem Tschad gekommen, um hier in Darfur, einen panarabischen Krieg zu führen" (Thielke, S. 246). Der Begriff Janjawid stammt von ihren Gegnern, den „Rebellen". Er ist unscharf. In wie weit es sich um unpolitische - rein kriminelle - Gruppen handelt, die vom Kamel- und Rinderdiebstahl, Plünderungen und Überfällen leben, und wie weit der Regierungseinfluss auf diese Gruppen reicht, lässt sich nicht klar feststellen. Klar ist, dass sie mit äußerster Brutalität morden und brandschatzen.

Die Aussagen darüber, in welchem Verhältnis Janjawid und Regierung zueinander stehen, ist widersprüchlich. Die Regierung behauptet, sie habe mit den Janjawid nichts zu tun, diese seien Räuber und Banditen. Dem widersprach der Bericht einer UN-Untersuchungskommission zum Völkermord. Darin wird festgestellt, „dass die Janjawid Milizen seien, die unter der Kontrolle der Behörden stünden oder zumindest auf deren Komplizenschaft oder Duldung zählen könnten. Außerdem bilde die Regierung die Milizen aus und liefere ihnen Nachschub. Auch gewähre sie ihnen Straflosigkeit" (NZZ 2.2.2005). Einen weiteren Beleg für Zusammenarbeit lieferte der Korrespondent der NZZ, der im Frühjahr 2006 einen Janjawid-Anführer besuchte, der mindestens 600 Männer nördlich der Grenzstadt zum Tschad, Geneina, befehlige. Dieser bejahte, „es gebe eine Koordination mit den staatlichen Sicherheitskräften, er könne auch den Einsatz der drei auf dem Flugplatz bereit stehenden chinesischen Mi-24 Kampfhelikopter anfordern" (NZZ 15.4.2006). Der mächtigste Janjawid-Führer Musa Hilal soll allein 20.000 von ihnen befehligen (Thielke, S. 13).

Konfliktverlauf in Darfur

Als der Sudan seit 1999 durch den Ölexport mehr und mehr prosperierte und sich zwischen Khartum und dem Südsudan mit dem Abkommen von Machakos im Juli 2002 eine friedliche Einigung anbahnte, aber sich zugleich an der prekären Situation in Darfur nichts änderte, bildete sich die Darfur Liberation Front (DLF). Sie nahm im Februar 2003 eine kleine Distrikthauptstadt in Darfur ein, die von Regierungstruppen im März allerdings zurückeroberte wurde. Daraufhin benannte sich die

DLF um in Sudan Liberation Army (SLA). Dies in Anlehnung an die SPLA Süd-sudans, von der sie im März 2002 militärisch ausgebildet worden sein soll. „Bereits im März 2003 eroberten die Rebellen die Bergregion Jebel Marra im zentralen Darfur und die Stadt Tine an der Grenze zum Tschad. Ihr bedeutendster Erfolg gelang ihnen am 25. April 2003 bei einem Überraschungsangriff in al-Fasher, der Hauptstadt der Region Nord-Darfur" (Arbeitsgemeinschaft Kriegsursachenfor-schung, AKUF, Das Kriegsgeschehen 2004, Hamburg 2005, 254 Seiten, S. 212).

„Die Desperados der Sudan Liberation Army und des islamischen Justice and E-quality Movement (griffen) zu ihren Kalaschnikows und überfielen 80 Polizeistati-onen, diverse Kasernen und Regierungsgebäude. Mindestes acht Antonowmaschi-nen sollen damals zerstört und 685 sudanesische Polizisten von den Rebellen getö-tet worden sein" (Thielke, S. 35). Die Regierung – ob dieses plötzlichen Kriegsausbruchs alarmiert - reagierte im Juli mit brutalen Luftangriffen. „Lokale Banden wurden bewaffnet und auf ihren Beutezügen von Kampfhubschraubern und Kriegsflugzeugen der Armee unterstützt. Den apokalyptischen Reitern der Dschandschawid war der Auftrag erteilt worden: ‚Tötet die Sklaven'" (Thielke, S. 35). Unter Vermittlung des Tschad ausgehandelte Waffenstillstandsvereinbarungen hielten nicht. Die Regierung startete im Februar 2004 eine weitere Großoffensive. Der Konflikt weitete sich zu einem regelrechten Krieg aus. Janjawid-Milizen brannten Dörfer nieder. Nach UN-Schätzungen forderten die Kämpfe bis Ende März 2004 mindestens 10.000 Opfer (Fischer Weltalmanach 2005, S. 415). Die NZZ analysiert: Das sudanesische Regime schlage deshalb so hart zu, weil Turabi „offensichtlich die Rebellen dazu benutzt, um seine Rückkehr an die Macht in Khartum zu betreiben" (NZZ 22.5.2004). Die Leute des Muslimbruders al-Turabi in Khartum kommen meist aus Darfur. „Die größere Bedrohung aus Sicht des Re-gimes in Khartum (liegt) bei der JEM (Justice and Equalitiy Movement) und ihren Kontakten zum Popular Congress (PC), der Partei Hassan al-Turabis. Dieser gilt als Führer der Islamisten im Sudan und war bis 1999 neben Präsident Bashir der mächtigste Mann in der sudanesischen Regierung. Turabi wurde Ende März 2004 unter anderem wegen seiner Verbindungen zur JEM verhaftet" (AKUF 2004, S. 214). „Manche halten ihn (al-Turabi, L.H.) für den ‚Erfinder' der Bewegung für Gerechtigkeit und Gleichheit (JEM), einer der beiden in Darfur aktiven Rebellen-gruppen" (FAZ 7.7.2005). „‚Die Rebellion in Darfur stellt für die Regierung in Khartum eine größere Bedrohung dar als der lang andauernde Rebellenaufstand im Süden', glaubt Charles Snyder, Afrika-Experte der Bush-Administration. Gerade die Verbindung von Islamistenführer Hassan al-Turabi mit dem JEM könne für Baschir gefährlich werden. Diese Bedrohung sei auch der Grund für die Brutalisie-rung des Konflikts (Quelle: The East African, Nairobi, 28.6.2004"; Thielke, S. 152). Die Lage in Darfur spitzte sich 2004 weiter zu. „Aufnahmen eines US-Spionagesatelliten zeigen die Zerstörung von mindestens 400 Dörfern in Darfur. Rund 56.000 Häuser seien zerstört worden." (Quelle: Associated Press, 25.6.2004, Thielke, S. 151). „Die Art der Kriegsführung der Armee, insbesondere aber der der Dschandschawid-Milizen, machte den Darfur-Konflikt zum weltweit blutigsten der 2004 geführten Kriege" (AKUF 2004, S. 214).

Verhandlungen zwischen der Regierung einerseits, der eher säkularen SLA und der islamistischen JEM andererseits, scheiterten daran, dass die Janjawid nicht einbezogen waren und ihre mörderischen Attacken fortsetzten. Der US-Kongress bezeichnete die Ereignisse in Darfur am 22. Juli 2004 als Genozid.

Ist es Völkermord?

Bis heute wird vom Völkermord auch mit dem Zusatz „in Zeitlupe" gesprochen. Nachdem US-Präsident Bush im September 2004 vom Völkermord sprach, setzte der UN-Sicherheitsrat eine fünfköpfige Kommission ein, die nach dreimonatiger Arbeit einen über 170 Seiten langen Bericht vorlegte, der zu dem Schluss kam, „dass die verbreiteten und systematischen Angriffe der Regierungstruppen und – milizen auf Zivilisten zwar Verbrechen gegen die Menschlichkeit darstellen könnten. Aber um einen Genozid handle es sich nicht, vor allem weil der Massenmord im Rahmen einer Guerillabekämpfung erfolgt sei. Auch wenn kein Völkermord stattgefunden habe, bedeute das aber nicht, dass die begangenen Verbrechen weniger schlimm als ein Genozid seien. Auch die Rebellen hätten sich Verbrechen zuschulden kommen lassen, doch sei deren Zahl im Vergleich mit jenen des Regierungslagers gering" (NZZ 2.2.2005). Der Völkerrechtler Prof. Norman Paech, der sich Anfang Oktober 2006 im Sudan aufhielt, stellt in seinem mit Paul Schäfer zusammen verfassten Bericht fest: „Die Begriffe Völkermord und ethnische Vertreibung passen auf die Gewaltverbrechen, die in Darfur begangen werden, nicht. [...] In dem Konflikt spielen ethnische, rassische oder religiöse Motive keine Rolle" (Paech/Schäfer, Reisebericht, S. 1).

Die Darfur-Krise bekam eine zusätzliche Dramatik dadurch, dass immer neue Ölfunde gemeldet wurden und sich die bekannten Ölfelder immer mehr in Richtung Westen – also nach Darfur - verschoben haben. Die FAZ gab die Forderung der Darfur-Rebellen wieder: „Neben der Entwaffnung der Djandjawid und der Schaffung eines Rechtsstaates verlangen sie dreizehn Prozent der künftigen Öleinnahmen" (FAZ 27.7.2004).

AMIS – die Beobachtertruppe der AU

Eine Serie von UN-Resolutionen führte ab 2004 dazu, dass die Afrikanische Union (AU) ihre Mission AMIS, die für die Herstellung einer sichereren Umgebung für die Rückkehr von Binnenflüchtlingen und ihre humanitäre Hilfe zuständig ist, damit aber überfordert war, immer weiter aufstockten. Die Bundeswehr beteiligte sich daran seit Dezember 2004 dreimal mit Transportflügen (12/2004: 196 gambische Soldaten nach El Fasher, 10/2005: 280 ghanaische Polizisten und 3/2006: 538 senegalesische Soldaten). AMIS hat vor allem Überwachungs- und Kontrollaufgaben des nicht vorhandenen Waffenstillstands. Die Soldaten sollen Zivilisten nur „in ihrer unmittelbaren Nähe und bei akuter Bedrohung im Rahmen ihrer Möglichkeiten" schützen. Der Schutz von Zivilisten ist also „nicht die eigentliche Mission" der Soldaten (FAZ 22.10.2004). AMIS wird unter misslichen Umständen eine gute Arbeit attestiert, kann die Aufgaben aber nicht erfüllen. Trotz der Finanzierung durch die EU, die sachfremd aus der Afrika-Entwicklungshilfe-Fazilität bis Januar

2006 insgesamt 242 Millionen Euro gegeben hat, leidet AMIS unter Geld- und Ausrüstungsmangel. Auch fehlt wegen der nur kurzen und unsicheren Mandatsverlängerungen eine Perspektive. Das führt zur Demotivierung der afrikanischen Soldaten und Polizisten.

Weiter in der Chronologie: „Nach Monaten relativer Ruhe, auch aufgrund der Präsenz von tausenden AU-Militärbeobachtern in der Region, kam es ab September 2005 zu neuen Kämpfen in der Region. Hintergrund waren die am 15.9.2005 wieder aufgenommenen Friedensgespräche in Abuja" (Fischer Weltalmanach 2007, S. 460). Dabei ist der von den „Rebellen" 2003 begonnene Krieg mit eigenen Kräften nicht zu gewinnen. „Die SLA verfügt im Jahr 2005 über 11.000 Kämpfer, die in dreizehn Brigaden organisiert seien. 70 Prozent des Territoriums von Darfur, behauptet SLA-Präsident Abd al-Wahid Mohammed al-Nur, werden von der SLA oder des JEM kontrolliert" (Thielke, S. 231). Die Städte sind unter Kontrolle der Regierung. Die sudanesische Armee umfasst 104.800 Soldaten und verfügt an schweren Waffen über 200 Kampfpanzer T-54/T-55, 1.105 Artilleriesysteme, 24 Kampfhelikopter und über folgende Kampfflugzeuge: 19 MiG-29, 6 MiG-23, 5 MiG-21, 5 F-5 Tiger (The Military Balance 2005/2006, S. 399). Spekuliert wird über das Kalkül der Rebellen – in Analogie zum Verhalten der UCK im Kosovo - Regierung und Janjawid zu Überreaktionen zu provozieren, bis UNO, USA, NATO oder EU dort eingreifen, und in ihrem Interesse Druck auf Khartum ausüben, so wie die US-Regierung es zu Gunsten der SPLA vorgemacht haben (Thielke S. 95).

Bush und die NATO

Jan Pronk, der damalige UN-Sondergesandte für den Sudan, forderte am 14.1.2006 in seinem Bericht an den UN-Sicherheitsrat erstmals, als Folge der Tatsache, dass die Friedensbemühungen der AU gescheitert seien, eine 12.000 bis 20.000 Soldaten starke UN-Blauhelmtruppe für Darfur, ausgestattet mit einem robusten Mandat. Kofi Annan sagte, „die sudanesische Regierung müsse einsehen, dass wir eine erweiterte Truppe mit Soldaten von außerhalb Afrikas einbringen. [...] Laut Annan," so die FAZ weiter, „denken die Vereinten Nationen an eine mobile Einsatztruppe mit Hubschraubern und taktischer Unterstützung aus der Luft, die bei Bedarf schnell zur Stelle sei" (FAZ 14.1.2006). US-Präsident Bush forderte im Februar mehr Soldaten für Darfur. Er sagte: „Es bedarf einer Nato-Verantwortung für Planung und Organisation und vermutlich der Verdoppelung der Zahl der Friedenstruppen, um dort das Gefühl von Sicherheit zu schaffen" (NZZ 20.2.2006). Und im März war er mit dem Satz zu vernehmen: „Wir arbeiten an einer Strategie, die der Allianz erlauben würde, die Führungsrolle zu übernehmen" (NZZ 21.3.2006). Im April verkündete ein Sprecher Bushs, es „werde erwogen, mehrere Hundert Nato-Berater in den Sudan zu schicken, die sich jedoch nicht an militärischen Aktionen beteiligen sollen. Ihre Aufgabe würde vielmehr darin bestehen, den Kräften der Afrikanischen Union in Fragen der Logistik, der Kommunikation, des Nachrichtendienstes und anderer Funktionen zur Seite zu stehen" (NZZ 11.4.2006). Dies wiirde als Übergangsmaßnahme angesehen, bis eine UN-Truppe als Ersatz für die AU-Truppe mit breiterem Mandat aufgestellt sei. NATO-Generalsekretär De Hoop Scheffer schloss Ende April allerdings den Einsatz von NATO-Bodentruppen in

Darfur aus (NZZ 26.4.2006). Welche Weiterungen ihres Engagements die NATO in Darfur über die Transportaufgaben hinaus plant, ist seitdem nicht nach außen gedrungen. Sudans Präsident bekräftigte mehrfach seine Ablehnung einer UN-Blauhelmtruppe. Erstmals am 20. Juni lieferte er eine Begründung: „Hinter der Forderung nach ihrem Einsatz stünden kolonialistische Überlegungen" (NZZ 23.6.2006).

Friedensvertrag für Darfur

Nach zwei Jahren zähen Verhandlungen unter der Führung der Afrikanischen Union und in der Schlussphase unter dem Druck der USA, Großbritanniens, der EU und der UNO wurde am 5. Mai 2006 ein Friedensabkommen zwischen der sudanesischen Regierung und Teilen der Rebellen in Abuja/Nigeria unterzeichnet. Von den großen Rebellengruppen unterzeichnete lediglich die „militärisch schlagkräftigste Kampfgruppe, die weite Gebiete im Norden und Osten Darfurs kontrolliert" (NZZ 6.5.2006), die von Minni Arkou Minnawi angeführte SLA-Fraktion, die die Zaghawa repräsentiert. Die Fraktion des SLA-Gründers Abdelwahid al-Nur unterzeichnete nicht. Er repräsentiert die Fur, und damit angeblich etwa zwei Drittel der Menschen in den Flüchtlingslagern (Jan Pronk, weblog Nr. 26, 28.6.2006, www.janpronk.nl). Pronk machte die Zerstrittenheit Minnawis und Al-Nurs dafür verantwortlich, dass letzterer nicht unterzeichnete, nachdem der erste unterzeichnet hatte. Beide waren seit November 2005 getrennte Wege gegangen. Ebenso wenig unterzeichnete die JEM und die Janjawid waren schon gar nicht direkt an den Verhandlungen beteiligt. Zudem fehlte mit dem National Movement for Reform and Democracy (NMRD) eine dritte Rebellengruppe, „die etwa 1000 Kämpfer umfassen soll, und die stärkste Rebellenbewegung in Westdarfur ist" (NZZ 15.4. 2006). Was mit einer vierten Rebellengruppe ist, die ein Sicherheitsoffizier der UNO im März 2005 als ‚tschadische Janjawid' bezeichnete, „die über eine Flotte Geländewagen mit aufgeschraubten Maschinengewehren verfügten" (NZZ 12.3.2005), ist unbekannt.

Das Abkommen von Abuja (Darfur Peace Agreement, DPA) vom 5. Mai 2006 beinhaltet folgende Punkte:
- Waffenstillstand zwischen den beteiligten Parteien
- Entwaffnung der Janjawid-Milizen vor der Entwaffnung der anderen Rebellengruppen
- Eingliederung von 4000 Rebellen in die sudanesischen Streitkräfte
- Eingliederung von 1000 Rebellen in die lokalen Polizeieinheiten
- Ausbildung/Fortbildung von 3000 Rebellen
- 70 Prozent der Sitze in den Legislativen der Darfur-Bundesstaaten für die Rebellen
- Schaffung des Postens eines „Hauptberaters des Präsidenten" für Darfur (das ist Minnawi geworden)
- Referendum in Darfur über die Schaffung einer Region Darfur, anstatt der derzeitigen drei Bundesstaaten

- Kompensationszahlungen, Einrichtung eines Wiederaufbau- und Entwicklungsfonds für Darfur in Höhe von 300 Mio. US-Dollar im Jahr 2006 und jeweils 200 Mio. in den folgenden Jahren.

Die maßgeblich von al-Turabi beeinflusste JEM lehnt den Vertrag ab, weil sie erstens einen Posten als Vizepräsident des Sudan fordert, analog zur SPLA, zweitens die sofortige Zusammenlegung der drei Darfur-Provinzen zu einer und drittens analog zum Abkommen mit dem Süden, ein Referendum über die Unabhängigkeit Darfurs.

Fortsetzung der Kampfhandlungen

Am 24. Mai 2006 wurden bereits wieder „neue Kämpfe" aus Darfur gemeldet. „Offensichtlich handelt es sich um Offensiven der beiden Rebellengruppen, die den Friedensvertrag nicht unterschrieben haben," (FAZ 24.2006) meldet die FAZ. Anfang Juli machte die neugegründete Rebellengruppe National Redemption Front (NRF) mit einem spektakulären Überfall mit etwa 50 schwerbewaffneten Fahrzeugen auf einen entlegenen Ort in Nord-Kordofan – östlich von Darfur – auf sich aufmerksam. Was ist die NRF? Unter dem Dach der NRF vereinigen sich drei Gruppen: Teile der SLA, die sich „Gruppe der 19" (G19) nennen, JEM und die Sudan Federal Democratic Alliance. Der SLA-Gründer al-Nur ist nicht dabei. Die NRF besteht hauptsächlich aus den Ethnien der Massalit, Zaghawa und Berti. Die Fur sind nicht vertreten. Ein Sprecher der NRF erklärte, „mit dem Angriff wolle man beweisen, dass man überall im Sudan zuschlagen könne" (NZZ 5.7.2006). Er erklärte zugleich den Waffenstillstand von 2004 für beendet. „Man kann davon ausgehen, dass hinter der NRF," schrieb die NZZ, „die Geheimdienste Eritreas und Tschads stehen" (NZZ 5.7.2006). Wie eng die Beziehungen des Tschad zu den Rebellen Darfurs sind, war spätestens seit Anfang Mai 2006 bekannt: „Man muß nur in die Grenzregion reisen," schrieb der FAZ-Afrikakorrespondent, „um Zeuge der massiven Unterstützung der Tschader für die Rebellen in Darfur zu werden. Die tschadischen Zaghawas liefern den sudanesischen Zaghawas Lebensmittel, Waffen, Munition und sichere Rückzugsgebiete" (FAZ 3.5.2006). Das bestätigt die NZZ Ende Juli: „Laut mehreren glaubwürdigen Quellen sollen Flugzeuge mit Waffen aus Eritrea in der tschadischen Stadt Abéché gelandet sein. Das für die Rebellen aus Darfur bestimmte Kriegsmaterial sei unter den Augen der am Flugplatz von Abéché stationierten französischen Soldaten ausgeladen worden" (NZZ 28.7.2006). Kurz zur Erklärung: Tschad ist Frankreichs Flugzeugträger in Afrika. Die Landebahn ihres Stützpunkts in N'Djamena ist die längste in Afrika. Paris hat dort 1200 Soldaten stationiert, die das Regime Débys aktiv stützen. Es besteht zudem eine militärische Kooperation zwischen USA und Tschad. Die sprudelnden Ölquellen im Tschad sind zu 65 % in der Hand von Chevron und Exxon. Frankreich verletzt somit das Waffenembargo der EU (seit 1994) und des UN-Sicherheitsrats vom 30.7.2004 (UN-Resolution 1556), das gegen Rebellengruppen und Milizen in Darfur verhängt worden ist. Gegen Khartum besteht ebenfalls ein Waffenembargo der UNO seit dem 29. März 2005 (UN-Resolution 1591), was ebenfalls – von anderen Mitgliedern des UN-Sicherheitsrats - unterlaufen wird. So stellte das UN-Expertenpanel für die Überwachung der Sudan-Sanktionen fest: „Die Regierung des Sudans verletzt weiterhin das Waffenembargo, indem sie Ausrüstung und Waffen nach Darfur verlegt, die Janjaweed mit Waffen und Munition versorgt und von den Janjaweed sowie tschadischen Rebellen unterstützt wird, damit Sudans Streitkräfte Rebellengruppen angreifen können" (taz 13.10.2006).

Ende Juli 2006 griffen sudanesische Regierungtruppen und Janjawid Stellungen der NRF um Al-Fashir, der Hauptstadt Nord-Darfurs, an. Am 28. August startete das sudanesische Militär eine neue Offensive gegen NRF-Stellungen um Al-Faschir. Die UNO-Hochkommissarin für Menschenrechte Arbour forderte eine Untersuchung einer Reihe von Massakern, deren Regierungsmilizen Ende August in Süddarfur bezichtigt werden. „Arabischstämmige Milizen hätten mit Wissen und Unterstützung der Regierung 45 Dörfer in der Gegend von Buram angegriffen und dabei wahrscheinlich mehrere hundert Zivilisten ermordet" (NZZ 10.10.2006). „Angriffe auf Hilfsorganisationen sind mittlerweile Alltag in Darfur, wobei die meisten von Rebellengruppen ausgeführt werden" (FAZ 2.9.2006). Die sudanesische Armee baute ihre Stützpunkte in Al-Fasher und Kutum aus und bombardierte Stellungen der NRF. Gemeinsam mit Minnawis Truppen gingen sie gegen SLA-Kämpfer al-Nurs vor. „Seit kurzem verfügen die Rebellen gar über Fliegerabwehrlenkwaffen östlicher Herkunft, mit denen sie anscheinend eine Regierungsmaschine abgeschossen haben" (NZZ 23.9.2006). Im Zuge der Großoffensive der Regierungstruppen kam es Anfang Oktober zu heftigen Gefechten mit der NRF in Nord-Darfur an der Grenze zum Tschad. Mindestens 80 Schwerverletzte seien in ein tschadisches Krankenhaus eingeliefert worden. Reuters meldet, die Rebellen hätten 70 Fahrzeuge erbeutet und 100 Soldaten und Milizionäre gefangengenommen.

Die Zersplitterung der Rebellengruppen

Seit Ende Juli 2006 ist Al-Nur von seinen Kommandeuren abgesetzt und durch Ahmed Abdelshaffei ersetzt worden. Allerdings gab es von Seiten der Feldkommandeure im Dezember 2006 erneute Ergebenheitsadressen gegenüber ihrem Gründer Al-Nur. Al-Nur lehnt das Abkommen von Abuja ab und verurteilt auch die nachträgliche Unterzeichnung durch einige SLM-Feldkommandeure im libyschen Tripoli am 19.11.2006. Zuvor sind schon zwei kleinere Gruppen dem DPA von Abuja beigetreten, zum einen die SLM „Free Will" und ein JEM „Peacewing". Das mag vielleicht optimistisch stimmen, ist aber militärisch ohne Belang, wenn man sich die Vielzahl der bewaffneten Gruppen vor Augen führt. Jan Pronk führte Mitte Oktober 2006 auf, dass es sich bei den Kämpfen in Süddarfur nicht so sehr um politisch motivierte Kämpfe handelt, sondern hauptsächlich um Stammeskämpfe. Er führt Kämpfe in Gereida auf (wo die hauptsächlich Zaghawa orientierte SLM/Minnawi-Miliz mit Teilen der Massalit zusammengestoßen ist), in Buram (wo die Habanya, unterstützt von den Falata, ihre Heimat von den Zaghawa säubern wollte, die in den 1970ern in dieses Gebiet kamen nach der Dürre in Nord-Darfur), in Sheria (wo die Zaghawa aus der Stadt vertrieben wurden und ihnen der Zutritt verweigert wird, trotz des Friedens zwischen der Regierung und der Zaghawa-basierten Miliz von SLA/Minnawi) und in Muhajeria, wo die Kämpfe fortgesetzt werden, und niemand weiß, wer gegen wen kämpft und warum (Jan Pronk,

Weblog Nr. 35, 14.10.2006, www.janpronk.nl,Übersetzung L.H.). Ende November meldeten NRF und SLM, dass sie in Süd-Kordofan ein von sudanesischer Armee bewachtes Ölfeld angegriffen und „signifikant zerstört" hätten (www.sudantribune.com, 27.11.2006). Anfang Dezember 2006 meldete sich eine weitere Rebellengruppe „Popular Forces Troups" (PFT), die sich selbst als einen arabischen Stamm aus Darfur begreife, und gegen die Marginalisierung der Darfur-Region den bewaffneten Kampf gegen die sudanesische Armee aufgenommen habe (www.sudantribune.com, 7.12.2006). Mitte Dezember macht die AU rückgekehrte Janjawid für die Verschlechterung der Lage in Darfur verantwortlich. Sie seien von der Regierung mit neuen Waffen versorgt worden (FAZ 18.12.2006). Und der Vorsitzende der Waffenstillstandskommission verurteilte Ende Dezember die Regierung wegen des Bombardements von Rebellenstellungen mit Antonow-Maschinen auf zwei Dörfer in Norddarfur (www.sudantribune.com, 30.12.2006). Anfang 2007 kündigte eine Gruppe aus der SLA Minni Arkou Minnawi die Gefolgschaft und bildete eine neue, die sich Great Sudan Liberation Movement (GSLM) nennt. (www.sudantribune.com 13.1.2007). Hier wird deutlich, dass die Zersplitterung der Rebellen größer ist denn je – Ende Januar ist von 12 Rebellengruppen in Darfur die Rede. Die Kämpfe und die Bombardements gehen weiter.

Kämpfe im Tschad und in der Zentralafrikanischen Republik

Seit Anfang November 2006 verlagerte sich das Kampfgeschehen immer weiter in Richtung Westen, so dass der Darfurkonflikt zu einem Regionalkonflikt zu werden droht, der auch Tschad und die Zentralafrikanische Republik (ZAR) mit in Leidenschaft zieht. Human Rights Watch (HRW) berichtete Mitte November von Bombardierungen von Zivilisten durch die sudanesische Luftwaffe in Westsudan und Osttschad seit Ende Oktober (www.sudantribune.com 16.11.2006). Frisch bewaffnete tschadische arabische Milizen, darunter auch solche aus dem Sudan, hätten 60 Dörfer von Afrikanern in der ersten Novemberhälfte im Südosten Tschads angegriffen, die zudem noch einige Hundert Kilometer in zerklüfteter Landschaft auseinander liegen, dabei einige Hundert Zivilisten ermordet und 10.000 Menschen in die Flucht gejagt und ihre Dörfer meist geplündert. Insgesamt gibt es im Osten 90.000 tschadische Binnenflüchtlinge. Mitte November rief daraufhin die tschadische Regierung den Notstand aus und zog eine Generalmobilmachung in Erwägung. Unterdessen haben sich zwei Rebellengruppen im Osten des Tschad neu formiert, die den Sturz Débys anstreben. Dieser Versuch war im April bereits blutig in der Hauptstadt N'Djamena gescheitert.

Ein Vertreter des sudanesischen Außenministeriums bestätigte, dass Khartum die tschadischen Rebellen unterstützt: „Die innere politische Entwicklung im Tschad führte zur Unterstützung der dortigen Rebellen durch Sudan, weil es Kräfte in Tschads Regierung gibt, die die Rebellen in Darfur unterstützen. Und weil die Grenze zwischen Sudan und Tschad offen und unkontrollierbar ist und wir zwanzig Stämme haben, weiß niemand, wer die Grenze überquert" (taz 27.11.2006).

Die Zentralafrikanische Republik sieht sich seit Ende Oktober einem Angriff ausgesetzt, in dessen Folge einige Städte im Osten des Landes unter Kontrolle der Guerilla Union des forces démocratiques pour le rassemblement (UFDR) kamen.

Eine Aufstandsbewegung gibt es dort schon seit Jahren. Kämpfe mit Regierungstruppen führten dort zu 150.000 intern Vertriebenen, 80.000 sind in den Tschad
und nach Kamerun geflüchtet. (NZZ 27.1.2007) Tschad hat 150 Soldaten in die
ZAR geschickt und Frankreich seine 200 Mann starke Truppe um 100 Mann sowie
Hubschrauber verstärkt. Zum Hintergrund muss man wissen, dass in der ZAR Diamanten abgebaut werden und der Präsident Bozizé mit Hilfe Débys an die Macht
in Bangui geputscht wurde.

Das Kampfgeschehen tobte also weiter. Der Tschad und die ZAR sind ebenso
einbezogen wie Süd-Kordofan - alle außerhalb von Darfur gelegen. Die beteiligten
Gruppen innerhalb und außerhalb Darfurs sind nicht überschaubar. Frontlinien sind
nicht auszumachen. Eine Unterscheidung von Freund und Feind ist schlechterdings
nicht möglich. Hier als „robuste Blauhelme" neutral bleiben zu wollen, ist zum
Scheitern verurteilt. Sie würden schnell zur Kriegspartei auf der einen oder auf der
anderen Seite.

Wie viele Tote forderte der Bürgerkrieg in Darfur?

Im Folgenden wird ein Überblick über Meldungen in deutschsprachigen Medien
gegeben, die die Stationen an Schätzzahlen über Getötete in Darfur wiedergeben.
Denn die Zahl der Getöteten ist ein außerordentliches Politikum in dem Konflikt.
Mit dem Verweis auf hohe Opferzahlen wird die Forderung nach einer Militärintervention verknüpft. Hier die Chronologie: Nach UN-Schätzungen forderten die
Kämpfe bis Ende März 2004 mindestens 10.000 Opfer (Fischer Weltalmanach
2005, S. 415), rd. 10.000 (Die Welt 7.4.04), rd. 30.000 (Die Welt 23.7.04), über
30.000 (FAZ 24.7.04), 50.000 (FAZ 26.7.04), 10 bis 30.000 (Die Welt 27.7.04),
über 30.000 (Die Welt 28.7.04), mehr als 100.000 (NZZ 16.9.2004), 50.000 (Die
Welt 20.9.04), 70.000 (Die Welt, 6.11.04). „In den letzten acht Monaten hat der
Konflikt bis zu 70.000 Menschen das Leben gekostet" (Antrag der Bundesregierung Ds 15/4227 vom 17.11.04, Seite 1), mindestens 180.000 (FAZ 24.3.05), mehr
als 200.000 (FAZ 25.1.06). Charakteristisch ist die Sprunghaftigkeit und Widersprüchlichkeit der Zahlen. Die Quellen für die Zahlen werden meist nicht genannt.

Seit Ende 2005 wurde die Zahl der durch den Darfur-Konflikt direkt Getöteten
und an den Folgen von Unternährung und Krankheiten Gestorbenen mit 200.000
angegeben. In den USA kursierten dagegen Schätzungen des Außenministeriums
von 60.000 bis 160.000. (Robert Zoellick, Washington Post, 24.4.2005). Eine Studie der beiden US-amerikanischen Soziologie-Professoren John Hagan und Alberto
Polloni kam Mitte September 2006 nach Auswertung von Untersuchungen der
WHO und Médecins Sans Frontière zu der Feststellung, dass die Zahl der Toten in
der Zeit von Anfang 2004 bis Mai 2006 zwischen 170.000 und 255.000 liege (The
New Scientist, 14.9.2006). Sie hatten die Todesrate pro 100.000 (Crude mortality
rate, CMR) für Westdarfur für den Zeitraum Anfang 2004 bis Mitte 2005 (19 Monate) auf 49.288 (in einer Spannweite von 40.850 bis 67.598 gelegen) festgelegt,
diese bis Mitte Mai 2006 hochgerechnet und das Gebiet um Süd- und Norddarfur
erweitert. 200.000 sei eine untere Grenze, stellten sie fest, es könnten aber auch
400.000 sein. („Well, 200.000 dead is the cautious statistical floor. That's the low

end of the range, with the actual number being even possibly over 400.000." Hagan in Newsweek, 14.9.2006). Daraus machte das UNICEF-Vorstandsmitglied Ann M. Veneman am 15. September 2006: "It is estimated that more than 400.000 people have lost their lives in the continuing conflict." (www.unicef.org/media/ media_35922.html) Daraus wurden dann Meldungen fabriziert, wie: „... Bei den Kämpfen in Darfur sind seit 2003 nach UN-Schätzungen rund 400.000 Menschen getötet und 3 Mio. vertrieben worden..." (Radio Vatikan 9.10.2006) und „Bei den Kämpfen wurden seit 2003 nach UN-Schätzungen 400.000 Menschen getötet und drei Millionen vertrieben" (Deutsche Welle, 15.11.2006). Dabei hatte es gar keine UNO-Schätzung gegeben, sondern ein UNICEF-Vorstandsmitglied gab eine Schätzung Anderer wieder. BBC News berichtet am 15. September 2006 komplett anders über die Studie Hagans und Pollonis. Überschrift: „Darfur toll ‚at least 200.000'" (BBC News 15.9.2006) und Associated Press berichtete am 16.9.2006 von der Hagan/Polloni-Studie unter der Überschrift: „About 200.000 killed in Sudan's Darfur region". Hierzulande stiegen daraufhin in den Meldungen die Zahlen über die Getöteten kurzfristig auf 300.000 an, haben sich aber wieder auf 200.000 Anfang 2007 eingependelt. Hagan und Polloni verwarfen bewusst Schätzungen des Literatur-Professors Eric Reeves (www.sudanreeves.org), der, finanziert von der Stiftung des ebay-Gründers Omidyar, sich seit sieben Jahren mit dem Sudan beschäftigt, beim US-Kongress vorträgt und diverse Aufsätze zu Darfur veröffentlicht hatte. Reeves kam bereits am 11. März 2005 auf 380.000 Tote, und am 28. April 2006 auf 480.000 bis 530.000 Tote.

Im vierten Quartal 2006 begann hierzulande zumindest in der Frankfurter Allgemeinen Zeitung eine Kampagne ganzseitiger Anzeigen, die bisher insgesamt achtmal jeweils in ähnlicher Aufmachung geschaltet wurden. Ihr einseitiger Inhalt: „Seit 2003 haben die Milizen des sudanesischen Präsidenten Omar al-Bashir ganze Dörfer abgeschlachtet, in denen seine Bürger lebten – nur aufgrund ihrer Volkszugehörigkeit. 400.000 unschuldige Männer, Frauen und Kinder wurden ermordet und Abertausende wurden vergewaltigt, gefoltert und terrorisiert. Weitere 2,5 Millionen Menschen wurden aus ihren Häusern vertrieben und sind nun vom Tod durch Hunger und Krankheit bedroht. Die Friedenstruppen der Vereinten Nationen könnten diesem Gemetzel ein Ende setzen, aber Präsidenten al-Bashir lässt sie nicht ins Land und breitet seine Terrorkampagne weiter aus. Besorgte Bürger aus aller Welt tun sich zusammen, um der Gewalt ein Ende zu setzen. Machen Sie mit. Wir müssen mehr tun. Um Darfur zu retten" (Anzeige FAZ 19.12.2006). Bei einem Stückpreis von 36.326,40 €, fragt man sich, wer hinter der angegebenen Website www.GlobeForDarfur.org steckt. Zu finden sind international tätige NGOs, die sich in je unterschiedlicher Zusammensetzung unter anderem gegen Vergewaltigungen in Darfur, für die Entwaffnung der Janjawid und auch für die Einrichtung einer Flugverbotszone einsetzen. Nach eigenem Bekunden handelt es sich um 178 Organisationen mit 180 Mio. Mitgliedern. Darunter Amnesty International, American Jewish Organisation, Human Rights Watch, International Crisis Group, Save Darfur Coalition, Gesellschaft für bedrohte Völker und die World Evangelical Alliance. „Darunter sind Menschenrechtler, Gewerkschafter, Schauspieler, Nobelpreisträger und Olympiasieger. My Space, das bekannteste und wohl grösste sozia-

le Netzwerk im Internet, rief zum Spendensammeln die Konzerte ‚Rock for Darfur'
ins Leben. Mit der Aktion ‚Dollars for Darfur' sammeln Schüler an rund 27.000
Highschools in den USA Geld. ‚Ich habe diese Art der Mobilisierung unter Studen-
ten seit der Anti-Apartheid-Bewegung vor 25 Jahren nicht mehr gesehen', sagt
John Hefferman vom Holocaust Museum in Washington. [...] Das Darfur-Bündnis
hat nach eigenen Angaben Millionen von Spendengeldern in sehr emotionale Zei-
tungs- und Fernsehwerbung gesteckt, um die US-Bürger aufzurütteln"
(www.nachrichten.ch, 23.11.06). Bekannteste Aushängeschilder sind die US-
Mimen George Clooney und Mia Farrow. US-Präsident Bush unterstützt diese
Kampagne ebenso wie die Führung der Demokraten. Als erstes Kabinettsmitglied
hatte sich Heidemarie Wieczorek-Zeul für eine Teilnahme der Bundeswehr an
einer UN-Mission in Darfur ausgesprochen. Sie spricht von „Völkermord in Zeitlupe" und forderte ein Ende des Blutbades. „In den vergangenen drei Jahren wurden 400.000 Männer, Frauen und Kinder ermordet. 2,5 Mio. Menschen wurden
vertrieben," sagte die Ministerin (Bild am Sonntag, 25.11.2006) Diese Zahlenan-
gaben decken sich auffallend mit denen aus der Anzeigenkampagne.

Bei all diesen Zahlen handelt es sich um Abschätzungen, die auf hochgerechne-
ten statistischem Material fußen, das zu unterschiedlichen Zeiten an unterschiedlichen Orten meist durch Befragungen erhoben wurde und dessen Aussagekraft bezweifelt werden kann. Das tut auch der sudanerfahrene Kölner Geograph und Wüs-
tenforscher Stefan Kröpelin. Er bezweifelt diese hohen Totenzahlen, da es an
„quantifizierbaren Beweisen" fehle. Er fragt: „Wenn tatsächlich 2.000 Dörfer zerstört wurden, warum werden diese Daten dann nicht vorgelegt?" Und: auch punk-
tuelle Überprüfungen einer von USAID herausgegeben Karte mit Hilfe von Quick-
Bird-Aufnahmen „ergaben vielmehr in einem der angeblich am schlimmsten betroffenen Gebiete keine einzige niedergebrannte Hütte" (www.uni-
kassel.de/fb05/frieden/regieonen/Sudan/Kroepelin3.htm). Außerdem sei es kein
Geheimnis, so Kröpelin, dass Hilfs- und Menschenrechtsorganisationen in Zeiten
knapper werdender Kassen einem zunehmend heftigen Ringen um Mittel unterliegen. Das habe zur Folge: „Je drastischer die humanitäre Situation in den jeweiligen
Einsatzgebieten dargestellt und je höher die Opferzahlen beziffert werden, desto
mehr staatliche und Spendengelder sind zu erwarten."

Wie bedeutsam die Zahl der Getöteten als politische Waffe ist, unterstreicht die
Feststellung des sudanesischen Präsidenten al-Bashir. Er zählte „nicht einmal
9.000" (FAZ und Junge Welt 29.11.2006) durch Kampfhandlungen Getötete in
Darfur. Freilich legte auch er keine Belege vor. Offizielle Schätzungen der UNO
oder einer ihrer Unterorganisationen gibt es nicht, obwohl dies die Bundesregierung behauptet: „Nach Schätzungen der Uno sind mehr als 200.000 Menschen in
Folge des Konflikts ums Leben gekommen" (www.bundesregierung.de,
30.11.2006). Der Autor neigt nach derzeitigem Stand am ehesten dazu, die Toten-
zahl im Bereich von 200.000 anzusiedeln. Sie kann aber auch deutlich darunter
oder deutlich darüber liegen.

Der UN-Menschenrechtsrat hat sich Mitte Dezember dazu durchgerungen, eine
fünfköpfige Fachgruppe nach Darfur zu entsenden, die überprüfen soll, „ob sich

die Gewalttaten dort verschlimmert haben und die Lage der etwa zwei Millionen Flüchtlinge tatsächlich verschlechtert hat" (FAZ 14.12.2006).

Flüchtlinge

Die UN-Organisation für humanitäre Nothilfe im Sudan OCHA Sudan (www.sudanig.org) ermittelte, dass von den 6,2 Millionen Einwohnern Gesamt-Darfurs etwa vier Millionen vom Konflikt betroffen sind. Am 1.10.2006 zählten sie 1,97 Binnenflüchtlinge in Darfur. Zum Vergleich: Genau drei Jahre zuvor waren es noch 607.000 gewesen. Von den vier Millionen versorgt OCHA etwa 63 Prozent. Im dritten Quartal 2006 nahm die Zahl der Binnenflüchtlinge um 234.000 zu. Die Tendenz ist steigend. Dazu kommen etwa 218.000 darfurische Flüchtlinge in 12 Lagern im Tschad an der Grenze zum Sudan. Etwa 13.000 Helfer aus 80 NGOs und 13 UNO-Organisationen sind rund um die Uhr mit der Versorgung der Menschen in Darfur beschäftigt. Die Rückkehr der Flüchtlinge bei fortgesetzten Kämpfen ist unmöglich. Dies verhindert die Bestellung ihrer Felder, so dass die Abhängigkeit von ausländischer Hilfe selbst weit nach Beendigung der Kämpfe noch notwendig ist.

Die Auseinandersetzung um die UN-Truppe in Darfur

Am 9. Mai 2006 beauftragte der UN-Sicherheitsrat Kofi Annan mit der Aufstellung einer UN-Truppe für Darfur, die hauptsächlich aus afrikanischen Truppen zusammengesetzt sein sollte. Im Juni bekräftigte Präsident al-Baschir die Ablehnung einer UN-Mission in Darfur: „Ich schwöre, dass es keine internationale Militärintervention in Darfur geben wird, solange ich im Amt bin. Zugleich versprach er, gegen alle zu kämpfen, die sein Land wieder ‚kolonisieren' wollten" (FAZ 28.6.2006). Der UN-Sicherheitsrat hat am 31. August eine von den USA und Britannien eingebrachten Resolution (UN-Res. 1706) angenommen. Sie sieht vor, das Gebiet der UNMIS-Mission in Süd-Sudan auf Darfur auszuweiten und sie um 17.300 Soldaten sowie 3.300 Polizisten zu erweitern. Mit der Verlegung sollte ab dem 1. Oktober begonnen werden. Ihr Mandat erlaubt, Zivilisten „mit allen Mitteln" zu verteidigen, ist also ein Mandat nach Kapitel VII der Charta. China, Russland und Katar enthielten sich der Stimme. Allerdings ist das Mandat an die Zustimmung des Sudans gebunden, der diese Resolution nach wie vor ablehnt. US-Präsident Bush wollte indes eine Erlaubnis des Sudans nicht abwarten. „Die Uno müsse keine Einladung erhalten, sondern könne eine Resolution verabschieden, die erkläre, dass nun einmarschiert werde, um Leben zu retten, sagte er" (NZZ 18.9.2006).

Kurz vor Ablauf ihres Mandats am 30. September verkündete die AU, es bis Ende 2006 zu verlängern. Zudem solle die Truppe um 4000 auf 11.000 Soldaten aufgestockt werden. Die Finanzierung erfolge durch die Arabische Liga. Sudans Präsident Al-Baschir: „Die vom Sicherheitsrat beschlossene Friedensmission sei eine ‚typische Kopie der Koalitionstruppen im Irak.' Hinter dem Plan, Zehntausende ‚Blauhelme' angeblich zum Schutz der Zivilbevölkerung nach Darfur zu senden, stecke in Wahrheit die Absicht der Vereinigten Staaten, die Kontrolle über die sudanesische Hauptstadt Khartum zu gewinnen, um das Land auszuplündern" (FAZ 21.9.2006).

Mitte November kam es in Addis Abeba zu einem Treffen der fünf ständigen Mitglieder des UN-Sicherheitsrats, der AU, Kofi Annans, Vertretern afrikanischer Staaten und auch Sudans. Als Ergebnis verkündete Annan eine Übereinkunft, die jedoch postwendend von Khartum in wesentlichen Punkten in Frage gestellt wurde. Annan sprach von einer gemischten Operation von AU und UN („hybrid") mit vorwiegend afrikanischem Charakter, dessen Kommandostruktur von der UN gestellt werde und eine Truppe von 17.000 Soldaten und 3.000 Polizisten umfassen solle. Allerdings ist dem Protokoll zu entnehmen, dass all dies unter sudanesischem Vorbehalt steht und erst noch mit Khartum konsultiert werden müsse. (www.sudantribune.com, 18.11.2006) Vereinbart wurde ein Vorgehen in drei Phasen, dessen Modalitäten zwischen den drei Parteien UN, AU und der sudanesischen Regierung einvernehmlich abgestimmt werden sollen. Sudan reklamiert daraus für sich ein Vetorecht. In einer ersten Stellungnahme begrüßte El-Bashir eine UN-Unterstützung, die Kommandostruktur solle allerdings bei der AU bleiben und allenfalls 9.000 AU-Soldaten seien ausreichend (FAZ 29.11.2006). Ansonsten suche er mit Kofi Annan nach einem Mittelweg.

Am 23.12.2006 forderte Präsident Al-Bashir den scheidenden UN-Generalsekretär in einem Brief auf, die Phasen 1 und 2 umzusetzen und überließ es UNO und AU die Größe der Truppe der Hauptphase 3 festzulegen. Er erwarte einen entsprechenden Beschluss des UN-Sicherheitsrats. Im Januar machte er allerdings noch mal deutlich, dass die Truppe eine afrikanische und eine afrikanisch geführte sein solle (www.sudantribune.com, 24.1.2007). El-Bashir erklärt sich in dem Brief mit Friedensgesprächen unter der Ägide von UN und AU mit den Rebellengruppen, die das DPA nicht unterzeichnet haben, einverstanden. Bis Ende Januar entsendet die UN im Rahmen von Phase 1 103 Offiziere, 33 Polizeiberater und 48 Zivilisten zur Unterstützung der AU-Mission nach Darfur. Ausrüstung für 21 Mio. US-Dollar werde mitgeliefert. Bezüglich der Bekleidung hat man sich auf die „Uniformen ihrer Heimatländer, blaue UN-Barette und Armbänder der AU-Truppe AMIS" geeinigt. Phase 2 „soll dann mehrere hundert Soldaten, Polizisten und zivile Fachkräfte sowie logistische Hilfe umfassen, zu der auch Flugzeuge gehören könnten" (FAZ 28.12.2006).

Schlagzeilen machte eine Meldung in der Financial Times am 13.12.2006, die ein Licht auf Bushs/Natsios Drohung mit einem Plan B warf: Der britische Premier Blair habe die Einrichtung einer Flugverbotszone über Darfur ‚als eine Idee' während eines Treffens mit US-Präsident Bush für den Fall angesprochen, dass Khartum sich gegen eine UN-Friedenstruppe stelle. Blair „habe die USA zu scharfen Maßnahmen gegen die Regierung in Khartum gedrängt. Die US-Regierung erwäge unter anderem Luftangriffe und eine Seeblockade" (ZEIT online, Tagespiegel, 13.12.2006). US-Außenamtssprecher McCormack sagte, dieser Bericht greife jeglicher Militärplanung „weit voraus."

Verhandlungspositionen der Rebellen

Der Führer der SLM Abdelwahid al-Nur hat Anfang 2007 dezidiert Friedensgespräche mit Khartum abgelehnt und den Rücktritt der Regierung gefordert, um sie
durch ein säkulares demokratisches System des Gesamtsudans zu ersetzen. Er könne nicht mit einem Regime verhandeln, dass Völkermord in Darfur begehe
(www.sudantribune.com, Interview 3.1.2007). Mitte Januar forderte er, NATO-
Truppen nach Darfur zu schicken. In einem Pariser Appell forderte er die EU und
die NATO auf, zu handeln, wie sie es in Bosnien taten. Die SLA halte sich an das
Waffenstillstandsabkommen von 2004 und würde sich lediglich gegen Angriffe
verteidigen. Verhandlungen mit Khartum seien erst nach Erfüllung von Bedingungen möglich: Stopp der Tötungen in Darfur, die Rückkehr der Vertriebenen, Schutz
der Bevölkerung durch internationale „Peacekeepers". Zudem sei die Einigung
innerhalb der SLM fortgeschritten. Die G19 (bisher Bestandteil der NRF) habe sich
in die SLM unter al-Nur reintegriert. Außerdem sei bald mit der Wiedereingliederung Achmed Abdelshaffeis in die SLM zu rechnen (www.sudantribune.com
17.1.2007). Abdelshaffei verhandelte kurz darauf mit dem Sondergesandten des
US-Präsidenten Andrew Natsios im Tschad. Abdelshaffei betonte, dass erst dann
Gespräche mit Khartum aufgenommen werden könnten, nachdem sich die SLM
wiedervereinigt habe und forderte so schnell wie möglich eine UN-Peacekeeping-
Truppe.

Schlussfolgerungen

Hinter dem Drängen der USA auf eine Militärintervention – selbst ohne Zustimmung Khartums - steckt das Interesse am sudanesischen Öl und an der geostrategischen Lage des Landes. Allerdings wird jeglicher Versuch, ohne Zustimmung
Khartums militärisches Personal in den Sudan zu schaffen, auf dessen militärischen
Widerstand treffen, er käme einer Kriegserklärung gleich und würde die Lage es-
kalieren. Das Ergebnis wäre desaströs. Das vorgebliche Ziel, damit Frieden schaffen zu wollen, wäre zum Scheitern verurteilt.

Im Übrigen ist nicht damit zu rechnen, dass gegen den Widerstand Khartums
Truppen nach Darfur gebracht werden. Denn Russland, aber vor allem die VR
China, sperren sich entscheiden dagegen, und plädieren strikt für eine Verhandlungslösung. Würden die USA und die EU sich dennoch zu anderem entschließen,
geriete die gesamte internationale Architektur ins Wanken. Das dem Westen gegenüber moderate Verhalten Chinas und Russlands bezüglich Iran und Nordkorea
würden aufs Spiel gesetzt und ein Veto im UN-Sicherheitsrat über die Unabhängigkeit des Kosovo wäre vorprogrammiert.

So erweisen sich die Drohungen Bushs und Blairs vorerst als Bluff. Bush hat das
Ultimatum verstreichen lassen. Und die US-Administration hat eine andre Taktik
eingeschlagen, um sein strategisches Ziel zu erreichen. Sie bemüht sich fortan um
eine Einigung der darfurischen Rebellengruppen auf eine gemeinsame Verhand-
lungsposition gegenüber Khartum. Bushs Mann im Sudan Natsios forderte sogar
die Rebellengruppen auf, vom Ziel, die Regierung in Khartum stürzen zu wollen,
abzulassen (www.sudantribune.com, 21.1.2007). Der strategische Vorteil einer

Verhandlungslösung, die zu einer Einstellung der Kampfhandlungen und einer Machtteilung führt, für die USA wäre, dass sie dann ihr Wirtschaftsembargo gegenüber dem Sudan aufheben könnten, so dass die US-Ölkonzerne und auch andere westliche Ölgesellschaften ihre Konzessionen nutzen und sich um neue bemühen könnten. Diesen Verhandlungsweg einzuschlagen, scheint der US-Administration erfolgversprechender zu sein, als bis 2011 auf eine – vage - Unabhängigkeit des Südens zu setzen, um erst danach im Süden die Ölförderung aufzunehmen. Ein Friedensschluss erleichtert auch die Umsetzung der UN-Resolution vom 31. 8. 2006 zur Implementierung der rund 20.000 UN-Blauhelmen.

Abschließend noch einige Bemerkungen zur deutschen Beteiligung an AMIS und UNMIS. Für die Beteiligung der Bundeswehr an UNMIS mit bis zu 75 Beobachter gibt es keine sachliche Notwendigkeit. Die Bundestagsentscheidung ist zu einer Zeit entstanden als Rot-Grün um einen ständigen Sitz im UN-Sicherheitsrat buhlte. Der Dienst ist nicht effektiv und bei Soldaten nicht begehrt, weil er eher der Karriere schadet (vgl. Reisebericht Paech/Schäfer, S. 7).

Die deutsche Lufttransportleistung im Rahmen von AMIS in Darfur umfasste jeweils einen Airbus und vier Transall C-160. Diese Flüge können auch von afrikanischen Staaten geleistet werden, denn die Summe aller in Afrika verfügbaren Herkules-Transportmaschinen (leistungsfähiger als die Transall) beläuft sich auf 102. Aber Transportmaschinen werden wohl anderweitig gebraucht. So wunderte sich Thilo Thielke im ostkongolesischen Bukavu über „Dutzende ruandischer Maschinen". Ihre Funktion: Kongolesische Bodenschätze nach Kigali, in die ruandische Hauptstadt, fliegen. (Thielke, S. 233) Ruanda stellt für AMIS drei der acht Bataillone und lässt sie von der US-Airforce transportieren.

Ergänzung der Herausgeber:
Am, 31. Juli 2007 verabschiedete der UN-Sicherheitsrat die Resolution 1769 (2007) zur Situation in Darfur einstimmig. Im Kern geht es darum, dass die Vereinten Nationen eine "hybride" UN-Mission (UNAMID) in die sudanesische Krisenregion schicken - "hybrid", weil sie sich zusammensetzt aus einer Mission der Afrikanischen Union (AU) und der Vereinten Nationen. Die Truppe soll insgesamt 26.000 Personen umfassen, darunter 19.555 Soldaten einschließlich 360 Beobachter und Verbindungsoffiziere, eine "zivile Komponente" aus 3.772 internationalen Polizeikräften sowie 19 Sonderpolizeieinheiten mit bis zu 2.660 Beamten. UNAMID wird unter einem gemeinsamen Kommando stehen und hat den Auftrag, die Einhaltung des Waffenstillstands in Dafur zu überwachen. Darüber hinaus soll sie Schutz für die humanitäre Hilfe in der Region gewähren. Sie ist mit einem sog. "robusten Mandat" ausgestattet, kann also notfalls auch Gewalt anwenden, beispielsweise um Anschläge zu verhindern und Zivilisten vor Übergriffen zu schützen. Die Regierungen der USA, Frankreichs und Großbritanniens, welche die Resolution eingebracht hatten, wollten ursprünglich auch dem Regime in Khartum Sanktionen androhen. Diese Absicht scheiterte am Widerstand Chinas. In der Resolution werden alle Konfliktparteien aufgefordert, ihre Kämpfe einzustellen und mit UNAMID zusammenzuarbeiten. Der Aufbau der Mission soll bis zum 31. Dezember 2007 abgeschlossen sein. Das Mandat erstreckt sich zunächst auf ein Jahr.

Rolf Verleger

Ist Nächstenliebe antisemitisch?
Plädoyer für eine Umkehr zu einem friedlichen Nahen Osten!

Im Juli 2006, als der sinnlose Libanonkrieg tobte, schrieb ich folgenden Brief an die Präsidentin des Zentralrats der Juden in Deutschland und ihre Stellvertreter, zur Kenntnis an meine Kolleginnen und Kollegen im 30-köpfigen Direktorium des Zentralrats:

Sehr verehrte Frau Präsidentin Knobloch,
sehr geschätzter Herr Prof. Dr. Korn, sehr geschätzter Herr Dr. Graumann,
Sie haben in den letzten Tagen öffentlich Partei für die militärischen Maßnahmen der israelischen Regierung gegen den Libanon ergriffen. Dazu kann und will ich nicht schweigen.

Es ist mir selbstverständlich klar, dass Sie damit die Mehrheitsmeinung der Juden in Deutschland ausdrücken. Jedoch ich hätte mir von Ihnen noch etwas mehr erwartet, denn Sie lieben Israel, Sie sind politisch erfahren, und Sie sind traditionsbewusste Juden.

1) Sie lieben Israel. Wie kann jemand, dem das Schicksal des Landes Israel am Herzen liegt, diese Militäraktion gutheißen? Unsere dortigen Freunde und Verwandte werden in den nächsten Jahren mit mehr statt mit weniger Gefährdung leben müssen. Bei mir betrifft dies unter anderen meine beiden Geschwister, die als Jugendliche aus Deutschland ausgewandert sind, und ihre Kinder und Enkel. Diese Militäraktion macht Israel nicht sicherer, sondern unsicherer. Der Zorn und die Wut und die Gewalt der Nachbarstaaten werden vervielfacht, der Konflikt wird ausgeweitet anstatt eingedämmt.

2) Sie sind politisch erfahren. Daher wissen Sie so gut wie jeder andere, dass der Anlass für den Hisbollah-Terror gegen Israel der ungelöste Palästina-Konflikt ist und dass auch jetzt die Hisbollah die zwei israelischen Soldaten offensichtlich darum entführt hat, damit sie sich als Verteidigerin der von Israel bedrängten Bewohner von Gaza in Szene setzen konnte.

Jeder weiß, dass Syrien und Iran und Russland mit dem Palästinakonflikt ihr trübes Süppchen kochen - selbstverständlich aber auch die USA, die nach dem Irak-Debakel nun die israelische Armee als ihren verlängerten militärischen Arm benutzt. Jeder weiß daher, dass die Alternative zum Dschungel dieser Interessen - und damit zum Krieg - darin besteht, dass die israelische und die palästinensische Regierung (und dem nachgeordnet auch die libanesische Regierung) miteinander verhandeln und Übereinkünfte treffen. Darauf sollten die Freunde Israels hinwirken anstatt die gewählte palästinensische Regierung zu dämonisieren.

Der Zentralrat der Juden in Deutschland hat Erfahrung darin, mit einer Regierung zu verhandeln, die direkte Rechtsnachfolgerin einer Mörderbande ist. Der Erfolg gibt uns darin Recht.

3) Sie sind traditionsbewusste Juden. Daher wissen Sie so gut wie ich, dass es immer einen Konflikt gegeben hat zwischen jüdischer Religion und Nationalismus. Im Altertum war dies der scharfe Konflikt zwischen unseren Propheten und den Königen von Juda und Israel, und mit dem Aufkommen des Zionismus war es die Auseinandersetzung zwischen Zionisten und Aguda - eine Auseinandersetzung, in der beide Seiten gute Argumente hatten.

Heutzutage haben leider viele Juden diesen Maßstab verloren und denken, man sei ein um so besserer Jude, je entschiedener man für Israels Gewaltpolitik eintritt. Aber ein solches „Judentum": Ist das noch das gleiche Judentum, dessen Wesen unser einflussreichster Lehrer Hillel so definierte: „Was Dir verhasst ist, tu Deinem Nächsten nicht an"? Ist das noch das gleiche Judentum, als dessen wichtigstes Gebot unser Rabbi Akiba benannte: „Liebe Deinen Nächsten wie Dich selbst"? Das glaubt mir doch heutzutage keiner mehr, dass dies das „eigentliche" Judentum ist, in einer Zeit, in der der jüdische Staat andere Menschen diskriminiert, in Kollektivverantwortung bestraft, gezielte Tötungen ohne Gerichtsverfahen praktiziert, für jeden getöteten Landsmann zehn Libanesen umbringen lässt und ganze Stadtviertel in Schutt und Asche legt. Ich kann doch wohl vom Zentralrat der Juden in Deutschland erwarten, dass dies wenigstens als Problem gesehen wird.

Selbstverständlich weiß ich, dass ich hier gegen jahrzehntelang fest gefügte Meinungen argumentiere. Aber ich bin nicht der erste, ich werde nicht der letzte sein, und zusammen mit besonnenen Menschen in Israel und außerhalb Israels können wir die Dinge zum Guten wenden.

Die israelische Regierung braucht unsere Solidarität. Im Moment ist sie auf einem falschen Weg, daher braucht sie von solidarischen Freunden jetzt nicht mehr Waffen oder mehr Geld oder mehr public relations, sondern mehr Kritik.

Mit freundlichen und besorgten Grüßen

Von den Angeschriebenen erhielt ich jedoch damals[1] nur Reaktionen wie diese: „... sehr erstaunt ... dass ausgerechnet Sie ... viele abgedroschene, antizionistische Argumente von vermeintlichen Israel-Freunden kritiklos übernehmen ... Mit Ihrer einseitigen, polemischen Kritik ... spielen (Sie) allen Feinden Israels direkt in die Hände." „Ihr Schreiben hat mich ... verärgert ... Sachliche Kritik ist ... erlaubt. Ihre Anschuldigungen sind jedoch polemisch, hämisch und bar jeglicher Sensibilität."

Als ich dann, enttäuscht von diesen Argumenten und ruhelos über den nicht endenden sinnlosen Krieg, meinen Brief öffentlich machte - in der taz, denn die Jüdische Allgemeine wollte den Brief nicht abdrucken - da bekam ich neben einigen weiteren heftigen Beschimpfungen eine überwältigende positive Resonanz. Zu dieser positiven Resonanz gehört auch, dass Sie mich hier (zum 13. Friedenspolitischen Ratschlag 2006, Kassel, d. Hrsg.) eingeladen haben. Dafür danke ich Ihnen sehr herzlich.

---

1 Nachtrag bei Abfassung dieses Manuskripts im Mai 2007: Jetzt, unter anderem nach dem Bericht der israelischen Winograd-Kommission über den Irrsinn dieses Krieges, stellt sich das vielleicht für manchen damaligen Adressaten dieses Briefs anders dar.

Ich möchte hier drei Themen ausführlich darstellen, die in meinem Brief angesprochen wurden. Dies sind:
  1. der biblische Auftrag der Nächstenliebe,
  2. Geschichte des Zionismus und
  3. die heutige Problematik jüdischer Identität.

1. Der Auftrag der Nächstenliebe - eine notwendige Klarstellung

„Liebe Deinen Nächsten wie Dich selbst". Die meisten Menschen, mit denen ich
darüber ins Gespräch kam, halten dieses Gebot für eine Erfindung des Christentums. Dass der „rächende Gott" des „Alten Testaments" nichts von Nächstenliebe
hielt, erscheint den meisten Menschen, die in einer christlich geprägten Umgebung
aufgewachsen sind, selbstverständlich. Aber auch Juden habe ich getroffen, die
ebenfalls davon überzeugt waren, dass Nächstenliebe das weiche christliche Prinzip sei, während das Judentum sich auf die Gerechtigkeit berufe, wonach Gleiches
mit Gleichem zu vergelten sei („Auge um Auge, Zahn um Zahn"). Diese Überzeu-
gungen klingen alle sehr logisch und systematisch, nur: Sie stimmen nicht.
   Vielmehr: „we-ahaw-ta le-rea'-cha kamo-cha" - „und-lieb-Du zum-Nächsten-
Dein wie-Du", üblicherweise übersetzt mit „Liebe deinen Nächsten wie Dich
selbst", oder „Liebe Deinen Nächsten - er ist wie Du" (Zunz) oder „Halte lieb Dei-
nen Genossen, Dir gleich" (Buber & Rosenzweig) steht im 3. Buch der Torah,
Kapitel 19, Vers 18. (Die Torah - die „Weisung" - sind die „Fünf Bücher Moses".)
Formal betrachtet ist es eine der vielen Stellen in der Torah, an denen der Verfasser
- also nach jüdischer Überzeugung Moses im Auftrag Gottes - die Leser in der
Befehlsform anspricht. Nach traditioneller jüdischer Zählung gibt es 613 solcher
Stellen in Befehlsform. Diese Gebote und Verbote sind Gottes „Aufträge"
(„Mizwot", Einzahl „Mizwa") an sein Volk, das sich diesen Auftraggeber als sei-
nen Gott erkoren hat. An jeden dieser Aufträge haben sich fromme Juden und Jüdinnen zu halten - solche, die wichtig erscheinen wie „Du sollst nicht töten", solche, die gezielter Vorarbeit bedürfen wie „Seid fruchtbar und mehret Euch", solche, die den heutigen Leser etwas ratlos hinterlassen wie das Verbot, aus Wolle
und Baumwolle gemischte Kleidung anzuziehen, solche, die human erscheinen wie
„Brate das Zicklein nicht in der Milch seiner Mutter" und eben auch solche wie
„Liebe Deinen Nächsten wie Dich selbst". Für orthodoxe Juden ist all dies gleich
wesentlich - formal betrachtet: Der Auftrag, den Nächsten zu lieben wie sich
selbst, muss erfüllt werden ebenso wie der Auftrag, keine Kleider zu tragen, die
aus Baumwolle und Wolle gemischt sind.
   Wie bei jedem Auftrag Gottes an sein Volk stellte sich dem Judentum die Frage,
was nun genau mit diesem Auftrag gemeint ist. Diskussionen zu diesen Fragen
wurden geführt und sind im Talmud zusammengetragen. Wesentliche Prinzipien
dabei sind zumindest zwei, nämlich erstens, sich an den einfachen Wortlaut zu
halten, zweitens aber auch „einen Zaun um die Torah zu machen".
   Vom ersten Prinzip, dem einfachen Wortlaut, ist mit dem „Nächsten" wohl eher
der Mit-Israelit gemeint. Denn „Liebe Deinen Nächsten wie Dich selbst" ist der
zweite Halbsatz eines Satzes, dessen erste Hälfte lautet „Räche nicht und trage
nichts nach den Kindern Deines Volkes". Und wenn sich der erste Halbsatz doch

ausdrücklich auf „Kinder deines Volkes" bezieht, sollte das für den zweiten Halbsatz wohl auch gelten.

Jedoch werden Gottes Aufträge von der talmudischen Diskussion im Allgemeinen nie auf den einfachen Wortlaut reduziert. Denn wenn man die Gebote darauf eingrenzen würde, bestünde leichter die Gefahr, sie nicht zu erfüllen. Dieses Prinzip nennt sich „einen Zaun um die Torah aufstellen". Ein bekanntes Beispiel ist der Auftrag, das Zicklein nicht in der Milch seiner Mutter zu braten. Kochen könnte man es dann ja eigentlich. Überhaupt: Kann man in Milch anbraten? Und wenn man Kälbchen und Kuhmilch statt Zicklein und Ziegenmilch nimmt, ist es doch sowieso erlaubt?! Solche Überlegungen schienen den talmudischen Lehrern nur dazu angetan, den Auftrag nicht zu erfüllen. Diesen schoben sie einen Riegel vor, indem sie aufgrund des Auftrags, das Zicklein nicht in der Milch seiner Mutter zu braten, die strikte Trennung von Milch- und Fleischprodukten beim Kochen und Essen zur Verpflichtung erklärten.

Diese Logik ist ganz dem verhaftet, was man tatsächlich macht, nicht dem, was wohl der moralische Sinn sein könnte. Wendet man diese Logik nun auf den Auftrag der Nächstenliebe an, kommt man ganz selbstverständlich auf folgende Überlegungen:

Selbst angenommen, der Auftrag gilt nur gegenüber Juden, kann man dann riskieren, ihn gegenüber beliebigen Leuten, die man in Hamburg oder auf Mallorca trifft, nicht einzuhalten? Es könnte ja ein Jude darunter sein! Tatsächlich trifft man jüdische Minderheiten in allen Ländern, und selbst wenn einer aussieht wie ein Chinese, könnte ja seine Großmutter mütterlicherseits zum Judentum übergetreten sein, zum Beispiel als sie Kontakt mit deutschen Juden hatte, die vor Hitler nach Shanghai geflohen waren. Das Gleiche gilt natürlich für eine Palästinenserin: Ihre Großmutter könnte aus Bagdad stammen und dort dem Charme des jüdischen Funktionärs der Kommunistischen Partei des Irak erlegen sein und ihn vor einem Rabbiner geheiratet haben. Weiß man es? Selbst ein deutscher Skinhead könnte - zu seinem größten Ärger - jüdischer Herkunft sein. Es bleibt also gar nichts anderes übrig, in diesen Zeiten, in denen jüdische Menschen nicht mehr in geschlossenen Stämmen als Nomaden leben, - und diese Zeiten begannen spätestens mit der babylonischen Gefangenschaft ca. 600 v. Jesus' Geburt - als den Auftrag der Nächstenliebe auf alle Menschen anzuwenden, sonst könnte man in die Gefahr kommen, ihn nicht zu erfüllen.

All dies mag den christlich geprägten Lesern etwas sonderbar vorkommen. Aber dies ist genuin talmudische Logik.

Im übrigen, schlicht und ergreifend, finden sich fünfzehn Verse später folgende klaren Worte (3. Buch Mose, Kap.19, 33-34): „Und wenn es wohnt mit Dir ein Bewohner [d.h. fremder Herkunft] in Eurem Lande, quält ihn nicht. Wie ein Bürger von Euch sei Euch der Bewohner, der mit Euch wohnt, und liebe ihn wie Dich selbst, denn solche Bewohner wart Ihr im Lande Ägypten, ich bin Euer Gott."

Oben wurde angemerkt, dass für orthodoxe Juden alle Aufträge der Bibel gleichermaßen wichtig sein müssen. Trotzdem: Die „Weisen", die vor und nach der Zerstörung des Zweiten Tempels lebten und deren Meinung im Talmud zusammengefasst und diskutiert wird und die damit das Judentum formten, wie wir es heute kennen, diese Weisen haben Gewichtungen vorgenommen. Es ist uns kein Weiser überliefert, der das Verbot der Mischkleidung von Wolle und Baumwolle für das Wichtigste hielt. Relevanter: Es ist uns auch kein Weiser überliefert, der den Auftrag, Auge mit Auge und Zahn mit Zahn zu vergelten, für das Wichtigste hielt. Jedoch das Gebot der Nächstenliebe wurde durchaus für zentral erklärt. Dies - so überliefert der Talmud[2] - sei die Meinung von Rabbi Akiwa gewesen. Dies blieb übrigens nicht unwidersprochen. Aber auch hier hielt nun nicht etwa ein kerniger Altvorderer das Prinzip des „rächenden Gottes" hoch. Vielmehr war der an dieser Stelle zitierte Rabbi ben Asai der Meinung, das wichtigste Prinzip der Torah sei, dass Gott alle Menschen nach seinem Bilde erschaffen habe. Der Talmud zitiert hier Ben Asai offenbar nicht, um Rabbi Akiwa zu widersprechen, sondern weil sich aus diesem Gleichheitsprinzip das von Rabbi Akiwa betonte Gebot unmittelbar herleiten lässt, den Nächsten ebenso zu behandeln wie man sich selbst behandeln würde.

Rabbi Akiwa war einflussreich, aber noch einflussreicher war Hillel. Hillel, geboren 70 v. J., war der bedeutendste geistige Führer des Judentums während der Zeit des 2. Tempels. Zu ihm – so erzählt der Talmud im Traktat über den Schabbat (Blatt 31a) – kam ein Nichtjude, wohl ein Römer, und sagte: „Lassen Sie mich zum Judentum übertreten, aber unter der Bedingung, dass Sie mir die ganze Torah beibringen in der Zeit, in der ich auf einem Bein stehen kann." Das heißt, er stellte die Frage nach dem Wesentlichen, allerdings in einer spöttischen Form. Hillel, der ein Muster an Sanftmut war, ging auf den Mann ein, ließ ihn also sich auf ein Bein stellen und sagte zu ihm: „deAlach Ssani leChawrach Lo ta'Awed - Was Dir verhasst ist, tu Deinem Nächsten nicht an. Das ist die ganze Torah, der Rest ist Erläuterung. Geh und lerne."

Diese Anekdote gibt offensichtlich eine nochmalige Antwort auf die Frage, inwieweit der Auftrag der Nächstenliebe sich auch auf Nichtjuden bezieht. Der Mann, den er direkt anspricht, ist ja Nichtjude. Vermutlich ist er ein römischer Besatzungssoldat. Es könnte auch ein israelischer Bulldozerfahrer sein, der ein palästinensisches Haus plattwalzt. Oder ein deswegen steinewerfender palästinensischer Jugendlicher. Oder ein verhetzter und überforderter israelischer Soldat, der auf diesen Jugendlichen schießt. Oder eine Palästinenserin, die ihren ermordeten Bruder rächen will und sich deswegen in einem Haifaer Strandrestaurant in die Luft sprengt. In jedem Fall - so Hillel - gilt das Prinzip: „Was Dir verhasst ist, tu Deinem Nächsten nicht an. Das ist die ganze Torah, der Rest ist Erläuterung. Geh und lerne."

Nach diesem Prinzip haben in der Tat die Juden, so gut es ging, Jahrtausende Jahre gelebt und gehandelt.

Dieses Prinzip wurde von den „Revisionisten", einer Fraktion innerhalb der zionistischen Bewegung, in Wort und Tat abgelehnt. Diese Fraktion erhielt ihren Namen, weil sie das offizielle zionistische Prinzip revidierte, wonach Juden und Ara-

---

2   Siehe www.juedisches-recht.de/rechtsgeschichte-solidaritaet.htm. Ebenso die ausführliche Stellungnahme aus traditioneller Sicht von Rabbiner B. S. Jacobson, abgedruckt auf www.hagalil.com/judentum/torah/bina/naechstenliebe.htm

ber in Palästina gleiche Rechte haben sollten. Sie revidierten damit aber nicht nur den Zionismus, sondern auch das Judentum.

2. Die zionistische Bewegung

Um 1866 gab es in Mittel- und Osteuropa 6 Staaten: Die Schweiz, das Habsburger Reich, das Russische Reich, das Osmanische Reich, und als einzige Nationalstaaten einheitlicher Sprache das 1830 unabhängig gewordene Griechenland und das sich formende Deutsche Reich.

1890 waren es 10 Staaten. Dazugekommen waren: Bulgarien, Rumänien, Serbien, Montenegro.

1918 waren es 16 Staaten. Dazugekommen waren: Polen, Litauen, Lettland, Estland, Tschechoslowakei, Ungarn, Albanien. (Serbien und Montenegro schlossen sich mit anderen Gebieten zu Jugoslawien zusammen.)

Es war in dieser Atmosphäre nur natürlich, dass auch unter den Juden Osteuropas, im Russischen Reich, der Wunsch nach einem eigenen Staat Anhänger fand. Für diesen Wunsch sprach, dass sie sich durch eine Reihe wesentlicher Merkmale von den Volksgruppen in ihrer Umgebung, die ihrerseits alle nach nationaler Unabhängigkeit strebten, unterschieden:

- Durch ihre Sprache. Die Juden sprachen durchweg jiddisch, also eine auf dem Deutschen basierende Sprache mit vielen Einsprengseln aus dem Hebräischen und aus ihrer slawischen Umgebung. Zum Beispiel „taitsch is gewejn mejn tattes mamme-luschen" heißt „Jiddisch ist meines Vaters Muttersprache gewesen" („luschen" - langes U - ist das hebräische Wort für Sprache in polnisch-jüdischer Aussprache, „tatte" ist slawisch). Dass sie diese „taitsche" Sprache so für sich pflegten und behielten, zeigt, wie kulturell getrennt sie von ihrer Umgebung lebten, und es zeigt, wie eng verbunden sich das europäische Judentum bis 1933 der deutschen Kultur gefühlt hatte.
- Durch ihre Schrift. Jiddisch wurde mit für diese Zwecke adaptierten hebräischen Buchstaben geschrieben. Das wirkt sehr exotisch, aber war eigentlich sehr praktisch, weil in einem Teil der jüdischen Siedlungsgebiete das kyrillische Alphabet verwendet wurde, im anderen Teil das lateinische, und das hebräische Alphabet sowieso für das Lesen des Gebetbuchs gelernt werden musste. Die Rolle des Jiddischen in Wort und Schrift können wir heute kaum noch erahnen. Der „Bund", die sozialistische Organisation der Juden im Zarenreich, kommunizierte selbstverständlich auf Jiddisch. Beispielsweise sieht man im US-amerikanischen Einwanderungsmuseum auf Ellis Island Fotos von den ersten Arbeiterdemonstrationen in den USA, mit Transparenten in Jiddisch.
- Durch ihre Religion. Dazu wurde oben einiges gesagt. Selbstverständlich war aber auch die Aufklärung nach Osteuropa gekommen, trotz der rückständigen Kultur und Ideologie des Zarenreichs, und stürzte viele Juden in Identitätskonflikte. Dies konnte bewirken, dass man versuchte, eine andere Definition von Judentum zu finden als über die Religion, nämlich über die „jüdische Nation".

- Durch ihre soziale Diskriminierung. Diese war im russischen Zarenreich massiv. Juden war durchweg der Zugang zu höherer Bildung verwehrt. Jüdische Männer mussten dreißig Jahre in der Armee dienen. Juden waren periodisch die Opfer von Pogromen.

Aufgrund all dieser Besonderheiten musste im allgemeinen Klima des nationalen Aufbruchs in Europa auch bei den Juden der Wunsch nach einem eigenen Staat entstehen. Der bekannteste Ausdruck dieses Wunsches der Juden im Zarenreich ist das Buch des Odessaer Arztes Leon Pinsker „Auto-Emanzipation". Der Titel drückt die Idee aus, dass es an den Juden selbst ist, ihr Schicksal der Diskriminierung zu beenden: indem sie einen eigenen Staat gründen und indem sie dort Zugang zu all den Berufen erhalten, die ihnen im Zarenreich verwehrt sind, insbesondere dem Beruf des Bauern.

Die Frage war selbstverständlich, wo die Juden diesen Staat gründen wollten. Alle anderen kulturell und sprachlich definierten Gruppen konnten ihren Staat dort gründen wo sie auch wohnten: Die Bulgaren in Bulgarien, die Griechen in Griechenland, die Litauer in Litauen. Zum Teil „mussten" dafür allerdings andere Bevölkerungsgruppen vertrieben werden oder wurden eine unterprivilegierte Minderheit. Die Juden waren aber überall in der Minderheit. Sie konnten nicht die Ukrainer aus der Ukraine vertreiben und die Polen aus Polen. Wenn sie einen eigenen Staat gründen wollten, brauchten sie ein eigenes neues Land.

Eine Alternative zur kollektiven Staatenbildung war die individuelle Suche nach einem neuen Land. Viele Juden aus dem Zarenreich suchten sich ihr neues Land selbst. Wer konnte oder im Zarenreich nichts mehr zu verlieren hatte, wanderte aus, nach USA und den Ländern West- und Mitteleuropas. Die Familie meines Vaters wanderte 1905 aus dem polnischen Teil des russischen Zarenreichs nach Deutschland ein, nach Falkenstein im Vogtland

Jedoch überquerten auch erste Gruppen von Juden aus dem Zarenreich die Grenze ins Osmanische Reich und siedelten sich im Norden des heutigen Israel an. Unterstützung für diese Gemeinschaft kam von einigen wenigen Juden aus Mittel- und Westeuropa. Zum Beispiel unterstützte der französische jüdische Baron de Rothschild die gemeinsame Auswanderung der Juden aus dem Zarenreich in ein neues Land, offenbar beseelt durch den Wunsch, dass dieses neue Land nicht Frankreich sein sollte. Denn in Frankreich schwelte trotz formal gleicher Rechte das Ressentiment gegen Juden weiter, und man konnte befürchten, dass durch die Einwanderung von Juden aus dem Zarenreich, die den Franzosen kulturell fremd sein könnten, sich dieses Ressentiment verschärfen würde.

Einschneidend für die folgende Entwicklung war bekanntlich die „Dreyfus-Affäre". Irgendjemand hatte dem deutschen Militärattaché in Paris geheime Militärdokumente zugespielt. Der jüdische Offizier Dreyfus wurde dafür 1894 des Landesverrats angeklagt. Belege dafür gab es nicht, außer der Tatsache, dass er jüdisch war. In einem krassen Unrechts-Urteil wurde Dreyfus aus der Armee ausgestoßen und zu Lagerhaft verurteilt. Der eigentliche Schuldige, ein Adliger in Geldnot, wurde 1896 entdeckt, aber Anfang 1898 freigesprochen. Bekanntlich erreichte daraufhin Emile Zola eine Revision des Dreyfus-Prozesses. Wesentlich für den weiteren Gang der Weltgeschichte war aber, dass der Wiener Journalist

Theodor Herzl als Reporter zum Dreyfus-Prozess geschickt worden war. Zutiefst aufgewühlt über dieses Schandverfahren entschloss sich Herzl, für einen jüdischen Staat zu kämpfen, und verfasste das Manifest „Der Judenstaat" (1896).

Herzls Grundannahme aufgrund der Erlebnisse beim Dreyfus-Prozess und aufgrund massiver Judenfeindlichkeit in Wien war die Allgegenwart und Unvermeidlichkeit von Judenhass. Der wesentliche Grund dieses Hasses sei, dass die Juden wegen des Fehlens eines eigenen Staates prinzipiell wie Dreyfus als vaterlandslose Subjekte erscheinen müssten. Sobald es eine jüdische Heimstätte gäbe, könnten Juden der Welt zeigen, dass sie ihr Vaterland so liebten wie andere auch.

In dieser Hinsicht war Herzl komplett ein Kind seiner Zeit, in den konservativen Kategorien des Bürgertums denkend. Tatsächlich war der französische Judenhass keineswegs unabänderbar. In Frankreich entbrannte ein heftiger Kulturkampf. Als ein Hauptträger der judenfeindlichen Propaganda hatte sich die katholische Kirche hervorgetan. 1902 gewann die Linke die Wahlen und führte wegen dieser kirchlichen Einmischung in politische Angelegenheiten die bis heute fortbestehende völlige Trennung von Kirche und Staat durch. Es erfolgte also binnen weniger Jahre eine radikale Änderung des herrschenden politischen Klimas, zugunsten der Gleichheit aller Bürger vor dem Staat, als einem Ideal der französischen Revolution. Aber der Stein war nun durch die Dreyfus-Affäre ins Rollen gebracht.

Herzl nahm zunächst keinerlei Bezug auf jüdische Tradition und Kultur. Diese war ihm fremd. Ihn interessierte nur, ein Land zu finden, in dem genügend Platz wäre, damit dort eine größere Menge von Juden einwandern könnte. Gleichzeitig - es war das Zeitalter des Kolonialismus und europäischen Größenwahns gegenüber den anderen Erdteilen - sollte dies ein unterentwickeltes Land sein, in das die Juden als europäisches Volk das Licht des technischen Fortschritts und der Aufklärung bringen könnten. Konsequenterweise diskutierte die von Herzl gegründete Organisation, der „Zionistische Kongress", Uganda, Madagaskar und Zypern als mögliche Länder für die Gründung eines jüdischen Staates. Diese Ideen stießen jedoch bei der großen Mehrheit anderer zionistischer Juden auf entschiedene Ablehnung. Das Land der Juden konnte nur das biblische Versprochene Land sein, andernfalls würde man niemanden von der zionistischen Idee überzeugen können. Dazu kam auch noch die Wiederbelebung des Hebräischen als eine gesprochene Sprache für den Alltag im Neuen Land. So wurde der Zionismus ein kulturelles Projekt. Indem dieses Projekt sich entschieden auf das Land bezog, in dem einmal der Tempel stand, konnte der Zionismus von sich sagen, er verfolge nun das Ziel, um das die Juden seit Jahrtausenden gebetet hätten.

Das gesamte Projekt stieß allerdings auf die Ablehnung der Mehrheit der traditionell denkenden Juden.

Der Lubawitscher Rebbe, Rabbi Schulem Schneerson, analysierte 1903[3]: Die Zionisten hätten den Nationalismus zu einem Ersatz für die Torah und die Gebote gemacht. So habe der Zionist Mandelstam in einem Offenen Brief klipp und klar

---

3   Hier zitiert aus: Selzer, Michael (Hrsg.): Zionism Reconsidered: The Rejection of Jewish Normalcy. The Macmillan Company, New York, 1970, pp.11-18.
    Ljubawitsch ist wohl eine Stadt in der heutigen Ukraine.

erklärt, ein Jude sei nicht jemand, der Tefilin[4] lege, den Schabbat einhalte und auch sonst alle Gebote befolge, sondern ein Jude sei ein Zionist. Ebenso habe in der Zeitschrift haSchiloach[5] gestanden, Jude sei auch jemand, der alle Gebote der To-rah überschreite, der sogar die Existenz Gottes leugne, wenn er nur auf Seiten der jüdischen Nation stehe. Eine andere Zeitschrift sage, früher sei die jüdische Religi-on notwendig gewesen, um für den sozialen Zusammenhalt des jüdischen Volkes zu sorgen; in den heutigen Zeiten gehe die Rolle der Religion zurück, daher benö-tige das jüdische Volk etwas anderes, um weiterhin als Volk zu existieren: die Idee der Nation. Das Ergebnis dieser Agitation - so der Lubawitscher Rebbe - sei, dass sich die Juden von Gott und ihrer Religion abwendeten. Die ganze Idee eines jüdi-schen Nationalismus sei gegen die jüdische Tradition: Das jüdische Volk habe das Joch des Exils zu tragen, dies sei wesentlicher Bestandteil seiner Existenz, und es sei nur an Gott, durch den Maschiach diese Situation zu ändern.

Ebenso argumentierten die meisten traditionellen religiösen Führer, zum Bei-spiel der Gerer Rebbe (1901)[6], oder auch der große Rabbiner von Lübeck, Dr. Sa-lomon Carlebach, und diese traditionellen Führer schlossen sich in der „Aguda" („Union") zusammen.

Auch mein Onkel Pinchas Elijahu habe für die Aguda gegen die Zionisten ge-predigt und wegen seiner Begabung als Redner damit viele Menschen überzeugt, so erzählte mein Onkel Arje. Pinchas Elijahu war der Lieblingsbruder meines Va-ters. Daher gab mein Vater meinem Bruder diesen Namen, seinem Erstgeborenen nach dem großen Morden. Der Namensgeber selbst, Pinchas Elijahu Verleger, war auf offener Straße von der SS erschossen worden.

Nun ist zwar die Gegnerschaft der Aguda gegen den Zionismus durchaus nach-vollziehbar. Man kann aber nur schwer den rückwärtsgewandten Beigeschmack dieser Argumentation übersehen. Dass man sich nicht um aktuelle Probleme küm-mern soll, sondern lieber auf den Messias warten möge, klingt ein wenig so wie die Aufforderung, das Denken den Pferden zu überlassen, da diese die größeren Köpfe haben.

Um so interessanter ist die Kritik von Achad ha'Am („Einer aus dem Volk"). Unter diesem Pseudonym verfasste Ascher Ginsburg (1856-1927) auf Hebräisch, der Sprache der Zionisten, Kommentare zur zionistischen Bewegung. In „Die Umwertung der Werte" (1898)[7] kommentiert er beispielsweise die Übernahme der Nietzsche'schen Ideologie des „Übermenschen" und des „Kampfs ums Dasein" durch russische Zionisten. Gegen die Idee des „Kampfs ums Dasein" wendet er sich entschieden. Dagegen habe die Idee des „Übermenschen" durchaus ihr Gutes:

---

4 Die Käpselchen, die man sich beim alltäglichen Morgengebet mit Riemchen an die Stirn und an den linken Arm bindet, gemäß dem biblischen Auftrag: „und bindet sie [diese Worte, die ich Euch heute als Auftrag gebe] zum Zeichen an Deine Hand, und sie seien zum Merkzei-chen zwischen Deinen Augen" (5.Buch Mose, Kap.5)

5 Herausgegeben von Achad ha'Am (s. unten)

6 Alter, Jehuda Arje Leib, „Sfas Emes" (Gerer Rebbe). Statement on Zionism. Original 1901. Hier zitiert aus: Selzer, 1970, pp.19-22.
„Ger" ist Góra Kalwarija, ein Städtchen 50 km von Warschau.

7 Nachgedruckt in Selzer (1970)

Es erscheine abstrakt und gleichmacherisch, als moralisches Ziel zu deklarieren, dass sich die Menschheit im allgemeinen verbessern solle. Wesentlicher und konkreter könne es sein, dass einzelne Menschen besondere Qualität erstreben sollten. Nietzsche habe dies aber aufgrund seines germanisierend-volkstümelnden Geschmackes in Richtung der „blonden Bestie" ausgeformt, als den wiedererstandenen Recken des alten Germaniens. Als Jude müsse man jedoch die Integration mit den jüdischen Werten anstreben, und das bedeute, dass das Streben jeder Generation dahingehen müsse, dass jeder Einzelne besondere moralische Qualitäten anstreben müsste. Ein solches Ziel besonderer moralischer Qualität sei eben nicht ein alter Zopf, den der moderne jüdische Nationalismus nun als erstes abschneiden müsse. Vielmehr sei eine jüdische nationale Wiedergeburt ohne Rückgriff auf die jüdische moralische Tradition nicht vorstellbar.

Herzl selbst - und dies prägte die Hauptlinie der zionistischen Ideologie bis 1944 (leider nicht ihrer Praxis) - war kein Anhänger von Ideen des „Kampfs ums Dasein". Er propagierte nicht die Verdrängung der arabischen Bewohner von Palästina, sondern forderte vielmehr ihre Gleichberechtigung in einem multikulturellen Staat. In seinen Tagebüchern (zitiert im folgenden aus Kohn, 1958)[8] notierte er: „Mein Testament für das jüdische Volk: Euren Staat so zu erbauen, dass ein Fremder zufrieden bei Euch lebt." Und in seinem visionären Buch „Altneuland" wandte er sich ausdrücklich gegen die Idee, dass Juden in dem zu schaffenden Staat aufgrund ihrer Herkunft oder Religion eine privilegierte Stellung haben dürften. „Wir stehen auf den Schultern anderer zivilisierter Völker ... Was wir besitzen, verdanken wir dem vorbereitenden Werk anderer Völker. Daher haben wir unsere Schulden zurückzuzahlen. Es gibt nur einen Weg dafür: Die größtmögliche Toleranz. Unser Motto muss daher sein, jetzt und immerdar: Mensch, Du bist mein Bruder." Daher kann auch in „Altneuland" der Araber Reschid Bey zu einem europäischen Besucher sagen: „Würden Sie jemanden als Eindringling oder Räuber ansehen, der ihnen nichts wegnimmt, sondern Ihnen im Gegenteil etwas zukommen lässt? Die Juden haben unser Leben bereichert, wie können wir Zorn auf sie empfinden? Sie leben mit uns als unsere Brüder, warum also sollten wir sie nicht lieben?"

Theodor Herzl starb 1904, im Alter von 44 Jahren. Er erlebte weder den Erfolg noch die Perversion seiner Vision.

Bei den Volksbewegungen für die Entstehung der europäischen Nationalstaaten im 19. Jahrhundert aus den großen Imperien Osmanisches Reich, Habsburgisches Reich, Zarenreich handelte es sich nach allgemeinem Verständnis um „linke", „fortschrittliche" Bewegungen. Feudale Strukturen wurden aufgelöst, die Sprache des Volkes wurde offizielle Sprache, Märtyrer aus dem Kampf für die Volksfreiheit bekamen den ihnen zustehenden Platz in der offiziellen Kultur der neuen Staaten. Ein ähnlicher Prozess wiederholte sich im 20. Jahrhundert bei der Wiedererstehung der Nationalstaaten West- und Südeuropas aus der Besetzung durch das Hitler-Reich, wurde pervertiert in Osteuropa durch die gleichzeitige Besetzung

---

8   Kohn, Hans. Zion and the Jewish National Idea. Original 1958. Hier zitiert aus: Selzer, 1970, pp.175-212.

durch das Stalin-Reich und konnte sich dort in unseren Tagen, 1989, durch die Wiedererstehung aus der Umklammerung des Sowjet-Reichs vollenden.

Nichts unterscheidet die jüdische nationale Volksbewegung im Zarenreich von diesen anderen linken, bürgerlichen, nationalistischen, fortschrittlichen Volksbewegungen, außer der Tatsache, dass sie keines ihrer Wohngebiete als ihr Staatsgebiet beanspruchen konnte, denn die Juden waren überall in der Minderheit.

Auch waren die anderen Volksbewegungen nicht im politikfreien Raum erfolgreich. Vielmehr wurde die Entstehung der neuen Nationen im allgemeinen entscheidend begünstigt, wenn eines der anderen Reiche diesen Prozess förderte. Zum Beispiel hat dasselbe Russland, das in Polen, Litauen, Lettland, Estland seit Jahrhunderten wegen seiner übergriffigen Großmachtpolitik gehasst wird, in Bulgarien ein hervorragendes Image. Denn es war Zar Nikolai, der 1877 das Osmanische Reich zwang, Bulgarien die Selbständigkeit zu geben, nachdem zunächst ein bulgarischer Aufstand vom Osmanischen Reich in einem Blutbad mit Tausenden Toten niedergemacht wurde. Bis heute ist die Hauptstraße in Sofia nach dem „Zar dem Befreier" benannt.

Herzl agierte vor dem Ersten Weltkrieg. Der jüdische Staat in Uganda, Madagaskar oder Zypern hätte keines der europäischen Großreiche direkt betroffen und erschien ihm wohl aus diesem Grund ein aussichtsreicheres Unternehmen als ein jüdischer Staat im alten Judäa, denn dieses Gebiet musste dem Osmanischen Reich weggenommen werden. Dies konnten nicht die Juden durch einen Volksaufstand tun, anders als die Bulgaren oder die Griechen, denn sie waren ja noch gar nicht in diesem Land wohnhaft. Für ein solches Projekt mussten also mächtige Fürsprecher gefunden werden, sonst war es aussichtslos. Herzl setzte auf den Deutschen Kaiser, Wilhelm II. Die Idee war, dass durch eine jüdische Kolonie das Deutsche Reich einen Vorposten in dieser strategisch wichtigen Region bekommen könnte, bewohnt von Menschen, die allein schon durch ihre Sprache (das „taitsche" Jiddisch) mit der deutschen Kultur verbunden waren, geführt von einer in Deutschland und dem deutschsprachigen Teil des Habsburgerreichs aufgewachsenen Elite. Tatsächlich hatte Herzl in dieser Sache eine Audienz bei Wilhelm II., in Palästina, als der Deutsche Kaiser auf Staatsbesuch im Osmanischen Reich war. Aber aus dieser Idee wurde letztlich nichts, allein schon wegen Herzls frühem Tod.

Auf dem von Herzl vorgezeichneten Weg gelang es jedoch dem nach England berufenen jüdischen Chemieprofessor Chaim Weizman, seine britische Regierung zu überzeugen, die „Einrichtung einer jüdischen Heimstätte in Palästina mit Wohlwollen zu betrachten". Dies erklärte der britische Außenminister Lord Balfour 1917 in einer offiziellen Note. Die Motive der britischen Regierung für diese Haltung waren vermutlich komplex. Man war die führende Weltmacht und wollte dies bleiben. Man wünschte den Zerfall des Osmanischen Reiches, oder konnte ihn zumindest nicht verhindern, und wollte daher ein neues System an dessen Stelle setzen. Wenn es die Briten nicht täten, würde es vielleicht eine andere Macht tun, sei es der Deutsche Kaiser, mit dem man noch im Krieg lag, oder die Schwellenmacht USA, deren Präsident Wilson verdächtige Reden von der Universalität der Menschenrechte führte. Nicht zuletzt war Russland ein Pulverfass: Der Zar war gestürzt, die Juden hatten zum ersten Mal in der russischen Geschichte gleiche

Rechte wie alle anderen, viele Unterstützer der jetzt herrschenden Sozialdemokraten waren Juden (u.a. der „Bund", die große nicht-zionistische sozialistische Organisation), der Kriegsgegner Deutschland führte Geheimverhandlungen mit dem radikalen Lenin in dessen Zürcher Exil - es war sehr unklar, was in nächster Zeit auf russischem Boden politisch geschehen würde. Möglicherweise war eine Massenemigration von Juden zu befürchten, größer als 1905, und es wäre sicher günstig, wenn sich diese Emigration ins ferne Arabien ergießen würde anstatt zum Beispiel nach London, wo sich sowieso schon allerlei Volk anderer Hautfarbe tummelte und die britischen Sitten durcheinander brachte. Man wusste ja auch, dass diese russisch-jüdischen Emigranten extrem links eingestellt waren, kollektive Bewirtschaftung propagierten und sogar das Fundament jeden Staates, die Familie, abschaffen wollte. Solche Leute sollten ihre Gesellschaftsexperimente nicht in einem wichtigen Staat wie Russland oder Großbritannien durchführen - die palästinensische Wüste und das galiläische Sumpfland waren kein schlechter Ort für sie; da konnten sie sich die Hörner abstoßen und würden dann vielleicht am Ende ganz honorige Leute, so wie dieser Weizman.

Großbritannien ließ sich also nach dem Ende des 1.Weltkriegs und der damit einhergehenden Zerlegung des Osmanischen Reichs ein ganz offizielles Mandat vom auf USA-Initiative entstandenen Völkerbund für die Verwaltung dieses Landstrichs geben - nun hieß er offiziell „Palästina" - und so kam also das jüdische Volk zu seiner Heimstätte, als Vorposten des britischen Reiches im Nahen Osten.

Das Konzept der „Heimstätte" konnte sich durchaus auf Vorstellungen Theodor Herzls berufen. Der erste britische Hohe Kommissar für das Mandatsgebiet, Sir Herbert Samuel (der mit diesem Posten wegen seiner Sympathie für die zionistische Bewegung betraut worden war), formulierte es wie folgt (zitiert aus Kohn, 1958): „Ich höre es vielerorts, dass die arabische Bevölkerung Palästinas niemals zustimmen wird, dass ihr Land, ihre heiligen Stätten und ihr Grund und Boden ihnen weggenommen und an Fremde fortgegeben wird ... Die Leute sagen, sie könnten nicht verstehen, wie die britische Regierung, die in aller Welt für ihre Gerechtigkeit gerühmt wird, ihr Einverständnis zu einer solchen Politik gegeben hat. Ich antworte darauf, dass die britische Regierung niemals dazu ihr Einverständnis gegeben hat und dies auch niemals tun wird. ... [Die Balfour-Deklaration] besagt, dass die Juden, als ein Volk, das zerstreut in alle Welt ist, aber dessen Herz immer nach Palästina gerichtet war, in den Stand gesetzt werden sollten, ihre Heimat zu finden, und dass manche von ihnen, in dem Rahmen, der durch die Anzahl und die Interessen der jetzigen Bevölkerung gesetzt ist, nach Palästina kommen sollten, um mit ihren Möglichkeiten und Energien das Land zum Vorteil all seiner Bewohner zu entwickeln. Wenn Maßnahmen nötig sind, um die muslimische und christliche Bevölkerung zu überzeugen ... dass ihre Rechte wirklich gesichert sind, dann werden diese Maßnahmen ergriffen. Denn die britische Regierung, als Bevollmächtigte des Mandats für das Wohlergehen der Bevölkerung Palästinas, würde ihnen niemals eine Politik aufzwingen, von der diese Bevölkerung mit Recht annehmen könnte, sie sei ihren religiösen, politischen und wirtschaftlichen Interessen entgegengesetzt."

Diese Worte benennen tatsächlich den zentralen Grund, aus dem sich Herzl für einen „Judenstaat" einsetzte. Ein solcher Staat wäre das real existierende Heimatland für die Juden in aller Welt, genauso wie Irland, Italien, China und Deutschland die real existierenden Heimatländer für Millionen in die USA ausgewanderter Iren, Italiener, Chinesen und Deutscher waren. Genauso wenig wie all die ausgewanderten Iren wieder nach Irland zurückkehren müssen, um in den USA als gleichberechtigt anerkannt zu sein, müssten alle Juden nach Palästina zurückkehren: Die pure Existenz eines solchen Heimatlands würde ausreichen. Sie wäre schon genug, um den Vorwurf an französische Juden wie Dreyfus oder Wiener Juden wie Herzl, sie seien vaterlandslose Gesellen, automatisch zum Verschwinden zu bringen und damit dem Antisemitismus seine wesentliche Grundlage zu entziehen. Die „Heimstätte" würde genau diese Funktion erfüllen. Mehr noch: So wie Herzl es in „Altneuland" dargestellt hatte, dass Menschen aller Herkunft und aller Religionen in diesem Staat friedlich zusammenleben würden, so könnte diese Heimstätte allen Staaten der Welt als Vorbild gelten, wie man adäquat mit seinen Minderheiten umgeht, und auch dies würde helfen, den Antisemitismus in Mitteleuropa zu bekämpfen.

Was allerdings in den nächsten Jahren folgte, war wohl kaum das, was sich die britische Regierung bei ihrer wohlwollenden Betrachtung der jüdischen Heimstätte vorgestellt hatte. Anstatt dass freundliche britische Kolonialbeamte mit unrasierten russisch-jüdischen Hippies kurzweilige Diskussionen über Kollektivismus und Familiensinn führen konnten, gab es Mord und Totschlag, und die britische Mandatsverwaltung saß zwischen allen Stühlen.

Die Juden aus dem Zarenreich und aus der folgenden bolschewistischen Diktatur hatten die Mühen der Auswanderung nicht deswegen auf sich genommen, um nun als edles Vorbild für alle Welt zu gelten. Sie wollten ihren Staat aufbauen. Sie wollten sich endlich von niemandem mehr herumkommandieren lassen müssen. Sie wollten nicht Rücksicht nehmen. Sie wollten frei sein. Sie wollten ihre eigene Staatsform wählen. Und wenn die britische Mandatsverwaltung dies nicht gestattete, dann musste sie bekämpft werden.

Die arabische Welt war entsetzt über die Balfour-Deklaration. Araber hatten mit britischer Unterstützung gegen das osmanische Reich revoltiert, aber die Einrichtung des palästinensischen Mandatsgebiets und die Abgrenzung einer britischen und einer französischen Einflusssphäre (seit dem Sykes-Picot-Abkommen von 1916) machten die arabischen Hoffnungen auf eine staatliche Wiederauferstehung zunichte. Der britische Oppositionsführer MacDonald, Vorsitzender der Labour Party, schrieb 1922, nach seinem Besuch in Palästina (zitiert nach Kohn, 1958): „Niemand, der ein Organ für die Strömungen im Nahen Osten hat, kann sich mit dem Glauben trösten, dass die Araber vergessen oder vergeben haben oder dass das moralische Übel, das wir begangen haben, in Bälde keine politischen Nachwirkungen mehr haben wird. Wie wir die Moslems behandelt haben, ist ein Wahnsinn."

Der Keim zu der kommenden Fehlentwicklung war früh gelegt und war für nüchtern denkende Menschen klar erkennbar. Nachdem der oben erwähnte Achad ha'Am 1891 als 35-Jähriger zum ersten Mal Palästina besucht hatte, betonte er in seinen folgenden Schriften immer wieder, dass dies nicht nur ein kleines Land sei, sondern auch ein bevölkertes, kein leeres. Niemals könnte es der Forderung der Gebetbücher nachkommen und den zerstreuten Juden aus allen vier Ecken der Welt wieder eine Heimat geben. Das Judentum habe dies aus gutem Grund dem Messias überlassen, da es mit menschlichen Mitteln nicht erfüllbar sei. Den alteingesessenen Einwohnern müssten die jüdischen Ankömmlinge mit Respekt entgegenkommen, jedoch (zitiert nach Kohn, 1958): „Was tun unsere Brüder in Palästina? Genau das Gegenteil! Knechte waren sie in den Ländern der Diaspora, plötzlich finden sie sich in Freiheit wieder, und dieser Wechsel hat bei ihnen eine Neigung zum Despotentum ausgelöst. Sie behandeln die Araber mit Feindschaft und Grausamkeit, berauben sie ihrer Rechte, beleidigen sie grundlos und prahlen obendrein mit ihren Taten; und niemand unter unseren Leuten stellt sich dieser verachtenswerten und gefährlichen Neigung entgegen." Dies schrieb er 1891, als die zionistischen Siedler noch eine verschwindend kleine Minderheit in Palästina bildeten. Achad ha'Am warnte: „Wir glauben, die Araber seien eine Art Wilde, die wie Tiere leben und ihre Umwelt nicht verstehen. Dies ist jedoch ein großer Irrtum." Zwanzig Jahre später, 1911, als es zu den ersten arabischen gewaltsamen Unruhen gegen die jüdische Besiedlung kam, schrieb er in einem Brief: „Ich beobachte dies von ferne mit blutendem Herzen, besonders wegen des Fehlens jeder Einsicht und Verständnisses von unserer Seite. Tatsächlich war doch bereits vor zwanzig Jahren klar, dass der Tag kommen würde, an dem die Araber sich gegen uns erheben würden." Zwei Jahre später, 1913, verhängte die Organisation jüdischer Arbeiter in Palästina einen Boykott gegen Betriebe, wenn diese arabische Arbeiter beschäftigten. Die ideologische Begründung dafür war, dass Juden sich nun endlich selbst als arbeitendes Volk zeigen müssten und nicht nur als Kapitalisten, die von der Arbeit anderer lebten. Achad ha'Am sah die massive Diskriminierung, die durch diese Ideologie ein linkes Mäntelchen umgehängt bekam, und schrieb: „Ganz abgesehen von den politischen Risiken: Ich kann es nicht fassen, dass unsere Brüder moralisch in der Lage sind, sich dermaßen zu Menschen aus einem anderen Volk zu verhalten. Und unwillkürlich überkommt mich der Gedanke: Wenn das schon jetzt so ist, wie werden wir uns gegen die anderen verhalten, wenn wir tatsächlich ‚am Ende der Zeiten' die Macht in Erez Jissrael haben würden? Wenn das denn der Messias sein soll, dann wünsche ich nicht, dass er kommt."

Im gleichen Sinne schrieb der Prager Philosoph Hugo Bergmann 1919, späterer Mitbegründer der Hebräischen Universität Jerusalem, kurz vor seiner Übersiedlung nach Palästina (zitiert nach Kohn, 1958): „Die Nagelprobe für den wirklich jüdischen Charakter unserer Besiedlung von Palästina wird unser Verhältnis zu den Arabern sein. ... Ein Übereinkommen mit den Einwohnern des Landes ist für uns viel wichtiger als alle Deklarationen der Regierungen dieser Welt. Dies ist der zionistischen Öffentlichkeit leider noch nicht bewusst. Was in Palästina vor dem [1. Welt-] Krieg geschehen ist, war fast gänzlich dazu angetan, die Araber zu unseren Feinden zu machen. Eine friedliche Begegnung und Verständigung mit ihnen ist jedoch für uns eine Lebensnotwendigkeit." Im gleichen Jahr forderte der deutsche jüdische Philosoph Martin Buber, dass die Zionisten sich darauf konzentrieren müssten, „eine dauerhafte und feste Übereinkunft mit den Arabern auf allen Gebieten des öffentlichen Lebens zu schaffen und aufrechtzuerhalten, eine umfassende brüderliche Solidarität." (zitiert nach Kohn, 1958)

Tatsächlich klang die von Weizman angeführte Mehrheitslinie der Zionistischen Bewegung in ihren offiziellen Verlautbarungen durchaus verständigungsbereit und friedlich. 1930, auf einem Treffen des zionistischen Generalrats in Berlin, sagte Weizman, es sei nicht möglich, Palästina in einen jüdischen Staat zu verwandeln, denn „wir können nicht und wollen nicht die Araber vertreiben". Und auf dem Zionistischen Weltkongress 1931 in Basel ging er, wie so oft, ausführlich auf dieses Problem ein. „Als wir unsere Arbeit der Errichtung unseres nationalen Heimes in Palästina aufnahmen, haben weder wir noch die britische Regierung die Interessen der palästinensischen Araber aus den Augen verloren. ... Aber die Frage erwies sich als viel komplizierter, als man angenommen hatte. ... Heute, wo eine so große Erbitterung herrscht und die Atmosphäre so vergiftet ist, ist es schwer, von den Mitteln zu sprechen, durch die das Ziel einer friedlichen Kooperation mit den Arabern erreicht werden könnte; aber eine Sache scheint mir vollkommen klar zu sein: Die Araber müssen fühlen und müssen überzeugt werden durch Tat und Wort, dass, welches immer das künftige numerische Verhältnis der beiden Völker in Palästina sein mag, wir für unseren Teil keine politische Beherrschung planen." (zitiert aus Krojanker, 1937, S.236-237)[9] Auf dem gleichen Kongress wandte er sich dagegen, als Ziel des Zionismus die Schaffung eine jüdischen Staates festzuschreiben, denn: „Die Welt wird diese Forderung nur in einem Sinne verstehen, nämlich dass wir eine Mehrheit erlangen wollen, um die Araber zu vertreiben" ... „Wir Zionisten wissen, dass dies nicht unser Ziel ist ... Eine numerische Mehrheit wäre keine genügende Garantie für die Sicherheit unserer Nationalen Heimstätte. Die Sicherheit muss geschaffen werden durch verlässliche politische Garantien und durch freundschaftliche Beziehungen zu der nicht-jüdischen Welt, die uns in Palästina umgibt." (zitiert aus Kohn, 1958)

Die Politik der Konfrontation mit den Arabern - die offensichtlich der Stimmung an der jüdischen Basis in Palästina entsprach und wahrscheinlich entgegen Weizmans Worten und den guten Wünschen vieler eine unvermeidliche Folge der jüdischen Einwanderung und Landaneignung war - wurde offiziell nur von einer Minderheitslinie der zionistischen Bewegung propagiert. Dies waren die sogenannten „Revisionisten", mit ihrem Sprecher Wladimir Se'ew Zhabotinskij (in englischer Umschrift des Russischen: Jabotinsky; 1880-1940). Sie waren es, die ganz offiziell das Ziel eines jüdischen Staates propagierten, und dies bedeutete, wie jedermann wusste, dass die arabische Bevölkerung Palästinas in diesem Staat nichts zu sagen haben sollte. Im Rahmen der international organisierten zionistischen Bewegung, die Wert auf guten Kontakt zu internationalen Organisationen und Regierungen legte, wäre eine solche gewaltsame politische Linie unangebracht gewesen. Vor Ort, in Palästina bestimmte aber diese Einstellung das politische Geschehen, provoziert durch Gewaltausbrüche seitens der arabischen Bevölkerung und diese weiter anheizend. Die Geschehnisse von Hebron aus dem Jahr 1929 kann man nur als

---

9   Krojanker, Gustav (Hrsg.): Chaim Weizmann: Reden und Aufsätze 1901-1936. Berlin, Jüdischer Buchverlag Erwin Löwe, 1937.

Pogrom bezeichnen. Mehr als 60 überwiegend schon lange dort lebende jüdisch-orthodoxe Menschen wurden von arabischen Einwohnern in einer Gewaltorgie getötet.

Auf diese schon damals katastrophale Lage kam nun noch der Ausbruch ungebremsten, andauernden und systematischen Judenhasses in Deutschland. Wer nicht aus Deutschland auswanderte, wurde zuerst entehrt, dann enteignet, schließlich verschleppt und getötet, durch Hunger und Entbehrung, durch Erschießen, durch Vergasen. Die Juden Deutschlands hatten wenigsten noch sechs Jahre lang eine gewisse Wahlmöglichkeit für die Auswanderung (von 1933 bis ca. Anfang 1939). Die Juden der von der deutschen Wehrmacht ab 1939 eroberten und terrorisierten Länder Europas hatten diese Wahl nicht mehr. Ich liste kurz zur Veranschaulichung die Daten meiner engsten Verwandten auf.

Meine Familie mütterlicherseits wohnte seit Generationen in Preußen, also ab der Reichsgründung 1871 im Deutschen Reich.

- Meine Mutter wurde 1942, 17-jährig, von Berlin nach Estland gezwungen, überlebte Zwangsarbeit, Lagerhaft, Rücktransport und Todesmarsch.
- Die Eltern meiner Mutter, Hanna und Bruno (Stiefvater), wurden mit dem gleichen Bahntransport nach Estland gezwungen. Sie kamen nicht zurück. Hanna wurde direkt nach der Ankunft erschossen, da sie straffällig geworden war (nämlich in Berlin ohne Judenstern zum Friseur gegangen war). Bruno überlebte ungefähr ein Jahr und ist seit Anfang 1944 in Estland verschollen.
- Der leibliche Vater meiner Mutter, Arnold, wurde nach Auschwitz deportiert und kam nicht zurück.
- Die Eltern meiner Großmutter, das Ehepaar Leopold und Hedwig Löwenstein, wurden nach Theresienstadt deportiert, von dort vermutlich nach Auschwitz. Sie kamen nicht zurück.
- Der Vater meines Großvaters, Adolf Messer, starb bereits 1918. Seine Frau, Rosa Messer, wurde vermutlich nach Theresienstadt deportiert. Sie kam nicht zurück.
- Von den drei Geschwistern meines Großvaters überlebten zwei das Hitlerreich nicht, Rosa und Ella. Mein Großonkel Willy wanderte ca. 1938 weit genug aus, nach Australien.
- Beide Geschwister meiner Großmutter überlebten das Hitlerreich. Fritz wanderte klugerweise schon ca. 1935 nach USA aus, Norbert fand noch 1938 einen Platz im Auswandererschiff nach Palästina und wanderte von dort 1946 ebenfalls in die USA aus.
- Meine Familie väterlicherseits war erst 1905 nach Deutschland eingewandert. Daher hatten sie nicht die deutsche Staatsbürgerschaft und wurden deswegen 1938 aus Deutschland nach Polen zwangsausgewiesen, nach dem Einmarsch der Wehrmacht nach Polen 1939 ihrer Bewegungsfreiheit beraubt und in Vernichtungslager deportiert.

- Mein Vater überlebte Auschwitz. Die Häftlingsnummer war für sein Leben in seinen Unterarm eingebrannt. „Das ist mein Autokennzeichen", sagte er, als ich ihn als kleines Kind danach fragte.
- Seine Frau Rosa und seine drei Söhne Heinrich, Me'ir, und der kleine Zwi, wurden in Auschwitz ins Gas gezwungen.
- Sein Vater war 1927 gestorben. Seine Mutter wurde nach Theresienstadt deportiert und kam nicht zurück.
- Von seinen sieben Geschwistern überlebte der jüngste, Adolf. Sein Bruder Pinchas wurde, wie oben erwähnt, von der SS auf offener Straße erschossen. Jonas, Berta, Paula, Laura, Heinrich kamen aus den Vernichtungslagern nicht zurück.
- Wie mein Großonkel Norbert wanderten Zehntausende deutscher Juden nach Palästina aus. Sie brachten neue Ideen und neue Bedürfnisse in das russisch-polnisch dominierte jüdische Milieu. Vor allem aber brachten sie weitere Spannungen mit der arabischen Bevölkerungsmehrheit.

Die deutsche Katastrophe bestätigte einerseits die Theorie Herzls. Tatsächlich konnte nun Palästina bei Ausbruch eine antisemitischen Exzesses als vorübergehende Heimstätte dienen. Insofern verhielt sich Großonkel Norbert völlig theoriekonform, als er acht Jahre seines Lebens in dieser Heimstätte verbrachte und dann Platz für andere machte.

Andererseits zeigte diese Katastrophe die Grenzen von Herzls Theorie auf. Es interessierte die deutschen Mordpolitiker und Mordsoldaten und ihr Hilfspersonal nicht, ob da ein jüdisches Staatswesen existierte oder nicht. Dies war ein anderer Antisemitismus als die dumpfen Pöbeleien, die Herzl wohl in Wien erlebt hatte. Den Deutschen ging es darum, die Gefahr abzuwenden, die das internationale Judentum für den deutschen Volkskörper bedeutete. Dazu musste mit einem eisernen Besen durch Europa und die Welt gefahren werden, und das jüdische Ungeziefer musste mit Stumpf und Stiel vernichtet werden. Mit einem solchen Wahnsinn konnte kein Mensch rechnen.

So konnte die Existenz der jüdischen Heimstätte das europäische Judentum in keiner Weise vor der Vernichtung bewahren. In diesem Sinne bestärkte die Katastrophe die Ansicht der zionistischen „Revisionisten". Ihnen war ja stets die Wirkung der Heimstätte auf den möglichen Antisemitismus in der Diaspora einerlei gewesen. Worum es ging, war die Schaffung eines starken jüdischen Staates, in den möglichst viele Juden einwandern sollten.

Schließlich – vielleicht am wichtigsten - änderte der Massenmord an den Juden Europas die Mehrheitsverhältnisse und Meinungsfronten pro und kontra Zionismus innerhalb des Judentums in Europa. Bis 1940 waren die religiösen Führer in ihrer großen Mehrheit gegen den Zionismus aufgetreten. Nun waren sie tot oder ausgewandert, zum Teil - und das wirkte nicht sehr konsequent - nach Palästina.

Alle Dämme der britischen Mandatspolitik brachen dann durch das Zusammenwirken der beiden Despoten Hitler und Stalin. Für meinen Vater war ja von Kindheit an Deutschland seine Heimat gewesen, also ging er 1945 wieder in sein Vogtland zurück. Jedoch für die überlebenden Juden aus Polen, Tschechoslowakei, Ungarn, Litauen, Lettland, Rumänien stellte sich diese Frage ganz anders. Nicht nur waren ihre Familien ermordet und ihre Heimatstädte durch den Krieg zerstört, sondern ihre Heimat war nicht mehr die gleiche: Die Rote Armee war einmarschiert, und Stalins Leute übernahm überall die Macht. Ob man als Jude von den Nazis verfolgt gewesen war, interessierte diese Zyniker der Macht überhaupt nicht. Im Gegenteil, man galt als verdächtiger „Kosmopolit". Junge jüdische Männer, die bereits in Hitlers Lagern nur knapp dem Tod entgangen waren, wurden ohne Rücksicht auf ihr Leiden in die Rote Armee eingezogen und wer sich dem durch Auswanderung nach Palästina entziehen wollte, kam wegen Desertion nach Sibirien. In der polnischen Stadt Kielce kam es zu Pogromen.

Wer also einigermaßen bei Verstand war und nicht noch wesentliche Bindungen in die alte Heimat hatte, ging nicht in Stalins Osteuropa zurück. Wo aber sonst sollten diese „Displaced Persons" nun hingehen? Die jüdischen Organisationen Palästinas setzten alles daran, diese Menschen nach Israel zu bekommen. Die britische Mandatsverwaltung tat ihr Möglichstes, um die brechend voll überlasteten Kähne, die da über das Mittelmeer an die palästinensische Küste schipperten, von der Landung abzuhalten. Aber sie hatte schlechte Karten gegen all die Tausende und Zehntausende, die da nach Palästina wollten, weil ihnen sonst nichts auf der Welt mehr geblieben war. Unter dem Eindruck der Bilder der ausgemergelten Überlebenden, die auf dem Schiff „Exodus" von der britischen Armee zurück ins Mörderland Deutschland eskortiert wurden, stimmte die UN-Vollversammlung 1947 für die Teilung des Mandatsgebiets Palästina in einen jüdischen Staat und einen palästinensischen Teil, der zum Königreich Jordanien hinzugefügt wurde. Der erste Staat, der den neuen Staat Israel diplomatisch anerkannte, war die Sowjetunion.

Der jüdische Staat war erreicht. Das revisionistisch-zionistische Programm hatte gesiegt.

Der arabischen Bevölkerung Palästinas war von der britischen Mandatsverwaltung versichert worden, niemals würden ihnen Land, heilige Stätten, Grund und Boden fortgenommen werden, zugunsten einer Politik, die ihren religiösen, politischen und wirtschaftlichen Interessen entgegengesetzt war. Der Gang der Geschichte hatte nun dafür gesorgt, dass diese Worte zu Lügen geworden waren. Dagegen, wahrscheinlich begünstigt durch Gewaltakte von jüdischer Seite, brachen die arabischen Nachbarstaaten Israels einen Krieg vom Zaun. Aber bereits einen Monat vor Beginn des Krieges verübten die revisionistisch-zionistischen bewaffneten Gruppen EZeL und LeChI in Deir Yassin, einem Vorstädtchen von Jerusalem, ein Massaker an ca. 100 Dorfbewohnern. Vier Tage später massakrierten arabische Kämpfer einen jüdischen Sanitätstransport, mit über 70 Toten. Die arabische Bevölkerung emigrierte oder wurde vertrieben, vor Kriegsbeginn zu Zehntausenden, danach zu Hunderttausenden.[10] Seitdem existierte das Problem der palästinensischen Vertriebenen. Das von ihnen verlassene Land wurde 1953 auf Beschluss des israelischen Parlaments enteignet. Das ist ein großes Unrecht.

---

10 Ilan Pappe (2006, 2nd Edition): A History of Modern Palestine. Cambridge Univ. Press. Ilan
   Pappe (2006): The Ethnic Cleansing of Palestine. Oneworld Publications.

3. Die Krise der jüdischen Identität und der jüdische Staat

Von alters her definieren sich Juden über ihre Religion. Die 613 Aufträge Gottes an sein Volk sind einzuhalten. So sah das Hillel, so sahen das die Weisen des Talmuds, so sahen das unsere Weisen im Mittelalter, so sah das der Lubawitscher Rebbe, als er sich 1903 über die Zionisten äußerte, und so sieht das heute aktuell mein Bruder, wenn er sagt, die Torah-Rolle, die mein Vater 1958 der Stuttgarter Gemeinde zur Verfügung gestellt hat, solle nur dann in meine Lübecker Gemeinde überbracht werden, wenn in Lübeck regelmäßig zehn Männer in die Synagoge kämen, die „Schomrej Schabbat" sind, also die Schabbat-Ruhe einhalten.

Die Torah wird in Stuttgart bleiben. Es sind in Lübeck keine zehn Männer da, die die Schabbat-Ruhe einhalten, obwohl die Jüdische Gemeinde Lübeck über 700 Mitglieder hat. Die große Mehrheit der Juden hält sich nicht mehr an die meisten Gebote der jüdischen Religion - in Lübeck nicht und anderswo auch nicht. Das heißt, die meisten Juden definieren sich heute nicht mehr darüber, dass sie an die 613 Aufträge gebunden sind.

Wie definieren Jüdinnen und Juden sich heute? Die traditionelle zionistische Antwort auf diese Frage ist die, die der Lubawitscher Rebbe 1903 als ketzerisch zitierte: Jude sein kann bedeuten, sich dem jüdischen Staat zugehörig zu fühlen.

Zu diesem zionistischen Standpunkt stellen sich aber Fragen.

Erstens: Sich dem jüdischen Staat „zugehörig fühlen" auf der Linie von Jabotinsky oder auf der Linie von Achad ha'Am? Also: Heißt „zugehörig fühlen" jede Maßnahme der israelischen Regierung zu unterstützen, insbesondere was das Vorgehen gegen die arabischen Palästinenser betrifft? Oder heißt „zugehörig fühlen" sich dafür einzusetzen, dass der jüdische Staat gute Maßnahmen trifft? Was aber sind „gute" Maßnahmen?

Gut sind Maßnahmen doch offenbar dann, wenn sie 1) zielführend sind und 2) den Grundregeln menschlichen Zusammenlebens entsprechen.

ad 1) Zielführend heißt in diesem Fall: die Existenz Israels sichern. Nach Jabotinsky wird Israel seine Existenz dadurch sichern, dass es stark ist und die Araber dominiert. Nach Achad ha'Am, Herzl und Weizman wird Israel seine Existenz dann sichern, wenn es seine arabischen Mitmenschen und Nachbarn gut behandelt und Frieden und Ausgleich mit ihnen sucht. Das sind zwei verschiedene Wege, und wer sich „zugehörig fühlt", wird sich zwischen ihnen entscheiden müssen.

ad 2) Die Grundregel menschlichen Zusammenlebens ist der Kant'sche kategorische Imperativ: „Handle stets so, dass die Begründung Deines Handelns zum Maßstab für das Handeln anderer genommen werden kann." In Hillels Variante: „Was Dir verhasst ist, tu Deinem Nächsten nicht an." Die Behandlung der Palästinenser widerspricht auf den ersten Blick dieser Grundregel. Auf den zweiten Blick muss man berücksichtigen, dass Befürworter eines „starken" Israel häufig mit dem jüdischen Opferstatus unter Hitler argumentieren. „Nie wieder!" Die allgemeine Regel, Maßstab für das allgemeine Handeln, wäre also: „Wer Angehöriger eines Volkes ist, das von einem anderen Volk bestialisch und systematisch abgeschlachtet wurde, der darf vorsichtshalber ein drittes Volk unterdrücken, damit dieses seinem Volk nicht nochmals das antun, was ihm das andere Volk antat." Diese Regel entspricht offenbar nicht dem kategorischen Imperativ, denn sie führt zu niemals endendem neuen Leid. Im übrigen ist diese Regel unkorrekt formuliert. Den historischen Tatsachen entsprechend müsste sie heißen: „Wer Angehöriger eines Volkes ist, das von einem anderen Volk bestialisch und systematisch abgeschlachtet wurde, der durfte schon immer, also bereits ca. 40 Jahre vor diesen Verbrechen, ein drittes Volk unterdrücken." Denn die Diskriminierungen und feindseligen Akte gegen die arabischen Palästinenser, die Achad ha'Am, Martin Buber, Chaim Weizman und andere kritisierten, all das geschah bereits 1890 und 1913 und lange bevor ein Hitler überhaupt deutscher Reichskanzler wurde. Israels heutige Politik setzt die Linie von 1890 fort. Das Nazi-Argument bietet eine willkommene Ausrede, dies weiter zu tun.

Zweitens stellt sich bei dieser Definition von Jude die Frage: Wenn man sich als Jude mit deutscher Staatsbürgerschaft dem jüdischen Staat zugehörig fühlt, wie hält man es dann mit dem deutschen Staat? Fühlen sich Juden dem deutschen Staat nicht zugehörig?

Hatte also dieser Rostocker Stadtrat Recht, als er Ignatz Bubis, der 1992 wegen der Pogrome gegen die Vietnamesen nach Rostock gekommen war, empfahl: „Kümmern Sie sich um die Probleme in Ihrer Heimat!" Und hatte Bubis nicht Recht, als er dem Stadtrat antwortete: „Dies hier ist meine Heimat!"?

Ich werde Bubis für diese Antwort auf immer bewundern. Das ist die Antwort, die auch mein Vater gegeben hätte, trotz seiner Auschwitznummer, trotz des Verlusts seiner Frau, seiner Söhne und seiner Geschwister. Hier in Deutschland lebte er, arbeitete er, zog er Kinder groß, einmal vor dem Morden und einmal danach, hier baute er Häuser, stellte er Leute ein, unterstützte er die örtliche Fußballmannschaft. Und hier liegt er begraben, auf dem Münchner jüdischen Friedhof, in seiner deutschen Heimat, in die er als 5-Jähriger kam, als 38-Jähriger ausgewiesen wurde, als 45-Jähriger wiederkam. Gleichzeitig fühlte er sich Israel zugehörig.

Bubis dagegen verzweifelte an der deutschen Heimat und ließ sich in Israel begraben. Damit traf er sich mit dem tiefen Skeptizismus gegenüber Deutschland, den die jüdische Gemeinschaft seit dem Hitlerreich hatte - selbstverständlich zu recht - und der sich auch in Buchproduktionen meiner - der Nachmord-Generation - ausdrückt („Fremd im eigenen Land", herausgegeben von Broder & Lang, 1979; „Kein Weg als Deutscher und Jude", Brumlik, 2000).

Nun sind aber seit dem Morden mehr als 60 Jahre vergangen. Wieso soll Deutschland für einen Juden immer noch „nicht mein Land" sein? Die Berufung auf die Nazi-Zeit erstarrt zur Ausrede. Sie verdeckt das grundlegende Identitätsproblem der nicht-religiösen Juden. Wenn Judentum aus nichts anderem mehr besteht als auf der Zugehörigkeit zu Israel, dann kann man sich zu keinem anderen Land bekennen, dann ist Kritik an Israels Politik gleichzusetzen mit Verrat am Judentum, denn gemäß dieser Identitätsproblematik gibt es kein Judentum außerhalb der Unterstützung der Politik Israels. Das ist Nationalismus als Identitätsersatz. Das ist nicht gut, denn übersteigerter Nationalismus hat schon andere Länder in den Abgrund geführt, und so könnte es auch Israel gehen.

Die Lösung dieser schweren Identitätskrise des Judentums kann nicht im Nationalismus liegen. Die Lösung sollte daran liegen, Judentum wieder hauptsächlich als das zu definieren, was es Jahrtausende lang war, nämlich als eine Religion, die moralische Werte hochhält. Dann haben Juden einen Standpunkt, von dem aus sie die Politik ihres jüdischen Staates bewerten, loben und kritisieren können.

Die größte Chance und die größte Verantwortung zu einer Erneuerung haben - wie der Name sagt - die reformorientierten Kreise des Judentums. Meine Erfahrungen in Deutschland sind leider durchwachsen. Von verbandspolitischen Vertretern des religiös-liberalen Judentums in Deutschland habe ich die allerkriegstreiberischsten Aussagen zum Irakkrieg gehört. Hier wird eine große Chance vertan - vielleicht die letzte Chance des Judentums - eine moralisch ernstzunehmende Instanz zu bleiben anstatt in Nationalismus zu ersticken. (s. dazu pessimistisch Meyer, 2005)[11]

Man muss hier ja noch hinzufügen, dass die Mehrheit der religiösen Amtsträger im Judentum seit 1967 die jüdische Religion zur Nationalreligion umdefiniert hat. Dieser moralische Niedergang ist unglaublich. Es finden sich ja in Israel Leute mit Rabbinertitel, die den Mord an Rabin gutheißen, die den verfluchten Baruch Goldstein verehren (der mit seinem Maschinengewehr 1994 in einer Moschee in Hebron ein Blutbad anrichtete und dabei auch sein Leben verlor) und ähnliches mehr. Das sind doch Quacksalber.

Nur wenige traditionelle Juden behielten die geistige Größe dagegenzuhalten. In meinen Augen ein wirklich großer Orthodoxer und Zionist, der für die nationalistischen Verirrungen nur Hohn und Spott übrighatte, war Jeschajahu Leibowitz. Er war ein Leuchtturm in der geistigen Düsternis.[12]

Wie sollen sich nun nichtjüdische Deutsche gegenüber der israelischen Politik verhalten, angesichts der jüdischen Identitätskrise und auf dem Hintergrund der deutschen Ermordung der Juden Europas vor 60 Jahren?

Die einfachste Lösung ist, nicht über diese Politik zu reden. Beispielsweise interviewte „Die ZEIT" in getrennten Gesprächen sowohl den spanischen Ministerpräsidenten Zapatero als auch die deutsche Bundeskanzlerin Merkel zum 11. 09. 2006, also dem fünften Jahrestag des Flugzeugangriffs von Mohammed Atta und Konsorten auf New York und Washington D.C. Die erste Frage an beide Politiker war, wie der Terrorismus zukünftig zu bekämpfen sei. Zapatero erklärte, es habe keinen Sinn, sich an einzelnen Regelungen der Gefahrenabwehr (verschärfte Einreisebestimmungen etc.) abzuarbeiten, solange nicht die Quellen des Terrorismus bekämpft würden, und die wichtigste Quelle sei das ungelöste Palästinaproblem. Die Bundeskanzlerin antwortete auf die gleiche Frage, die Bundesregierung intensiviere ihre Anstrengungen zur guten Ausbildung der Polizei in Afghanistan.

Entschließt sich ein Nichtjude, zu einem Juden über israelische Politik zu sprechen, dann ist die erste ungeklärte Frage: Was bedeutet Israel für diesen Juden? Zum Beispiel traf mich kürzlich ein entfernter Bekannter und sagte, es habe ihm gut gefallen, was ich in meinem Brief geschrieben habe, der Brief über „Sie wissen schon, soll ich sagen: ‚Ihren' Staat"?

---

11 Meyer, Hajo G. Das Ende des Judentums. Der Verfall der israelischen Gesellschaft. Melzer-Verlag, Neu Isenburg, 2005
12 Auf Deutsch ist erhältlich: Leibowitz, Y. (1990) Gespräche über Gott und die Welt.

Ja, was soll er denn nun sagen? Ich habe im vorigen Kapitel darauf eine Antwort zu geben versucht. Intern, von jüdischer Seite aus, klingt diese Ambivalenz, diese Zerrissenheit zwischen deutscher Heimat und israelischer Ideal-Heimat nett und sympathisch, aber wie soll denn ein deutscher Nichtjude adäquat damit umgehen, wenn der angeredete Jude entschlossen ist, die eigenen Ambivalenzen auszublenden und stattdessen diese Unsicherheiten seiner Umgebung anzulasten? Sagt der Nichtjude „Was Ihr Land da macht, ist aber gar nicht schön", dann kritisiert er in den Augen des angeredeten Juden nicht nur Israel, sondern gibt auch noch zu verstehen, dass der angeredete Jude kein richtiger Deutscher ist. Sagt er „Was Israel da macht, können Sie und ich als Deutsche nicht schön finden", dann verlangt er von dem Juden in dessen Augen, dass er Israel nicht als seine Herzensheimat sehen darf. Was auch gesagt wird, stets schwingt in den Augen von Juden, wenn die eigene Ambivalenz nicht gesehen wird, ein Angriff auf die jüdische Identität mit, und dieser Angriff kann ja nur eine Ursache haben: den ewigen Hass auf Juden. Also halten nichtjüdische Deutsche sich lieber heraus. Denn gerade wenn sie Werte von Anstand und Moral hochhalten, schämen sie sich für die deutschen Untaten unter dem Nazi-Regime und wollen daher keinesfalls vor sich selbst und anderen als Judenhasser dastehen.

Und so kann Israel die ärgsten Untaten begehen, kann in Gasa den Flughafen zerstören, das Auslaufen von Schiffen verbieten, das Elektrizitätswerk zerbomben, die Wasserversorgung kleindrehen, Hunderte von Menschen inclusive Frauen und Kindern erschießen, mit Panzern die Straßen plattwalzen, den Grenzübergang schließen, wenn Obst und Gemüse exportiert werden sollen, die Fabrik zerbomben, die Tausenden von Menschen Arbeit gab, - all dies unter dem Stichwort der Terrorbekämpfung, aber das offizielle Deutschland wird dazu nichts sagen. Stattdessen warten wir ab, ob wir die durch diese Untaten motivierten arabischen Desperados mit ihren Kofferbomben noch rechtzeitig erwischen, bevor sie diese Koffer in unsere Städte exportieren.

So kann es nicht weitergehen. Daher haben wir, 71 jüdische Erstunterzeichnende, die Berliner Erklärung „schalom 5767" formuliert. Darin wenden wir uns ausdrücklich an die deutsche nicht-jüdische Bevölkerung: Bitte setzen Sie sich dafür ein, dass die deutsche Regierung und die EU-Politik für einen gerechten Frieden in Israel und Palästina eintritt und nicht weiter durch einseitige Unterstützung der israelischen Besetzungs- und Unterdrückungspolitik den Konflikt immer weiter anheizt.

Schalom 5767 (Berliner Erklärung)
Bundesregierung soll „endlich eine aktive Rolle zur friedlichen Lösung des Nahostkonflikts" einnehmen

Im Folgenden dokumentieren wir eine bemerkenswerte Erklärung jüdischer Mitbürgerinnen und Mitbürger, die sich kritisch mit der israelischen Besatzungspolitik befasst. In der dazugehörigen Pressemitteilung der Initiatoren (21. Nov. 2006) heißt es:"Rolf Verleger, Mitglied im Direktorium des Zentralrats der Juden in Deutschland, appelliert mit der heute veröffentlichten Berliner Erklärung ‚Schalom 5767' an die Bundesregierung, endlich eine aktive Rolle zur friedlichen Lösung des Nahostkonflikts einzunehmen. Die israelische Kriegs- und Besatzungspolitik dürfe von Deutschland nicht länger unterstützt werden."Diese Erklärung steht als Online-Petition im Internet unter www.schalom5767.de zur Verfügung. Verleger erklärt: „Mein Ziel sind eine Million Unterschriften. Wir können damit etwas bewirken!" Mehr als 60 jüdische Menschen aus Deutschland sind Erstunterzeichnende des Aufrufs. (...)

Am 23. Juli 2006 hatte Verleger einen Brief an das Präsidium des Zentralrats der Juden geschrieben, in dem er Israels militärische Maßnahmen gegen den Libanon kritisierte und für eine friedliche Lösung des Palästinakonflikts plädierte. Aufgrund dieses Briefs setzte ihn am 09. August seine Jüdische Gemeinde Lübeck als Vorsitzenden des Landesverbandes Jüdische Gemeinschaft Schleswig-Holstein ab. (...)

Wir wollen (einleitend) den Begleitbrief von Rolf Verleger zur Kenntnis bringen, mit dem er auf die „Berliner Erklärung" hinweist und um Unterschriften wirbt. (Die „Berliner Erklärung" verfolgt eine ähnliche Intention wie das von Politikwissenschaftlern herausgegebene „Manifest der 25", das wir an anderer Stelle veröffentlicht haben:
www.uni-kassel.de/fb5/frieden/regionen/Israel/manifest.html)

Sehr geehrte Damen und Herren, liebe Freunde,
dieser Brief geht an die Hunderte von Ihnen, die mir nach der Veröffentlichung meines Briefs geschrieben hatten, den ich an die Mitglieder des Zentralrats der Juden in Deutschland gerichtet hatte.

Ihre ermutigenden Worte haben mir sehr geholfen. Vor allem haben Sie mir auch vor Augen geführt, dass es in Deutschland eine Mehrheit gibt, die eine friedliche Lösung des Palästinaproblems befürwortet. Diese Mehrheit steht im Gegensatz zur Haltung dieser und früherer Bundesregierungen, die alle Initiativen der EU in diese Richtung abgebremst haben. Wenn es aber diese Mehrheit in Deutschland für eine andere Politik gibt, dann können und sollen wir diese Haltung der Bundesregierung ändern!

In der Anlage finden Sie die „Berliner Erklärung Schalom 5767", mit den Erst-unterzeichnenden, und eine Presseerklärung. Mit über 60 jüdischen Menschen aus Deutschland als Erstunterzeichnenden, die sich damit gegen den „mainstream" der jüdischen offiziellen Meinung stellen, appellieren wir hiermit an die Bundesre-gierung, endlich für Frieden und Gerechtigkeit aktiv zu werden.

Mit diesen Briefen an Sie beginnt die Phase der Sammlung allgemeiner Unter-schriften, über den Kreis der Erstunterzeichner hinaus. Bitte unterzeichnen Sie diese Erklärung, bitte verbreiten Sie sie weiter. Man kann Sie direkt auf der web-site www.schalom5767.de „unterzeichnen" oder auf traditionelle Weise auf Pa-pier. (In diesem Fall bitte zurück an Prof. Dr. Rolf Verleger, Postfach 110137, 23534 Lübeck). Ich erhoffe mir von Ihnen, dass Sie für die Erklärung Multiplikato-ren sind, und ich möchte auch an die Medien gehen. Für entsprechende Anzeigen brauche ich Geld. Spendenkonto 13 0101 397 bei Sparkasse zu Lübeck, BLZ 23050101, Stichwort schalom5767. Mein Ziel sind 1.000.000 Unterschriften.

Wir können damit etwas bewirken! Die EU ist ein entscheidender Faktor für das östliche Mittelmeer, und wenn Deutschland nicht länger die israelische Beset-zungs- und Kriegspolitik unterstützen wird, dann kann sich vieles zum Guten ent-wickeln.

Ich habe nicht allen von Ihnen auf Ihre ermutigenden Worte antworten können. Ich kam einfach mit der Korrespondenz nicht mehr hinterher. Bitte haben Sie dafür Verständnis.

Ich danke Ihnen und grüße Sie herzlich,
Rolf Verleger

Schalom 5767 (Berliner Erklärung)

Seit Jahrzehnten leben das israelische und das palästinensische Volk als Nach-barn. Es gäbe viele Möglichkeiten zur Zusammenarbeit und zur gemeinsamen Entwicklung. Stattdessen wird ihr Leben vergiftet durch Krieg und Gewalt, durch Bedrohung und Terror, durch gegenseitigen Hass, Verachtung und Respektlosig-keit.

Das Grundübel ist die seit 1967 andauernde israelische Besetzung palästinensi-schen Gebiets. Die Besetzung bedeutet Entwürdigung und Entrechtung der Palästi-nenser. Sie lähmt ihr wirtschaftliches, politisches und soziales Leben. Darüber hinaus verhindert dieses täglich neu erlebte Unrecht einen friedlichen Ausgleich des alten Unrechts, das den Palästinensern mit der Vertreibung von 1948 angetan wurde. All dies treibt die Spirale der Gewalt an.

Es ist an der Zeit, diese Spirale zu durchbrechen und einer dauerhaften Friedens-lösung den Weg zu bereiten, die

- dem palästinensischen Volk ein selbstbestimmtes Leben in Würde er-möglicht
- beiden Nationen die Existenz in international anerkannten Grenzen si-chert
- die gesamte Region befriedet und dadurch die ganze Erde friedlicher und sicherer werden lässt

In beiden Gesellschaften, der israelischen wie der palästinensischen, gibt es seit langem Stimmen für Verständigung; die „Genfer Vereinbarung" ist dafür wegweisend (www.genfer-initiative.de). Diese Stimmen brauchen Unterstützung.

Nur wenig Unterstützung kommt jedoch aus Deutschland. Das hat seinen Grund: Vor 61 Jahren endete mit der Niederlage Nazi-Deutschlands der unter Führung von Deutschen begangene Massenmord an den Juden Europas. Scham und Trauer über dieses Verbrechen lässt viele Menschen zur Politik des jüdischen Staats Israel schweigen.

Aber dieses Schweigen ermöglicht neues Unrecht.

Um in diese erstarrte Situation Bewegung zu bringen, haben wir, Jüdinnen und Juden aus Deutschland, als Erstunterzeichnende diese Erklärung auf den Weg gebracht. Denn wir sehen mit Entsetzen, wie der mit so großen Hoffnungen gegründete Staat Israel in einer Sackgasse der Gewalt feststeckt.

Wir fordern die deutsche Regierung auf, mit der Europäischen Union
- die israelische Besatzungspolitik nicht länger zu tolerieren
- kurzfristig den Boykott der Palästinensischen Autonomiebehörde zu beenden
- endlich die Verwirklichung eines lebensfähigen palästinensischen Staates ernsthaft anzustreben, in Gaza und dem gesamten 1967 besetzten Westjordanland einschließlich Ost-Jerusalems, mit voller Souveränität und freiem Verkehr.

Damit wird eine Sicherheitsregelung für die Staaten der Region zu verbinden sein, besonders für das sich bedroht fühlende Israel, ebenso wie für seine Nachbarstaaten. Fragen des Rückkehrrechts der von Israel 1948 vertriebenen Palästinenser können einvernehmlich gelöst werden, wenn Israel als Zeichen der Versöhnungsbereitschaft die Vertreibung als Unrecht benennt. Der Status Jerusalems als Doppelhauptstadt wird zu klären sein. Ein Vorschlag der Arabischen Liga zur Einigung mit Israel liegt vor. Der Frieden wäre greifbar nahe.

"Was Dir verhasst ist, tu Deinem Nächsten nicht an." So fasste vor zweitausend Jahren Rabbi Hillel das Wesen des Judentums zusammen. Das sollte auch heute der Leitfaden menschlichen Handelns sein, - auch in der Politik.

Jüdische Erstunterzeichnende der Berliner Erklärung Schalom 5767

Vera Ansbach (Berlin) Ursula Ansbach (Berlin), John Attfield (Geschäftsführer, Buchholz), Dr. Hanna Behrend (Historikerin, Berlin), Dr. Friedel Beier (Rechtsanwältin, Berlin), Edna Bejarano (Sängerin, Hamburg), Esther Bejarano (Sängerin, Hamburg), Joram Bejarano (Musiker, Hamburg), Susan Berger (Berlin), Jutta Bergt (Rentnerin, Weil am Rhein), Judith Bernstein (München), Stacey Blatt (Duisburg), Sharon Blumenthal (Juristin, Köln), Prof. Dr. Y. Michal Bodemann (Soziologe, Berlin / Toronto), Iris Borchardt-Hefets (Biologin, Berlin), Marion Brasch (Journalistin, Berlin), Prof. Dr. Almut Sh. Bruckstein (Philosophin, Berlin), Tsafrir Cohen (Journalist, Berlin) Gerty Colden (Rentnerin, Berlin), Martin Colden (Maler, Berlin), Hilary Coleman (Ärztin und Übersetzerin, Düsseldorf), Ruth Czichon (Berlin), Marianne Degginger (Ber-

lin), Prof. Dr. Wolfgang Edelstein (Bildungsforscher, Berlin), Ursula Epstein (Musikpädagogin, Aachen), Erica Fischer (Schriftstellerin, Berlin), Alfred Fleischhacker (Journalist, Berlin), Dr. Michael Fleischhacker (Biologe, Berlin), Bettina Fraenkel (Behindertenpädagogin, Berlin), Ruth Fruchtman (Autorin, Berlin), Kurt Goldstein (Ehrenvorsitzender Internationales Auschwitz-Komitee, Berlin), Werner Goldstein (Journalist, Berlin), Harri Grünberg (Politologe, Berlin), Kurt Gutmann (Berlin), Hella Händler (Berlin), Werner Händler (Berlin), Doreet Harten (Kuratorin, Berlin), Michal Kaiser-Livneh (Psychotherapeutin, Berlin), Schira Kaiser (Studentin, Berlin), Dr. Inge Lammel (Autorin, Berlin), Dr. Kate Leiterer (Biologin, Berlin), Angelika Levi (Regisseurin, Berlin), Gabriel Lévy (Psychologe, München), Dr. Oswald LeWinter (Autor, Seligenstadt), Dr. Erika Lifsches (Ärztin, Mühlheim/Ruhr), Dr. Edith Lutz (Lehrerin, Köln), Petra Mendelsohn (Bibliothekarin, Berlin), Abraham Melzer (Verleger, Neu-Isenburg), Gerhard Moss (St. Peter-Ording), Deborah Philips (freie Künstlerin, Berlin), Margalith Pozniak (Zahntechnikerin, Hamburg), Sara Reifenberg (Rentnerin, Berlin), Prof. Dr. Fanny-Michaela Reisin (Informatik, Berlin), Michael Riese (Lehrer, Alsfeld), Dr. Ruth Rosenberg (Tierärztin, München), Rafi Rothenberg (Kameramann, Köln), Ruth Rürup-Braun (Innenarchitektin, Karlsruhe), Dr. Sonja Sager (Juristin, Berlin), Shelly Steinberg (Studentin, München), Dr. Klaus Sternberg (Lehrender, Berlin), Dr. Maria Striewe (Ärztin, Neuss), Richard Szklorz (Journalist, Berlin), Prof. Dr. Jochanan Trilse-Finkelstein (Germanist, Berlin), Prof. Dr. Ernst Tugendhat (Philosoph, Tübingen), Nora van der Walde (Lehrerin, Buchholz), Prof. Dr. Rolf Verleger (Psychologe, Lübeck), Dr. Susan Winnett (Literaturwissenschaftlerin, Hamburg), Dr. Andrea Zielinski (Anthropologin, Hamburg)

Bitte unterstützen Sie mit Ihrer Unterschrift diese Erklärung, oder tragen Sie sich ein: auf *www.schalom5767.de*

Verantw. i. S. d. Presserechts: Prof. Dr. Rolf Verleger. Postadresse: "Schalom5767", Postfach 110137, 23534 Lübeck.

Bernd Hahnfeld

Wege zu einem atomwaffenfreien Deutschland

I

Um die Frage zu prüfen, ob es heute in Deutschland politische Kräfte gibt, die nach Atomwaffen oder zumindest nach der Mitverfügung streben, möchte ich Sie zu einem kleinen Ausflug in die Nachkriegsgeschichte einladen.

1952 unterzeichnete Bundeskanzler Adenauer im Rahmen des EVG-Vertrages einen weitgehenden Atomwaffenverzicht für die Bundesrepublik Deutschland, der jedoch nicht wirksam wurde, weil der EVG-Vertrag 1954 an der ablehnenden Haltung der französischen Nationalversammlung scheiterte.[1]

1953 ermunterte Bundeskanzler Adenauer die USA, Atomwaffen auf deutschem Boden zu stationieren.[2] Im selben Jahr wurden US-Einheiten in der Bundesrepublik mit taktischen Atomwaffen ausgestattet.[3]

1954 erklärte Adenauer im Rahmen der Pariser Verträge völkerrechtlich wirksam, dass die BRD verzichte, ABC-Waffen auf ihrem Gebiet herzustellen.[4] Diese Erklärung ist in der BRD auf Kritik gestoßen, weil sie als Diskriminierung der BRD durch ihre Verbündeten angesehen wurde. Kritisiert wurde auch, dass die BRD mit der „nuklearen Option" auf ein Verhandlungsobjekt bei der Wiedervereinigung verzichtet habe.[5]

1956 begann Franz Josef Strauß, damals Bundesminister für Atomfragen, Atomwaffen für die Bundeswehr zu fordern.[6] Im September 1956 hatte Strauß den Bundeskanzler überzeugt. Dieser kündigte auf einer Kabinettssitzung die Ausrüstung der Bundeswehr mit taktischen Atomwaffen an; deutsche Soldaten dürften nicht diskriminiert werden. Adenauer betonte, dass der von ihm 2 Jahre zuvor völkerrechtlich verbindlich erklärte Produktionsverzicht nicht den Verzicht auf den Besitz von Atomwaffen bedeute.[7] Laut Sitzungsprotokoll der Kabinettssitzung vom 19. Dezember 1956 soll Adenauer sogar gefordert haben, nukleare Waffen in der Bundesrepublik herzustellen.[8] Im selben Jahr verlangten auch der Bundesaußenminister Heinrich von Brentano und der SPD-Politiker Carlo Schmidt Atomwaffen für die Bundeswehr.[9] Auf einer Pressekonferenz am 05. April 1957 forderte Ade-

---

1 Matthias Küntzel, Bonn und die Bombe:Deutsche Atomwaffenpolitik von Adenauer bis Brandt, Frankfurt/New York 1992, S. 20
2 Karl Brandstetter, Allianz des Mißtrauens, Köln, S. 129
3 Küntzel 1992, S.34
4 Dieter Deiseroth, Atomwaffenverzicht der Bundesrepublik – Reichweiten und Grenzen der Kontrollsysteme, in Archiv des Völkerrechts 1990, S. 115
5 Brandstetter 1989, S. 114
6 Deiseroth 1990, S. 117, Brandstetter 1989, S.118
7 Deiesroth 1990, S. 116, Brandstetter 1989, S.122
8 Küntzel 1992, S. 24
9 Brandstetter 1989, S. 215 Anm. 79

nauer erneut Atomwaffen für die Bundeswehr; das seien ja schon beinahe normale Waffen, eine Weiterentwicklung der Artillerie.[10]

Am 13. April 1957 veröffentlichten 18 anerkannte westdeutsche Wissenschaftler den Göttinger Appell, in dem sie u.a. die Bundesregierung aufforderten, im Interesse des Weltfriedens auf den Besitz von Atomwaffen zu verzichten. Dafür wurden sie innenpolitisch stark kritisiert. Weltweit fand der Aufruf große Beachtung.[11]

Ende 1957/Anfang 1958 kam ein französisch-italienisch-deutsches Abkommen über die gemeinsame Produktion von Atomwaffen zustande, dessen Umsetzung jedoch de Gaulle im Mai 1958 verhinderte.[12]

Im Juni 1959 und erneut im Dezember 1959 forderte Verteidigungsminister Strauß die gemeinsame Produktion von Mittelstreckenraketen.[13] Zudem verlangte er das Mitbestimmungsrecht bei der Verwendung von strategischen Atomwaffen, wenn diese zum Schutz der BRD eingesetzt würden.[14]

Am 20. August 1960 veröffentlichte das amtliche Bulletin des Presse- und Informationsamtes der Bundesregierung eine Denkschrift von 120 westdeutschen Generälen und Admirälen, in der diese (angeregt von Strauß) taktische Atomwaffen, Wasserstoffbomben und strategische Raketen für die Bundeswehr forderten.[15] Bundeskanzler und Bundeskabinett identifizierten sich anschließend mit der Denkschrift und billigten die Veröffentlichung nachträglich.[16] Im September 1960 forderte Adenauer Atomwaffen für Europa.[17]

Auch der Kanzlerkandidat der SPD, Willy Brandt, sprach sich im Oktober 1960 dafür aus, die Bundeswehr mit taktischen Atomwaffen auszurüsten.[18]

Große Aufregung, vor allem in den USA, entstand, als im Oktober 1960 bekannt wurde, dass es Wissenschaftlern der Nukem-Gesellschaft in Hauau gelungen war, mittels einer Ultragaszentrifuge spaltbares Material (U 235) herzustellen und damit das Geheimnis der „billigen Atombombe des kleinen Mannes" zu entdecken.[19]

Den USA lag ebenso wie den anderen NATO-Verbündeten daran, die atomare Bewaffnung der BRD zu verhindern. Die US-Regierung brachte deshalb zur Befriedung der deutschen atomaren Ambitionen die MFL (Multilateral Force) ins Gespräch.[20] Außerdem erklärte der NATO-Oberkommandierende, US-General Lauris Norstad, dass die NATO die vierte Atommacht der Welt werden solle, eine Idee, von der die USA später wieder abrückten.[21]

10 Brandstetter 1989, S. 126
11 Brandstetter 1989, S. 128, Küntzel 1992, S. 25
12 Brandstetter 1989, S. 137, 207, Küntzel 1992, S. 12, 28ff.
13 Brandstetter 1989, S. 180
14 Brandstetter 1989, S. 182
15 Brandstetter 1989, S. 186
16 Brandstetter 1989, S. 187
17 Brandstetter 1998, S. 196
18 Brandstetter 1989, S. 189
19 Brandstetter 1989, S. 192
20 Brandstetter 1989, S. 197 ff., Küntzel 1992, S. 18
21 Brandstetter 1989, S. 199, Küntzel 1992, S. 50, 63

Die Bundesregierung hoffte darauf, das Mitverfügungsrecht über den Einsatz der zu stationierenden Polaris-Raketen zu bekommen.[22]

Das Projekt der MLF aus dem Jahre 1959/1960 wurde von den USA nochmals 1963 propagiert, scheiterte jedoch 1964/1965 am Widerstand von Frankreich und Großbritannien.[23]

Die Reaktion der Bundesregierung war heftig. Sie wollte Schutz vor den 700 auf Europa gerichteten sowjetischen Mittelstreckenraketen.[24] Außenminister Gerhard Schröder drohte mit dem Erwerb eigener Atombomben, um eine westdeutsche Atommacht zu errichten.[25] Deutschland werde keinen Vertrag gegen die Weitergabe von Atomwaffen unterzeichnen, wenn nicht vorher die Teilnahme an einem atomaren Waffensystem des Westens gesichert sei.[26]

Die laufenden Verhandlungen über einen Atomwaffensperrvertrag verunsicherten die Bundesregierung.[27] Ex-Verteidigungsminister Strauß drohte mit dem Austritt aus der NATO.[28] Ex-Kanzler Adenauer beklagte einen neuen Morgenthau-Plan der Alliierten.[29]

Die Unionsführung wollte den angestrebten Sperrvertrag torpedieren.[30]

Die zentrale westdeutsche Forderung war die Aufrechterhaltung der „europäischen Option", d.h. die westdeutsche Beteiligung an einer künftigen europäischen Atomstreitmacht.[31]

Die unionsgeführte Bundesregierung weigerte sich, den Atomwaffensperrvertrag zu unterzeichnen.[32] Erst nach einem Regierungswechsel kam es am 28. November 1969 zur Unterschrift durch die neue SPD-FDP-Regierung unter Bundeskanzler Willy Brandt, wobei die Bundesregierung etliche Vorbehalte zu Protokoll gab, u.a. die Aufrechterhaltung der „europäischen Option".[33]

In den folgenden internationalen Verhandlungen hat die inzwischen aus einer großen Koalition bestehende Bundesregierung massiv und erfolgreich darauf hingewirkt, die Sicherheitskontrollen nach dem Atomwaffensperrvertrag zu beschränken.[34] Gleichzeitig wurde die Plutoniumsindustrie der Bundesrepublik ausgebaut.[35]

1972 verneinte der spätere Bundespräsident Karl Carstens die Bindung an den Atomwaffensperrvertrag für den Fall, dass Zweifel an der nuklearen Schutzgaran-

---

22 Brandsteller 1989, S. 201
23 Brandstetter 1989, S. 210, 433
24 Brandstetter 1989, S. 434
25 Brandstetter 1989, S. 434, Küntzel 1992, S. 85
26 Küntzel 1992, S. 73
27 Küntzel 1992, S. 55, Brandstetter 1989, S. 435
28 Brandstetter 1989, S. 435
29 Brandstetter 1989, S. 436
30 Brandstetter 1989, S. 436
31 Deiseroth 1990, S. 123 f., Brandstetter 1989, S. 436, Küntzel 1992, S. 143
32 Brandstetter 1989, S. 439
33 Deiseroth 1990, S. 125, Brandstetter 1989, S. 439
34 Deiseroth 1990, S. 127 ff., Küntzel 1992, S. 207 ff
35 Küntzel 1992, S. 135

tie der USA entstünden.[36] Ratifiziert wurde der Atomwaffensperrvertrag nach heißen innenpolitischen Debatten erst 1974.

1977 regte Bundeskanzler Helmut Schmidt die Stationierung von Mittelstreckenraketen und Neutronenbomben in Westeuropa einschließlich der BRD an.[37]

Im Dezember 1979 folgte trotz heftiger Proteste der Bevölkerung der sog. Nachrüstungs- oder Doppelbeschluß des Bundestages, woraufhin auch in Westdeutschland Pershing II-Raketen stationiert wurden.[38]

Im Oktober 1981 forderte der Kanzlerkandidat der Union, Franz Josef Strauß, wiederum Atomwaffen für die Bundeswehr.[39]

Der ehem. stellvertretende NATO-Oberbefehlshaber, der deutsche General Gerd Schmückle, sah 1982 die Vertragsgrundlage für den deutschen Atomwaffenverzicht als hinfällig an, wenn die US-Regierung auf den Ersteinsatz der Atomwaffen der NATO verzichten sollte.[40] Er drohte mit der Kündigung der NATO-Mitgliedschaft der BRD für den Fall, dass die USA auf einem deutschen Atomwaffenverzicht bestehen sollten, und er kündigte an, dass die BRD eigene Atomwaffen produzieren könne.[41]

Im Juli 1982 trat der FDP-Poliker Ralf Dahrendorf für den Zugriff der Bundesregierung auf Atomwaffen ein.[42]

Im Februar 1983 verlangte der CSU-Politiker Alfred Seidl den Aufbau einer nationalen Atomstreitmacht BRD.[43] Im August 1983 forderte Strauß von den USA ein praktikables Zwei-Schlüssel-System. Der SPD-Politiker Carsten Voigt stimmte dem zu.[44]

Im April 1984 wurde in der offiziösen deutschen Zeitschrift „Europäische Wehrkunde" ein „eigener Finger am atomaren Abzug" verlangt. Der CSU-Politiker Seidl stimmte in einem Leserbrief zu.[45]

Vergeblich forderte die Bundestagsfraktion der Grünen 1987 im Zusammenhang mit der Pershing IA-Kontroverse den Atomwaffenverzicht im Grundgesetz festzuschreiben. Die Bundesregierung hatte 1987 im Rahmen der INF-Verhandlungen darauf bestanden, die Pershing IA-Raketen der Bundeswehr als Drittstaaten-System aus den Genfer Abrüstungsverhandlungen herauszuhalten.[46] Bundeskanzler Helmut Kohl lenkte schließlich ein, verärgerte damit jedoch die CSU.[47]

---

36 Deiseroth 1990, S. 122

37 Brandstetter 1989, S. 441

38 Brandstetter 1989, S. 441

39 Brandstetter 1989, S. 441

40 Deiseroth 1990, S. 123

41 Brandstetter 1989, S. 442

42 Brandstetter 1989, S. 442

43 Brandstetter 1989, S. 443

44 Brandstetter 1989, S. 443

45 Brandstetter 1989, S. 445

46 Küntzel 1992, S. 277

47 Küntzel 1992, S. 278

Folgenlos wurde 1989 im Grundsatzprogramm der SPD verankert: „Der Verzicht auf ABC-Waffen soll verfassungsrechtlich abgesichert werden."[48]

Bei den deutsch-deutschen Vorverhandlungen zum Zwei-plus-vier-Vertrag widersprach die Bundesregierung dem Vorschlag, den ABC-Waffenverzicht verfassungsrechtlich zu verankern.[49]

Bei den internationalen Zwei-plus-vier-Verhandlungen 1990 spielte die nukleare Frage eine herausragende Rolle. Die Bundesregierung versuchte im Ergebnis erfolglos, den ABC-Waffenverzicht aus dem Vertrag herauszuhalten. Nur das Wörtchen „immerwährend" beim ABC-Waffenverzicht wurde aus der Schlussfassung des Vertrages herausgenommen.[50]

Ein Lichtblick am Schluss der historischen Betrachtung:

Unter größter Geheimhaltung wurden in der Zeit von November 2004 bis zum Mai 2005 praktisch der gesamte Bestand an waffenfähigen Plutonium (1,7 Tonnen plutoniumhaltige Kernbrennstäbe) aus dem staatlichen Verwahrlager auf dem Gelände der Hanauer Nuklearanlage in die französische Wiederaufbereitungsanlage nach La Hague gebracht. Damit ist nach den Worten des Präsidenten des Bundesamtes für Strahlenschutz, Wolfram König, jedenfalls „die Plutoniumwirtschaft in Deutschland endgültig beendet."[51]

Die politischen Kräfte in Deutschland, die eigene Atomwaffen anstreben, sind nicht verstummt. Der Koordinator für Sicherheitspolitik der Konrad-Adenauer-Stiftung, Karl-Heinz Kamp, hat in der „Neue Zürcher Zeitung" vom 13. Januar 2006 den imperialen Anspruch Deutschlands (oder der EU) mit der Forderung nach dem Besitz von Kernwaffen untermauert. Der ehemalige Bundesverteidigungsminister Rupert Scholz hat nach Presseberichten im Januar 2006 Atomwaffen für Deutschland ins Gespräch gebracht.[52]

Die so genannte „nukleare Teilhabe" wird weiterhin praktiziert.[53] International gilt Deutschland unverändert als Schwellenland. Es ist technisch zum Bau von Atomwaffen in der Lage.

II

Da liegt die Frage nahe, ob es rechtliche Schranken für den Bau oder Erwerb eigener oder die Mitverfügung an fremden Atomwaffen gibt?[54] Wie ist die „nukleare Teilhabe" rechtlich zu bewerten, in deren Rahmen die Bundesregierung deutsche Soldaten und Flugzeuge für den Atomwaffeneinsatz bereitstellt? Die Frage „Dürfen wir das überhaupt?", die sich Politiker leider viel zu selten stellen, ist eindeutig zu beantworten: Nein, sie dürfen nicht!

---

48 Küntzel 1992, S. 281, Anm. 7
49 Küntzel 1992, S. 281
50 Küntzel 1992, S. 281
51 Frankfurter Rundschau, 11.5.2005
52 In: www.tagesschau.de/aktuell/meldungen/0,1185,ID5177320_REF1,00.html
53 In: www.spiegel.de/politik/ausland/0,1518,290458,00.html
54 Das folgende Kapitel deckt sich im Wesentlichen mit meinem Beitrag in „Wissenschaft und Frieden" Nr. 3 (2006), S. 65 ff.

Sie dürfen Atomwaffen weder stationieren noch einer Stationierung zustimmen oder sie dulden, sie dürfen deutsche Soldaten den Atomwaffeneinsatz nicht üben lassen, sie dürfen nicht an Einsatzbefehlen mitwirken und sie dürfen deutsche Soldaten nicht an Einsätzen beteiligen. Sie dürfen noch nicht einmal im Rahmen der NATO an der Nuklearstrategie mitwirken.

Woraus ergibt sich das? Aus dem Völkerrecht und aus dem deutschen Recht. Völkerrecht ist Völkergewohnheitsrecht und Völkervertragsrecht. Das zugrunde liegende Völkergewohnheitsrecht ist nach Artikel 25 GG vorrangiges Bundesrecht. Artikel 25 GG hat folgenden Wortlaut: „Die allgemeinen Regeln des Völkerrechts sind Bestandteil des Bundesrechts. Sie gehen den Gesetzen vor und erzeugen Rechte und Pflichten unmittelbar für die Bewohner des Bundesgebietes."

Die zugrunde liegenden völkerrechtlichen Verträge sind durch Ratifizierungen innerstaatliches Recht geworden.

Das Völkergewohnheitsrecht verbietet im humanitären Kriegsvölkerrecht zwingend die Verwendung von Waffen,

- die nicht unterscheiden zwischen kämpfender Truppe (Kombattanten) und der Zivilbevölkerung,
- die unnötige Grausamkeiten und Leiden verursachen und
- die unbeteiligte und neutrale Staaten in Mitleidenschaft ziehen.[55]

Weder die existierenden Atomwaffen, noch die biologischen und chemischen Massenvernichtungswaffen erfüllen diese Anforderungen. Ihr Einsatz ist deshalb verboten.

Für die Atomwaffen hat das der Internationale Gerichtshof in Den Haag in seinem auf Ersuchen der UN-Generalversammlung erstatteten Gutachten vom 08. Juli 1996 unzweideutig festgestellt: „(...) die Androhung und der Einsatz von Atomwaffen verstößt generell/grundsätzlich gegen die Prinzipien und Regeln des humanitären Kriegs-Völkerrechts."[56] Offengelassen hat der IGH lediglich die Völkerrechtswidrigkeit im Falle einer existenzgefährdenden extremen Notwehrsituation. Aus der IGH-Entscheidung ergibt sich jedoch, dass selbst im Falle einer extremen Notwehrsituation, in der das Überleben eines Staates auf dem Spiel steht, ein etwaiger Atomwaffeneinsatz allenfalls dann völkerrechtsgemäß sein könnte, wenn er die oben zitierten Prinzipien und Regeln des humanitären Kriegsvölkerrechts beachten könnte. Der IGH hat in dem Gutachten erklärt, dass keiner der Staaten, die in dem Verfahren für die Rechtmäßigkeit des Atomwaffeneinsatzes eingetreten sind, Bedingungen dargelegt hat, unter denen ein Einsatz gerechtfertigt sein könnte.[57] Wenn der Einsatz und die Drohung mit dem Einsatz rechtswidrig sind, sind auch Herstellung, Transport und Stationierung dieser Atomwaffen nicht zu rechtfertigen. Denn all das dient der Vorbereitung des Einsatzes und der Drohung damit.

Die „nukleare Teilhabe" Deutschlands, d.h. die Beteiligung deutscher Soldaten und Flugzeuge an einem etwaigen Atomwaffeneinsatz, verstößt gegen den Atom-

---

55 So der Internationale Gerichtshof in Den Haag (IGH), zitiert nach IALANA: Atomwaffen
    vor dem Internationalen Gerichtshof, Münster 1997, S. 58
56 IALANA 1997, S. 67
57 IALANA 1997, S. 63

waffensperrvertrag und gegen den Zwei-plus-vier-Vertrag. Beide Verträge, die auch innerdeutsches Recht sind, verbieten Deutschland ausdrücklich die Verfügungsgewalt über Atomwaffen.

Sobald im Einsatzfall die US-amerikanischen Soldaten die von ihnen verwahrten Atombomben den deutschen Soldaten übergeben, damit diese sie mit deutschen Tornado-Flugzeugen zu den Zielorten bringen und dort abwerfen können, würden deutsche Hoheitsträger die Verfügungsgewalt über die Waffen ausüben. Dieses Handeln wäre unter keinerlei rechtlichen Gesichtspunkten zu rechtfertigen.

Nicht gefolgt werden kann der Rechtsmeinung, dass der Atomwaffensperrvertrag im Kriegsfall völkerrechtlich unwirksam wird.

Ein sog. Kriegsvorbehalt könnte sich aus „Interpretationserklärungen" ergeben, die der damalige US-Außenminister Dean Rusk am 20. April 1967 gegenüber dem NATO-Rat abgegeben hat. Eine Denkschrift der Bundesregierung zum Atomwaffensperrvertrag zitiert dazu Äußerungen des US-Außenministers vor dem US-Senat vom 10. Juli 1968 wie folgt: Der Atomwaffensperrvertrag „behandelt nicht Regelungen über die Dislozierung von Kernwaffen auf alliiertem Hoheitsgebiet, da diese keine Weitergabe von Kernwaffen oder Verfügungsgewalt darüber einschließen, sofern und solange nicht eine Entscheidung, Krieg zu führen, getroffen wird, in welchem Zeitpunkt der Vertrag nicht mehr maßgebend wäre.[58] Ob dieser Vorbehalt die förmlichen Voraussetzungen von Artikel 19 (1) Wiener Vertragsrechtsabkommen erfüllt, kann hier nicht geklärt werden.[59] Nahe liegend ist, dass der Vorbehalt schon deswegen völkerrechtlich unwirksam ist, weil er mit dem Ziel und Zweck des Atomwaffensperrvertrages unvereinbar wäre, denn er stellt dessen Kernbestand in Frage. Der Atomwaffensperrvertrag wäre nahezu bedeutungslos, wenn er in den Konfliktsituationen nicht gelten würde, für die er ursprünglich geschaffen worden ist.

III

Es gibt mehrere Wege zu einem atomwaffenfreien Deutschland. Alle setzen sie jedoch voraus, dass die Bundesregierung bereit und mutig genug ist, sich unmissverständlich gegen die Stationierung von Atomwaffen auszusprechen.

1.

Der rechtlich einfachste Weg wäre, dass die Bundesregierung die Regierung der USA auffordert, die Atomwaffen aus Deutschland abzuziehen und keine neuen zu stationieren. Rechtlich wäre die Bundesregierung daran nicht gehindert, denn die USA haben kein vertragliches Recht auf Stationierung von Atomwaffen in Deutschland. Der NATO-Vertrag gibt keinen derartigen Anspruch. Ein Anspruch könnte sich allenfalls aus den Stationierungsverträgen ergeben. Der Wortlaut von Artikel 1 (1) des Aufenthaltsvertrages gibt den USA allgemein das Recht, Streitkräfte der gleichen „Effektivstärke" wie zur Zeit des Inkrafttretens des Aufent-

---

58 Bundestagsdrucksache 7/994 S. 17
59 dazu ausführlich Dieter Deiseroth: Nukleare Teilhabe Deutschlands? Veröffentlicht von IALANA

haltsvertrages zu stationieren.[60] Das war am 24. März 1955, als die USA bereits die ersten Atomwaffen in der Bundesrepublik stationiert hatten. Es ist jedoch zweifelhaft, ob sich aus dem Wort „Effektivstärke" das Recht zur Stationierung von Massenvernichtungswaffen herleiten lässt. Zu prüfen ist zudem, ob der Aufenthaltsvertrag seit dem Inkrafttreten des Zwei-plus-vier-Vertrages weiter gilt. Der Aufenthaltsvertrag sah in Artikel 3 (1) vor, dass alle seine Bestimmungen mit Abschluss einer friedensvertraglichen Regelung außer Kraft treten würden. Der Zwei-plus-vier-Vertrag ist der Friedensvertrag, mit dem Deutschland seine volle Souveränität erhalten hat. Damit ist der Aufenthaltsvertrag unwirksam geworden, es sei denn, er wäre auf eine neue rechtliche Grundlage gestellt worden. Das ist jedoch nicht der Fall. Der Aufenthaltsvertrag war durch das Ratifizierungsgesetz vom 24. März 1955 Bundesgesetz geworden. Seine Fortgeltung hätte wieder ein Bundesgesetz mit entsprechendem Ratifizierungsverfahren erfordert.[61] Anders als beim NATO-Truppenstatut und dem Zusatzabkommen ist die Fortgeltung des Aufenthaltsvertrages jedoch nur durch einen Notenwechsel von Botschaftern erklärt worden.[62] Ein Gesetz dazu fehlt. Also ist der Aufenthaltsvertrag außer Kraft getreten.[63]

Das Auswärtige Amt vertritt ohne nähere Begründung die abweichende Meinung, dass der Aufenthaltsvertrag durch den Notenwechsel fort gilt, jedoch mit einer zweijährigen Frist gekündigt werden kann.[64]

Das bis 1994 geltende NATO-Truppenstatut und das Zusatzabkommen[65] (ZA-NTS) haben nicht die Bewaffnung der in Deutschland stationierten ausländischen Truppen geregelt.[66]

Das ist durch die Neuregelung nicht geändert worden. Die seit 1994 geltenden neuen Ausführungsbestimmungen zum Zusatzabkommen sehen in Artikel 21b vor, dass Anlagen und Einrichtungen, die am Tage des Inkrafttreten des Abkommens zur Änderung des ZA-NTS auf den einer Truppe zur ausschließlichen Benutzung überlassenen Liegenschaften errichtet worden sind, in bisherigen Umfang weiterbetrieben werden dürfen. Einer nach deutschem Recht erforderlichen Genehmigung, Erlaubnis, Zulassung oder Anzeige bedarf es nicht. Das gilt ausdrücklich auch für an sich zulassungs- und anzeigepflichtige Maßnahmen, insbesondere für

---

60 BGBl. 1955 II S. 253 ff

61 Artikel 4 (1) des Aufenthaltsvertrages regelte ausdrücklich, dass der Vertrag der Ratifizierung oder Genehmigung der Unterzeichnerstaaten bedurfte.

62 BGBl. 1990 II S. 1390, 1696

63 Das Bundesverwaltungsgericht hat diese Frage in seiner Entscheidung vom 21. Juni 2005 (2 WD 12.04) offen gelassen, weil die Entscheidung nicht von der Frage der Wirksamkeit des Aufenthaltsvertrages abhing.

64 In: www.auswärtiges-amt.de/diplo/de/Aussenpolitik/Voelkerrecht/Truppenstationierungsrecht.html

65 Notenwechsel zu dem Abkommen zwischen den Parteien des Nordatlantikvertrages über die Rechtsstellung ihrer Truppen vom 19. Juni 1951 und zu dem Zusatzabkommen zu diesem Abkommen vom 03. August 1959 nebst zugehörigen Übereinkünften, BGBl. 1990 II, S. 1251

66 Deiseroth 1990, S. 38

den Umgang mit radioaktiven Stoffen.[67] Diese Anlagen waren lediglich binnen Jahresfrist den deutschen Behörden anzuzeigen.[68] Diese Vorschriften lassen sich schwerlich dahingehend auslegen, dass den USA daraus das Recht zur Stationierung von Atomwaffen erwächst. Vorsorglich sei jedoch erwähnt, dass auch das Zusatzabkommen gemäß Artikel 81 mit einer Frist von zwei Jahren kündbar ist.

Wie dargestellt, ist es mehr als zweifelhaft, ob die USA aus diesen Vorschriften einen Anspruch auf Stationierung von Atomwaffen auf deutschen Boden herleiten kann. Das kann aber letztlich dahingestellt bleiben. Denn entscheidend ist, dass weder der NATO-Vertrag, das NATO-Truppenstatut, das Zusatzabkommen zum NATO-Truppenstatut noch der Aufenthaltsvertrag Deutschland verpflichten, völkerrechtswidrige Handlungen von NATO-Partnern zu unterstützen. Das hat das Bundesverwaltungsgericht in seinem Urteil vom 21. Juni 2005 festgestellt.[69] Der Einsatz der in Deutschland stationierten atomaren Fliegerbomben ist (wie oben dargelegt) unter allen Gesichtspunkten völkerrechtswidrig. Damit ist die Stationierung dieser Waffen nicht zu rechtfertigen.

Die Bundesregierung ist nicht nur berechtigt, sondern sogar verpflichtet, die US-amerikanische Regierung zum unverzüglichen Abzug der Atomwaffen aufzufordern. Nach Artikel 20 (3) Grundgesetz gebunden an Recht und Gesetz darf sie einen völkerrechtswidrigen Zustand nicht stillschweigend hinnehmen.

Der Forderung des durch den Zwei-plus-vier-Vertrag endgültig souverän gewordenen Deutschland nach dem ersatzlosen Abzug der Atomwaffen hätte die Regierung der USA Folge zu leisten.[70] Der US-amerikanische Verteidigungsminister Donald Rumsfeld hat im Oktober 2005 in einem SPIEGEL-Interview den Weg zu einem atomwaffenfreien Deutschland aufgezeigt. Er hat erklärt, es sei Sache der Deutschen, ob weiter Atomwaffen in Deutschland stationiert seien.[71]

Auch hindert die „nukleare Teilhabe" die Bundesregierung nicht, entsprechende Erklärungen abzugeben. Die „nukleare Teilhabe" findet im NATO-Vertrag keine rechtliche Stütze. Sie stellt vielmehr einen klaren Verstoß gegen den Atomwaffensperrvertrag und gegen den Zwei-plus-vier-Vertrag dar. Die Bundesregierung ist daher auch insoweit nicht nur berechtigt, sondern sogar verpflichtet, die „nukleare Teilhabe" umgehend durch Erklärung gegenüber den NATO-Partnern zu beenden. Einer Grundgesetz-Ergänzung oder eines Bundesgesetzes bedarf es dazu nicht. Laut Urteil des Bundesverfassungsgerichts vom 22. November 2001 ist das strategische Konzept der NATO kein Vertrag,[72] der förmlich gekündigt oder abgeändert werden müsste.

---

67 Gesetz zum Abkommen vom 18. März 1993 zur Änderung des Zusatzabkommens zum NATO-Truppenstatut und zu weiteren Übereinkünften, BGBl 1994 II, S. 2594 ff.
68 wie zuvor S. 2596
69 BVerwG 2 WD 12.04, S. 85
70 Durch Artikel II NATO-Truppenstatut haben sich auch die USA verpflichtet, das Recht des Aufnahmestaates (also Deutschlands) zu achten.
71 In: www.spiegel.de/international/0,1518,382527-2,00html
72 BVerfGE -2 BvE 6/99-

Abgeordnete der Bundestagsfraktion der FDP haben im April 2005 im Bundestag einen Antrag auf Abzug der US-amerikanischen Atomwaffen aus Deutschland gestellt. Begründet wurde dieser Antrag allerdings nur damit, dass die Sicherheitslage diese Waffen überflüssig machen würde.[73] Nachdem sich der Landtag von Rheinland-Pfalz im September 2005 für einen Abzug der US-Atomwaffen ausgesprochen hat,[74] haben die Bundestagsfraktionen Die Linken und Bündnis90/Die Grünen im Bundestag Anträge eingebracht, in dem u.a. der Abzug der Atomwaffen aus Deutschland verlangt wird.[75] In der halbstündigen Bundestags-Aussprache haben sich die Vertreter der CDU/CSU und der SPD gegen die Anträge gewendet, die schließlich an die Ausschüsse überwiesen wurden.[76]

Der Vorteil des ersten Weges ist, dass nur Regierungshandeln gefordert wird, ein Gesetzgebungsverfahren nicht notwendig ist. Der Nachteil liegt in der Gefahr der vergleichsweise einfachen Rückkehr zu den früheren Verhältnissen, weil mangels rechtlicher Absicherung einfaches Regierungshandeln ausreichen würde.

2.

Ein weiterer Weg zu einem atomwaffenfreien Deutschland wäre die Schaffung einer atomwaffenfreien Zone in Mitteleuropa unter Einschluss Deutschlands. Österreich, das bereits kraft Gesetzes atomwaffenfrei ist, die Schweiz und vermutlich weitere kleinere Nachbarstaaten dürften dazu bereit sein. Dazu müssten multilaterale Verhandlungen mit den möglichen Vertragspartnern aufgenommen, ein entsprechender völkerrechtlicher Vertrag abgeschlossen und das innerstaatliche Ratifizierungsverfahren durchgeführt werden, wobei die Regierungsmehrheit ausreichend wäre.

Beispielgebend für diesen Weg sind zahlreiche Staaten der Südhalbkugel der Erde, die mit fünf multilateralen Verträgen über atomwaffenfreie Zonen nahezu die gesamte südliche Hemisphäre abdecken.[77]

Der Vorteil dieses zweiten Weges liegt darin, dass die rechtliche Absicherung es erschweren würde, zu den bisherigen Verhältnissen zurückzukehren. Zudem wäre jede Bundesregierung verpflichtet, das Gesetz in politisches Handeln umzusetzen. Der Nachteil liegt in den möglicherweise komplizierten multilateralen Verhandlungen und in dem notwendigen Gesetzgebungsverfahren bei der Ratifizierung.

3.

Der dritte Weg zur Atomwaffenfreiheit Deutschlands ist der rechtlich und politisch schwierigste, aber sicherste Weg.

Der bisherige Verzicht Deutschlands auf Atomwaffen steht auf rechtlich schwachen Füßen. Er beruht auf drei Grundlagen:

---

73 In: www.sopos.org/aufsaetze/4367bd1b1cbd7/1phtml
74 Landtag Rheinland-Pfalz, Plenarprotokoll 14/100
75 Deutscher Bundestag, 16. Wahlperiode, Drucksachen 16/448 und 16/819
76 In: www.uni-kassel.de/fb5/frieden/themen/Atomwaffen/bt-debatte.html
77 In. www.opanal.org/NWFZ/NWFZ`s.html

a) Auf der Erklärung Adenauers vom 23. Oktober 1954 im Rahmen der Pariser Verträge, dass die Bundesrepublik sich verpflichtet, Atomwaffen, chemische und biologische Waffen auf ihrem Gebiet nicht herzustellen;[78]

b) auf dem 1970 in Kraft getretenen Atomwaffensperrvertrag, mit dem Deutschland sich verpflichtet hat, Atomwaffen oder die Verfügungsgewalt darüber von niemanden anzunehmen, sie nicht herzustellen oder sonstwie zu erwerben,[79] und

c) auf dem Zwei-plus-vier-Vertrag vom 12. September 1990, in dem Deutschland seinen Verzicht auf Herstellung und Besitz von und auf Verfügungsgewalt über atomare, biologische und chemische Waffen bekräftigt hat.[80]

Auf schwachen rechtlichen Füßen steht der deutsche Atomwaffenverzicht deshalb, weil in allen drei Regelungen Einschränkungen oder Vorbehalte enthalten sind, die deutlich werden lassen, dass die politischen Kräfte in Deutschland sich die Option auf eigene Atomwaffen stets offen gehalten haben:

- Adenauers Erklärung aus dem Jahr 1954 betraf nur die Herstellung in Deutschland. Sie wurde zudem durch den damaligen US-Außenminister ausdrücklich unter den Vorbehalt der „clausula rebus sic stantibus" gestellt, d.h. der Verzicht sollte nur gelten, solange die zugrunde liegenden Verhältnisse sich nicht ändern.[81]

- Der deutsche Verzicht im Atomwaffensperrvertrag sollte unter dem Vorbehalt einer europäischen Lösung und außerdem unter einem Kriegsvorbehalt stehen,[82] beides zwar unwirksame Einschränkungen, aber Versuche, die Wirksamkeit zu begrenzen. Zudem ist der Atomwaffensperrvertrag kündbar. Eine Kündigung hätte zur Folge, dass der Verzicht nur noch auf der - eingeschränkten - Erklärung Adenauers aus dem Jahre 1954 beruhte.[83]

- Im Zwei-plus-vier-Vertrag wird lediglich der frühere Verzicht „bekräftigt", d.h. nur der Verzicht Adenauers und der Verzicht im Atomwaffensperrvertrag wiederholt. Deren Grenzen habe ich bereits aufgezeigt.

Wenn Deutschland ernsthaft auf eigene Massenvernichtungswaffen und auf die Teilhabe an den Massenvernichtungswaffen anderer Staaten verzichten will, so ist eine verfassungsrechtliche Regelung geboten. Dazu müsste das Grundgesetz wie folgt ergänzt werden:

Art. 26 a (Verzicht auf Massenvernichtungswaffen)

(1) Deutschland verzichtet auf Entwicklung, Herstellung und Besitz von und auf Verfügungsgewalt über atomare, biologische und chemische Waffen.

---

78 BGBl. 1955 II, S. 266
79 BGBl. 1974 II, S. 786; der Beitritt der Bundesrepublik wurde am 02. Mai 1975 wirksam.
80 BGBl. 1990 II, S. 1318
81 Deiseroth 1990, S. 117 m.w.N., Küntzel 1992, S. 23
82 Deiseroth 1990, S. 123 und 126
83 Deiseroth 1990, S. 118

(2)   Diese Waffen dürfen weder durch noch über Deutschland transportiert, noch auf dem Staatsgebiet gelagert oder bereit gehalten werden.

(3)   Deutschland setzt sich mit Nachdruck dafür ein, dass es zur Aufnahme von Verhandlungen der Atomwaffenstaaten und ihrer jeweiligen Verbündeten kommt, die in redlicher Absicht geführt werden und darauf gerichtet sind, wirksame Maßnahmen zur weltweiten vollständigen nuklearen Abrüstung in naher Zukunft unter strenger und wirksamer internationaler Kontrolle zu erreichen.

(4)   Deutschland wird sich künftig in keiner Form an einem Einsatz atomarer, biologischer oder chemischer Waffen beteiligen, und zwar weder durch Bereitstellung von Trägersystemen oder durch sonstige Formen der Unterstützung noch durch Mitarbeit in bilateralen oder multilateralen Gremien, die sich mit dem Einsatz solcher Waffen oder dessen Vorbereitung befassen.

Absatz 1 entspricht im wesentlichen der Formulierung in Artikel 3 des Zwei-plus-vier-Vertrages, ergänzt um den Begriff der „Entwicklung", um sowohl Arbeiten an derartigen Waffenprogrammen als auch einen Technologietransfer in andere Staaten zu verhindern.

Die im Verzicht Adenauers und im Zwei-plus-vier-Vertrag enthaltenen biologischen und chemischen Waffen sind den Atomwaffen vergleichbare Massenvernichtungswaffen und deshalb in die Regelung einzubeziehen. Das Genfer Protokoll vom 17. Juni 1925 über das Verbot der Verwendung von erstickenden, giftigen und ähnlichen Gasen sowie von bakteriologischen Mitteln im Kriege verbietet lückenlos den Einsatz chemischer und biologischer Kampfmittel jeglicher Art gegen jegliches Ziel. Die Einbeziehung von chemischen Waffen ist auch geboten im Hinblick auf das Übereinkommen über das Verbot der Entwicklung, Herstellung, Lagerung und des Einsatzes chemischer Waffen und über die Vernichtung solcher Waffen vom 13. Januar 1993.

Die Regelung des Absatz 2 ist notwendig, um die bundes- und völkerrechtswidrige Stationierung derartiger Massenvernichtungswaffen in Deutschland und ihren Transport verfassungsrechtlich zu erfassen, ihren Abzug einzuleiten und künftige Stationierungen zu verhindern.

Absatz 3 knüpft an die Verpflichtung aus Artikel VI Atomwaffensperrvertrag an und gibt der vom IGH nochmals ausdrücklich betonten Rechtspflicht zur zügigen atomaren Abrüstung Verfassungsrang.

Mit Absatz 4 wird Deutschland verboten, sich im Rahmen von Bündnissen an der Verfügungsgewalt über und dem Einsatz von Massenvernichtungswaffen zu beteiligen. Damit wird hervorgehoben, dass Bündnisverpflichtungen niemals eine Rechtfertigung für die Drohung mit oder die Anwendung von ABC-Waffen sein können.

Deutschland stünde mit einer verfassungsrechtlichen Regelung nicht allein. Der Nationalrat der Bundesrepublik Österreich hat 1999 ein Bundesverfassungsgesetz für ein atomfreies Österreich beschlossen, das hinsichtlich der Atomwaffen folgenden Wortlaut hat: § 1. In Österreich dürfen Atomwaffen nicht hergestellt, gelagert, transportiert, getestet oder verwendet werden. Einrichtungen für die Stationierung von Atomwaffen dürfen nicht geschaffen werden. ... § 5. Die Vollziehung dieses Bundesverfassungsgesetzes obliegt der Bundesregierung.

Die Verfassungen der Staaten Brasilien, Philippinen und Palau verbieten ebenfalls Atomwaffen. Neuseeland ist kraft Gesetzes atomwaffenfrei.

Der Vorteil einer verfassungsrechtlichen Absicherung des Atombombenverzichts wäre, dass ein ausdrücklicher Verzicht im Grundgesetz vor der Weltöffentlichkeit ein unmissverständliches Zeichen setzen und zudem ein gutes Beispiel geben würde. Ein Verzicht auf Massenvernichtungswaffen wäre nur unter erschwerten Bedingungen abänderbar und würde vor allem deutsche Politiker unmittelbar verpflichten ohne ihnen Schlupflöcher zu lassen. Künftig hieße es unmissverständlich: Hände weg von ABC-Waffen!

Der Nachteil ist das umständliche Gesetzgebungsverfahren. Eine Ergänzung des Grundgesetzes bedarf nach Artikel 79 GG der Zustimmung von zwei Dritteln der Mitglieder des Bundestags und von zwei Dritteln der Stimmen des Bundesrats.

Angesichts der Mehrheitsverhältnisse im Bundestag und in den Länderparlamenten müssen die großen Volksparteien zu einem derartigen Vorgehen überzeugt werden. Mit Gegenstimmen aus ihrer Mitte ist voraussichtlich zu rechnen. Deshalb müssen auch eine oder zwei der kleineren Bundestagsparteien dafür gewonnen werden.

Ein erster Schritt in diese Richtung könnte am Grundsatzprogramm der SPD aus dem Jahre 1989 und an der Forderung der Bundestagsfraktion der Grünen aus dem Jahre 1987 anknüpfen.

Tanja Ernst

Die Neugründung Boliviens?
Stand der Reformen und der Widerstand der traditionell Mächtigen

Soziale Lage und politischer Wandel

Trotz seines Ressourcenreichtums zählt Bolivien mit einem Human Development Index-Rang von 115 von 177 erfassten Ländern und einem Armutsanteil von annähernd 62,7 % der Gesamtbevölkerung bis heute zu den ärmsten Ländern Lateinamerikas (UNDP 2006). Zudem muss der Andenstaat als hochverschuldete sowie ökonomisch international kaum konkurrenzfähige, da vorwiegend durch Subsistenzwirtschaft sowie informelle Produktion geprägte Volkswirtschaft, als stark *außenabhängig* bezeichnet werden. Besonders betroffen von Armut und Ausgrenzung ist dabei seit jeher die indigene Bevölkerungsmehrheit (Grey Molina 2005).

Nicht zuletzt aufgrund der Persistenz von Armut und sozialer Ungleichheit ist politischer Wandel in Bolivien und der Region evident. Nach mehr als zwei Jahrzehnten der Erfahrung mit der Implementierung neoliberaler Reform- bzw. Strukturanpassungspolitik, die im Zuge der in den 1980er Jahren ausgebrochenen Verschuldungskrise in fast allen Staaten des Subkontinents umgesetzt wurde, wächst der gesellschaftliche Unmut über die nicht eingelösten Wohlstandsversprechen des neoliberalen Wirtschafts- und Ordnungsmodells (vgl. u.a. Kaltmeier et al. 2004; Wolff 2004).

Neben dem deutlichen Anstieg starker Protestmobilisierungen auf der Straße schlägt sich diese wachsende Enttäuschung über die schlechte Leistungsbilanz des doppelten Modernisierungsversprechens von Marktwirtschaft und Demokratie auch formal-demokratisch in der Absage an neoliberale Parteiprogramme und der Abwahl entsprechender RegierungsvertreterInnen sowie der wachsenden Unterstützung für linkspolitisch orientierte Reformkonstellationen nieder (Vilas 2005).

In Bolivien sorgte die zyklische Zunahme von gewaltsamen Zusammenstößen zwischen dem Staat und den sozial und politisch häufig sehr heterogenen Protestallianzen seit dem erfolgreichen Widerstand gegen einen transnationalen Wasserkonzern in Cochabamba seit 2000 für eine hohe personelle Fluktuation auf der politischen Führungsebene.

Diese rasante Erosion politisch-institutioneller Stabilität führte schließlich zu vorgezogenen Neuwahlen, die am 18. Dezember 2005 stattfanden. Dabei entschied zum ersten Mal in der demokratischen Geschichte des Landes einer der Kandidaten bereits im ersten Wahlgang die Wahl für sich. Mit 53,7 % aller WählerInnenstimmen holten Evo Morales und seine Bewegung zum Sozialismus (MAS) mehr als die notwendige absolute Mehrheit.

Dieser überraschend eindeutige Wahlerfolg kommt in mehrfacher Hinsicht einer *historischen Zäsur* gleich: Nach über 500 Jahren Kolonialisierungsgeschichte, der unter Führung von Simón Bolívar erkämpften Unabhängigkeit Boliviens 1825, der unvollendeten Nationalen Revolution von 1952 und der seit 1982 eingeleiteten

Demokratisierung steht mit dem ehemaligen Kokabauern und staatlich verfolgten Gewerkschaftsführer nun zum ersten Mal in der bolivianischen Geschichte ein Mann mit indigenen Wurzeln und aus sozial benachteiligten Verhältnissen an der Spitze des bolivianischen Staates.

Damit ist gleichzeitig eine Besonderheit Boliviens angesprochen, die pluriethnische und soziokulturelle Vielfalt des Landes.

Die komplexe soziale Realität Boliviens

Im Unterschied zu vielen anderen lateinamerikanischen Staaten ist die Präsenz indigener Kulturen und Traditionen in Bolivien bis heute sehr lebendig und die Bevölkerung identifiziert sich mehrheitlich und zunehmend wieder selbstbewusst als indigen (vgl. Madrid 2005). Interessanterweise spiegeln sich dabei die geographisch-klimatischen Gegensätze des Landes und die ungleiche Ressourcenausstattung auch in den Kulturen, der Geschichte und den Organisationsformen der in Bolivien lebenden indigenen Völker wider. So kann grob vereinfachend zwischen dem Westen und dem Osten des Landes unterschieden werden.

Dabei werden die kalt-karge Hochebene der Anden sowie die Täler des Westens überwiegend von der traditionell kleinbäuerlich wirtschaftenden Mehrheit der *quechuas* und *aymaras* bewohnt, die sich - in bewusster Abgrenzung zu den indigenen Volksgruppen des Tieflandes (*indígenas*) - als die eigentlichen Ursprungsvölker (*pueblos originarios*) begreifen. Ihr enormes Mobilisierungspotential speist sich u.a. aus dem starken sowie reziproken bzw. wechselseitig verpflichtenden Gedanken der lokalen Gemeinschaften. So ist die Hochlandbevölkerung in der Regel stark politisiert, sehr gut organisiert und steht sowohl historisch als auch aktuell in einer gewerkschaftlich geprägten Tradition, welche häufig die direkte Konfrontation mit dem Staat sucht, um ihren Forderungen Nachdruck zu verleihen.

Im tropisch bis subtropischen Klima der nordöstlichen Amazonasgebiete und des südöstlichen Tieflandes sind hingegen nicht nur die Erdgas- und Erdölreserven Boliviens konzentriert, sondern aufgrund fruchtbarer Böden und Regenwälder wird hier zunehmend erfolgreicher agroindustriell gewirtschaftet bzw. für den Export angebaut und abgeholzt. Neben den europäischstämmigen Großgrundbesitzer- und Unternehmereliten leben hier jedoch gleichzeitig über 30 verschiedene, zahlenmäßig teilweise verschwindend kleine Ethnien in großer Armut und zum Teil bis heute oft in sklavereiähnlichen Arbeits- und Abhängigkeitsverhältnissen (El Deber 13.07.2006). Ihre (Über-)Lebensbedingungen sind massiv bzw. sehr akut von der Landnahme der rasch wachsenden Agro- und Holzindustrie sowie den damit verbundenen Umweltzerstörungen bedroht. Aber aufgrund ihrer geringen Bevölkerungszahl, der räumlichen Abgeschiedenheit, kultureller und sprachlicher Heterogenität sowie dem deutlich informelleren Charakter ihrer sozialen Organisationsstrukturen ist ihr politisches Artikulations- und Durchsetzungspotential deutlich limitierter. Insofern zielen die politischen Forderungen der Tieflandvölker tendenziell stärker auf Maßnahmen der sofortigen Verbesserung oder auf die partielle Absicherung des Status Quo und fallen im Vergleich zu den Maximalforderungen der organisierten Hochlandbevölkerung oft deutlich pragmatischer und kompromissbereiter aus.

Mit Blick auf die politische Sozialisation und die Entwicklung der dortigen Organisationsstrukturen finden sich weniger gewerkschaftliche Traditionen, sondern ein größerer Einfluss von Nichtregierungsorganisationen und kirchlichen Einrichtungen (vgl. Marien 2003: o.A; Ströbele-Gregor 1997).

Aktuellen Umfragen zufolge bezeichnen sich rund 62 % der knapp 9 Millionen Bolivianer und Bolivianerinnen als indigen (Krueger et al. 2004: 64).

Trotz der formalen Gleichstellung der indigenen Bevölkerung kontrastiert ihr offizieller Bürgerrechtsstatus mit einer sozialen, politischen und ökonomischen Realität, welche die Mehrheit der bolivianischen Bevölkerung nach wie vor von den Errungenschaften der gesellschaftlichen Entwicklung weitgehend ausschließt. So konzentriert sich die politische, ökonomische und soziale Macht bis heute in den Händen der zahlenmäßig kleinen europäischstämmigen Mittel- und Oberschicht.

Wichtig erscheint mir im Folgenden die analytische Berücksichtigung dieser immensen soziokulturellen Vielfalt und der Hinweis auf die nicht zuletzt daraus resultierende Heterogenität und Fragmentierung der zahlreich vertretenen Interessen. In der hiesigen Berichterstattung wird diese gesellschaftliche Komplexität allzu häufig auf die politische Frontstellung zwischen den armen indigenen und politisch radikalen Hochlandvölkern der *aymaras* und *quechuas* und den export- und weltmarktorientierten Großgrundbesitzer- und Unternehmereliten des östlichen Tieflandes reduziert.

Will man jedoch die gesellschaftspolitische Basis und die Gestaltungsspielräume der Regierung Morales genauer einschätzen, müssen die Pluralität der Interessen und die sich daraus ergebenden Widersprüche sowohl innerhalb der Regierung, der Regierungspartei des MAS als auch der regierungsnahen sozialen Bewegungen und der politischen Opposition analytisch stärker in den Blick genommen werden.

So verkörpert bspw. der MAS keine Partei im traditionellen Sinne, sondern lässt sich eher als ein um die Person Evo Morales und die Kokabauern-Bewegung gruppierter Zusammenschluss der sozialen Basisorganisationen sowie der verschiedenen indigenen und gewerkschaftlichen Bewegungsströmungen beschreiben, die alle den MAS als Plattform und Sprachrohr zur politischen Interessensartikulation nutzen (Goedeking/Zuazo 2006).

Darüber hinaus hat Evo Morales sich offensichtlich entschieden, diese unterschiedlichen Lager auch innerhalb der Regierung gezielt politisch einzubinden. Diese Strategie stellt einen radikalen Bruch mit der bisherigen Besetzungspraxis politischer Führungspositionen dar. Auch insofern erlebt Bolivien aktuell einen signifikanten Wandel, der technokratische und traditionelle Eliten durch administrativ und politisch-institutionell unerfahrene, aber langjährige AktivistInnen aus den sozialen, indigenen und gewerkschaftlichen Bewegungsspektren ersetzt hat.

Konstitutionell betrachtet stellt der MAS zwar die Mehrheit im neu gewählten Parlament, kontrolliert aber trotz seines großen Wahlerfolges nur drei der insgesamt 9 Regional- bzw. Departementregierungen, da in den anderen sechs Regionen Kandidaten der Oppositionsparteien die erstmals direkt gewählten Präfekten stellen. Folgerichtig verfügt die Regierung auch nicht über die notwendigen Mehrheiten im Senat, der sich aus Delegierten der Departements zusammensetzt.

Die Skizzierung dieser Rahmenbedingungen soll der besseren Einschätzung der engen politischen Handlungsspielräume der neuen Regierung dienen. Begrenzungen resultieren zum einen aus den komplexen innenpolitischen Machtverhältnissen und dem daraus erwachsenden Konflikt- und Blockadepotential auf den unterschiedlichen politisch-institutionellen Ebenen und zum anderen aus externen bzw. strukturellen Zwängen, die sich aus der geringen ökonomischen Bedeutung Boliviens im globalen Maßstab sowie der finanziellen Außenabhängigkeit des Landes ergeben. Nichtsdestotrotz bietet sich angesichts der derzeitigen gesellschaftlichen Machtverschiebungen und auch aufgrund begünstigender regionaler Entwicklungen sowie außenpolitischer Voraussetzungen m. E. eine reale Chance auf einen *strukturellen Wandel* in politischer und sozialer Perspektive.

Mit günstigen außenpolitischen Bedingungen ist zunächst einmal der politische Wandel in vielen Ländern der lateinamerikanischen Region gemeint: die Wahlsiege linkspolitisch orientierter Parteien und vor allem die Initiativen zur Stärkung regionaler Kooperation. Eine besondere, wenn auch ambivalente - weil polarisierende - Rolle spielt dabei die wirtschaftliche Unterstützung sowie der politische Rückhalt der venezolanischen Regierung unter Hugo Chávez. Zum anderen verhält sich die traditionelle Hegemonialmacht USA vergleichsweise zurückhaltend und die weltweit günstige Entwicklung der Konjunktur sowie steigende Rohstoffpreise eröffnen der amtierenden Regierung begrenzte ökonomische Spielräume.

Entsprechend groß sind aber auch die Hoffnungen und Erwartungen, die sich mit der Regierung Morales und der Vision einer Neugründung Boliviens für die bisher benachteiligte Bevölkerungsmehrheit verknüpfen.

Im Folgenden sollen deshalb die bisherigen Maßnahmen der Regierung Morales kritisch gewürdigt und versucht werden, die wichtigsten Entwicklungen sowie größten internen und externen Widerstände zu umreißen.

Zwischen Rhetorik und Realität - Stand der Reformen

Mittel- bis langfristig wird sich die Regierung sicher daran messen lassen müssen, ob es ihr gelingt, die Lebensumstände der Bevölkerungsmehrheit spürbar zu verbessern. In den ersten Monaten nach der Amtsübernahme standen jedoch vor allem die Lösung bzw. Bearbeitung der Hauptkonfliktfelder der vergangenen Jahre im Vordergrund.

Die *Hauptkonfliktfelder und dahinterliegende gesellschaftspolitische Auseinandersetzungen*:

- **Gas/natürliche Ressourcen**: Rückgewinnung der staatlichen Souveränität über die natürlichen Ressourcen und zukünftige Inwertsetzung zum Wohle aller sowie die Perspektive eigenständiger Entwicklung.
- **Verfassungsgebende Versammlung**: Neugründung Boliviens unter Einschluss seiner ethnischen und kulturellen Pluralität sowie der Institutionalisierung alternativer demokratischer Praxen und indigener Rechtsvorstellungen.
- **Regionale Autonomien**: Abspaltung wirtschaftsstarker Regionen vs. territoriale Autonomien der indigenen Gemeinschaften.

- **Land(reform)**: Sicherung von Land und Territorium bzw. ökonomischer und kultureller Rechte der indigenen Völker sowie Maßnahmen der Armutsbekämpfung.
- **Koka**: „Koka ist nicht Kokain": Legalisierung und Anerkennung der Koka als Teil der indigenen Kulturen sowie die Forderung nach einem Ende des Anti-Drogenkrieges und der Einmischung von außen.

Die Reformfortschritte können im Folgenden lediglich exemplarisch anhand der Verstaatlichung des Erdgassektors, der Verfassungsgebenden Versammlung sowie der Landreform dargestellt werden.

Die Nationalisierung des Erdgassektors

Am 18. Juli 2004 wurde, noch unter der Interimsregierung von Vizepräsident Carlos Mesa, der den im Oktober 2003 geflohenen Präsidenten Sánchez des Lozada ersetzte, ein landesweites Referendum abgehalten, welches sich mit 92 % der abgegebenen Stimmen für die Wiederverstaatlichung der nationalen Energiereserven aussprach.

Über die Umsetzung dieses Volksentscheides in eine konkrete Gesetzesvorlage wurde danach hart gestritten. Die ersten Schritte in Richtung einer "Re-Nationalisierung" des Erdgassektors erfolgten somit mit der Verabschiedung der von vielen Seiten als unzureichend betrachteten Gesetzesvorlage zur Neuregelung der Kohlenwasserstoffvorkommen. So erklärte das Gesetz vom 17. Mai 2005 die bolivianischen Öl- und Gasreserven ab dem Bohrloch zu Staatseigentum und setzte ferner eine zusätzliche direkte steuerliche Abgabe (*Impuesto Directo a los Hydrocarburos*) in Höhe von 32 % fest, was den bisherigen Steuersatz von 18 % auf 50 % erhöhte. Der gleichzeitigen Aufforderung, innerhalb von 180 Tagen die bestehenden Verträge neu zu verhandeln, kamen die betroffenen Unternehmen nicht nach. Die Regierung Morales sicherte sich daraufhin zunächst die Aktienmehrheit im nationalen Gasgeschäft (vgl. IMF 2006: 36). Trotz des Erwerbs der Mehrheitsanteile ließ Morales die Förderanlagen der beiden größten Gasfelder am 01. Mai 2006 unangekündigt durch bolivianisches Militär besetzen. Diese symbolträchtige und mediengerechte Inszenierung der Wiederverstaatlichung sorgte national für große Zustimmung und weltweit für Aufsehen. Dabei setzte das Präsidialdekret Nr. 28701 vom 01. Mai 2006 zunächst einmal lediglich das in die Tat um, was im Mai 2005 als Gesetz längst beschlossen wurde. So stellt das neue Dekret vom 01. Mai 2006 u.a. fest, dass die geforderte Neuverhandlung der Verträge ausgeblieben ist und räumt den internationalen Unternehmen nochmals 180 Tage Zeit ein, ansonsten müssen sie das Land verlassen.

In zwei wesentlichen Punkten geht das neue Dekret indes über das bestehende Gesetz von 2005 hinaus: Zum einen werden die Lizenzgebühren und die Steuerlast für die zwei größten Erdgasproduktionsfelder San Alberto und San Antonio auf 82 % angehoben. Diese Prozentzahl setzt sich aus den 50 % Abgaben des geltenden Gesetzes zusammen sowie einer zusätzlichen Abgabe von 32 % für YPFB. Damit gehen 82 % des erwirtschafteten Gewinns an den bolivianischen Staat und nur noch 18 % an das Förderunternehmen. Zum anderen sieht das neue Dekret vor, dass nicht mehr die Unternehmen, sondern der reaktivierte staatliche Energiekonzern YPFB die Fördermengen und die Preispolitik festsetzen wird.

Juristisch betrachtet stützen sich sowohl das Dekret vom Mai 2006 als auch das Gesetz vom Mai 2005 neben dem Referendum auf den Artikel 139 der bolivianischen Verfassung, welcher sämtliche Kohlenwasserstoffvorkommen unter den Besitz und die Kontrolle des Staates stellt (Schlüssel Info Bolivien 05/2006).

Den Einsatz des Militärs betrachteten viele Analysen als demonstrativen Akt der Stärke und politische Konzession an radikale Teile der MAS-Fraktion, um – wie im Wahlkampf versprochen – öffentlich zu zeigen, dass Bolivien die Souveränität über seine natürlichen Ressourcen zurückerobert habe. Die Regierung hingegen betonte, dass das Militär lediglich eingesetzt wurde, um den weiteren Ablauf der Förderung zu garantieren und eventuelle Sabotageakte verärgerter Unternehmen sowie die mögliche Beiseiteschaffung von Geschäftsunterlagen zu unterbinden. Für Nervosität und Verstimmung sorgte der Re-Nationalisierungsakt vor allem bei den betroffenen Konzernen und ihren Heimatländern sowie auf den internationalen Märkten (ICG 2006: 8; La Razón 03.05.2006). Bedeutsam ist allerdings, dass es bei verbalen Missfallensbekundungen sowie laut geäußerten Sorgen um das Investitionsklima und die Rechtssicherheit in Bolivien blieb. Konkrete rechtliche Schritte oder politische bzw. ökonomische Sanktionen wurden hingegen nicht eingeleitet. Dies ist - obwohl explizit keine Enteignung von ausländischem Konzerneigentum angestrebt wurde - insofern erstaunlich, da Bolivien als international unbedeutendes Land wenig ökonomische Macht auszuspielen vermag, aber durchaus die Gefahr besteht, dass andere Länder diesem Beispiel folgen und die Gewinnmargen ausländischer Unternehmen empfindlich beschneiden könnten. Als wesentlicher Grund für die ausgebliebenen Sanktionen ist der bereits angesprochene politische Wandel in der Region und die damit verbundene Unterstützung für national getroffene Entscheidungen zu nennen.

So sicherte die am 4. Mai. 2006 einberufene Krisensitzung der Staatsoberhäupter Brasiliens, Argentiniens, Venezuelas und Boliviens im argentinischen Puerto Iguazú - trotz der offensichtlichen ökonomischen Interessensgegensätze - der Regierung Morales deutlich mehr politischen Beistand zu, als zu erwarten war. Kirchner und Lula akzeptierten in einer öffentlichen Presseerklärung die Nationalisierung als souveräne und grundsätzlich verständliche Entscheidung der Morales-Administration und bekundeten zudem Bereitschaft, die von Bolivien angestrebte Erhöhung der Gaspreise bilateral zu verhandeln (La Razón 05.05.2006).

Da Bolivien selbst weder über ausreichendes Know-how noch über die technologischen und finanziellen Ressourcen verfügt, um die Förderung des Erdgassektors direkt zu übernehmen und die industrielle Weiterverarbeitung - wie geplant - voranzutreiben, kommt dem politisch-strategischen Rückhalt und der zugesicherten finanziellen, technologischen und personellen Unterstützung aus Venezuela im Hinblick auf die günstige Ausgangsposition und die Verhandlungserfolge Boliviens zentrale Bedeutung zu.

Dennoch gestalteten sich die Verhandlungen insbesondere mit dem größten Energieunternehmen, dem brasilianischen Staatskonzern Petrobas schwierig und zogen sich über die gesamte 6 Monats-Frist hin. Am Ende akzeptierten alle 10 ausländischen Energiekonzerne die neuen Bedingungen, niemand klagte, niemand verließ das Land (La Razón 29.10.2006). Das bedeutet einen enormen politischen und ökonomischen Erfolg für die bolivianische Regierung, welche die neu ausgehandelten Verträge Mitte November dem Parlament zur Abstimmung vorlegen und mittlerweile bereits neue Investitionsabkommen abschließen konnte. Neben den so gesicherten Mehreinnahmen[1], die den finanziellen Spielraum der bolivianischen Regierung für soziale Investitionen und Umverteilungspolitiken[2] signifikant erhöhen, erscheint die wiedergewonnene Souveränität über die eigenen Ressourcen als zentraler Erfolg der neuen Abkommen. Denn im Idealfall kontrollieren nun nicht mehr die ausländischen Konzerne die gesamte Produktionskette und zahlen am Ende Steuern und Abgaben an den Staat, sondern die Verantwortung und Kontrolle der Produktion liegt nun wieder beim Staatsunternehmen YPBF, welches die Energieunternehmen für ihre getätigten Dienstleistungen in den Bereichen Förderung, Weiterverarbeitung und Durchleitung bzw. Export entlohnt. Kritische Stimmen weisen allerdings daraufhin, dass es sich nicht um die erste Nationalisierung bolivianischer Ressourcen handelt; die historischen Erfahrungen jedoch zeigen, dass keine der Verstaatlichungen zur anvisierten Strategie einer Binnenindustrialisierung beigetragen bzw. nicht dazu geführt haben, die Rentenlogik des primären Rohstofflieferanten und entsprechende Abhängigkeitsverhältnisse von der starken Fluktuation der Weltmarktpreise zu durchbrechen (Quiroga 2006: 98).

Auch wenn sich ergo noch herausstellen muss, inwieweit das reaktivierte Staatsunternehmen all diesen neuen Aufgaben tatsächlich gewachsen sein wird, bleibt festzuhalten, dass die Regierung Morales in diesem Punkt zentralen innenpolitischen Forderungen nachgekommen ist und mit regionaler Unterstützung und eigenem Verhandlungsgeschick die Nationalisierung ohne nennenswerte Sanktionen gegen die internationalen Konzerninteressen durchzusetzen vermochte.

Die Einberufung der Verfassungsgebenden Versammlung

Die Forderung nach einer Verfassungsgebenden Versammlung ist eine langjährige Forderung der indigenen Bewegungen, welche auf den so genannten „Marsch für Territorium und Würde" zurückgeht, den die östlichen Tieflandvölker 1990 kollektiv initiierten und damit erstmals im nationalen Maßstab als eigene politische Kraft und ernstzunehmende indigene Interessensvertretung in Erscheinung traten bzw. als solche wahrgenommen wurden (Krueger et al. 2004: 32). Nach dem Sturz bzw. der Flucht von Sánchez de Lozada avancierte die Forderung nach der Einberufung einer Verfassungsgebenden Versammlung, neben der Verstaatlichung der nationa-

---

[1]   Die Schätzungen im Hinblick auf die Mehreinnahmen schwanken je nach Quelle beträchtlich. Aber selbst Quiroga, der vor allem die kritischen Aspekte der Verstaatlichung betont, schätzt, dass sich der bolivianische Staatshaushalt zukünftig zu rund 60 % aus den Einnahmen des Erdgassektors speisen wird. 2004 vor der Gesetzesänderung betrug dieser Anteil noch 20 % und erhöhte sich 2005 bereits auf 30 % und beträgt aktuell bereits 39 % (2006:98).

[2]   Die Umverteilung dieser Einnahmen soll dem Ziel der Armutsbekämpfung dienen und ist neben der Rückeroberung der staatlichen Kontrolle über die eigenen Ressourcen eine der erklärten Zielsetzungen der so genannten Nationalisierung (Schlüssel Info Bolivien 04/2006).

len Ressourcen zum Hauptanliegen der sozialen Protestgruppen und stellte auch das zweite zentrale Wahlkampfthema von Morales dar.

Hinter der Verfassungsgebenden Versammlung steht der Wunsch der indigenen Völker nach mehr bzw. gleichberechtigter sozialer sowie politischer Integration. So ist mit der aktiven Beteiligung aller Interessensgruppen die Hoffnung auf die Verabschiedung einer neuen Verfassung verbunden, welche die pluriethnische und multikulturelle Realität des Landes nicht nur, wie im Verfassungszusatz von 1994 *formal* anerkennt, sondern umsetzt bzw. in die Etablierung alternativer politisch-institutioneller Strukturen übersetzt.

Die von indigener Seite und sozial benachteiligten Gruppen verbundenen Hoffnungen und Erwartungen an die Verfassungsgebende Versammlung waren zumindest im Vorfeld enorm. Viele andere - nicht nur Konservative - hielten diese Erwartungen für gnadenlos überfrachtet (ebenda: 25ff. u. ICG 2006: 14f.).[3]

Im Kontext der Einberufung der Verfassungsgebenden Verfassung entbrannten heftige Diskussionen, die erstens um die Gesamtzahl der Abgeordneten, zweitens den Wahlmodus (Direktwahl oder Partei- bzw. Listenwahl) sowie drittens und insbesondere um die zu wählende Form der Repräsentation der unterschiedlichen Interessen sowie die Integration von Minderheiten kreisten. Hier ging es vor allem um Fragen der ethnischen Quotierung vs. regionale Interessen vs. demographische Repräsentation.

Die Regierung und der MAS offenbarten eine überraschend große Kompromissbereitschaft, indem sie sich mit der Opposition auf einen Wahlmodus verständigten, der eine Zweidrittelmehrheit der Regierungspartei rein rechnerisch unmöglich machte (ICG 2006: 15f.) Darüber hinaus verzichtete man zudem auf den ursprünglichen Vorschlag einer unabhängigen Repräsentation der sozialen Bewegungen und stimmte außerdem der Durchführung eines parallelen Referendums zur Frage der regionalen Autonomien zu. Letzteres kann als Konzession an die Hochburgen der politischen Opposition und traditionellen Eliten namentlich die Bürgerkomitees und Regionalregierungen in Santa Cruz und Tarija sowie als Versuch der Regierung die drohende Spaltung des Landes nicht weiter voranzutreiben, betrachtet werden (vgl. ebd.: 15).

Zentrale Themen der Verfassungsgebenden Versammlung:
1. Die Frage der konkreten Ausgestaltung der regionalen und indigenen Autonomien; deren politische und ökonomische Sprengkraft ergibt sich vor allem aus dem Risiko territorialer Abspaltungen und Neukonfigurationen sowie den daraus potentiell resultierenden innergesellschaftlichen Konflikten über die Nutzung der natürlichen Ressourcen.
2. Die Entscheidung für ein neues Wirtschaftsmodell bzw. die vom MAS gewünschte Festschreibung von Privatisierungsverboten und anderen neoliberalen Politiken innerhalb der bolivianischen Verfassung.

---

[3] "As already noted, opinions on the importance and the actual process of the Constitutional Assembly vary from considering it as key to for the fundamental definition of a Bolivia as a nation or multination, to seeing it as no more than a catharsis, or, in the worst case, a staging area for conflicts impossible to resolve." (Krueger et al. 2004: 26).

3.   Die Einbeziehung indigener Kulturen sowie ihrer Traditionen und politischer Praxen in Ergänzung oder Erneuerung des liberal-repräsentativen Demokratiemodells.

Auch aus dieser Wahl, die wie geplant am 02. Juli 2006 stattfand, ging der MAS erneut als klarer Sieger hervor. Nach der Auszählung der Stimmen (Wahlbeteiligung 85 %) ergaben sich 50,7 % für die KandidatInnen des MAS, und damit gingen 137 der 255 Sitze an das bunt gemischte Regierungslager. Der Sieg besteht nicht zuletzt darin, dass der MAS über den Gewinn von Direktmandaten nun mit Abgeordneten aus allen 9 Regionen des Landes vertreten ist und dabei in 7 von 9 Departements (Ausnahme: die Departements Beni und Pando) die Mehrheit erobern konnte.

Die im Vorfeld heftig diskutierte ethnische Quotierung wurde nicht explizit berücksichtigt; so beklagten bspw. indigene Organisationen des östlichen Tieflandes ihre relativ schlechte Repräsentation innerhalb der MAS-Listen. Als die eigentlichen Wegbereiter der Verfassungsgebenden Versammlung hatten Organisationen der Tieflandvölker eine ethnische Quotierung unabhängig von ihrem demographischen Gewicht gefordert und wurden diesbezüglich enttäuscht (ebd.: 21).

Als die Verfassungsgebende Versammlung am 06. August 2006 erstmalig feierlich in Sucre zusammentrat, war allenthalben große Euphorie zu spüren. Doch diese Hochstimmung wich schon sehr bald allgemeiner Ernüchterung. Die Bilder einer völlig überlasteten Infrastruktur, permanenter inhaltlicher Polarisation und allgemeiner Beschlussunfähigkeit scheinen den pessimistischsten KritikerInnen recht zu geben.

Angesichts der starken Interessensgegensätze und der daraus resultierenden Entscheidungsblockaden forderte die Mehrheitsfraktion des MAS, dass Entscheidungen nun doch mit einfacher Mehrheit (50 % +1 Stimme, mindestens 128 Abgeordnete) gefasst werden können und nur der endgültige Text der neuen Verfassung mit Zweidritteln der Stimmen angenommen werden muss (Schorr 2006: 4). Diese Forderung traf erwartungsgemäß auf erbitterten Widerstand der Oppositionsabgeordneten, die einer Kontrolle der AC durch den MAS nicht kampflos zustimmen wollten und seither scharf protestieren. Bis heute sind zahlreiche Kompromissvorschläge und Dialogangebote an der Unbeweglichkeit beider Lager gescheitert und die inhaltliche Arbeit der Asamblea Constituyente ist nach wie vor blockiert. Anfang Januar 2007 wurden zudem vermehrt Stimmen laut, die auf eine mögliche Schließung der AC hindeuten.

Die Landreform – soziale Inklusion und indigene Rechte vs. traditionelle Privilegien

Statistische Daten belegen, dass knapp 70 % der kleinen und mittleren Bauern landesweit nur über rund 1,4 % der landwirtschaftlich nutzbaren Anbauflächen verfügen. Im Gegensatz dazu besitzen knapp 4 % der bolivianischen Landbesitzer bzw. einige wenige Großgrundbesitzerfamilien im fruchtbaren Tiefland ungefähr 90 % der nationalen Anbauflächen (vgl. Paz Ballivián: 2003).

Im Wahlkampf hatte der MAS, wie auch viele der Oppositionsparteien, konkrete politische Schritte zur Steigerung der Produktivität und der Armutsreduktion in den ländlichen Regionen versprochen. Die Landfrage bzw. eine effektive Umverteilung des sehr ungleich verteilten Bodenbesitzes ist dabei zweifelsohne von entscheidender Bedeutung.

Insofern kündigte die Regierung Morales eine umfassende Landreform an und legte dafür bereits Anfang Juni 2006, mitten im Wahlkampf für die AC, eine ganze Reihe neuer Dekrete vor. Relativ konfliktfrei wird der Vorschlag eingeschätzt, rund 5 Millionen Hektar Staatsland, an indigene und bäuerliche Gruppierungen umzuverteilen. Doch die Dekrete reichen weiter und das stieß und stößt auf massiven Widerstand aus den östlichen Tieflandregionen bzw. den Reihen der dort ansässigen Agrarindustrie, den größeren Bauernverbänden sowie den Großgrundbesitzern. Radikale Fraktionen drohten sogleich mit Bewaffnung und der blutigen Verteidigung ihrer Besitztümer.

Dabei erhitzen besonders *zwei Vorhaben der Regierung* die Gemüter der Begüterten:

1. Die Gesetzesänderung sieht vor, dass privater Landbesitz in den Besitz des Staates übergehen kann, wenn das Land keine ökonomische oder soziale Funktion erfüllt. Um die Nutzung des Bodens nachzuweisen, soll jedoch nicht wie bisher üblich lediglich die Entrichtung der extrem niedrigen Grundsteuer genügen, sondern zukünftig vor Ort nachgewiesen werden. Dabei werden explizit nicht nur die offensichtlich landwirtschaftlich genutzten Flächen von einer Enteignung ausgenommen, sondern auch Brach- und Grünflächen, die der Regeneration der Böden dienen sowie geplante Wachstums- bzw. Erweiterungsflächen und Flächen, die wichtige ökologische Funktionen erfüllen. Erst wenn keine dieser Funktionen nachgewiesen werden kann, können die entsprechenden Landflächen dem Staat übertragen werden.

2. Die geltende Gesetzeslage sieht als Handhabe für Enteignung und Weiternutzung von privatem Landbesitz bisher nur die Anmeldung öffentlichen Bedarfs vor. Die Gesetzesänderung strebt jedoch eine Erweiterung dieser öffentlichen Handhabe an: So sollen Enteignungen zukünftig auch aus sozialen Erwägungen bzw. im Sinne einer sozialverträglicheren Bodenverteilung möglich werden. Kommt es zu Enteignungen ist die Entschädigung des Besitzers in Höhe des Marktwertes vorgesehen und nicht wie bisher auf der Grundlage des vom Besitzer festgelegten Wertes bzw. anhand der von ihm gezahlten Steuern (Schlüssel Info Bolivien 08/2006).

Die aktuellen Ereignisse

Seit Mitte November 2006 spitzten sich die Auseinandersetzungen um die Auslegung der Abstimmungsregeln in der Verfassungsgebenden Versammlung und die Landfrage immer weiter zu. Nachdem die Gesetzesvorlage der Regierung zur Agrarreform im Parlament die notwendige Mehrheit erhalten hatte, gingen die 15 Senatoren der Opposition am 20. November dazu über, die Senatssitzungen zu boykottieren, was das Gremium beschlussunfähig machte. Gleichzeitig riefen sie zu zahlreichen Blockade- und Protestaktionen in den Tieflanddepartements auf. Und auch Morales setzte auf den Druck der Straße bzw. auf die politische Wirkung der parallelen Protestmärsche der beiden größten indigenen Dachverbandorganisationen (CONAMAQ und CIDOB) sowie dem zentralen Dachverband der Landarbeitergewerkschaften, um der Landreform auf diesem Wege zum Durchbruch zu verhelfen.

Wieder schien weder die politische Opposition, noch die Regierung bereit, Konzessionen zu machen und Evo Morales drohte das Gesetz notfalls per Dekret zu verabschieden, als die Konfrontation eine unerwartete Wende nahm: Am 28.11. 2006 verkündete Evo Morales den kurz zuvor in La Paz eingetroffenen Protestmärschen der *indígenas* und *campesinos*, der bolivianischen Öffentlichkeit sowie einer völlig überraschten Opposition das legale Inkrafttreten der hart umkämpften Gesetzesvorlage. Dieser Coup gelang dank der Stimmen von drei Oppositionspolitikern. Der Senatspräsident, Mitglied des MAS, hatte kurzerhand alle Vertretungen der abwesenden Senatoren zur Sitzung geladen und drei Oppositionspolitiker waren dieser Aufforderung gefolgt. Durch ihre Anwesenheit war der Senat mit insgesamt 15 Senatsmitgliedern wieder beschlussfähig. Die 44 Artikel des neuen Agrargesetzes wurden einstimmig verabschiedet (La Razón 29.11.2006). Morales kündigte daraufhin das Ende des Großgrundbesitzes an und machte gleichzeitig deutlich, dass die Übertragung von Landtiteln ausschließlich an indigene und bäuerliche Gemeinschaften erfolgen werde. Eine Übertragung zugunsten von Privat- bzw. Einzelpersonen schließt das neue Gesetz hingegen aus. In Santa Cruz wurde daraufhin ein 24-stündiger Warnstreik ausgerufen. Mitte Dezember wurden in den vier Tieflanddepartments regionale Versammlungen mit der Drohung abgehalten, das positive Votum des Autonomiereferendums vom 02. Juli 2006 eigenmächtig umzusetzen (Behrens 2006: o.A.). Die Auseinandersetzungen um die Abstimmungsregeln innerhalb der Verfassunggebenden Versammlung und das konfliktträchtige Thema regionaler Autonomien dauern bis heute an und haben wenig von ihrer politischen Sprengkraft verloren.

Literatur

Behrens, Peter-Alberto (2006): Bolivien – zwischen Demokratie und Autoritarismus, Politischer Kurzbericht der Konrad-Adenauer-Stiftung, 12. Dezember, La Paz.

El Deber Santa Cruz (13.07.2006): Guaraníes. La "Tierra sin mal" ya no se busca, se compra, Reportaje especial,
en: http://www.eldeber.com.bo/extra/1267/nota_013a.html

Goedeking, Ulrich; Zuazo, Moira (2006): Konfliktszenarien und soziopolitische Akteure in Bolivien, in: Friedrich-Ebert-Stiftung (Hg.): Studien zur länderbezogenen Konfliktanalyse, Oktober, Bonn.

Grey-Molina, George (2005): Ethnic Politics in Bolivia: Harmony of Inequalities 1900-2000, paper presented at the Third Forum for Human Development, Paris, January 17-19, 2005.

(ICG) International Crisis Group (2006): Bolivia's Rocky Road to Reforms, Latin American Report N° 18, 03.July 2006.

(IMF) International Monetary Fund: Bolivia: Selected Issues, IMF Country Report No. 06/273, July 2006.

Kaltmeier, Olaf; Kastner, Jens; Tuider, Elisabeth (Hg.): (2004): Neoliberalismus – Autonomie – Widerstand, Westfälisches Dampfboot.

Krueger, Chris; Pino Antezana, Ivan; Arreaño, Litzy (2004): Bolivia. The Current Context in Perspective, The Open Society Institute Latin American Program, December, La Paz.

La Razón (03.05.2006): El decreto de Evo inquieta y provoca una cumbre presidencial, en:
http://www.la-razon.com/versiones/20060503%5F005530/nota_244_282421.htm

La Razón (05.05.2006): La cumbre del gas respeta al país y pide diálogo bilateral, en:
http://www.la-razon.com/versiones/20060505%5F005532/nota_249_283176.htm

La Razón (29.10.2006): Todas las petroleras firman y aceptan pagar 82% al Estado, en:
http://www.la-razon.com/versiones/20061029%5F005709/nota_248_350303.htm

La Razón (29.11.2006): Evo divide a la oposición y promulga la Ley de Tierras, en:
http://www.la-razon.com/versiones/20061129%5F005740/nota_249_362364.htm

Madrid, Raúl (2005): Politics, Social Class and Indigenous Identity in Bolivia, Paper to be presented at the Janey Conference on "Diversity and Disadvantage in Latin America: The Consequences of Difference for Democratic Politics". New School University, New York. April 15, 2005.

Marien, Nele (2003): El neoliberalismo en Bolivia: Adiós al pequeño productor, in: Identidtad Número 5, invierno 2003, in:
www.cipca.org.bo/documentos/Adiós%20al%20pequeño%20productor.doc (03.12.2004).

Paz Ballivián, Danilo (2003): Medio siglo de Reforma Agraria boliviana. In: Proceso Agrario en Bolivia y America Latina, CIDES-UMSA, La Paz, p. 53-63.

Quiroga, Yesko (2006): Bolivien: Revolution in der Demokratie?, in: Latein-amerika Analysen, Jg. 5, Nr. 14, S. 75-111.

Schlüssel Info Bolivien (2006): Viel Lärm um nichts Neues: Boliviens Nationalisierung zwischen Pragmatismus und Populismus, 05/2006, 25.05.2006.

Schlüssel Info Bolivien (2006): Ohne Lösung der Landfrage keine ländliche Entwicklung. „Zweite Agrarrevolution" soll Abhilfe schaffen, 08/2006, 27.08.2006.

Schorr, Bettina (2006): Polarisiert und entscheidungsunfähig: schlechter Start für die Verfassungsgebende Versammlung, in: SAGO (HG.): Bolivia. Berichte und Analysen, Nr. 147, August – Oktober 2006, S. 3-8.

Ströbele-Gregor, Johanna (1997): Zwischen Konfrontation und Kooperation: Indianische Bewegung und Staat in Bolivien, in: von Gleich, Utta (Hg.), Indigene Völker in Lateinamerika. Konfliktfaktor oder Entwicklungspotential?, Schriftenreihe des Instituts für Iberoamerika-Kunde Hamburg Band 45, Frankfurt a.M.: Vervuert, S. 127-157.

UNDP (2006): Beyond scarcity: Power, poverty and the global water crisis, Human Development Report 2006, in:
http://hdr.undp.org/hdr2006/statistics/countries/data_sheets/cty_ds_BOL.html

Vilas, Carlos (2005): La izquierda latinoamericana y el surgimiento de regimenes nacionalpopulares, en: Nueva Sociedad, Nr. 197 (Mayo/ Junio), p. 84-99.

Wolff, Jonas (2004): Bolivien - Krise eines Friedensmodells, Manuskript, erschienen in: Weller, Christoph u.a. (Hg.), Friedensgutachten, Münster: LIT Verlag, S. 105-115.

Erhard Crome

Globalisierung - von oben oder von unten?

Die Sozialforumsbewegung wurde anfangs in der Selbstwahrnehmung wie von außen als gegen „die Globalisierung" gerichtet verstanden. Das wurde von den Schreibern des Neoliberalismus dann gern benutzt, um die Protestierer gegen die „schöne neue Welt" der Globalisierung als Ignoranten gegenüber dem „historischen Fortschritt" darzustellen, die – ähnlich den Maschinenstürmern des 19. Jahrhunderts – die Zeichen der Zeit nicht verstanden hätten. In den Debatten der folgenden Jahre wurde dann in der Bewegung selbst erarbeitet, dass es nicht gegen „die Globalisierung", sondern um eine andere Globalisierung geht. Demonstrantinnen aus der indigenen Bewegung Ekuadors brachten es auf dem ersten Sozialforum Amerikas in Quito im Jahre 2004 auf den Punkt: „Ihr globalisiert die Armut – wir globalisieren den Widerstand".

Fortschritt

Die Queen weilte Anfang Mai 2007 in den USA. Anlass war der 400. Jahrestag der englischen Ansiedlung und Kolonialisierung in Nordamerika. In ihrer Rede vor dem Parlament von Virginia in Richmond – das war das erste englische Kolonialgebiet in der Gegend, das aus dieser Eroberung hervorging – erinnerte sie auch an die Opfer. Historiker haben ermittelt, dass von den etwa 15.000 Indianern, die in der Region damals gelebt hatten, 13.500 durch Kämpfe mit den Kolonialisatoren, Vertreibung aus ihren angestammten Siedlungsgebieten und Krankheiten ums Leben gekommen waren.

Der vorige Papst hatte sich für die Kreuzzüge entschuldigt und deutsche Offizielle für die Ermordung von über 60.000 Herero in Namibia, das damals deutsche Kolonie war, nach deren Aufstand 1904 – man mag über den Sinn derlei historischer Entschuldigungen denken, was man will, sie enthalten eine Symbolik, die mit einem heutigen Verständnis von Geschichte und historischer Verantwortung zu tun hat.

In Richmond jedoch wurden andere Akzente gesetzt. Immerhin habe die englische Eroberung Nordamerikas zu einer dauerhaften Bindung an die „Werte der Demokratie" geführt, die in den USA ihre Verwirklichung gefunden hätten, und in Bezug auf die Opfer sagte die Königin: „Menschlicher Fortschritt entsteht allerdings selten ohne Preis." Die schöne Geschichte der USA war also den Preis der toten Indianer wert.

Nach neueren Schätzungen lebten in Nordamerika etwa zwanzig Millionen Menschen, als Kolumbus die Neue Welt „entdeckte"; innerhalb von ein- bis zweihundert Jahren danach waren 95 Prozent der präkolumbianischen Indianerbevölkerung umgebracht oder den eingeschleppten Krankheiten erlegen.[1] Das ist „Fortschritt", zumindest so, wie ihn die englische Königin versteht?

Den Satz „Menschlicher Fortschritt entsteht allerdings selten ohne Preis" hätte auch Jossif Stalin gesagt haben können. Ein Unterschied hätte sich dort ergeben, wo es um den Inhalt jenes sogenannten Fortschritts oder um den „Preis" gegangen wäre. 95 Prozent Opfer sind jedoch eine „Preis"-Quote, die keiner der Diktatoren und Großverbrecher des 20. Jahrhunderts erreicht hat. Insofern wäre es für die Königin am – noch immer – Beginn des 21. Jahrhunderts doch Gelegenheit gewesen, ein paar mehr Worte zu den Umständen jenes Fortschritts zu sagen. Hat sie aber nicht.

Insofern ist es durchaus nicht unangebracht, nach Gründen zu fragen, die wohl eher mit heutigen Umständen der Politik zu tun haben. Der Historiker Immanuel Wallerstein hat darauf verwiesen, dass die Geschichte des modernen Weltsystems, das seit Kolumbus geschaffen und dann das „moderne" kapitalistische Weltsystem wurde, eine Geschichte der Expansion, der militärischen Eroberung und ökonomischen Aneignung und Durchdringung von Europa aus ist. (Nordamerika ist in diesem Sinne Teil und dann eigenständiger Akteur dieses Prozesses.) Diese Eroberung bedurfte immer der Rechtfertigung – gegenüber den eigenen Bevölkerungen in Europa bzw. heute auch in den USA und Kanada, gegenüber den „Kadern" der Kolonialverwaltung und gegenüber den herrschaftsunterworfenen Bevölkerungen. Das übliche Argument lautete, die Expansion habe etwas Positives verbreitet, das abwechselnd als das „Wort Gottes", „Zivilisation", „wirtschaftliche Entwicklung", „Demokratie und Menschenrechte" oder als „Fortschritt" bezeichnet wurde.

Die ursprüngliche Figur dieser Argumentation, die bereits am Hofe Karls V. in Spanien in der ersten Hälfte des 16. Jahrhunderts und dann bei allen europäischen Kolonialisten benutzt wurde, war, die Europäer hätten gegenüber den „Barbaren" – und das waren alle, die die „europäischen Werte" nicht ursprünglich teilten – das Recht der Gewaltanwendung und eine moralische Verpflichtung zur Missionierung. Im 19. Jahrhundert, das sich eher als „aufgeklärt" verstand, wurden religiöse oder einfach gewaltförmige Argumente als nicht mehr ausreichend angesehen. Die europäische Entwicklung des Kapitalismus galt als die eigentliche Weltentwicklung der „Moderne", als Verkörperung der universellen Werte; europäische Kultur wurde als von Natur aus progressiv angesehen. Die Wissenschaft des „Orientalismus" lieferte nun die Argumentation, dass allen anderen Kulturen, auch der alten chinesischen, indischen oder arabischen etwas fehlte: Nur die europäischen Herren des Weltsystems galten als die Bannerträger universeller Werte, während andere Kulturen als partikular angesehen wurden, die essentielle Eigenheiten hätten.

Diese Position war im Kern immer rassistisch. Wallerstein schrieb dazu: „Der Krieg gegen den Nationalsozialismus hatte dem essentialistischen Rassismus, aus dem die Nazis solch schreckliche Folgerungen gezogen hatten, seinen Glanz ge-

---

1   Vgl. Jared Diamond: Arm und Reich. Die Schicksale menschlicher Gesellschaften: Frankfurt am Main: S. Fischer Verlag, 1998.

nommen."[2] Zugleich fiel die Entwertung dieser Argumentationsfigur mit dem anti-kolonialen Kampf der Nachkriegszeit zusammen und der Errichtung eigenständiger Staaten in Asien und Afrika, die auf der Gleichwertigkeit aller Kulturen bestanden. Der Westen wich dann auf einen wissenschaftlichen Universalismus aus, der Aus-druck des universalistischen Weltverständnisses der nordatlantischen Welt des weißen Mannes wurde.

Nach dem Ende des Kalten Krieges wurden die verschiedensten Muster zur Herrschaftsbegründung wieder hervorgeholt und neu kombiniert, zugespitzt noch-mals nach dem 11. September 2001. Danach wurde mit dem „Kampf der Kulturen" der Essentialismus der orientalistischen Kulturauffassung wiederbelebt: alle Kultu-ren haben jeweils einen unveränderlichen Kern, richtig modern sei nur die des Westens, und deshalb habe er nicht nur das Recht, sondern gleichsam die Pflicht, eine Weltordnung nach seinem Muster zu schaffen. Deshalb braucht man auch das traditionelle, abendländische Verständnis des „Fortschritts" wieder, dem gegenüber die Opfer nur die Späne in der Geschichte sind, die eben beim Hobeln anfallen. Die Queen hat im Sinne der derzeitigen Politik der USA und des Westens eben das „Richtige" gesagt. Dabei verschwindet dann auch das Recht der Völker auf Selbst-bestimmung und auf Schutz der nationalen Souveränität.

Einer der schärfsten Rufer in Europa nach „humanitärer Intervention" ist übri-gens der Franzose Bernard Kouchner, der Gründer von Ärzte ohne Grenzen. Er hielt am Carnegie Council in den USA im März 2004 die Morgenthau Memorial Lecture zu diesem Thema und sagte: „Es gibt einen Aspekt der humanitären Inter-vention, der sich bei der Implementation als schwierig erwiesen hat; ich meine die Spannung zwischen der staatlichen Souveränität und dem Recht zur Intervention... Eine Methode, dieses Dilemma zu lösen, besteht darin zu sagen, dass die Souverä-nität der Staaten nur dann respektiert werden kann, wenn sie im jeweiligen Staat vom Volk ausgeht. Wenn der Staat eine Diktatur ist, dann verdient er die Achtung der internationalen Gemeinschaft absolut nicht." Und der Westen entscheidet, wer denn zu den Diktatoren zählt, und „interveniert" demgemäß, gegebenenfalls unter Berufung auf „Oppositionelle" in dem Land, die er bezahlt.

Im Irak wurde der Diktator Saddam Hussein gestürzt und das Land in einen Fai-led State verwandelt, das jetzt Brutstätte eines hemmungslosen Terrorismus ist. Der Krieg in Afghanistan fordert weitere Opfer aller beteiligten Länder, darunter aus Deutschland. Der Iran steht als nächster auf der Interventionsliste. Mit Russ-land wird gerade seitens der EU neuer Streit angezettelt – weil es ja wieder auf eine „Diktatur" hinausläuft. Und Chávez in Venezuela gilt aus Sicht des Westens – trotz freier Wahlen im Lande – auch längst als „Diktator".

Der „Fortschritt", von dem die da oben reden, ist nicht der, der da unten an-kommt. Und der neue rechte Präsident Frankreichs, Sarkozy, hat diesen Kouchner gerade zum französischen Außenminister gemacht. Es gilt also, von unten genauer nach dem zu schauen, was „Fortschritt" bedeutet, und neue Konzepte von unten zu erarbeiten.

---

2 Immanuel Wallerstein: Die Barbarei der anderen. Europäischer Universalismus, Berlin: Verlag Klaus Wagenbach, 2007, S. 44.

Werte und Intervention

Wie gesagt, im Jahre 1492 landete Christoph Kolumbus in Amerika, und wenige Jahrzehnte später waren die Reiche der Azteken und der Inkas zerschlagen sowie die eingeborene Bevölkerung durch Waffengewalt und Krankheiten dezimiert. Spanische Abenteurer eigneten sich das Land an und über das System der encomienda wurden ihnen Indianer als Zwangsarbeiter für die Bewirtschaftung von Äckern und Weiden sowie von Bergwerken zugeteilt.

Der Priester und spätere Bischof Bartolomé de Las Casas (1474-1566) lehnte nach längerem Aufenthalt in Amerika dieses System ab und versuchte, König Karl I. (als deutscher Kaiser Karl V.) zu einer Änderung der spanischen Gesetzgebung zugunsten der indianischen Bevölkerung zu bringen. Damit schuf er sich viele Feinde, denen der Theologe Juan Ginés de Sepúlveda (1489-1573) Argumente zu liefern sich bemühte. Im Jahre 1550 versammelte der König den zuständigen Rat Consejo de las Indias in Valladolid, vor dem die beiden ihre Disputation führten.

Sepúlveda, der im Sinne des Imperiums der Habsburger bereits früher die Vereinbarkeit von Christentum und Krieg begründet hatte, verteidigte das kriegerische und gewalttätige Vorgehen der Spanier in Amerika. Dazu entwickelte er vier Argumente: erstens seien die Indios „Barbaren", ungebildet, grausam und so geartet, dass sie von anderen regiert werden müssten. Zweitens müssten sie das spanische Joch schon deshalb tragen, weil sie wegen ihrer „Verbrechen gegen das göttliche Gesetz und das Naturrecht", derer sie sich wegen ihres Götzendienstes – weil sie eigene Götter gehabt hatten – und wegen des Gebrauchs von Menschenopfern schuldig gemacht hatten, Strafe verdient hatten. Drittens seien die Spanier durch göttliches und Naturrecht verpflichtet gewesen, dem Schaden und Unheil durch weitere Menschenopfer, die alljährlich den Götzen geopfert wurden, vorzubeugen. Viertens schließlich erleichtere die spanische Herrschaft die Christianisierung der indianischen Bevölkerung.

Immanuel Wallerstein referiert in seinem neuesten Buch jenen historischen Streit und hebt hervor, dass diese Argumentation Sepúlvedas die vier Hauptargumente enthält, die bis heute benutzt werden, um Interventionen von „Zivilisierten" in „nicht-zivilisierte" Gegenden der Welt zu rechtfertigen: „Die Barbarei der anderen, das Unterbinden von Praktiken, die universelle Werte verletzen, die Verteidigung Unschuldiger inmitten der grausamen Anderen sowie die Schaffung der Möglichkeiten, universelle Werte zu verbreiten".[3]

So verdient die Gegenargumentation Las Casas' besondere Aufmerksamkeit. Zum ersten Argument, dass Menschen von Natur aus barbarisch seien, betonte er, wenn Menschen als barbarisch anzusehen seien, die sich unzivilisiert verhalten, so finde man solche in allen Teilen der Welt. Wahrhaft abscheuliches Verhalten werde bei allen Völkern sanktioniert, trete also stets nur in einer Minderheit auf und könne daher nicht auf ganze Völker übertragen werden. Mit anderen Worten: es gibt ein ungefähres moralisches Gleichgewicht zwischen allen sozialen Systemen oder Kulturen, jedenfalls keine natürliche Hierarchie unter ihnen, die eine kolonia-

---

3 Ebenda, S. 15.

le Herrschaft rechtfertige. Zum zweiten argumentierte er, es gäbe auch in christlichen Ländern Juden und Muslime, die den Gesetzen des Staates gehorchen müssten, nicht aber dafür bestraft werden könnten, ihre eigenen religiösen Gesetze zu befolgen. Wenn die Kirche also schon für die nicht-christlichen Einwohner christlicher Länder nicht zuständig sei, so erst recht nicht für jene, die noch nie von ihren Lehren gehört hätten. Insofern könne Götzendienst nur von Gott beurteilt werden, nicht aber von Menschen, die einer anderen Gruppe angehören, die jenen Götzendienst nicht praktiziert.

Dabei war sich Las Casas durchaus des Problems bewusst, ihm könne angesichts der in Rede stehenden Menschenopfer bei einigen indianischen Ritualen moralischer Relativismus vorgeworfen werden. Deshalb ist sein entscheidendes Argument das „Prinzip des geringsten Schadens": Wenn denn Unschuldige befreit werden müssten, dann müssen die Schuldigen bestraft werden, nicht aber Unschuldige verletzt oder gar getötet werden – und die Spanier hatten, so Las Casas, Menschen in Amerika zu Tausenden getötet, ihre Städte und Dörfer niedergebrannt und ihr Vieh geraubt. Und gegenüber dem vierten Argument Sepúlvedas machte er das Prinzip des freien Willens geltend: Die Menschen müssten durch eigene Entscheidung den Weg zu Jesus Christus finden. Krieg sei nicht der Weg, um das Christentum zu verbreiten.

Wallerstein berichtet, dass jener Rat von Valladolid keine Entscheidung getroffen hatte; Sepúlveda hatte den Disput moralisch verloren, seine Auffassungen prägten aber über Jahrhunderte die spanische und im weiteren Sinne europäische Kolonialpolitik. Die internationale Entwicklung nach 1945, insbesondere die Entkolonialisierung brachte eine Unterminierung der paternalistischen Aufsicht mit sich. Mit den Menschenrechtskampagnen seit den 1970er Jahren wurde jedoch erneut geltend gemacht, es sei „Pflicht der Zivilisierten", das Barbarentum zu unterdrücken.

Das Prinzip des geringsten Schadens, wie Las Casas es begründet hat, ist gleichsam die Übertragung des Hippokratischen Eides der Ärzte auf die internationale Politik. Wallerstein wirft dann den Blick auf die Kriege des Westens im früheren Jugoslawien, und stellt fest, dieses Prinzip ist bereits dort sichtlich verletzt worden – erst recht durch den Irak-Krieg und den Krieg in Afghanistan. Hinzu kommt ein Punkt, den ebenfalls schon Las Casas geltend gemacht hatte: „Der moralische Anspruch der Intervenienten wird stets durch ihre materiellen Interessen, die durch die Intervention befördert werden, beeinträchtigt." In der heutigen Welt, so Wallerstein, „werden uns die von Las Casas gepredigten skeptischen Bedenken gegenüber unserer impulsiven moralischen Arroganz einen besseren Dienst leisten als die auf Selbstinteresse beruhenden Gewissheiten der Sepúlvedas dieser Welt."[4]

Die „universellen Werte", die uns immer aufgetischt werden, wenn es um die nächsten militärischen Interventionen geht oder um die Fortführung der bisherigen, sind durch die herrschenden Schichten des seit fünfhundert Jahren bestehenden Weltsystems gesellschaftlich erzeugt worden: Im 16. Jahrhundert wurden Naturrecht und Christentum bemüht, um europäische Vorherrschaft zu begründen, im

---

4 Ebenda, S. 37, 39.

19. Jahrhundert Zivilisation und im späten 20. und beginnenden 21. Jahrhundert Demokratie und Menschenrechte.

Immer war es ein „europäischer Universalismus" (hier bezieht Wallerstein die USA mit ein), von dem aus die „Barbarei der anderen" identifiziert wurde, um ein „Recht auf Intervention" zu begründen, das in der Tat stets eine Doktrin ist, „die den Anspruch erhebt, die Anwendung brutaler Gewalt zu rechtfertigen". Die Alternative dazu ist nicht ein moralischer Relativismus oder ein ebenfalls kulturell daherkommender Partikularismus (nach dem Muster einer deutschen Richterin: Eine Frau, die einen Muslim heiratet, muss wissen, dass sie auch mal verprügelt wird), der „nur eine verdeckte Kapitulation vor den Kräften des europäischen Universalismus und den Mächtigen der Gegenwart" ist. Die Alternative kann nur ein „universeller Universalismus" sein.

Proteste zielen auf eine andere Globalisierung

Als in Europa die Gemäuer des Realsozialismus zu Staub zerfielen, als die Sozialdemokratie aufhörte, „Dritte Wege" begehen zu wollen, und sich dem neoliberalen „Konsens von Washington" zuordnete, da erreichten die Verhältnisse im Süden Amerikas wieder ein neues Maß der Unerträglichkeit. Der Kapitalismus in Lateinamerika trat in den 1960er Jahren in eine neue Phase der Industrialisierung und Akkumulation ein. Parallel dazu entwickelten sich die Gegenkräfte. Sie zu zerstören errichtete der Kapitalismus Militärdiktaturen, in Brasilien, in Argentinien, in Chile mit dem Sturz von Präsident Allende am 11. September 1973, in Uruguay. In Lateinamerika war Offensive des Kapitalismus nie zuvörderst Investitions- und Kreditpolitik, sondern blutiger Terror. Hier sind nicht Kapitalismus und Demokratie in eins gesetzt, wie es in den Sonntagsreden im Norden der Welt so schön heißt, sondern Kapitalismus und Diktatur. Demokratie dagegen gibt es nur, wenn die Menschen von unten sie erkämpfen.

Ohne Aufstand der Zapatistas in Chiapas (Mexiko) seit Mitte der 1990er Jahre hätte es keine Großdemonstrationen gegen die Ministerkonferenz der Welthandelsorganisation (WTO) in Seattle (USA) 1999 gegeben, gegen die Jahrestagung des Internationalen Währungsfonds in Prag im Jahre 2000, gegen den G8-Gipfel in Genua 2001 – heißt es in Lateinamerika. Porto Alegre, das Weltsozialforum seit 2001, war dann der Versuch, den vielen Betroffenen Stimme zu geben, sie zusammenzuführen: Gewerkschafter, Frauenorganisationen, Umweltschützer, Menschenrechtsgruppen, Schwule und Lesben, Verbraucherorganisationen, Bauernverbände, Entwicklungshelfer, kirchliche Gruppen, Arbeitsloseninitiativen und viele andere mehr – sie alle erkannten in der Welthandelsorganisation WTO seit Ende der 1990er Jahre eine undemokratische Institution, die sich gesellschaftlicher Kontrolle entzieht, nationale Schutzstandards zu unterminieren bestrebt ist und vor allem die Interessen der transnationalen Großkonzerne verfolgt. So kam das Weltsozialforum zustande, als Kontrastprogramm zum Weltwirtschaftsforum von Davos, als das Forum von „unten" gegen das von „oben", als das des „Südens" gegen den „Norden". Die vielen verschiedenen Gruppen und Organisationen, die zuvor kaum miteinander zu tun hatten, fanden einen gemeinsamen Raum zum Dialog.

Auch die jährlich stattfindenden G7-, dann G8-Gipfel (unter Einbeziehung Russlands) wurden bald als selbst ernanntes und nicht legitimiertes Direktorium verstanden, das der Welt seine neoliberalen Globalisierungsrezepte zu oktroyieren betrebt ist. Proteste gegen diese Treffen verstanden sich daher stets als Ausdruck des Willens der Zivilgesellschaft, dass das Recht der Völker auf Selbstbestimmung, auf Bestimmen des eigenen Schicksals höher stehen muß als das Gewinnstreben der Reichen und Mächtigen.

Vor einem Jahr

Russland war in St. Petersburg im Juli 2006 erstmals Gastgeber eines der sogenannten G8-Gipfel. Es ging um Energie. Präsident Putin hatte sich alle Mühe gegeben, den Gipfel im Sinne des neoliberalen Programms zu einem Erfolg zu führen. Es waren insbesondere die linken, globalisierungskritischen Menschen aus Russland und aus dem Ausland, die in St. Petersburg diese Politik und ihre Folgen zu kritisieren sich bemühten, die die Folgen des neuen russischen Autoritarismus zu spüren bekamen: Schikanen gegen russische Aktivisten, die an der Anreise gehindert wurden, Verbote bei den Demonstrationen, Verhaftungen inländischer und ausländischer Teilnehmer, Denunziationen in den Medien, insbesondere auch gegen die ausländischen Gipfelkritiker. Die Freiheitsgrade, die die Linke in Westeuropa heute hat, sind in Russland Zukunftsmusik.

Auch die bürgerliche Presse in Deutschland betonte und betont, an der demokratischen Orientierung der Putin-Regierung bestünden „erhebliche Zweifel". Das neue Russland trage nicht demokratische, sondern autokratische Züge. Putin habe, „ohne Rücksicht auf Verluste, die Energiewirtschaft des Landes unter seine Kontrolle gebracht". Das klingt so, als sei Putin jetzt der Herr über Öl und Gas. Tatsächlich jedoch wird auf etwas ganz anderes gezielt. In der Jelzin-Zeit gab es neben einer „Zeit der Wirren" auch geöffnete Türen für das Auslandskapital. Die USA haben es machtpolitisch nicht versäumt, ihre militärischen und politischen Positionen in Zentralasien und in der Kaukasus-Region auf- und auszubauen, und die US-Ölfirmen sind dort ihrerseits aktiv geworden. Putin hat dann die Ordnung im Innern wiederhergestellt, zunächst im ursprünglichen Sinne der Wiederherstellung der öffentlichen Ordnung und des Schutzes von Leib und Leben der Bürger, und eine gewisse Ordnung von Gesetzlichkeit geschaffen. Zugleich zielten die Schritte der Regierung darauf, dass Russland über seine Naturreichtümer selbst verfügen soll, während der Westen meint, die USA und die westlichen multinationalen Konzerne sollten dieses Verfügungsrecht haben.

Man darf gespannt sein, wie im Hinblick auf den diesjährigen G8-Gipfel in Heiligendamm die Propaganda in dieser Frage sich gestalten wird. Beim Gebrauch der Wörter ist also Vorsicht angezeigt: Wenn die Mainstream-Medien von Freiheit in Russland schreiben oder reden, meinen sie die Freiheit der USA, über die russischen Ölvorkommen zu verfügen; wenn die Linken und Globalisierungskritiker über Freiheit sprechen, meinen sie die Freiheit, diese ganze neoliberale Aneignung und Herrschaft überhaupt zu kritisieren.

Und da hockten erstere und Putin in einem Boot: Die Kritik an der neoliberalen Politik des Kreml stellt die Grundlagen der kapitalistischen Herrschaft in Russland,

Verlauf und Ergebnisse, Nutznießer und Opfer jener sogenannten Transformation in Frage. Deshalb die Schikanen in St. Petersburg während des Gipfels gegen die Linken.

Auf das grundrechts-staatliche Deutschland hat das abgefärbt: Wie berichtet wurde, reichte bereits Wochen vor dem Gipfel das Radfahren in der Nähe des Zig-Millionen-Euro-teuren Zauns, um sich in Heiligendamm einen „Platzverweis" einzuhandeln. In Mecklenburg-Vorpommern wurden ganze Gefängnistrakte freigeräumt, um missliebige Demonstranten darin „unterzubringen" zu können. Auch das Absingen der „Internationale" führte bereits im Vorfeld des G8-Gipfels zu polizeilichen Maßnahmen.

Nach dem Weltsozialforum von Nairobi

Kein Weltsozialforum wurde so schlecht kommentiert, wie das in Nairobi, das vom 20. bis 25. Januar 2007 stattgefunden hat. Grundtenor war: Es habe sich überlebt, sei nicht mehr zeitgemäß, die Themen seien längst in den Mainstream eingegangen, und ansonsten gäbe es noch immer keinen Durchführungs-Plan für die „Andere Welt", die da möglich sein soll.

Im Hintergrund steht ein ernstes Problem auch der heutigen politischen Auseinandersetzungen. In den sozialistischen Debatten des ausgehenden 19. und beginnenden 20. Jahrhunderts war es nicht unüblich, politische und soziale Auseinandersetzungen mit militärischen Begriffen auf den Punkt zu bringen. Franz Mehring, einer der wichtigen Theoretiker zu jener Zeit, benutzte den Begriff der „Niederwerfungsstrategie" im Unterschied zu einer „Ermattungsstrategie".

In diesem Sinne war die Grundkonstellation wie folgt zu beschreiben: Nach der Selbst-Schwächung des Kapitalismus durch den von ihm selber herbeigeführten ersten Weltkrieg entstand eine Situation, in der die revolutionären Linken in Russland die Revolution, das heißt eine „Niederwerfungsstrategie" auf die Tagesordnung gesetzt hatten. Die endete in Russland mit dem Sieg und seiner Verteidigung im Bürgerkrieg. Alles danach – unterbrochen durch den Überfall Hitlerdeutschlands auf die Sowjetunion – in der Systemauseinandersetzung des 20. Jahrhunderts verlief nach den Regeln des „Ermattungskrieges". Das betrifft übrigens nicht nur das Aufbrauchen der wirtschaftlichen, militärischen und politischen Reserven, sondern auch die Ermüdung der geistigen und ideologischen. Mit anderen Worten: Während die russische Oktoberrevolution unmittelbar nach ihrem Stattfinden eine große Resonanz in vielen Ländern Europas und darüber hinaus, auch in den kolonial unterdrückten Völkern fand, verblasste dieser Glanz, je länger der „reale" Sozialismus existierte, nicht nur wegen der Lager und der wirklichen Verbrechen, sondern auch wegen des glanzlosen Alltags, der leeren Geschäfte und der am Ende auch leeren Ideologie.

Jetzt wird auf eine ähnliche Konstellation gehofft. Die Globalisierungsgewinnler hocken zwischen ihren erbeuteten Eigentumstiteln der Privatisierungsorgien der vergangenen Jahrzehnte, in den von ihnen errichteten Dschungeln von Verträgen, Verordnungen und Kreditkonstruktionen, die alle auf das gleiche zielen: Gewinne zu privatisieren, Verluste den betroffenen Gesellschaften aufzubürden und Sozialstaatlichkeit zu demolieren und verantwortliches staatliches Handeln zu diskreditieren. Dann kamen Anfang des Jahrzehnts die Sozialforums- und andere kritische Bewegungen dazwischen, die diese gesamte Entwicklung kritisierten und mit dem Slogan: „Eine andere Welt ist möglich" die neoliberale Ideologie und Herrschaftspraxis grundsätzlich in Frage stellten.

Nun hoffen die Reichen und Mächtigen, dass das ausläuft, der Schwung abnimmt, die Strahlkraft der Idee nachlässt. Wichtige Akteure in den sozialen Bewegungen aber wissen dies. Sie wissen, dass die anderen nur darauf warten. In Nairobi wurde ein neues Niveau der Vernetzung zwischen den unterschiedlichsten Kräften erreicht. Die kritischen Bewegungen sind reifer geworden. Sie gehen davon aus, dass Hegemonie nicht im Handstreich zu gewinnen ist. Der Ermattungsstrategie der anderen wird eine eigene entgegengestellt.

Im Juni wurde Heiligendamm zu dem Ort, an dem sich das erneut manifestierte. Es waren die größten globalisierungskritischen Proteste, die es in Deutschland bis dahin gegeben hatte. Und auch dort wurde nicht nur gegen den G8-Gipfel protestiert, sondern eine breite, internationale Debatte über die Alternativen geführt.

Entmenschlichung

Im Laufe des Jahres 2006 häuften sich Nachrichten über brutale Kindstötungen in Deutschland, über den Tod von geistig verwirrten Kranken in Krankenhäusern, über die Vernachlässigung von zu pflegenden Alten in Pflegeeinrichtungen und zunehmende Gewalt, ja Morde in Gefängnissen. In all diesen Fällen wurde am Ende ermittelt, dass Personalkürzungen und Reduzierung von Kosten aus Gründen der Geldersparnis der eigentliche Grund waren. War bei Foucauld[5] noch davon auszugehen, dass das Gefängnis als Überwachungs- und Bestrafungsinstitut, nach dessen Vorbild dann der bürgerliche Staat Schulen und Krankenhäuser organisiert hat, geschaffen wurde, das auf Kontrolle und Besserung der Delinquenten zielte, so haben die „Reformen" des Neoliberalismus am Ende des 20. und am Beginn des 21. Jahrhunderts eine Vergleichgültigung gegenüber den Folgen des „Strafens" zum Ergebnis, die die Würde des Menschen wieder antastbar gemacht haben – der Staat kann hinter den Mauern seiner Anstalten nicht einmal mehr das Leben der dort Einsitzenden oder Einliegenden sichern.

Das drückt sich auch auf der Ebene der internationalen Politik aus. Die Finanzströme, die vom weltweiten Süden in den Norden organisiert werden, führen alle Formen von „Entwicklungspolitik" ad absurdum. Krieg wurde wieder zu einem „normalen" Mittel der Politik gemacht. Nachdem die Bush-Männer die US-Wahlen im November 2006 verloren haben, Kriegsminister Rumsfeld, der zuvor den imperialen Feldherrn zu geben sich bemühte, abtreten musste und selbst der frühere US-Außenminister Kissinger mitzuteilen wusste, der Irak-Krieg sei nicht mehr zu gewinnen, blieb die Frage, was denn nun eigentlich stattgefunden hat. Das Konzept „des Terrorismus", der ad infinitum zu bekriegen sei, hat offenbar als der allge-

---

5   Vgl. Michel Foucauld: Überwachen und Strafen. Die Geburt des Gefängnisses, Frankfurt am Main: Suhrkamp Verlag, 1994.

meine Kriegsvorwand zu wirken aufgehört. Jedenfalls glaubt all dem nicht einmal mehr die Mehrheit der US-amerikanischen Wähler.

Nur der deutsche Bundesinnenminister Schäuble und seine Amtsbrüder in der EU nutzten windige Geheimdienst-„Erkenntnisse" von vorgeblichen „Terrorismus"-Gefahren, um das allgemeine Unsicherheitsgefühl zu nähren, indem beim Einchecken auf EU-europäischen Flughäfen nun auch Rasierwasser und Zahnpasta extra zum Durchleuchten gegeben werden müssen. Mit dem Aufstellen von Panzern der Bundeswehr in den Stadien zur Verteidigung des deutschen Tores hatte es bei der Fußballweltmeisterschaft nicht so recht geklappt, da wurde dann rasch die vom britischen Geheimdienst produzierte Legende von neuerlichen Terrorismusgefahren in Gestalt von Flüssigkeiten im Handgepäck genutzt, um die „Sicherheitsbestimmungen" der EU erneut zu verschärfen. Das Hauptergebnis ist, dass der erstaunte Reisende im Duty-Free-Shop in Johannesburg oder Santiago de Chile nun nicht mehr Wein kaufen darf, der im Handgepäck transportiert wird, sondern nur noch innerhalb der EU. Damit hat der Terrorismuswahn wenigstens für die EU-europäische Weinindustrie gegenüber der südafrikanischen oder chilenischen Konkurrenz einen positiven Effekt. Und der Reisende steht staunend dabei, und weiss nicht so recht, wie ihm geschieht. Schuld scheint immerhin der „islamische Terrorismus".

Wer aber hat diesen geschaffen? Die Legendenbildung der westlichen Staatspropaganda hebt darauf ab, der Islam als solcher würde Terrorismus und Gewalt produzieren, weil er vormodern sei, die Aufklärung in seinen Reihen nicht gewirkt habe und er an sich eine ursprüngliche Feindlichkeit gegenüber der westlichen Moderne in sich trage. Aber ist das der historische Kontext? Alles, was wir heute über die Entwicklung des kapitalistischen Weltsystems seit etwa zweihundert Jahren wissen, lässt daran zweifeln, es hätte ein „islamisches" Refugium gegeben, in dem die vormodernen Deutungsmuster gleichsam überwintert hätten, um seit dem 11. September 2001 plötzlich hervorzubrechen. Insofern ist genauer nach den Kontexten zu sehen.

Im Jahre 1960 wurde auch der an Rohstoffen reiche Kongo unabhängig, der zuvor jahrzehntelang belgische Kolonie war. Der Führer des Unabhängigkeitskampfes, Patrice Lumumba, wurde von den USA rasch als „ein afrikanischer Castro" identifiziert, und er wurde umgebracht. Als 1963 ein erneuter Aufstand im Kongo gegen das neokoloniale Regime ausbrach, wurde eine westliche Söldnertruppe in Marsch gesetzt. Für die bedeutete, eine Stadt zu besetzen, „Türen durch Bazooka-Geschosse wegzusprengen; hieß, in Geschäfte zu gehen und alles mitzunehmen, was beweglich war und was sie haben wollte... War die Plünderung beendet, ging es ans Morden. Das Schießen währte drei Tage. Drei Tage der Exekutionen, des Lynchens, des Folterns, der Schreie und des Schreckens." Das schrieb ein italienischer Augenzeuge über jenen Einsatz. Die DDR-Dokumentaristen Heynowski und Scheumann machten damals einen Film über „Kongo-Müller", einen ehemaligen Wehrmachtsoffizier, der als gutbezahlter Söldner jenes Einsatzes in die Kamera grinsend über sein Mords-Treiben redete.

Nachdem das im Kongo so probat funktioniert hatte, wurden die Terrororganisationen RENAMO in Mosambik und UNITA in Angola vom Westen gegen die nationalen Befreiungsbewegungen dort in Ansatz gebracht, mit einer ähnlichen Vorgehensweise. Nach dem Sieg der Sandinisten in Nikaragua, wurde das Terror-Konzept nach Lateinamerika verpflanzt. Die USA schufen die „Contras" und die CIA produzierte ein Handbuch des Terrors. Es zielte auf die „Neutralisierung" ziviler Amtspersonen und eine „selektive Anwendung von Gewalt". „Es ist möglich", hieß es dort, „sorgfältig ausgewählte Objekte geplant zu neutralisieren, so beispielsweise Richter, höhere Verwaltungsbeamte, Polizisten, Staatssicherheitsleute etc." Neutralisieren meinte ermorden. Und ermordet wurden auch Ärzte, Krankenschwestern und Lehrer. US-Präsident Reagan schwadronierte von einem Kampf der „Freiheit" gegen den Kommunismus. Am Ende wurde das terroristisch verunsicherte Volk Nikaraguas zu „freien" Wahlen gerufen, die Sandinistas ließen sich darauf ein, um das Sterben zu beenden, und verloren die Wahl. Die erneute Wahl Ortegas jetzt steht auf einer anderen Seite des Buches der Geschichte.

Nachdem das Terrorkonzept in Afrika und in Lateinamerika so gut funktioniert hatte, wurde es nach Afghanistan verpflanzt. Hier wurde es mit der Idee des heiligen Krieges, des Dschihad, ideologisch aufgeladen und der Krieg eskaliert, um der Sowjetunion in Afghanistan ihr „Vietnam" zu bereiten. Die Universität von Nebraska entwickelte Schulbücher für Kinder in Afghanistan, die mit 50 Millionen Dollar von USAID in Umlauf gebracht wurden. So gibt es Aufgaben im Mathematikbuch für die dritte Klasse, die so lauten: „Eine Gruppe von Mudschaheddin greift 50 Russen an. Bei dem Angriff werden 20 Russen getötet. Wie viele Russen sind geflohen?" Oder, für die vierte Klasse: „Die Geschwindigkeit eines Kalaschnikow-Geschosses beträgt 800 Meter pro Sekunde. Ein Russe befindet sich in 3200 Meter Entfernung von einem Mudschaheddin und dieser zielt auf den Kopf des Russen – errechne, wie viele Sekunden vergehen, bis die Kugel die Stirn des Russen trifft."

Nach der Niederlage der Sowjetunion und ihrem Abzug aus Afghanistan und bei Fortwirken der Ideologie des Dschihad brauchte nur „der Russe" durch den US-Amerikaner oder überhaupt den westlichen Soldaten, der in Afghanistan agiert, darunter den aus Deutschland, ersetzt zu werden, und schon ist das Muster erfüllt. Die Schulbücher aus den USA sind dort noch immer in Umlauf. Die Dschihadisten von heute sind das Produkt der Politik des Westens von gestern.[6] Der Zauberlehrling lässt grüßen.

Die neoliberale Globalisierung und ihr Knecht, der Krieg des 21. Jahrhunderts, haben alle menschlichen Masken fallen gelassen und das Recht, das Völkerrecht beiseite geschoben. Der Westen hat eine Welt geschaffen, in der ganz selbstverständlich davon ausgegangen wird, dass „Entwicklung" für alle nicht mehr möglich und nötig ist. Das führt zu einer Verstetigung des Anspruchs des „Rechts des Stärkeren", als der sich natürlich der nordatlantische weiße Mann versteht – und wehe, es erscheint der Chinese oder der Inder in Afrika! Der Westen produziert sich seine Feinde, denen die Menschlichkeit, ja das Menschsein abgesprochen wird, um sie als „Feind" zu bekämpfen.

---

6   Vgl. Mahmood Mamdani: Guter Moslem, böser Moslem. Amerika und die Wurzeln des Terrors, Edition Nautilus, Hamburg 2006.

Alternativen

Wenn wir über Alternativen reden, müssen wir über eine andere Kultur des Umgangs miteinander sprechen. Es geht um Menschlichkeit und Empathie gegenüber
der Entmenschlichung, die der Neoliberalismus, besser gesagt der Kapitalismus des
21. Jahrhunderts produziert. Es geht um eine Kultur des Friedens, die sich bewusst
dem Kult der Gewalt, der bereits den Kindern und Jugendlichen über Filme und
Videospiele eingewöhnt werden soll, entgegenstellt. Es geht um die Stärke des
Rechts gegenüber dem „Recht des Stärkeren" – im täglichen Leben, in der inner-
staatlichen Ordnung und international.

Das Weltsozialforum und alle regionalen Sozialforen erweisen sich als Ort der
Internationalisierung von unten, des intellektuellen und praktischen Sich-
Kennenlernens und des Austausches, der Entwicklung der Kooperation. Und der
reale Prozess des sich so Verbindens geht weit über die Sozialforen hinaus.

Es entwickelt sich ein „neuer Internationalismus", nicht der „proletarische" von
gestern, der letztlich Instrument realsozialistischer Staatspolitik war, sondern ein
humanitärer, solidarischer, ein Internationalismus des 21. Jahrhunderts, der einem
Sozialismus des 21. Jahrhunderts entspricht.

Alois Reisenbichler

Denken, diskutieren, beten, handeln für Gerechtigkeit,
Frieden und Bewahrung der Schöpfung
Fürbitten beim Friedensgottesdienst am 02. Dezember 2006 in Kassel

Liebe Schwestern und Brüder, liebe Friedensfreundinnen und Friedensfreunde!

Gemeinsam überlegen wir, wie wir uns besser für eine gerechtere und friedlichere Welt einsetzen können. Gemeinsam setzen wir uns Gerechtigkeit, Frieden und Bewahrung der Schöpfung ein, gemeinsam engagieren wir uns in Friedensinitiativen und in der Friedensforschung, in Betrieben und Gewerkschaften, in Schulen, Universitäten und anderen Bildungseinrichtungen, in politischen Organisationen sowie in Pfarren und kirchlichen Gruppen.

Gemeinsam beten wir zu nun zu dir, unseren Vater und unsere Mutter, du Gott des Friedens und der Gerechtigkeit. Wie die Prophetinnen und Propheten klagen wir dir unser Leid, wie viele Menschen, die sich vor uns und heute für eine gerechtere Welt engagieren, mahnen wir zur Umkehr und versuchen, am Aufbau deines Reiches mitzuarbeiten.

„Noch nie war die Gefahr eines Atomkrieges so groß wie heute" (Mohamed El Baradei, Direktor der IAEO, Friedensnobelpreisträger). Gott des Lebens, mit einem Atomkrieg ist deine gesamte Schöpfung sterblich geworden. Wir bitten dich für unseren Einsatz für eine atomwaffenfreie Welt, für die vielen Menschen, die sich weltweit für Abolition 2020 einsetzen.

„Die Deutschen müssen das Töten lernen" (Titelseite Der Spiegel Nr. 47, 20.11.2006), *Gott des Friedens, „Krieg ist immer eine Niederlage der Menschheit"* (Johannes Paul II.). Wir bitten dich für unsere Friedensarbeit, unsere Aktivitäten gegen Rüstungsproduktion und gegen Waffenhandel, gegen militärische Interventionen, die nur den wirtschaftlich Mächtigen dienen, gegen Aufrüstung und Krieg, für eine Lösung der Konflikte mit gewaltfreien Mitteln, für eine Welt ohne Krieg.

„Im Jahr 2000 sind 36 Millionen Menschen an Hunger gestorben oder an Krankheiten, die durch einen Mangel an Mikronutrimenten (Vitamine, Mineralstoffe, Spurenelemente) verursacht sind. Der Hunger ist folglich die hauptsächlichste Todesursache auf unserem Planeten. Und dieser Hunger ist von Menschenhand gemacht. Wer an Hunger stirbt, stirbt als Opfer eines Mordes." (Jean Ziegler, Das Imperium der Schande) Gott der Gerechtigkeit, wir bitten dich für unser Engagement für eine weltweite Gerechtigkeit und internationale Solidarität, für eine Welt, in der die politischen und sozialen Menschenrechte verwirklicht sind, für eine weltweite Wirtschaft, in der der Mensch und nicht der Profit im Mittelpunkt steht.

„Mehr als sieben Millionen Menschen, darunter zwei Millionen Kinder und Jugendliche, lebten Ende 2005 in Deutschland von Leistungen auf dem Sozialhilfeniveau." (Evangelische Kirche Deutschlands) Wir bitten dich für unser Engagement für eine gerechtere Verteilung von Arbeit, Einkommen, Besitz und Lebenschancen, für eine wirkliche Umverteilung zu Gunsten der Arbeitenden, der sozial Schwachen und wirtschaftlich an den Rand Gedrängten, international, in ganz Europa, in der Europäischen Union und in Deutschland.

„Seit den späten 70er Jahren verlangen wir der Erde mehr ab, als sie uns geben oder von uns nehmen kann. Die Leistungsfähigkeit des Planeten ist überschritten. Die Szenarien zeigen: Wir brauchen unverzüglich die 3. große Revolution in der Geschichte der Menschheit. Eine Revolution zur Nachhaltigkeit mit absolut drastischen materiellen und strukturellen Veränderungen." (Denis Medows, Die Grenzen des Wachstums – Das 30 Jahre Update) Gott, Schöpfer der Welt, wir bitten dich für vielen Menschen, die sich für die Bewahrung der Schöpfung einsetzen und für die Erhaltung deiner Schöpfung, unseres Planeten Erde.

„Frauen und Mädchen leisten weltweit zwei Drittel aller Arbeit für nur ein Fünftel des Einkommens." (Slogan der Frauenbewegung) Gott, unsere Mutter, wir bitten dich für die Frauenbewegung und die engagierten Frauen in Gesellschaft und Kirchen, für eine gendergerechte Welt, in der Frauen und Männer die gleichen Chancen haben. Wir bitten dich, dass Geschwisterlichkeit in der Welt und auch in unseren Kirchen gelebt wird.

Wir sind manchmal verzweifelt, doch wir wissen: *"Wir können uns den Luxus der Hoffnungslosigkeit nicht leisten."* (Dorothee Sölle) Gott, der uns immer wieder Mut und Hoffnung gibt, Gott, der parteiisch auf Seiten der Armen steht, wir gedenken unserer Schwestern und Brüder, die Opfer von Krieg und Gewalt, von Hunger, wirtschaftlicher Ungerechtigkeit und Zerstörung der Umwelt, geworden sind, wir gedenken unserer Schwestern und Brüder, unserer Kolleginnen und Kollegen, die vor uns gekämpft haben, wir sind solidarisch mit unseren Brüdern und Schwester, die heute weltweit aufstehen für das Leben, für Gerechtigkeit, Frieden und Bewahrung der Schöpfung, wir bitten dich für all diese Menschen, wir bitten dich auch für uns hier in Kassel und für unsere Freundinnen und Freunde in unseren Initiativen, Gott, wir bitten dich um deine Hilfe und versprechen dir, wir sind deine Mitarbeiterinnen und Mitarbeiter am Werden deiner Welt, des Reiches Gottes, das schon auf Erden beginnt.
Amen.

Kasseler Schriften zur Friedenspolitik

Bärbel Schindler-Saefkow, Peter Strutynski (Hrsg.): Kriege beenden, Gewalt verhüten, Frieden gestalten. Zur Neupositionierung der Friedensbewegung), Kassel 1996, Kasseler Schriften zur Friedenspolitik, Bd. 1 (ISBN 3-928172-76-X)

Peter Strutynski (Hrsg.): Entwicklung braucht Frieden. Analysen und Positionen aus Wissenschaft und Friedensbewegung, Kassel 1997, Kasseler Schriften zur Friedenspolitik, Bd. 2 (ISBN 3-928172-94-8)

Peter Strutynski (Hrsg.): Friedenspolitik im Zeitalter der Globalisierung. Europa zivil gestalten, Kassel 1998, Kasseler Schriften zur Friedenspolitik, Bd. 3 (ISBN 3-928172-86-7)

Ralph-M. Luedtke, Peter Strutynski (Hrsg.): Pazifismus, Politik und Widerstand. Analysen und Strategien der Friedensbewegung, Kassel 1999, Kasseler Schriften zur Friedenspolitik, Bd. 4 (ISBN 3-928172-04-2)

Ralph-M. Luedtke, Peter Strutynski (Hrsg.): Nach dem Jahrhundert der Kriege. Alternativen der Friedensbewegung, Kassel 2000, Kasseler Schriften zur Friedenspolitik, Bd. 5 (ISBN: 3-934377-61-0)

Ralph-M. Luedtke, Peter Strutynski (Hrsg.): Dem Krieg widerstehen. Beiträge zur Zivilisierung der Politik, Kassel 2001, Kasseler Schriften zur Friedenspolitik, Bd. 6 (ISBN: 3-934377-80-7)

Ralph-M. Luedtke, Peter Strutynski (Hrsg.): Frieden im Schatten von Terror und Krieg, Kassel 2002, Kasseler Schriften zur Friedenspolitik, Bd. 7 (ISBN: 3-934377-82-3)

M. Berndt und I. El Masry (Hg.), Konflikt, Entwicklung, Frieden. Emanzipatorische Perspektiven in einer zerrissenen Welt. Festschrift für Werner Ruf, Kassel 2003, Kasseler Schriften zur Friedenspolitik, Bd. 8 (ISBN: 3-934377-83-1)

Ralph-M. Luedtke, Peter Strutynski (Hrsg.): Wege aus Krieg und Gewalt, Kassel 2003, Kasseler Schriften zur Friedenspolitik, Bd. 9 (ISBN: 3-934377-85-8)

Lothar Liebsch: Frieden ist der Ernstfall. Die Soldaten des "DARMSTÄDTER SIGNALS" im Widerspruch zwischen Bundeswehr und Friedensbewegung, Kassel 2003, Kasseler Schriften zur Friedenspolitik, Bd. 10 (ISBN 3-934377-84-X)

Ralph-M. Luedtke, Peter Strutynski (Hrsg.): Mitten im Krieg. Perspektiven einer friedlicheren Welt, Kassel 2004, Kasseler Schriften zur Friedenspolitik, Bd. 11 (ISBN: 3-934377-74-2)

Ralph-M. Luedtke, Peter Strutynski (Hrsg.): Permanenter Krieg oder nachhaltiger Frieden? Interessen, Trends und Mächte in der Weltpolitik des 21. Jahrhunderts, Kassel 2005, Kasseler Schriften zur Friedenspolitik, Bd. 12 (ISBN: 3-934377-74-2)

Ralph-M. Luedtke, Peter Strutynski (Hrsg.): Neue Kriege in Sicht. Menschenrechte – Konfliktherde – Interessen, Kassel 2006, Kasseler Schriften zur Friedenspolitik, Bd. 13 (ISBN: 3-934377-95-5)

Ralph-M. Luedtke, Peter Strutynski (Hrsg.): Von der Verteidigung zur Intervention. Beiträge zur Remilitarisierung der internationalen Beziehungen, Kassel 2007, Kasseler Schriften zur Friedenspolitik, Bd. 14 (ISBN: 978-3-934377-21-9)

Bestellungen sind zu richten an.:
Winfried-Jenior-Verlag, Lassallestr.15, 34119 Kassel, e-mail: Jenior@aol.com